国际文化版图研究文库
颜子悦　主编

论 文 化 帝 国 主 义

文化统治的政治经济学

〔德〕伯尔尼德·哈姆　〔加〕拉塞尔·斯曼戴奇　编
曹新宇　张樊英　译／言予馨　审校

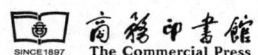

2015年·北京

Bernd Hamm and Russell Smandych
Cultural Imperialism
Essays on the Political Economy of Cultural Domination

Copyright © university of Toronto Press, 2005.

Original edition published by university of Tornoto Press.

Simplified Chinese Translation Copyright © 2015 by Beijing Yanziyue Culture & Art Studio. All Rights Reserved.

本书简体中文翻译版权归北京颜子悦文化艺术工作室所有,未经版权所有人的书面许可,不得以任何方式复制、摘录、转载或发行本书的任何部分。

国际文化版图研究文库总序

人类创造的不同文明及其相互之间的对话与沟通、冲突与融合、传播与影响乃至演变与整合，体现了人类文明发展的多样性统一。古往今来，各国家各民族秉承各自的历史和传统、凭借各自的智慧和力量参与各个历史时期文化版图的建构，同时又在总体上构成了人类文明发展的辉煌而璀璨的历史。

中华民族拥有悠久的历史和灿烂的文化，已经在人类文明史上谱写了无数雄伟而壮丽的永恒篇章。在新的历史时期，随着中国经济的发展和综合国力的提升，世人对中国文化的发展也同样充满着更为高远的期待、抱持着更为美好的愿景，如何进一步增强文化软实力便成为摆在我们面前的最为重要的时代课题之一。

为此，《国际文化版图研究文库》以"全球视野、国家战略和文化自觉"为基本理念，力图全面而系统地译介人类历史进程中各文化大国的兴衰以及诸多相关重大文化论题的著述，旨在以更为宏阔的视野，详尽而深入地考察世界主要国家在国际文化版图中的地位以及这些国家制定与实施的相关的文化战略与战术。

烛照着我们前行的依然是鲁迅先生所倡导的中国文化发展的基本思想——"明哲之士，必洞达世界之大势，权衡较量，去其偏颇，得其神明，施之国中，翕合无间。外之既不后于世界之思潮，内之仍弗失固有之血脉，取今复古，别立新宗。"

在这一思想的引领下，我们秉持科学而辩证的历史观，既通过国际版图来探讨文化，又通过文化来研究国际版图，如此循环往复，沉潜凌空，在跨文化的语境下观照与洞悉、比较与辨析不同历史时期文化版图中不同文明体系的文化特性，归纳与总结世界各国家各民族的优秀文化成果以及建设与发展文化的有益经验，并在此基础上更为确切地把握与体察中国文化的特性，进而激发并强化对中国文化的自醒、自觉与自信。

我们希冀文库能够为当今中国文化的创新与发展提供有益的镜鉴，能够启迪国人自觉地成为中华文化的坚守者和创造者。唯其如此，中国才能走出一条符合自己民族特色的文化复兴之路，才能使中华文化与世界其他民族的文化相融共生、各领风骚，从而更进一步地推进人类文明的发展。

中华文化传承与创新的伟大实践乃是我们每一位中国人神圣而崇高的使命。

是为序。

颜子悦

2011年5月8日于北京

目 录

英文原著序 …………………………………………… 1

前 言 …………………………………………………… 4

致 谢 …………………………………………………… 6

著者简介 ………………………………………………… 8

第一部分 定义文化帝国主义 ……………………… 17

引 言 …………………………………………………… 17

第一章 文化帝国主义及其批判：对文化统治与文化对抗的再思考 ……………………………………… 20

第二章 文化帝国主义：文化统治的政治经济学 …… 44

第二部分 文化帝国主义：历史与未来 …………… 65

引 言 …………………………………………………… 65

第三章 文化帝国主义：历史与未来 ………………… 68

第四章 作为未来理论的帝国主义 …………………… 96

第五章 见利忘义的科学：作为文化帝国主义的科学与真理 …………………………………………… 106

第三部分 传媒帝国主义与文化政治 ……………… 131

引 言 …………………………………………………… 131

第六章 将统治合法化：关于文化帝国主义多变面孔

　　　　　　的笔记 ·· 135
　　第七章　内容产业和文化多样性：以电影为例 ············· 154
　　第八章　网络空间内外的文化帝国主义、国家权力与公民积极行动主
　　　　　　义：对亚洲新兴工业经济体（NIEs）的比较研究 ······ 183
　　第九章　媒体传递的价值观的转移：美国"反恐战争"及其在
　　　　　　信息社会的影响 ····································· 210

第四部分　新自由主义、全球化和文化帝国主义 ············· 229
　　引　言 ·· 229
　　第十章　新自由主义及其对人文科学的攻击：文化帝国主义的新
　　　　　　社会科学 ··· 232
　　第十一章　《服务贸易总协定》在教育商品化中扮演的角色 ··· 259
　　第十二章　从白人的负担到良善治理：经济自由化和法律与道德
　　　　　　　的商品化 ······································· 292
　　第十三章　女权主义运动的非激进化和失败：以菲律宾为例 ··· 322

第五部分　语言与生态帝国主义 ··························· 333
　　引　言 ·· 333
　　第十四章　剖析并抵制语言帝国主义 ······················· 336
　　第十五章　保护世界语言与生态多样性：一枚硬币的两面 ····· 353
　　第十六章　生态帝国主义作为文化帝国主义的一个层面 ······· 371

第六部分　后殖民主义与文化帝国主义 ····················· 405
　　引　言 ·· 405
　　第十七章　法律的文化帝国主义 ··························· 408
　　第十八章　恩里克·杜塞尔与阿里·沙里亚提论文化
　　　　　　　帝国主义 ······································· 445
　　第十九章　重新定义文化帝国主义与文化交往的动力 ········· 461

英文原著序

现代经济与政治力量的崛起使得对文化在理解人类社会中的重要性的低估成为可能。本书的出版很及时,它提醒大家认识到,攻击本土文化的行为是为"当权者"服务的,而要重新找回本土文化必须努力保护并恢复不同地方文化的多样性。我们在这个星球上的停留是短暂的。大部分时候我们都会加入一个小群体,使自己扎根于各自不同的本土文化。而本土文化是建立在关于我们周边环境的特殊知识的基础上的。在过去的一万年里,权力中心开始慢慢在其中一些群体出现,并扩大到全球范围。这种权力先是在国家形态中联合,后来又在市场结构中联合。实际上,当今时代,在一个政治(国家)经济(市场)力量中,"轴心"机构(axial institutions)能够联合起来,在地方、国家、地区乃至国际范围内运作,是以文化为代价的。而在过去,文化恰恰是保持社会凝聚力的主要源泉。最强大的政治经济利益集团为了追求自己的特殊利益,试图控制任何它们可能控制的地方。在这个过程中,本土文化受到这些利益集团的政治经济机制更彻底地阻挠、否定、削弱、禁止和篡夺,本土文化的光彩被它们掩盖,本土文化的力量被它们削弱。这些权力中心在阻碍政治经济力量发展的同时,就会通过多种方式,比如征服、侵略、商业主义、殖民主义、帝国主义以及帝国等,攻击本土文化。

此时此刻,用马克思在《德意志意识形态》(*The German Ideology*)中的一句经典名言来提醒我们可能会对自己有所裨益:"在任何一个时代，统治阶级的观点就是占统治地位的观点。也就是说，一个阶级如果是在社会上占统治地位的物质力量，那么它同时也是在社会上占统治地位的知识力量。"的确，政治经济的物质力量日益在超国家层面上被组织起来，但是这些力量还在继续影响着内容的形成和观点的传播。这种占绝对优势的影响力或意识形态上的霸权主义正是这本选题异常丰富的论文集的关注点。政治经济力量的掮客们寻求自己的议程，就会在文化领域产生各种结果。有些结果是附带的，很多结果不是预期想要达到的，而有一些结果将其看作文化帝国主义的直接尝试则更合适。这些文化层面的变化聚积起来，损害了地方文化多样性和文化差异，并将一种资本主义的、物质主义的、无法容忍差异和地方自治的、对生态圈产生威胁的单一文化观强加给了世人。本文集的作者们详尽地分析了政治与经济力量是如何促使科学及媒体关注点的形成的，又是如何从全球多种国家形态中选择出一种可接受的治理形式作为样板的；它们是如何损害各国民族语言的完整性的；它们是如何设法抢占不同文化的教育领域，并将其转化为一种待沽商品的；它们是如何通过被它们统治的全球电影产业输出自己的文化（途径和方法多种多样，此处只略举几例。）很明显，一些主要的政治和经济势力存在于美国，但本书所选的材料则来自全球各地。这些本土的故事恰当地表明，构建支持它自身的市场、国家与文化正是资本主义逻辑，特别是新自由主义形态下的资本主义逻辑。本书中的各个章节不断指出，对非资本主义文化的攻击一直以来都是严酷的、潜藏着危险的、巧妙的和帝国主义的。这些章节还表明这种攻击极其危险，因为它鼓励一种不仅会导致不平等、人类的痛苦与绝望，而且是不可持续发展的生活方式。书中重复出现的一个主题是文化帝国主义必须在本土层面受到抵制，

英文原著序

而且正在本土层面上受到抵制。本书为我们每个人提供了一个机会去重新评判我们对人类社会的政治与经济维度的重视程度，并且重新确定文化在我们理解人类事务时的中心地位。本书从多学科视角为政治经济学研究增加了一份杰出的成果。

曼尼托巴大学全球政治经济学项目协调人
社会学副教授 罗德尼·库纳曼（Rodney Kueneman）

前　言

对文化帝国主义的批判性思考，目前已经影响了众多学科及跨学科研究的子领域。这一点从本书的目录页就可得到明确体现。本文集收录了19篇未发表的论文。著者的专业领域涵盖多个社会与自然科学学科（包括心理学、史学、社会学、政治学、法学、经济学、英语文学、工程学、物理、毒理学和生物化学）以及一些跨学科研究领域（包括通信与传媒研究、社会法律研究）。此外，文集中著者的传略也表明当前对文化帝国主义的研究与写作是多元化的，是在多国、全球跨度上进行的。著者分别来自9个不同的国家，这些国家过去要么被认为是帝国主义或殖民地国家，现在则被认为处于后殖民时代，其中包括英国（萨利卡克斯）、加拿大（斯曼戴奇）、德国（哈姆、克拉森、舒伊、谢勒、威尔玛、迪特尔）、印度（南迪、帕塔萨拉蒂、特里巴蒂）、伊朗（曼努彻里）、菲律宾（阿勒杰敏图）、日本（黎安国）、斯里兰卡（龚那提拉克）和瑞士（杰曼）。

本论文集包罗万象，为当前的研究、知识以及不断增加的全球政治行为和关于文化帝国主义的论争做出了重大贡献。首先，这些论文共同证明了文化帝国主义是一个整体性概念。它贯穿多个学科。在其中一些学科领域，文化帝国主义尚未得到深入研究。第二，这些论文强调了在西方学院派文化和流行文化之间，针对文化帝国主义的论争一直持续的重要相关性。也许更重要的一点是这些论文还提供了令人信服的证据，表明文化帝国主义、全球权力结构以及当前美国获取全球统治权的努力背后的政治与经济目标之间存在密切的关系。然而，本文集中的几个章节同时也表明，从历史起源来说，文化帝国主义当然不是美国人的创造，它的寿命也可能比当前的美利坚帝国要长得多。

致　谢

本书的出版源于 2002 年 10 月在德国特里尔大学召开的关于文化帝国主义的研讨会。

特里尔大学艺术史家理查德·胡特尔（Richard Huettel）首先提出倡议使这次特里尔会议得以召开。他与赫伯特·霍夫曼（Herbert Hoffmann）及伯尔尼德·哈姆（Bernd Hamm）共同组成了筹备委员会。他参加了这次会议并提交了题为"全世界的迪斯尼：米奇老鼠影响下的琐碎化"的文章，但是最后他没有足够的时间，也没有其他机会将文章翻译成英文。

赫伯特·霍夫曼当时是特里尔大学天主教学院/罗伯特·舒曼之家（Catholic Academy/Robert Shuman House）主任。他立刻认识到了文化帝国主义问题的重要性。他接受我们的提议，同意在特里尔大学召开这次会议，并给予了智力和财力上的支持。他还组织并赞助了包括本次大会在内的文化项目。

赫伯特·霍夫曼的秘书丽塔·凯尔（Rita Koehl）以及天主教学院/罗伯特·舒曼之家的其他教职员工全力支持本次会议，因而使会议得以圆满成功。

约翰·加尔通（John Galtung）在会议上进行了重要发言，令人振奋。受赫伯特·霍夫曼邀请，艾尔萨义德·艾尔沙爱德（Elsayed Elshahed）、汉斯·迈尔（Hans Maiel）、彼得·马祖尔凯维奇（Piotr Mazurkiewicz）等人从宗教的角度介绍了文化帝国主义，并向会议提交论文。由于各种原因，他们的论文未能收入本书。

致 谢

卢森堡的罗伯特·舒曼基金会（Robert Schuman Foundation）、柏林的联邦政治教育处、莱茵兰—普法尔茨政治教育处（Federal Agency for Political Education）、特里尔的天主教学院之友（Friends of the Catholic Academy）、德国天主教徒及中欧与东欧人民团结行动（Solidarity Action of German Catholics with People in Central and Eastern Europe）的更新慈善（Renovabis）*、罗莎·卢森堡基金会（Rosa Luxemburg Foundation），以及德国语言学会（Society for German Language）等都为本次会议给予了资助。

琳达·瑞安—波尔（Linda Ryan-Pohl）在语言润饰上给予了莫大的帮助。

我们感谢他们所做的一切努力。

伯尔尼德·哈姆，特里尔
拉塞尔·斯曼戴奇（Russell Smandych），温尼伯

---

* 德国天主教堂名下的一个慈善机构，成立于1993年，主要帮助中欧和东欧地区的人民。——译者注

著者简介

希拉法·B. 阿勒杰敏图（Sheilfa B. Alojamiento）是位于菲律宾达沃市的女性主义研究团体女巫股份有限公司（Hags Incorporated）的负责人，研究领域包括女性、土著人群、民答那峨的摩洛部落。1986年至1990年，她曾在摩洛人资源中心（Moro People'Resource Centre）工作，1992年至1995年在民答那峨的替代研究论坛（Alternate Forum for Research）工作。

艾尔维拉·克拉森（Elvira Classen），传媒学家（获得社会科学文凭），自由撰稿人。目前正在撰写博士论文《信息社会危机和战争通信：美国与德意志联邦共和国在战略、影响和意图上的地位和跨文化比较》。她曾为德国研究基金会（www.dfg.de/en/）资助的"银幕传媒的美学、语用学和历史"的国家研究项目工作了五年，她同时还是锡根大学传媒策划、发展和咨询课程以及多特蒙德大学新闻学课程的讲师。她曾担任一家和平研究刊物的主编，时间长达十年。她还与跨学科的"信息社会和安全政策研究团体"（www.fogis.de）合作，并且是德国和平与冲突研究协会的成员（www.bicc.de/coop/afk/englisch.htm）。

赫尔曼·H. 迪特尔（Hermann H. Dieter）是一位毒理学家和生化学家。在就读于图宾根大学期间，他的专业是语言、科学和古典音乐，后来他又分别在图宾根大学、马尔堡大学、康斯坦茨大学

著者简介

和杜塞尔多夫大学学习生化学和毒理学,并在美国做过相关研究。他目前是位于柏林的德国联邦环境局（Umweltbundesamt）下属的饮用水和游泳用水毒理部的负责人。他还是德国语言协会/文化多样性公民组织联邦委员会的成员（Association German Language/Citizens for Cultural Diversity, www.vds-ev.de）。

克里斯托弗·杰曼（Christopher Germann） 是一位在日内瓦和苏黎世执业的律师（www.germanne-avocats.com）。2000 年 3 月他成立了自己的律师事务所。在此之前,他担任了为期四年的贝克和麦肯思国际律师事务所（日内瓦办事处）的合伙人。他还为伯尔尼大学法学院欧洲和国际经济公法（IEW）研究所和世界贸易学院（WTI）的国际法和经济（MILE）研究生项目教授国际知识产权课程。他是一位自由撰稿人,为多家日报撰稿。他还是一位叙事短片制片人。

苏山萨·龚那提拉克（Susantha Goonatilake） 分别在斯里兰卡、德国和英国学习电子工程,后来又在斯里兰卡和英国学习社会学。他撰写了大量的书籍,包括《斯里兰卡受外国资助的非政府组织和公民社会的死亡》（即将出版）、《将斯里兰卡人类学化:文明的厄运》（2001 年）、《走向全球科学:挖掘文明知识》（1999 年）、《被合并的演化:信息技术和生物技术的长期影响》（1999 年）以及《残缺的思想:对殖民文化的探索》（1982 年）。他曾在欧洲、亚洲和北美洲的一些大学教学并开展研究工作,同时为联合国所有处理知识、科学和技术事务的机构提供高级咨询（如 UNU, UNESCO, UNDP, ILO, FAO, ESCAP, APDA 等）。龚那提拉克博士还是世界艺术与科学研究院的研究员（World Academy of Arts and Sciences）、前斯里兰卡科学促进协会会长（Sri Lanka Association for the Advancement of Science）。

伯尔尼德·哈姆在瑞士的伯尔尼大学分别获得社会学与经济学学位（1974 年）和社会学博士学位（1975 年）。他曾担任瑞士市、州及联邦机构的私人顾问，但在 1977 年之后，他一直在特里尔大学教授社会学，主要讲授人居环境、环境和规划社会学。1984 年至 1995 年，他担任联合国教科文组织德国委员会社会科学分会主席，主要关注全球问题和未来研究，其中包括可持续性发展问题。他在上述所有领域都发表了大量作品。1981 年以来，他一直在东欧、北美、亚洲和澳大利亚等地工作，并在欧洲和加拿大一些大学担任访问教授。1995 年他获得波兰卡托维兹经济大学荣誉博士学位。

黎安国（On-Kwok Lai）是日本关西学院大学政策研究学院教授，并担任香港大学社会政策名誉教授和名誉研究员。他在不莱梅大学获得博士学位，曾在香港和新西兰的一些大学教学。他的研究兴趣是从社会政治层面对公共政策和社会变化进行比较研究。

阿巴斯·曼努彻里（Abbas Manoochehri）1956 年出生于伊朗的伊斯法罕。1988 年在密苏里大学获得政治学博士学位，1980 年在俄亥俄州托莱多大学获得政治学硕士学位，1978 年在设拉子大学（伊朗）获得管理学学士学位。曼努彻里博士目前是德黑兰塔比阿特莫达勒斯大学政治学系教授，教授比较政治思想学、社会科学哲学和伊朗历史社会学等课程。他的著作包括《革命理论》（Theories of

Revolution，2000年)、《马克斯·韦伯与现代性问题》(*Max Weber and the Question of Modernity*，1998年)和《阐释学、方法与解放》(*Hermeneutics, Method and Liberation*，2001年)，他还翻译了马克斯·韦伯的《经济与社会》(*Economy and Society*，1995年)、马丁·海德格尔的《诗、语言与思》(*Poetry, Language and Thought*，2003年)。

艾西斯·南迪（Ashis Nandy) 是一位政治心理学家和科学社会学家，研究领域包括知识文化、愿景和种族灭绝。他是发展中社会研究中心（the Center for the Study of Developing Societies）的研究员，曾经担任该中心主任。他的著作包括《创造民族——罗摩神庙运动与害怕自我》(*Creating a Nationality: The Ramjanmabhumi Movement and Fear of the Self*，1995年)*、《野蛮的弗洛伊德及其他关于可能的、可找回的自我的论文》(*The Savage Freud and other Essays on Possible and Retrievable Selves*，1995年)、《通往城市的模糊之旅——印度想象中的村庄与其他关于自我的古怪遗迹》(*An Ambiguous Journey to the City: The Village and Other Odd Ruins of the Self in the Indian Imagination*，2001年)、《板球之道——关于命运的游戏和游戏的命运》(*The Tao of Cricket: On Games of Destiny and the Destiny of Games*，1989年)、《时间扭曲——坚持的无声政治与模棱两可的过去》(*Time Warps: The Insistent Politics of Silent and Evasive Pasts*，2002年)

---

* Ramjanmabhumi Movement，罗摩神庙运动。据印度教神话记载，Ram Janmabhoomi 是罗摩的出生地，因而在此地建造了印度教神庙。1527年，伊斯兰教莫卧儿王朝的守卫君主巴布尔下令摧毁神庙，并在神庙旧址建造巴布里清真寺（Babri Masjid)。由于该清真寺几乎闲置未用，印度教教徒要求进入神庙旧址祭拜罗摩神，因而引发了多场暴动和论战。——译者注

以及《国家的罗曼史与热带地区持不同政见者的命运》（The Romance of the State and Fate of Dissent in the Tropics，2003年）。南迪还积极参与和平、另类科学和技术与文化生存活动，并与其他人合作撰写了一些人权报告。他还是华盛顿威尔逊中心的伍德罗·威尔逊研究学者、爱丁堡大学人文科学高级研究院研究员、加州大学洛杉矶分校的终身校董事教授。1994年他担任特里尔大学欧洲研究中心联合国教科文组织第一教授（the first UNESCO Chair at the Centre for European Studies）。

D. 帕塔萨拉蒂（D. Parthasarathy）是位于孟买的印度理工学院人文和社会科学系副教授。1995年，他在海德拉巴大学获得社会学博士学位，主要研究和教学领域包括农业社会学、可持续性发展和种族争端。

凯瑟琳·萨利卡克斯（Katharine Sarikakis）是英国利兹大学通信研究所通信研究硕士生课程的负责人。她的研究兴趣是国际通信与传媒政策。目前她正在进行有关通信政策对公民权的影响力的研究课题。她撰写了《传媒政策中的权力》（Powers in Media Policy，2004年）和《全球时代的英国传媒》（British Media in a Global Era，2004年），并与他人合作编辑了《互联网意识形态》（Ideologies of the Internet，2004年）。她还是《传媒与文化政治国际期刊》（International Journal of Media and Cultural Politics）（智者）的执行主编。

古斯塔·W. 萨奥尔（Gustav W. Sauer）1947年出生于奥地利

的格拉茨，1974年在格拉茨技术大学获得技术物理学文凭，1978年在德国马尔堡大学获得理论物理学博士学位。1982年他任职于汉堡市环境局，1985年担任汉斯州州长办公室核能源处处长，1988年担任石勒苏益格—荷尔斯泰因州政府核安全总监，1994年担任空气净化、生物技术/遗传工程、食品监督和动物保护总监，2003年担任多个部委的能源政策和经济体系总监，目前他担任经济事务、就业与交通部总监。1997年以来，他还是联邦环境、自然保护和核安全部部长属下的德国重大危险委员会委员。

克里斯托夫·谢勒（Christoph Scherrer）分别在法兰克福大学和柏林自由大学获得经济学硕士学位和政治学博士同等学位。目前他担任卡塞尔大学全球化与政治专业的教授，并担任哈佛大学肯尼迪纪念基金的研究员（Kennedy Memorial Fellow）。他近期出版的著作包括：《服务贸易总协定——为谁服务？》（*GATS*：*Zu wessen Diensten?*）[与T. 弗里茨（T. Fritz）合著，2002年]、《超越新经济——从德国经济的视角》（*Nach der New Economy：Perspektiven der deutschen Wwirtschaft*）[与S. 贝克（S. Beck）、G. 卡格拉（G. Caglar）合著，2002年]、《服务贸易总协定2000——工人利益与服务贸易自由化》（*GATS 2000*：*Arbeitnehmerinteressen und die Liberalisierung des Dienstleistungshandels*）（与T. 弗里茨合著，2001年）、《贸易全球规则——行为准则、社会标签和工人权力条款》（*Global Rules of Trade*：*Codes of Conduct, Social Labeling, and Workers' Rights Clauses*）[与T. 格雷文（T. Greven）合著，1999年]、《迟疑不决的全球化？自由外贸政策在美国的声明》（*Globalisierung wider Willen? Die Durchsetzung liberaler*

Au? enwirtschaftschaftspolitik in den USA，1999年），以及《工作奇迹美国——德国的榜样?》（*Jobwunder USA—Modell für Deutschland?*）[与S. 朗（S. Lang）、M. 迈耶（M. Mayer）联合编辑，1999年]。

赫伯特·舒伊（Herbert Schui）出生于1940年，曾在科隆大学和巴黎大学学习经济学，1972年在康斯坦茨大学获得博士学位。1974年至1980年，他在不莱梅大学担任经济学教授。1980年以来，他在汉堡政治与经济大学担任经济学教授。他还是一些大学的访问教授，其中包括图卢兹第二大学、维也纳经济与管理大学、奥尔良大学以及哈瓦那大学。

拉塞尔·斯曼戴奇是加拿大温尼伯市曼尼托巴大学的社会学与犯罪学教授。他的研究兴趣与三个社会历史和犯罪学研究领域交叉：法律命令与社会控制的比较史研究，主要关注英国殖民刑法在土著人中的适用；加拿大历史上土著人的童年与殖民主义；20世纪90年代以来的加拿大青少年司法改革。他的文章曾在一些论文集中发表，他还在期刊上发表了大量关于犯罪学和司法史的论文，并与他人合著了相关书籍。

比亚特·K. 特里巴蒂（Biyot K. Tripathy）是一位英语专业的教授，著名学者和小说家。他在拉文秀学院（Ravenshaw college）、加尔各答大学与威斯康星大学（麦迪逊）接受教育，并且曾在喜马偕尔大学（Himachal Pradesh University）、贝汉布尔大学（Berhampur University）、乌特卡尔大学（Utkal University）、纽约州立大学水牛城分校和威斯康星大学拉克罗分校等高校教学、演讲、开展研究。他发表了大量学术著作,包括关于 D. H. 劳伦斯和美国小说的一些专著。他还发表了两部用奥里亚语撰写的小说和一部短篇小说集,以及一部用英语撰写的小说。目前,他正在为"从边缘到中心:奥里萨部落民俗与神话"的研究项目收集并记录各部落的民间传说。他收集了到目前为止数量最多的纯部落民俗资料(包括 240 盒磁带和 17,000 页文字稿)。该工作主要由他本人和印第安纳大学(布卢明顿)传统音乐与民俗档案馆负责。最近他为牛津大学出版社完成了一部双语词典(2003 年 11 月出版)。目前他正在创作两部小说。

弗里茨·威尔玛(Fritz Wilmar) 出生于 1929 年,是柏林自由大学政治学荣休教授。自 1975 年以来他一直在柏林自由大学任教。在完成社会学方面的学习后,他在一个大型公会接受继续教育。他是《和平批判研究》(*Critical Peace Research*)杂志的创始人之一,并在该杂志上发表了一些论文。20 世纪 70 年代以来,他的研究兴趣转向民主化以及发展更为人道的经济和社会结构来替代现有的经济和社会结构。他发表了大量著作,其中包括(都是用德语撰写的)《民主化策略》(2 卷,1973 年)、《私企中人的尊严》(1973 年)、《西欧的工业民主》(1975 年)、《经济民主和工作的人性化》(1978 年)、《工作世界》(1992 年)、《生态社会主义》(1986 年)、《自助手册》(1988 年)、《乌托邦的解救力量——德国犹太人创建哈佐利亚基布兹》(1990 年)。他还参加了许多社会活动。他是大学倡议民主社会主义组织的联合创办人,是社会民主党基本价值观委员会委员，并参与发起了欧洲无核武器组织。1991年以后，他致力于批判与分析德国统一和语言帝国主义问题。他曾是社会民主党中的积极分子。2003年，由于反对社会民主党的新政治路线，他脱离该党，放弃了50年的党员身份。

第一部分
定义文化帝国主义

引　言

　　第一部分包含两个导言性章节，介绍了定义和理解文化帝国主义意义的不同方法。在第一章，拉塞尔·斯曼戴奇梳理了近期使用文化帝国主义概念的文献，并认为本书的著者们所做的工作契合了当前围绕文化帝国主义的概念和理论展开的论争。他首先简要回顾了 1970 年代以来文化帝国主义理论的发展，以及"文化帝国主义"的批评者和辩护者为揭露加尔东（1971 年）*和席勒（1976 年）**等学者最先提出的文化帝国主义论点的真实面目所做的种种努力。在讨论中，他指出了近期"文化帝国主义"的批评者和辩护者开始用一些比较温和的词（如美国的"软实力"和"全球化"）来取代"文化帝国主义"的方式。同时，他也表明本书中的每个章节都为当前关于文化帝国主义的意义及其有益性的论争增加了新的内容。他

---

　　* 约翰·加尔东（John Gatlung），挪威奥斯陆大学国际关系教授，和平研究北欧学派的领军人物。1955 年领导成立奥斯陆国际和平研究所，1964 年创办《和平研究杂志》（*Journal of Peace Research*）。他提出了"结构帝国主义"（structural imperialism）的概念。——译者注

　　** 赫伯特·席勒（Herbert Schiller），美国著名传播学者。在他 1969 年出版的《大众传媒和美利坚帝国》一书中第一次提出了"文化帝国主义"的命题。——译者注

论文化帝国主义

认为所有章节都拥有一个共同的主题,即展示信息和文化在进行社会控制时的重要性。他还强调,本书中的每一个章节都未使用某个特定的文化帝国主义理论体系,实际上每一章都带有一定的自传性质,因为每个章节都是根据著者的真实生活经历——或者个人叙事——以及他们个人在纪录并解释自己亲身经历的、与文化帝国主义相关的社会制度及过程时所做的努力而撰写的。

本书的第二章,伯尔尼德·哈姆从批判政治经济学的角度,对文化帝国主义进行了个人和理论层面的批判。哈姆反思了二战后不久自己作为一个年轻的德国人对于美国文化帝国主义的亲身经历。他同时也反思了二战后的几十年里发生的一些历史性事件。这些事件促使他本人和许多其他欧洲及北美人士认识到,是历届美国政府以及他们曾经支持过并且今天还在继续支持的一些军工复合体,使得那些危害巨大的欺骗策略永远存在。他认为,在当前的全球语境下,在所有国家中,美国才算得上是最大的"流氓国家"。关于美国以及世界上许多其他国家的公民是如何被美国政府支持的"意识工业"(consciousness industry)* 提供的错误信息所欺骗的,哈姆列举了大量实例。此外,他还提出了几个尖锐的问题:"这种显而易见的矛盾怎么可能一直存在?又该如何解释它的持续存在?因为所有发现这种矛盾现象必需的信息都可以轻而易举地获得。为什么甚至连媒体都一致维护美国这种良好的意识形态形象呢?为什么大多数国家都完全屈从于美国,尽管这些国家拥有所有专业的新闻审查和

---

* "意识工业"是由汉斯·马格努斯·恩岑斯贝格提出的一个概念,是一个针对现代大众媒介的总括性术语。这个概念意味着,个人意识不是一种属于个人的先在或自然属性,至少就其"内容"或其特有的形式与实践而言并非如此。意识是一种社会化的产物,源于意义形成的社会化与组织化的资源之中。意识工业通常可涵盖大众传播媒介,但也可以包括诸如教育、宗教等制度。——译者注

情报手段？这是我们这个时代最大的谜团之一：能在这一重要问题上指导我们的社会科学在哪里？"这些问题的提出，不仅使哈姆本人能够从政治经济学的角度对美国文化帝国主义的前因和后果进行批判性分析，而且也为对后面的章节从不同角度进行分析做好了准备。

第一章
文化帝国主义及其批判：对文化统治与文化对抗的再思考

拉塞尔·斯曼戴奇

文化帝国主义这个概念至少在20世纪70年代就已经成为研究和争论的焦点（Gatlung 1971；Schiller 1976；Hamm，本书第二章）。近年来，这个概念又重新受到关注，而且关注度不断提高。对于这一概念的重新关注毫无疑问是由众多因素引起的，其中的许多因素在本书中都将得到探讨。比如，互联网与其他信息和通信技术（ICT）全球普及程度的快速增长与高速，美国文化出口产业的飞速发展和巨大影响，"9·11"事件与美国领导下的伊拉克战争之后国际关系和全球政治的动荡变化。在过去十年里，公众对新自由主义和全球化问题的关注得到了全面表达，相关学术研究也蓬勃发展。正如本文集的一些著者所言，这些与文化帝国主义有着密切的关系。（最近关于全球化的文献包括：Arnowitz and Gautney 2003；Beneria and Bisnath 2004；Brawley 2003；Croucher 2004；Chossudovsky 2003；Eckes and Zeiler 2003；Eriksen 2003；Michie 2003；Peck and Yeung 2003；Perlas 2000；Urry 2003。）

文化帝国主义一词已经有多种定义，而本书的一些著者也提出了他们自己所做的定义，并进行了概念上的微调。不过就整体而言，在讨论伊始要注意一点：文化帝国主义的不同定义形成了一个连续体。在连续体的一端，是将文化帝国主义视为"美国文化产品对其他文化的统治"（美国大众文化：文化帝国主义 http：// www. wsu. edu/ ~ amerstu/pop/cultimp. html）的相当狭窄的并且存在公开争议的概念。在

第一章 文化帝国主义及其批判：对文化统治与文化对抗的再思考

连续体的另一端是另一些更加正式也更加抽象的定义，例如，席勒认为文化帝国主义包括"将一个社会带入现代世界体系的过程，以及社会统治阶层是如何被吸引、遭受压力、被强迫，有时甚至被收买，从而形成与这个体系的统治中心的价值观和结构相一致的。甚至是提升的社会制度的过程的总和"（Schiller，1976年：9）。而且文化帝国主义还经常与电子殖民主义、媒体帝国主义、意识形态帝国主义以及传播帝国主义等词交替使用（White 2001）。这样做并非没有问题。社会学家皮埃尔·布尔迪厄（Pierre Bourdieu）和洛伊克·华康德（Loic Wacquant）（1999：41）在一篇观点尖锐的题为"帝国主义理由的狡诈"的论文中，以一种更为愤世嫉俗的口吻指出，"文化帝国主义依靠权力将与某一历史独特传统相关联的特殊主义普适化，使它们被人们误解"。布尔迪厄和华康德进一步认为，"今天，与美国社会和美国大学的社会特殊性相关联的知识阶层的对抗直接引发了众多话题。这些话题显然以一种去历史化的形式强加到了整个星球之上。"布尔迪厄和华康德（1999：42）指出，其中一个去历史化的话题就是"充满争议的'全球化'的概念"。这个概念用于学术或政治话语中，"能够掩盖帝国主义在文化泛基督教主义和经济宿命论方面产生的影响，使跨国权力关系必须中立。这个概念即使没有上述功能，也能产生上述影响"。

尽管文化帝国主义这个概念具有高度的争议性，意义模糊，但这个概念与近年来更为流行的全球化概念一样，在学术界以及全球大众文化中使用极为广泛。正如在前面提到的文化帝国主义的定义及其可替换使用的术语中所强调的，这一概念自1970年代以来一直在社会科学领域使用，尤其是传媒和国际通信研究领域。近来，对文化帝国主义的指控成了世界范围内反全球化抗议活动的主要特

第一部分 定义文化帝国主义

征（对照 Natrajan 2003）。与此同时，美国文化产业在全球范围内日益发展的优势地位也不断遭致反对。这一点在近期穆斯林在全世界范围内进行的反对西方，尤其是对美国在经济、政治和文化上的主导地位的抗议活动中可以看出。

本书著者们所撰写的不同章节反映出了对文化帝国主义意义的不同理解。这一点部分反映在以下事实中：这些著者关于文化帝国主义的定义并不一致；相反，他们从各自的语境出发，描述他们自己所理解的文化帝国主义。在本章，笔者将把这些著者的论文置于当前围绕文化帝国主义概念和理论展开的论争中。笔者首先将简要回顾20世纪70年代以来文化帝国主义理论的发展，以及"文化帝国主义"的批评者和辩护者，为揭露加尔东（1971年）和席勒（1976年）等作者最先提出的文化帝国主义论点的真实面目所做的种种努力。然后，笔者将展示每个章节是如何为当前关于文化帝国主义的意义及其适用性的论争增加新内容的。接下来，笔者将在每部分开头的简短导言中进一步说明每位著者提出的观点。第一部分中的两个导言性章节与之后的实质性章节，共同描绘出与文化帝国主义相关的全球发展与变化的模式。其中最重要的是20世纪80年代新自由主义经济和政治思想的盛行与美国军国主义的发展（哈姆在第二章有进一步探讨），以及20世纪90年代被使用得越来越多的所谓的美国"软实力"（Fraser 2003；本章中的讨论）。

除了其他的观点，著者们的论文还表明，当前关于全球化及其同质化的或者毁灭性的影响的全球性关注，不能脱离影响全球经济和政治的各种因素来加以看待。譬如，有一个贯穿本书多篇论文的重要主题，即全球化——总是采取西方国家的政府和私人部门支持下的将新自由主义政治和经济战略强加于人的形式，这种形式虽然

第一章　文化帝国主义及其批判：对文化统治与文化对抗的再思考

隐晦但是带有胁迫性——在为第三世界国家的发展铺路的过程中产生的影响，包括西方媒体的大量涌入；采纳西方关于人权和良好治理的概念；西方文化在语言、科学和教育、宗教、艺术以及个人信仰和自我解读体系方面不断增强的优势地位。当然，布尔迪厄和华康德（1999）以及其他许多人警告称，我们在使用全球化一词时必须谨慎，因为这个概念也许经常被用来将真正的权力结构去个性化和匿名化，而事实上我们知道，全球权力结构的最高等级是由华尔街财政部集团及其在美国和其他西方国家的政治傀儡和经济联盟构成的（哈姆，本书第二章）。然而，总体而言，我们还是认识到，即使在最严苛的政权中，抵制获得政治、经济和文化优势的行为也并非一定不可能。

文化帝国主义理论及其批判

著名传媒批评家、文化帝国主义研究领域政治经济学研究方法的领军人物赫伯特·席勒于2000年1月去世。此前不久，他在出版的一本书中反思了自己一生中的大部分时间《在头号大国生活》的个人经历。这个头号大国当然就是美帝国了。在题为"将传播和文化企业化"的一章中，席勒强调，"那些可能挑战头号大国的许多渎职行为的国家面临的巨大困境"在于，任何"试图改变社会秩序的努力都与企业工业体系的根本利益直接冲突"，而且该"体系能够自己支配即使不能决定社会思想，也会影响社会思想的信息机构和文化制度"。席勒认为，"这解释了为什么信息和文化权力成为治理的关键因素"，并且解释了为什么"如何部署这些权力在控制社会方面与军队和警察一样具有决定性作用"（Schiller 2000：136—137）。

最近，马修·弗雷泽（Matthew Fraser）（2003年）继续了席勒

第一部分　定义文化帝国主义

在对影响社会思想的文化制度的批判性分析中所提出的关键话题，指出"软实力"在巩固美帝国权力中所起的作用。他的《大规模分散注意力的武器——软实力和美帝国》（*Weapons of Mass Distraction: Soft Power and the American Empire*）一书的标题就极为尖锐。他在书中认为，"美国的军事和经济力量对美国的超级大国地位而言不可或缺，而美国的软实力在历史上则一直都是美国外交政策的一个至关重要的战略资源。"他近期出版的这本书之所以重要，原因在于该书提升了文化偶像在全球地缘政治中的作用。弗雷泽认为，

> 美国在全球的统治地位主要是通过非军事手段实现的——简而言之，通过美国软实力的延伸、主张和影响实现的。根据定义，如果硬实力建立于"事实"之上，那么软实力就是建立于"价值观"之上。美国的硬实力对维持全球稳定是必要的。而美国的软实力——电影、流行音乐、电视、快餐、时尚、主题公园——则传播、确认并加强共同规范、价值观、信仰和生活方式。硬实力进行威胁，软实力则展开诱惑；硬实力进行劝阻，软实力则予以说服。（Fraser 2003：10）

指出以下一点至关重要：弗雷泽（2003：19）声称自己对美国软实力的分析不同于其他美国文化帝国主义批判者的作品。他将在20世纪70年代就开始关注美国文化帝国主义的学术和政治批评家以及抗议者们视为反美的辩论家和命运的预言家。这些人通常会将从麦当劳和可口可乐，到米奇、唐老鸭和兰博等美国文化习俗和偶像在全球传播的原因及其后果简单化。弗雷泽所说的辩论家包括早期的传媒评论家席勒和耶鲁大学教授保罗·肯尼迪（Paul Kennedy）。

第一章 文化帝国主义及其批判：对文化统治与文化对抗的再思考

席勒（1969年）认为，为了促进美国资本主义的利益，美国国务院赞助了美国传媒巨头领导的世界"电子入侵"运动。保罗·肯尼迪则在1988年预测，当"维持美国在全球的军事存在的经济途径萎缩"之时，"帝国主义的无能为力"或者"在战略上过度执着于对外国的统治"必然导致美帝国的衰落（Fraser 2003：19—22）。他还提到了在20世纪80年代谴责欧洲语言和文化产业的麦当劳统治以及可口可乐殖民化的欧洲知识分子（尤其是法国知识分子）。与1989年柏林墙被推倒之后的其他国家的一些对美国文化和价值观更加公开的支持者一样，弗雷泽也认为，美国文化帝国主义的主要批评家中有许多过度夸大了自己的情况，而最近全球地缘政治方面的历史事件则证实，那些曾经预测美利坚帝国必定要衰落的人是完全错误的。

弗雷泽避免使用文化帝国主义的概念，但是他直率地表达了自己的中心论点。在后冷战时期，美国已经崭露头角，"毫无争议地成为帝国主义力量，其软实力保护伞支撑了整个世界"。同时，"美国的软实力在历史上前所未有的强大，这得益于文化全球化的范围广、速度快和强度大"，而全球化在某种程度上又是使用互联网和卫星通信等技术创新手段所导致的。因此，弗雷泽总结道：

> 对于美国软实力的精确效果及其引发的反应可能会产生争议……美国软实力的触手毫无疑问是遍及全球的。世界上几乎没有一个角落不受到它的影响……即使在那些精英阶层对自由民主和自由市场资本主义怀有敌意的地区，美国软实力的无处不在也使得它的影响更难以抵抗。（Fraser 2003：32）

弗雷泽承认，认识到美国软实力的重要性并非自己的真知灼见；

第一部分 定义文化帝国主义

相反,他承认自己使用了克林顿任下的国防部副部长约瑟夫·S. 奈（Joseph S. Nye）的话。奈支持使用软实力。他将这个词定义为"通过吸引而非胁迫在国际事务中达到所期望的结果的能力"。2000年,奈在《纽约时报》上坦率地概述了自己在美国软实力问题上的公开立场,后来在其著作《美国力量的悖论》（*The Paradox of American Power*）（Nye,2002年）中,他又详细说明了自己的观点。他认为,"作为一种隐藏的威慑力,美国的硬实力是需要的。必要时还要使用硬实力……但美国在世界上的领导地位取决于软实力的使用——即,美国的生活方式、文化、分散注意力的种种形式、规范和价值观在全球的吸引力。简而言之,美国的领导地位建立在道德基础之上会更为有效"（Fraser 2003：18）。

奈对于美国软实力重要性的评判,与另一位美国早期地缘政治战略家兹比格涅夫·布热津斯基（Zbigniew Brezezinksi）在《大棋盘——美国的首要地位及其绝对必要的地缘战略》（*The Grand Chessboard: American Primacy and Its Geostrategic Imperatives*）（1997年）中提出的观点区别不大。布热津斯基将现代美国的全球力量,与早期占据统治地位的欧洲、亚洲帝国以及当今美国的竞争者们的全球力量之间的异同进行了历史性比较,他强调:

> 美国在全球力量的四个决定性领域都占据至高无上的地位:军事方面,美国在全球范围内的影响力无人能比;经济方面,美国一直是全球发展的主要动力……;技术方面,美国在技术创新的前沿领域一直保持整体的领导地位;文化方面,尽管有时有些粗俗,但美国拥有无与伦比的吸引力,特别是在全世界

第一章 文化帝国主义及其批判：对文化统治与文化对抗的再思考

的年轻人中——所有这些都赋予美国之外的其他国家所无法企及的政治上的权势。正是这四个方面的总和使美国成为全球唯一的综合性超级大国（Brzezinksi 2997：24，原文就有着重符号）。

令人奇怪的是，布热津斯基和席勒一样，他坦率指出了提升美国文化在海外吸引力的重要性。但是，他又与文化帝国主义的其他批评者和辩护者一样尽量避免使用文化帝国主义一词，除非需要质疑该词的适用性。

与此同时，重要的是还有一些美国文化帝国主义的辩护者更加公开地为其辩护。他们专门使用这个词，根本目的就是说明世界有这个词比没有这个词更加美好（对照 Rauth 1988；Rothkopf 1997）。其中一个经常被引用的例子是，大卫·罗特科普夫（David Rothkopf）于 1997 年首次发表在《外交政策》上的"称赞文化帝国主义？"。罗特科普夫是克林顿第一届任期内美国商务部的一位高级官员。他指示性地写道：

> 全球化有经济根源，也有政治后果。但它也使文化权力在这个全球环境中生效——当统一与分裂的张力在所有与国际关系相关的事件中相互竞争时，连接与分离的权力……对美国而言，信息时代外交政策的主要目标必须是打赢世界信息流动战，控制无线电波，就像过去大英帝国统治海洋一样。（1997：39）

此外，在提出关于"出口美国模式"的观点时，罗特科普夫评论道：

第一部分 定义文化帝国主义

> 许多观察家争论，利用全球信息革命创造的机会来提高美国文化的地位，从而使美国文化高于其他文化的做法令人厌恶，但是这种相对主义既危险又错误……美国应该毫不犹豫地推广自己的价值观。尽量出于礼貌或者谨慎，美国人不应该否认他们的国家是世界历史上所有国家中最公正、最宽容、最愿意不断批评并提高自己的，因此也是未来最好的模式。（1997：48—49）

罗特科普夫并没有直接引用大量有助于理解使用文化帝国主义概念的辩论的文献（本书引用了其中的一些文献），尽管从他的文章中可以看出他对这场辩论非常熟悉，而且他觉得这在很大程度上是一种奢侈的行为，因为这与美国的经济和国家安全利益无关。

另一方面，英国权威的传媒专家约翰·汤姆林森（John Tomlinson）发展了一整套至今仍然被认为是最具影响力的反对文化帝国主义论点的学术评论体系。汤姆林森（1991年，1997年，1999年）反对在全球化世界中使用文化帝国主义的概念。在他的经典著作《文化帝国主义》（Cultural Imperialism）（1991年）一书中，他从两个层面揭露了文化帝国主义论点的真实面目。第一是对帝国主义的指控，第二是关于随之而来的文化同质化的假设。在需要使用文化帝国主义概念的地方，汤姆林森更倾向于用"文化缺失"（cultural loss）的概念来描述全球化过程中发生的文化变化，因为文化缺失并不预设存在或者使用一种强制的力量关系。然而，巴拉穆拉利·纳塔拉詹（Balmurli Nataraja，2003：225）近期批判并质疑了汤姆林森所揭露的真相的论点，并为文化帝国主义概念的持续关联予以辩护。

第一章 文化帝国主义及其批判：对文化统治与文化对抗的再思考

他批判汤姆林森采用的文化的概念掩盖了当前在反对全球化的抗议中所隐含的真正意义。纳塔拉詹认为，尽管汤姆林森的论点被许多学者和政策制定者广泛使用，但却"是建立在对文化的概念的独特理解之上的"。汤姆林森起初将文化定义为"人们赋予自己的行为和经历意义，并理解自己生活的背景"（Tomlison 1991：7），后来又进行了修订，将所有"直接有助于人们不断进行的'人生叙事'，长期以来我们赖以解释自己在海德格尔所谓的'人类的被抛状态'（the throwness of the human situation）中存在的故事的平凡实践"（Tomlinson 1999：20；引自 Natrajan 2003：25）包括在内。本质上，纳塔拉詹（2003：226—227）辩论道，汤姆林森声称当前反对全球化的抗议活动最终是由个人和集体所经历的文化缺失感——或者假设的"理解自己生活的叙事的存在主义缺失"——引起的，但是他的观点并没有抓住一个事实：最令人信服的反对全球化的抗议活动，"可以被认为是关于整个政治、经济和文化语境的缺失的"。纳塔拉詹专门为建立在政治经济学基础之上的文化帝国主义的概念进行了持续关联性的辩护，他说，"汤姆林森将文化理解为'产生意义的语境'，而不是'在语境中产生意义'，似乎将意义叙事与它们的政治经济学隔离开来，并且遮蔽了全球化过程中一直存在的强制行为。这样做是致命的。"全球化过程中似乎经常会出现"偏心"（decentred）现象，汤姆林森对文化帝国主义论点的批判则可以有效地促使传媒与国际传播专家们，更加批判性地思考全球化的"偏心"过程中出现的文化缺失和文化杂糅的新模式（Mohammadi 1999：168）。而纳塔拉詹最近对汤姆林森所揭露真相的论点的批判则表明，关于文化帝国主义概念的适用性的辩论远未结束。（关于这场辩论的相关

第一部分　定义文化帝国主义

文献，可参考 Chadha and Kavoori 2000；Cole 2002；Cowen 2002；Crane et al. 2002；Croteau and Hoynes 2003；Dunch 2002；Ess 2000；Golding and Harris 1997；Griffin 2002；Jameson and Miyoshi 1998；Juluri 2003；Kang 1998；Kim 1998；Knight and Robertson 2003；Kuisel 2000，2001；Main 2001；Morley 1996；Morley and Robins 1995；Nantambu 2002；Ouis 2001；Roach 1997；Robertson 1995；Sreberny – Mohammadi 1997；Strelitz 2001；White 2001。）

本书概述

也许是因为本书的两位编辑主要接受了社会学方面的学术训练，并一直进行相关的学术研究，在编辑本书的研究过程中，我们留下了深刻印象：以往对文化帝国主义的辩论往往发生在传媒和传播研究领域，其他学科或者跨学科领域的学者则几乎没有介入。因此可能有人会认为，以往在理论上的辩论和研究过多地透过单一且孤立的学科视角，而没有同时从几个不同的学科视角，甚至多学科视角展开。譬如前文所列举的实例，过去批评者和辩护者往往倾向于将文化帝国主义等同于传媒帝国主义，这样做也许是错误的。过去，传媒帝国主义的话题所受到的关注过多，因而未能对获取文化统治的大量其他方法的尝试（有时这种尝试是成功的）进行细致分析。我们还认识到，承认传媒帝国主义以及文化政治领域正在进行的工作与当前事件之间的关联性仍然很重要，正如我们在本书第三部分所做的那样。然而，本书的其他章节也清楚地表明，作为文化帝国主义的一个维度，传媒帝国主义不能孤立看待，而是应该与一些文化试图统治其他文化的方式，以及其他文化试图抵制这些文化对自

第一章　文化帝国主义及其批判：对文化统治与文化对抗的再思考

己进行文化统治的努力的方式等许多其他维度一起同时看待。

本书的每个独立章节都包含一个共同的主题，即记录信息和文化权力在社会控制方面与军队和警察一样具有决定性作用（Schiller 2000 年）。此外，与席勒的《在头号大国生活》（*Living in the Number One Country*）的描述一样，每个章节都带有一定的自传色彩。当然，正如序言所说，一个人出生或者居住在哪个国家有时候可能与他理解世界的方式无关，但是有一点很重要，即本书的著者分别来自九个国家。这些国家要么是历史上众所周知的帝国主义国家，要么是殖民地国家或者现在的后殖民国家，包括英国、加拿大、德国、印度、伊朗、菲律宾、日本、斯里兰卡和瑞士。本书的著者们有一个显著而重要的特点，即没有一位作者来自美国，尽管其中许多章节的作者实际上都曾经在美国学习或者教学。这一点值得指出，因为正如我们将在这个导言性章节的后半部分以及随后的实质性章节中看到的那样，某位作者对特定话题的关注及其论证方式，揭示了这位作者作为被发现过去曾经犯下军事、经济和文化帝国主义罪行的国家的公民，或者作为曾经亲身经历了更多的尤其是大英帝国这样的超级大国的真实统治的国家的公民和文化团体的成员，或者两种情况都有所经历的人，其个人在应对帝国主义的存在及其影响方面的经历和尝试（Ferguson 2003 年；Blum 2000 年）。因此，理解这一点很重要：本书并没有过多地使用某种文化帝国主义理论体系，更多的是根据著者的真实生活经历——或者个人叙事——以及他们个人在记录并解释自己亲身经历的与文化帝国主义相关的社会习俗与过程时所做的努力。

后面一章是伯尔尼德·哈姆撰写的另一个导言性章节。这一章

第一部分　定义文化帝国主义

之后，本书被分为五个部分。每个部分都强调了这一部分的全部章节中所讨论的共同的重要主题。然而，其中有些章节讨论的主题贯穿于本书相当部分的内容，记住这一点十分重要。我们已经在各个章节相互参照的部分与每一部分开头的简短导言等处注明了这一点。

第二部分汇集了三位作者从三个不同的角度对文化帝国主义的历史和未来进行的分析。在第三章中，来自斯里兰卡重要的后殖民主义批评家及科技社会学家苏山萨·龚那提拉克，提供了理解自14世纪以来西方文化帝国主义的历史发展轨迹的批判性的、信息丰富的分析框架。来自印度的著名政治心理学家和科学社会学家艾西斯·南迪，在"作为未来理论的文化帝国主义"一章中，还试图在分析过去的基础上预测文化帝国主义的未来。伯尔尼德·哈姆接着"作为文化帝国主义的科学和真理"一章中，论述了西方科学与真理的概念是如何被用来使旨在压迫和剥削自然和人类的西方政治经济利益合法化的。

第三部分的各个章节从不同学科的视角以及全球范围内各个国家和地区的观点出发，探讨了传媒帝国主义和文化政治领域的重要发展及其问题。在第六章中，政治学家与国际资讯和传媒政策专家凯瑟琳·萨利卡克斯，探讨了在当前国际事务与开辟文化统治新空间的背景下文化帝国主义概念的相关性。她特别以欧盟为例，讨论了国际化治理的政权与预设的代言政治的作用之间复杂的交集。此后一章与第六章密切相关。作者克里斯托弗·杰曼是一位在瑞士执业的国际知识产权律师、自由撰稿人、短片制作人。他研究与电影产业中文化多样性相关的问题，其研究重点是欧盟的经验。来自日本的社会政策比较研究专家黎安国，则在第八章分析了亚洲新兴工

第一章　文化帝国主义及其批判：对文化统治与文化对抗的再思考

业国家（NIEs）信息与通信技术（ICT）网络发展产生的影响。黎安国继承了席勒（1999年）的方法，用"数字资本主义"来描述信息与通信技术网络是如何以前所未有的规模直接影响全球社会、文化和经济变化的。最后，在第九章，艾尔维拉·克拉森研究了"9·11"事件以后在美国领导下的"反恐战争"中媒体所传递的价值观的转移。从她作为传媒研究者和德国自由撰稿人的立场出发，克拉森描述了自2001年9月11日至2003年底在伊拉克俘获萨达姆·侯赛因这段时间，媒体上流行的全球范围内的攻心之战的发展轨迹。

第四部分研究了新自由主义、全球化和文化帝国主义之间的融合。与本书的其他章节一样，第四部分的所有章节也强调通过接触大量不同学科、国家和地区的视角和论点以获取批判性的知识。德国经济学教授赫伯特·舒伊在他的"新自由主义及其对人文科学的攻击"一文中，举例说明了文化帝国主义与现代新自由主义是无法分割的。通过重新审视新自由主义经济学理论之父弗里德里希·哈耶克（Friedrich Hayek）的观点和影响，舒伊在某种程度上说明了上述观点。舒伊认为，新自由主义是所有经济学理论中第一个声明，产出最大化或者最大程度地满足欲求并不是自由市场经济的目的。同时他还表明，这一理论因此从几个方面加强了西方文化帝国主义。第四部分的其他章节则通过个案研究，分别强调了新自由主义、全球化和文化帝国主义之间的融合。在第十一章中，克里斯托夫·谢勒分析了《服务贸易总协定》（世贸组织框架下的服务贸易总协定）在欧盟国家教育商品化过程中所扮演的角色。他认为，"随着新自由立宪主义的传播，《服务贸易总协定》为解除对教育的限制并实现教育私有化提供了一个政治法律上的参照标准"。在第十二章中，D.

第一部分　定义文化帝国主义

帕塔萨拉蒂分析了印度运用与经济自由化以及法律和伦理道德商品化相关的新自由主义理论因素的方式所产生的效果。在第十三章中，希拉法·B. 阿勒杰敏图认真分析了20世纪90年代菲律宾女性主义运动的失败，当时正是后独裁统治与新兴自由民主政治的政治气候并存的时期。这个时期的政治特色包括"拉拢新自由主义"（a co-optation with neo-liberalism）。

第五部分所含章节将语言和生态帝国主义的相关问题纳入文化帝国主义的大问题之内。作为文化帝国主义的一部分，英语在全世界的优势在本书的其他章节就已经成为讨论的关注点，尤其是在杰曼撰写的第七章和谢勒撰写的第十一章。但是在第十四章中，德国社会学家、德国语言协会/文化多样性公民组织成员弗里茨·威尔玛，从历史的角度研究了关于欧洲语言帝国主义的论争。在此后的一章中，柏林的一位毒理学家和生物化学家赫尔曼·迪特尔（也是德国语言协会/文化多样性公民组织成员）总结出一个观点，认为保护语言/文化多样性与保护生态多样性一样重要。他特别指出，我们必须"保护世界上成千上万种的种族文化语码免受世界范围内单一语言主义的语言压力。这不仅是一个人权问题，而且还是理解从而保存自然的遗传和现象多样性的重要前提。摧毁一种语言就相当于摧毁了分别理解自然或者人类生存环境（某些方面）的一种特殊方式"。在第十六章中，伯尔尼德·哈姆与德国核物理学家、联邦环境、自然保护和核安全部部长属下的德国主要危险委员会委员古斯塔·萨奥尔，在迪特尔关于生态多样性的论点上更进一步，指出了全球新自由主义经济政策所带来的灾难性的生态后果。萨奥尔和哈姆认为，新自由主义理论并不一定会引发当前的全球问题（problem-

第一章 文化帝国主义及其批判：对文化统治与文化对抗的再思考

atique，罗马俱乐部对全球生态、经济和社会危机的综合症状的称呼），但是他们指出这至少是当前全球问题的主要推动力，也是强大的推动力。

第六部分将研究后殖民主义与文化帝国主义之间的联系。过去20年里，后殖民理论和研究领域的发展，如果说没有使所有人文社会科学学科发生转型，也使它们中的大部分发生了转型。这个领域的发展可以追溯到早期的作品，包括弗兰茨·法农早期的重要作品《大地上的受难者》（*The Wretched of the Earth*）（1963年），但是自20世纪70年代以来，后殖民研究运动受到的最重要的启示可能来自爱德华·萨义德的批判性作品（对照1978年，1993年，2000年，2001年）。具有讽刺意义的是，即使萨义德后期最重要的作品被冠以《文化与帝国主义》（*Culture and Imperialism*）的标题（1993年），即使近期的其他研究（如本书中龚那提拉克和南迪所写的章节）也清楚地表明后殖民理论和研究可为文化帝国主义研究提供大量的理论支持，但是时至今日，却几乎没有哪位作者对后殖民理论的适用性明确地进行探讨，并将后殖民理论用作研究文化帝国主义的不同维度及其代理机构的启发式的理论框架。

第六部分所含章节探讨了殖民主义价值观渗透到普遍的当地或者本土文化的具体方式，以及被殖民的民族如何相应地应对、迎合或者抵抗文化帝国主义的特定代理机构的具体方法，从而利用后殖民主义理论对文化帝国主义进行更加清晰的探究（Smith 199；Young 2001年）。在第十七章中，加拿大历史社会学家与犯罪学家罗素·斯曼戴奇将法律视为文化帝国主义的代理人，研究了后殖民理论在创建法律研究理论框架中的价值。在第十八章中，伊朗重要的政治

第一部分　定义文化帝国主义

与西方政治思想研究专家阿巴斯·曼努彻里教授，研究了两位后殖民思想家——恩里克·杜塞尔（Enrique Dussel）和阿里·沙里亚提（Ali Shari'ati）——作品中反映出的关于文化帝国主义问题的理论洞察力。这两位殖民思想家都曾从弗兰茨·法农（1963年）早期的作品中受到启发。在最后一章，来自印度的英语教授、著名学者和小说家比亚特·特里巴蒂描述了自己收集和记录奥利萨族民间传说的研究工作。在研究过程中，他设法将文化接触的动态与权力和统治驱动的政治关系的动态分隔开来。特里巴蒂批判性地使用了近期关于后殖民主义的文献。他认为"即使当一个国家殖民另一个国家时，被殖民者也可能使殖民者的文化产品狂欢化，然后将之抛弃，或者创造自己的新产品"。因此，殖民过程并不代表着强大的殖民者将自己业已形成的文化习俗单向地、自上而下地强加给不如自己强大的被殖民者。特里巴蒂的观点极为尖锐。他的主要观点——正如他自己所说的——是"政治殖民者无法殖民文化"。

尽管特里巴蒂的观点面临挑战，而且毫无疑问会受到许多人的驳斥，包括本书的一些著者。但笔者认为这代表了理论上健康的、具有建设性的发展。实际上，笔者希望本书的所有章节能够共同激发学生、学者、政治活动积极分子（希望政治辩护者们也包括在内，但可能性不大），重新思考自己关于文化统治和文化抵抗的动态的观点。从这个角度来看，特里巴蒂观点尖锐的论文既是本书一个圆满的结尾，又是未来文化帝国主义领域研究工作的良好起点。

参考文献

Aronowitz, Stanley, and Heather Gautney (Eds.). 2003. *Implicating*

第一章 文化帝国主义及其批判：对文化统治与文化对抗的再思考

Empire: *Globalization and Resistance in the 21st Century World Order*. New York: Basic Books.

Belk, Russell. 1996. "Hyperreality and Globalization: Culture in the Age of Ronald McDonald." *Journal of International Consumer Marketing* 8: 23—37.

Beneria, Lourdes, and Savitri Bisnath (Eds.). 2004. *Global Tensions: Challenges and Opportunities in the World Economy*. New York: Routledge.

Blum, William. 2000. *Rogue State: A Guide to the World's Only Superpower*. Monroe, ME: Common Courage Press.

Bourdieu, Pierre, and Loic Wacquant. 1999. "On the Cunning of Imperialist Reason." *Theory, Culture and Society* 16: 41—58.

Brawley, Mark. 2003. *The Politics of Globalization: Gaining Perspective, Assessing Consequences*. Peterborough, ON: Broadview Press.

Brzezinski, Zbigniew. 1997. *The Grand Chessboard: American Primacy and its Geostrategic Imperatives*. New York: Basic Books.

Cesari, Jocelyne. 2002. "Global Multiculturalism: The Challenge of Heterogeneity." *Alternatives* 27: 5—19.

Chadha, Kalyani, and Anadam Kavoori. 2000. "Media Imperialism Revisited: Some Findings from the Asian Case." *Media Culture and Society* 22: 415—32.

Chossudovsky, Michel. 2003. *The Globalization of Poverty and the New World Order*. 2nd ed. Shanty Bay, ON: Global Outlook.

Cole, C. L. 2002. "The Place of Golf in U. S. Imperialism." *Journal of Sport and Social Issues* 26: 333—36.

Cowen, Tyler. 2002. *Creative Destruction: How Globalization is Changing the World's Culture.* Princeton, NJ: Princeton University Press.

Crane, Diana, Nobuko Kawashima, and Ken'ichi Kawasaki (Eds.). 2002. *Global Culture: Media Arts, Policy, and Globalization.* New York: Routledge.

Croteau, David, and William Hoyes. 2003. Media Society: Industries, Images, and Audiences. 3rd ed. Thousand Oaks, CA: Pine Forge Press.

Croucher, Sheila. 2004. *Globalization and Belonging: The Politics of Identity in a Changing World.* Lanham, MD: Rowman and Littlefield.

Dunch, Ryan. 2002. "Beyond Cultural Imperialism: Cultural Theory, Christian Missions, and Global Modernity." *History and Theory* 41: 301—25.

Eckes, Alfred, and Thomas Zeiler. 2003. *Globalization and the American Century.* Cambridge: Cambridge University Press.

Eriksen, Thomas (Ed.). 2003. *Globalization: Studies in Anthropology.* London: Pluto Press.

Ess, Charles. 2000. "Cultural Collusions in the Electronic Global Village: From McWorld and Jihad to Inter – cultural Cosmopolitanism." *Philosophy and Social Action* 26: 33—46.

Fanon, Frantz. 1963. *The Wretched of the Earth.* New York: Grove Press.

Ferguson, Niall. 2003. *Empire: The Rise and Demise of the British World Order and the Lessons for Global Power.* New York: Basic Books.

第一章 文化帝国主义及其批判:对文化统治与文化对抗的再思考

Fraser, Matthew. 2003. *Weapons of Mass Distraction: Soft Power and American Empire*. Toronto: Key Porter Books.

Galtung, Johan. 1971. "A Structural Theory of Imperialism." *Journal of Peace Research* 8 (2); Repr. J. Galtung. 1980. *Peace and World Structure: Essays in Peace Research*, Vol. 4. Copenhagen: Ejlers. 437—381.

Golding, Peter, and Phil Harris (Eds.). 1997. *Beyond Cultural Imperialism: Globalization, Communication and the New International Order*. London: Sage.

Griffin, Michael. 2002. "From Cultural Imperialism to Transnational Commercialization: Shifting Paradigms in International Media Studies." *Global Media Journal* 1 (1). Available at <http://lass.calumet.purdue.edu/cca/gmj/SubmittedDocuments/archivedpapers/Fall2002/Griffin.htm>.

Jameson, Fredric, and Masao Miyoshi (Eds.). 1998. *The Cultures of Globalization*. Durham, NC: Duke University Press.

Juluri, Vamsee. 2003. *Becoming a Global Audience: Longing and Belonging in Indian Music Television*. New York: Peter Lang.

Kang, Myung Koo. 1998. "A Reconsideration of Cultural Imperialism Theories: Globalization and Nationalism." Paper presented to "Problematising Asia," Inter-Asia Cultural Studies Conference, National Tsing-Hua University, Taiwan. July 12—17. Available at <http://prome.snu.ac.kr/~news/home/impe.html>.

Kim, Seongcheol. 1998. "Cultural Imperialism on the Internet." *The Edge: The E-Journal of Intercultural Relations* 1 (4). Available at: <http://interculturalrelations.com/v1i4Fall1998/f98kim.htm#Seongche-

ol%20Kim >.

Knight, Alan, and Philip Robertson. 2003. "Empires of Information." *Global Media Journal* 2. Available at < http://lass. calumet. purdue. edu/cca/gmj/SubmittedDocuments/Fall2003/NonRefereed/Knight_Robertson. htm >.

Kuisel, Richard. 2000. "Learning to Love McDonald's, Coca – Cola, and Disneyland Paris." *La Revue Tocqueville/The Tocqueville Review* 21: 129—49.

Kuisel, Richard. 2001. "The Gallic Rooster Crows Again: The Paradox of French Anti – Americanism." *French Politics, Culture and Society* 19: 1—16.

Main, Linda. 2001. "The Global Information Infrastructure: Empowerment or Imperialism?" *Third World Quarterly* 22: 83—97.

Michie, Jonathan (Ed.). *The Handbook of Globalization.* Cheltenham, UK: Edward Elgar.

Morley, David. 1996. "EurAm, Modernity, Reason and Alterity or, Postmodernism, the Highest Stage of Cultural Imperialism?" In *Stuart Hall: Critical Dialogues in Cultural Studies*, ed. David Morley and Kuan – Hsing Chen. London: Routledge. 326—60.

Morley, David, and Kevin Robins. 1995. *Spaces of Identity: Global Media, Electronic Landscapes and Cultural Boundaries.* London: Routledge.

Nantambu, Kwame. 2002. "Decoding Euro – Cultural Imperialism." *Trini Center: News and Views.* Available at < http://www. trinicenter. com/

第一章 文化帝国主义及其批判：对文化统治与文化对抗的再思考

kwame/2002/Feb/072002. htm >.

Natrajan, Balmurli. 2003. "Masking and Veiling Protests: Culture and Ideology in Representing Globalization." *Cultural Dynamics* 15: 213—35.

Nye, Joseph S. 2000. "The Power We Must Not Surrender." *New York Times*, 3 January.

Nye, Joseph S. 2002. *The Paradox of American Power*. New York: Oxford University Press.

Ouis, Soumaya Pernilla. 2001. "McDonald's or Mecca? An Existential Choice of Qibla for Muslims in a Globalized World?" *Encounters* 7: 161—88.

Peck, Jamie, and Henry Wai–chung Yeung (Eds.). 2003. *Remaking the Global Economy: Economic–Geographical Perspectives*. London: Sage.

Perlas, Nicanor. 2000. *Shaping Globalization: Civil Society, Cultural Power and Threefolding*. Quezon City, Philippines: Centre for Alternative Development Initiatives and Global Network for Social Threefolding.

Rauth, Robert K. Jr. 1988. "The Myth of Cultural Imperialism." *The Freeman* 38 (11). Available at < http://www.libertyhaven.com/noneoftheabove/culture/mythcultural.shtml >.

Roach, C. 1997. "Cultural Imperialism and Resistance in Media Theory and Literary Theory." *Media, Culture and Society* 19: 47—66.

Robertson, Roland. 1995. "Glocalization: Time–Space and Homogeneity–Heterogeneity." In *Global Modernities*, ed. M. Featherstone, S. Lash, and R. Robertson. London: Sage. 25—44.

Rothkopf, David. 1997. "In Praise of Cultural Imperialism?" *Foreign Policy* 107: 38—53.

Said, Edward. 1978. *Orientalism*. London: Routledge and Kegan Paul.

Said, Edward. 1993. *Culture and Imperialism*. New York: Vintage Books.

Said, Edward. 2000. *Reflections on Exile and Other Essays*. Cambridge, MA: Harvard University Press.

Said, Edward. 2001. *Power, Politics, and Culture: Interviews with Edward W. Said*. New York: Pantheon Books.

Schiller, Dan. 1999. *Digital Capitalism: Networking the Global Market System*. Cambridge, MA: MIT Press.

Schiller, Herbert. 1969. *Mass Communications and American Empire*. New York: A. Kelley.

Schiller, Herbert. 1976. *Communication and Cultural Domination*. New York: M. E. Sharpe.

Schiller, Herbert. 2000. *Living in the Number One Country: Reflections from a Critic of American Empire*. New York: Seven Stories Press.

Smith, Linda Tuhiwai. 1999. *Decolonizing Methodologies: Research and Indigenous Peoples*. London: Zed Books.

Sreberny-Mohammadi, Annabelle. 1997. "The Many Cultural Faces of Imperialism." In Golding and Harris 1997: 49—68.

Strelitz, Larry. 2001. "Where the Global Meets the Local: Media Studies and the Myth of Cultural Homogenization." *TBS Archives* 6 (Spring/Summer). Available at < http://www.tbsjournal.com/ Archives/ Spring01/ strelitz. html >.

第一章 文化帝国主义及其批判：对文化统治与文化对抗的再思考

Tomlinson, John. 1991. *Cultural Imperialism: A Critical Introduction*. Baltimore, MD: Johns Hopkins University Press.

Tomlinson, John. 1997. "Cultural Globalization and Cultural Imperialism." In *International Communication and Globalization: A Critical Introduction*, ed. A. Mohammadi. London: Sage. 170—90.

Tomlinson, John. 1999. *Globalization and Culture*. Chicago: University of Chicago Press.

Urry, John. 2003. *Global Complexity*. Malden, MA: Polity Press.

Webster, Frank. 2000. "Herbert Schiller: Intellectual Scourge of Media Manipulation and Sceptic of the Information Revolution." *The Guardian*, February 18.

White, Livingston A. 2001. "Reconsidering Cultural Imperialism Theory." *TBS Archives* 6 (Spring/Summer). Available at <http://www.tbsjournal.com/Archives/Spring01/white.html>.

Young, Robert. 2001. *Postcolonialism: An Historical Introduction*. Oxford: Blackwell.

第二章
文化帝国主义：文化统治的政治经济学

伯尔尼德·哈姆

个人的背离

二战结束时我尚年幼。自那时起，文化帝国主义就已经伴随我左右。四五岁时，我们经常站在人行道上看着美军的坦克轰隆隆地开过。从坦克里会扔出口香糖和糖果。长大一点后，我们经常去当地的森林探险。在那里我们发现了用木箱子装的美军的补给食品。箱子被埋在地下，与那些装着一挂挂机枪子弹的弹药箱几乎没有区别。无论是享用食物还是在炮弹爆炸后留下的废石坑中点火玩，我们都喜欢，不幸的是有一个同伴被炸掉了一截大拇指。蓝色牛仔裤和派克大衣成为必备的时尚服饰，只有从美军的军人消费合作社通过非正当手段买到的才是真品。最受我们欢迎的读物先是约翰·斯坦贝克（John Steinbeck）和杰克·凯鲁亚克（Jack Kerouac）的作品，后来是亨利·米勒（Henry Miller）和威廉·巴罗斯（William Boroughs）的作品——我们中最优秀的可以直接阅读英文版本。下班回家后（当时我在印刷厂学排版），有许多个夜晚我都是在一家爵士乐俱乐部度过的。我痴迷于爵士乐大师约翰·科特雷恩（John Coltrane）和迈尔斯·戴维斯（Miles Davis）的音乐，并且模仿他们的演唱。对我们来说，最开心的时刻是参加一年一度的蓝调音乐节和爵士音乐会——直到今天我还记得见到贝西伯爵（Count Basie）埃拉·菲茨杰拉德（Ella Fitzgerald）并聆听他们音乐的情景。当然这

第二章 文化帝国主义：文化统治的政治经济学

一切都发生在麦当劳流行之前。在大学里，阅读最多的是美国的社会学教材和杂志。我们挑战学校的教授，因为他们没有跟上社会学研究领域的前沿理论。那些曾经去过美国的学者享受特殊的津贴，曾在美国大学执教则毫无疑问地证明了该学者卓越的学术水平。先进的总是美国的。与美国相比，其他一切都不值得一提。直到30年后的今天，德国的社会学家们仍然认为在《美国社会学杂志》上发表论文，或是受邀到某个常青藤大学或者高级研究所执教，是自己所能获得的最高学术荣誉。大部分与我同时代的人成年后就完全接受了美国的正面形象。我们已经被美国化，而且还可能因为自己的这种角色定位而感到自豪。"美国化"被认为是积极的、值得热切追求的、可以炫耀的东西。

毫无疑问，我们这代人的经历有两个源头。其一（推动力）是对我们的纳粹父辈的反对。任何形式的国家主义、各种优越感、没有包容心、种族主义以及军国主义都要绝对去除。其二（引导力）是一个国家的吸引力。我们认为这个国家不仅将我们从纳粹统治下解放出来并且为我们带来了马歇尔计划，而且还拥有我们理想中的民主、自由、公正、法制、团结与合作、自觉、开放的胸襟、对他人的尊重和责任感。从宣传中我们知道了"共产主义"——即社会主义统治下的东欧、中国和其他一些国家——绝对是我们心目中美国形象的对立面。我们的伦理标准在很大程度上都是从这个国家传过来的。

在我们积极主动地想融入这个国家时，越南战争爆发了。凝固汽油弹、橙剂及美莱村屠杀等名词首次加入且随后又改变了我们关于美国的词汇表。这种欺骗是巨大的。我们最初的反应是零零碎碎的信息并不足以让人相信，但是后来我们开始产生怀疑，而且怀疑

第一部分　定义文化帝国主义

越来越深。参议员富布赖特的《权力的傲慢》(The Arrogance of Power) 开阔了我们的眼界。* 我们开始调查这场战争的历史及其背后的故事。我们不断发现美国侵犯许多其他国家的事件，不管是公开还是不公开的。威廉姆·布莱姆（William Blum, 2000）在书中列举了大约 100 起这样的事件，遇难人数大概有 1,200 万。有些人以美国将我们从纳粹统治下解放出来并实施马歇尔计划为借口，反对关于美国政府厚颜无耻、自私自利地实施暴力和不道德的权力的说法，继续替美国开脱。1973 年，智利政变以及萨尔瓦多·阿连德暗杀事件之后，大部分人终于相信了美国曾经的所作所为。许多其他事件进一步让人感觉到美国那些伪善行为简直令人难以置信，但又是多么可怕。还有许多类似的事情都可以证实美国的行为。在那个年代，共产主义是美帝国主义最理想的借口。但是，即使共产党以及帝国主义的其他敌人都从地球上消失，即使弗朗西斯·福山（Francis Fukuyama）宣称《历史的终结》(End of History)（1992 年），** 美国施加于其他国家和地区之上的一连串暴力行为也不会停止。只要仔细研究 1990 年至 1991 年间爆发的海湾战争的历史，就会发现美国的一系列计谋：诱使萨达姆入侵科威特，给沙特一点甜头使其同意在该国境内部署军队，采用公共关系策略以得到美国民众的支持，以及利用种种手段绕过参议院，结成 28 国联盟。令人感到羞耻的是，还有一些自称为政治学家的人继续宣扬萨达姆与希特勒并无二异，他入侵科威特纯粹是为了邪恶的目的。在物质上，美国的主宰

---

* 富布赖特在《权力的傲慢》一书中反对美国的对外干涉主义，认为美国不应该到处干涉他国内政，美国模式也不是世界上唯一的模式。——译者注

** 《历史的终结》一书从黑格尔哲学出发，重新提出并阐释了"历史的终结"的社会科学概念，认为自此之后，"自由、民主"的理念已作为社会进步的常识而为世人所普遍接受；不论人们所处的社会正处于何种形态，这一人类理论的实现进程是不可更改的。——译者注

第二章 文化帝国主义：文化统治的政治经济学

甚至在我所居住的地区也存在：F16战斗机在我们头顶轰鸣，干扰我们召开学术研讨会，打扰我们的孩子睡觉。几个月前竟然有一架F16在离我家不足一英里的地方坠毁。德国官方的答复是该战机只装载了训练弹——我们真是太幸运了（如果官方信息是正确的话）。美方则保持沉默。

我们德国政府觉得没有理由不屈从于美国的权力。他们遵从美国的政治指令重新装备军队，引入紧急状态立法，并且加入北约组织。我们逐渐明白，美国作为世界最强大的经济体会带来凌驾于德国公司之上的美国公司。我们学会了吃汉堡喝可乐。我们接受了好莱坞电影和流行音乐以拓宽我们的文化视野。我们几乎毫无疑问地认为自己受到了共产主义的威胁，但对美国人发起的战争以及获得美国人支持而掌权的独裁者则毫不理会。他们将我们从纳粹统治中解放出来，他们给我们带来了马歇尔计划，所以无论他们做什么都可以。除此之外，我们没有权力批评他们，甚至没有权力质疑他们。德国变成了美国的一个殖民地，不仅在政治经济方面有确凿的事实证据，在我们的内心也一样。美国入侵了我们的大脑和身体，入侵了我们的语言以及对他人和世界的理解，入侵了我们的穿着以及行为方式。我们都经历了一次彻底的洗脑。

这里的辩证法是惊人的。正是美国的价值观使我本人以及世界各地的许多其他人成为彻底的反美者，其中还包括一些美国人。美国这个两面派国家教会我反对美国在政治经济上的领导地位。80%的美国人几乎没有意识到这个权力骨干小集团的马基雅维利阴谋（Machiavellian machinations）。如果他们了解的话，他们就会知道如何保护自己了。

第一部分　定义文化帝国主义

描述文化帝国主义

　　本书能够出版是因为一个奇怪的矛盾现象，这个现象不但让人难以理解，更让人难以接受。美国向全世界大多数人的头脑中成功灌输了一个英雄的自我形象，只要需要，它就会为自由、民主、社会公正和法制而奋力战斗。不过事实的确与此相差不远，但实际上，当美国在广岛和长崎投放原子弹之后，理所当然就成了最无情、最自私、最残酷的表演者和真正的流氓国家（Blum 2000, 2005; Hamm 2005a）。这种显而易见的矛盾怎么可能一直存在呢？又该如何解释它的持续存在？尽管所有发现这种矛盾现象所必需的信息都可以轻而易举地得到，为什么甚至连媒体都几乎一致维护美国这种良好的意识形态及高大形象呢？到目前为止为什么大多数国家都完全屈从于美国？尽管这些国家拥有所有专业的新闻审查和情报手段，这是我们这个时代最大的谜团之一：能在这一重要问题上指导我们的社会科学在哪里？

　　如果我将上述现象称之为文化帝国主义，那么这一事物是否真正存在？是谁施加了文化帝国主义？我们感觉到的隐藏在文化帝国主义之后的力量是美国的权力精英呢，还是匿名的全球化？是资本主义的无尽贪欲呢，还是生产力发展过程中的一种特定历史状态？或者说所有这些都是试图理解同一实证现象的各种分析手段？接下来的章节将从不同学科和文化背景的角度出发来讨论其中的一些问题，而且可以肯定的是对这些问题的回答会各不相同，比我在文章开头提到的观点更具多样性。

　　2004年，世界局势现实中最重大的事件是美国政府与阿富汗和伊拉克之间的战争，这是证明文化帝国主义根基不稳的绝佳例子。

第二章　文化帝国主义：文化统治的政治经济学

尽管美国政府公开谴责伊拉克——实际上，国际原子能机构的观察员以及英美两国的情报组织已经明确否定了其真实性——这场战争并非由于大规模杀伤性武器引起，也并非因为伊拉克参与了各种所谓的基地组织活动。战略意义当然在于石油，不仅是伊拉克的石油，而且是整个地区的石油。当然还远不止这些。2000年9月发布的一份文件表明（我只能引用该文件的第一句和最后一句）："这份报告基于大家相信美国应该保持军事力量方面的优势，从而寻求维护并扩张自己全球领袖的地位。……进一步而言，即使转型将带来革命性变化，其过程也可能会很长，除非有一起灾难性的、具有催化作用的事件——比如一次新的珍珠港事件"（一个新的美国世纪2000计划）。

后来就发生了2011年9月11日针对纽约和华盛顿的恐怖袭击（被称为"9·11"事件）。这的确是一起"灾难性的、具有催化作用的事件"。此处并不适合深入分析当时究竟发生了什么，也不适合讨论对此事件的不同解释。我极力忍住不在这里谈论自己的见解（可参见2005年戴维斯关于各种批判性论断的总结）。但是，我们绝对不能忽视由此产生的种种影响，因为这是我们兴趣的中心所在。当前背景下重要的当然是美国政府不仅将自己置于国家（Parker和Fellner，2005年）和国际法之上，而且完全不尊重其他国家的自决权，不尊重其他文化。"不站在我们这边就是反对我们"，小布什是这样解读自己关于"反恐战争"的说法中互相冲突的话语的。"站在我们这边的"是指那些有利于美国利益和理想的，是指那些帮助美国侵略伊拉克的"心甘情愿者的联盟"。所谓"利益"，首先就是能轻松得到原材料，比如石油。所谓"理想"，首先就是完全自由的世界市场和美国式的民主。所谓"美国式的"与美国人民几乎没有关系，与美国政治、军事及政治领袖小团体则有很大关系。他们不接受其他组织社会的方式，对强加于自身的美国标准持保留态度则会被他们怀疑为恐怖主义，至少是支持恐怖主义。

你可以将上文提到的文件搁置一边，认为这只是右翼极端分子团体私下里的一些闲谈。但是，这份文件恰恰产生于2000年总统选举之前，小布什成功当选，登上了总统的宝座，而所有这份文件的支持者后来都获得了政府职务。该文件也成了"国家安全战略"的蓝图。因此，要保证世界局势有利于美国的利益和理想，就要保持美国在全球的优势地位，主要是通过军事手段。美国政府保留了界定谁与美国的期望保持一致，谁与美国的期望相反的权力。美国甚至保留并实施了折磨并暗杀其他国家被怀疑是恐怖主义者的人民的权力。所有情报服务机构的特殊力量又一次参与到世界各地的各种秘密行动中。在那起"灾难性的、具有催化作用的事件"之后没几天，小布什与英国首相托尼·布莱尔便决定对伊拉克开战。看起来"9·11"事件根本就不是引发战争的导火索，而是挑起战争的求之不得的借口。为了反对伊拉克，美国国务卿柯林·鲍威尔厚颜无耻地向联合国安理会提交了莫须有的证据。实际上这些证据在很大程度上抄袭了20世纪90年代初的一篇学生论文。这篇论文后来由英国首相办公室的公共关系部公之于世［德国外长约什卡·费舍尔（Joschka Fischer）也厚颜无耻地声称这些莫须有的证据是"令人信服"的］。

"9·11"事件的主要后果之一是，一位自身合法性尚有争议的美国总统将广大恐慌的民众招揽到了自己身边。媒体则歇斯底里地几乎每周都宣告会有新的恐怖袭击，使民众一直疑神疑鬼，惶惶不安。新的袭击当然并没有发生，但是媒体的宣传至少表明新的袭击

第二章 文化帝国主义：文化统治的政治经济学

可能发生。因此，引进压迫性法规并进行监控便很容易，因为需要的并不是保护自己免受恐怖袭击，更多是要控制正在经受日益严重的社会不公和压力的民众。关于普通老百姓、学生、艺术家、诗人、移民和游客发现自己被警察和联邦调查局密探骚扰的报道数量众多。所有西方国家都效仿美国的做法，只是相对地不那么严格而已。政府正在以安全为由加强对持不同政见团体的监视，并减少民主权利。即使在"9·11"之前，各国政府就已经在打压持不同政见者。比如，2001年7月在意大利的热那亚，警方的密探就混入反对八国集团全球化战略的大规模和平游行活动中。他们制造暴力，粗暴地对待无辜民众，并射杀了一位游行示威者。美国则在"9·11"之后，针对那些反对美国入侵伊拉克的国家及人民（比如法国和德国）展开了大量的仇恨宣传（hate propaganda）。

"9·11"的另一个主要后果是阿富汗战争和伊拉克战争。尽管当时并没有确凿证据，而且至今也还没有确凿的证据证明拉登或者他领导的基地组织（又叫塔利班）或者伊拉克政府是恐怖袭击的幕后黑手（戴维斯，2005年），小布什和美国政府却仍然坚持认为事实就是如此，并以此为借口在阿富汗这个贫穷而苦难深重的国家杀害了6,000名无辜民众，在伊拉克投放了大量炸弹，造成了成千上万平民的死亡。

第三个主要后果，也是本文最关心的后果，是大量为攻击所谓"伊斯兰原教旨主义者"，乃至整个穆斯林世界所做的宣传。受奥林基金会（Olin Foundation）资助的塞缪尔·亨廷顿（Samuel Huntington）预测到了一场《文明的冲突》（*Clash of Civilizations*）（1993年），早早地为这种宣传打下了良好的基础。"他们"恨我们，因为"我们"生活在一个自由富足的社会。因此我们就看到像小布什这样

第一部分　定义文化帝国主义

的政府领袖越来越受欢迎。这种模式可以防止任何人质问"9·11"事件为什么会发生，是如何发生的，究竟由谁指使的。官方调查一开始就认定"伊斯兰原教旨主义者"是这次袭击的幕后黑手的所谓事实，并且只是询问如果情报工作更加到位是否可以避免这次袭击事件（戴维斯 2005 年的文章收集了对这个官方版本表示怀疑的大部分资料）。这种反穆斯林的煽动性语言在大部分西方媒体都可以看到，只有极少数例外情况 [如法国的《世界外交论衡月刊》（*Le Monde Diplomatique*）]。媒体的头版头条多次报道了民众因为被怀疑是基地组织的同谋而被捕的消息。而当这些人的清白得到证实被释放的时候，媒体却又悄无声息。穆尼尔·穆特萨迪格（Mounir el Motassadeq）是唯一的一个真正被判入狱的，他被判与恐怖分子同谋而入狱 15 年，但是因为缺乏令人信服的证据不得不于 2004 年 4 月被释放。而且直到今天美国政府还是不愿意提供足够的证据，或许是因为他们无法提供足够的证据。正如"国家安全战略"所表明的那样，与世界其他地区对立的西方世界，即美国及其在欧洲的"殖民地"、日本及澳大利亚，都赞同亨廷顿书中以及当前布什政府对国际关系的理解。造成这一现象的真正原因是大家认为西方世界必须变得比其他国家和地区强大才能抵御他人的攻击。与此同时，美国政府也极其成功地创造了自己的假想敌。

文化帝国主义已经发展成了最广泛、最复杂、最真实的"意识工业"（*Bewusstseinsindustrie*，Enzensberger，1962 年）。人类的意识以一种乔治·奥威尔式的方式，受到设定好的大规模生产过程的影响。比如 20 世纪 40 年代中央情报局在艾伦·杜勒斯（Allen Dulles）领导下实施的"嘲鸫行动"（Operation Mockingbird，在谷歌上简单搜索一下就能找到足够的信息），目的就是渗透进媒体，确保媒体坚

第二章 文化帝国主义：文化统治的政治经济学

决反对社会主义，支持资本主义。但是真正意义上的文化帝国主义要比这宽泛得多，它几乎触及了生活的每个层面。这些影响深远、耗费巨大的努力背后有一些根本动机，其中利益是唯一令人愉快的副作用。更重要的是为了帝国主义者的利益和目的而赢得了民心和民意。这恰恰就是兹比格涅夫·布热津斯基在《大棋局——美国的首要地位及其绝对必要的地缘战略》（1997：46）一书中所指出的。这种策略是有效的。

然而，怀疑开始出现。八国集团中的加拿大、法国、德国与俄罗斯宣布他们不会追随美国参加战争。2003年2月15日，全球有600万人参加了反对美国战争政策的游行示威。西方各国的民意调查都表现出对战争的尖锐批评。125个美国城市向白宫递交了抗议书。英国、西班牙、意大利与波兰等国政府尽管支持美国的选择，但显然他们在各自的国家只是少数派。2004年3月，西班牙主战派政府下台，反对派政府将军队从伊拉克撤回。即使在美国，反对势力也在上升。而欧盟则增加了与穆斯林国家的文化交流。

文化帝国主义的政治经济学

文化帝国主义在实践中是如何运作的？我们必须进一步了解它的运作机制及其背后的意图。文化帝国主义研究始于弗兰茨·法农（Frant Fanon）从被殖民民族的角度所进行的（1963年）研究。不过现在研究相关问题的文章和著作很少，出版的也很少。文化帝国主义是政治和经济帝国主义的一个副产品——有时是有意的，有时是无意的，但不管怎样总是不可避免的。尽管政治帝国主义与经济帝国主义总是相伴相生，两者之间还是存在很大的差异。政治帝国主义通过胁迫、控制稀缺自然资源以及宣传而得以实施。经济帝国

第一部分　定义文化帝国主义

主义则通过控制货币来实施，至少在那些货币有用的国家是这样。那么殖民者的政治和经济是如何共同形成被殖民民族的制度、意识形态以及社会意识的呢？这种统治的预期结果是什么，又会在无意中带来哪些后果呢？

最明显的例子可能就是国际货币基金组织（IMF）及其几乎总是施加于负债国之上的结构调整政策（SAP）了。国际货币基金组织是在"华盛顿共识"——结构调整政策的一系列常用手段就是由这个"华尔街—美国财政部集团"（Wall Street-Treasury Complex）提出的，也是为该集团的利益服务——的基础上创建的，同时它还有串通一气并且在国际货币基金组织管理机构中掌握大多数投票权的七国集团（G7）政府作为后台。常用的解决方法——货币贬值，公共财政大幅度紧缩，从出口农作物的生产中获利，资本解放，放宽对价格控制的同时冻结工资，终止所有对外资的限制，等等——的确剥夺了一个国家的民族自决权，不仅在经济决策方面，而且在整个政治决策方面也是如此，从而使该国落入资本主义的统治之下。结构调整政策不仅将一个国家出口的收入，而且将该国的自然和社会财产都交给了国际金融家和跨国公司，从而迫使该国融入资本主义世界经济。如今约有90个国家受到国际货币基金组织的监督，而且几十年来几乎一直如此。以阿根廷为例，自20世纪70年代军事政府攫取了国家财产，并在西方银行的帮助下获得贷款之后，阿根廷就开始负债，因为政府官员获得贷款后转身就将钱转入自己在同一家银行的私人账户中。而老百姓至今仍然得承受通胀和财政赤字带来的后果。因为存在这种循环债务，国际货币基金组织的统治永远不会结束。

结构调整政策往往会带来大面积的失业和贫穷、卫生和教育等

第二章 文化帝国主义：文化统治的政治经济学

方面的公共福利的大幅度削减（但军队通常会得到豁免）、有利于穷人的再分配的停止、社会保障体系的崩溃、有利于外资公司的管制撤销，以及公共基础设施的私有化。银行业、通信业以及媒体对外资公司尤其具有吸引力。无论是在管理体系，还是在所提倡的消费模式以及被跨国公司垄断的能源与水的供应方面，都没有选择的余地。这就是文化帝国主义最极端、最直接的形态。

当然文化帝国主义还有更具颠覆性且更不易为人察觉的形式，其中一些形式在本书中就得到了揭露。"良好治理"（good governance）、"信息的自由流动"、流行文化、广告以及其他的准则，表面上看来都绝对具有积极的含义，但实际上都在传递同一个信息，即除了美国资本主义的社会组织模式之外别无选择。

如果用苏山萨·龚那提拉克的话来定义文化帝国主义（见本书第三章；就这个定义已达成广泛共识），那么文化帝国主义就是"一种违背知情受众意愿而将文化包裹（cultural package）强加于这些受众的行为"，资本主义就是文化帝国主义中最具侵略性的一种。它的主要工具——新自由主义上升为占据主导地位的经济意识形态——在过去几十年里逐渐发展了起来。"新自由主义是怎样从极少数人的主张发展起来，进而成为当今世界的主导性学说的？为什么国际货币基金组织以及世界银行可以随心所欲地干涉各个国家，并强迫它们在基本不利于自身的条件下参与到世界经济之中？为什么一个国家只要设立福利制度，该制度就会面临威胁？为什么环境处于崩溃的边缘？为什么无论是富裕的国家还是贫穷的国家都有这么多穷人，尽管世界上从未产生过如此巨大的财富？"苏珊·乔治（Susan George，1997年）问道。新自由主义的成功可以从四个方面得到综合解释。

第一部分 定义文化帝国主义

第一，1974年之后，经济发展与合作组织（OECD）成员国的失业率快速增长，社会民主和凯恩斯主义经济政策很快被认为是造成经济危机的主要原因。右翼基金组织可以说是拥有无限的资金，这些基金组织与强大的媒体宣传共同作用，促使新的保守主义政府的产生，先是在英国，后来是在美国和德国。

第二，高失业率、保守策略以及内部腐败等几方面的因素综合起来，导致工会权力的大幅丧失。英国前首相玛格丽特·撒切尔尤其成功地摧毁了英国的国有企业，从而导致了200万失业人口，而这200万人绝大部分都加入了工会。在德国，工会合作部门内部的腐败是一个重要因素。

第三，在这种情况下，新自由主义经济学家提出一种经济思想体系，认为经济危机应归咎于国家调控，而"市场"是最适合调控社会各个领域的。这个"理论"被右翼基金组织广泛宣传。他们的同谋在得到好处之后也大肆宣扬这一理论，以至于竟然成功地影响到了诺贝尔经济学奖的评选（譬如长期担任该奖项评选委员会主席的阿瑟·林德贝克），而经济学奖实际上相当于为纪念诺贝尔而设立的瑞典国家银行奖。

第四，1989年至1990年社会主义政权纷纷瓦解。说服大家接受市场原教旨主义变得更加容易。许多经济学家将社会主义政权的瓦解归咎于国家管制和计划经济的重大失败，以及随此失败而来的认识论上的清洗。（进一步阐释见 Hamm 2005b）

被宣传的实际上并非一种科学的经济学理论（其实证基础过于薄弱），而是为所有其他国家提供的作为参照蓝图的建议的一种美国社会的形象。共同福利、由国家承担压制个人利己主义的职责以及

第二章 文化帝国主义：文化统治的政治经济学

以他人的利益为代价来施行权力，这些思想曾经是欧洲政治思想遗产的一部分，并被写入了欧洲各国的宪法，现在已经被逐渐否定并为另一种观点所替代，即只有个人才对自己的命运负责，不平等和不安全之所以具有生产力是因为它们能够刺激竞争，那只"无形的手"会自动发挥作用，使一定的个人利己主义最后产生最大程度的共同福利（"市场原教旨主义"）。社会团结原则已经被消除——这绝对是文化帝国主义的一个方面。与欧洲传统相反，这个"理论"是粗俗的社会达尔文主义：强者会胜利，而且必定胜利，弱者则可能饿死，但世界就是以这种方式组织起来的（见 Schui，本书第十章）。皮埃尔·布尔迪厄已经看到了这种摧毁欧洲文化企图的背后的"象征暴力"*（《一个对我们的文化基础形成的威胁》，1999 年 12 月 4 日）。之前也早有警告："允许市场机制成为人类以及人类生活的自然环境的唯一指导者……将导致社会的终结。"（Polanyi 1957：73）

新自由主义政治经济战略为西方媒体、西方关于人权以及良好治理的垄断性观念、西方流行文化和旅游业的大量涌入铺平了道路，同时它自身也随之涌入——实际上，就是文化帝国主义在语言、科学和教育、宗教和艺术以及信仰、宇宙观以及自我解读体系方面的大量入侵。大众传媒几乎完全被西方公司所控制。它们的触角往往遍及全球各个角落。它们以资本主义企业的模式组织起来。它们倚仗广告。它们是由西方中产阶级生产的。因此，它们通过各种新闻、电影及大众娱乐的模式在全世界所传播的是西方中产阶级毫无节制进行消费的形象，并将此作为一种正常生活所必须遵循的一般性规

---

* 布尔迪厄认为社会是由象征暴力主导运作的。宰制的力量让被宰制的人体会不到他们正在被宰制，这种宰制能量就是象征暴力。——译者注

第一部分 定义文化帝国主义

范。垃圾食品或流行音乐,时尚服饰或肥皂剧,好莱坞电影或股市新闻,都传递了这种信息。面对那些尚未融入这种生活方式的人,这个形象便宣称:生活很容易,为什么要坚持旧传统呢?为什么不接受资本主义的种种许诺呢?为什么还要与你的乡人一起待在那垃圾般的村子里?为什么不去准备迎接竞争?你想一辈子都做失败者吗?真实世界中任何东西都可以通过金钱获取,金钱是唯一真正有用的东西,"贪欲是好的"。一旦你被媒体吸引,这个形象就不会放手。它通过外来的眼光,塑造了你的观念、你对社会和世界的理解、你对自身和本民族的理解以及你的认知和道德标准。这就是真实生活中的洗脑。所有你从小生活于其中的文化,无论它曾经是怎样的,都会越来越不重要并且最终将彻底消失。但是有一天它会回来,不过是以一种完全商业化、完全西方化的关于你自己记忆的民俗漫画的形式出现,而且你还必须为之付钱。这就是文化帝国主义的意义,这就是文化帝国主义对人们所做的一切。

通常反对文化帝国主义的观点认为文化是无法保护并得以保存的。面临全球不同文化之间的冲突,只有自身足够强大才能保护自己,否则就可能消失。根据这种逻辑,文化就是一个不断合并的过程。在这个过程中一些因素被筛选出来并永远被剔除,另一些因素则被吸收并融合进来。这就是文化演变的基本方式。自从人类意识到自身的存在以来,这种方式就一直伴随左右。这个观点中的社会达尔文主义很明显。这种观点有其自身的优点,可以让我们了解跨文化接触与学习的创造性,但它也有严重的局限性。资本主义正在扩张自己的统治,咄咄逼人,厚颜无耻。通过在政治经济方面进行决策的精英阶层的大脑和手腕,资本主义往往会压制其他形式的社会统治。但是在人类社会中,这并不仅仅是一个关于流行的自然法

第二章 文化帝国主义：文化统治的政治经济学

则的问题。相反，我们有权决定我们想要保留什么。希望同情、尊重和智慧能够引导我们做出这个决定（见本书第十五章）。现代化理论过于盲目地假设，任何国家无论经历了怎样的社会变化最终都将归于西方资本主义模式。现代化理论完全忽视了这个有史以来最美好的世界同时也是最具毁灭性的，生态遭到破坏，人类遭受苦难。

与之相反的观点则认为人类拥有适应各种迥然不同的环境的创造力，文化就是这种创造力的一部分。不能用强或弱来评判它们，因为它们具有同等的价值，需要平等对待。如果我们任凭各种语言消失，就像我们放任各种生物物种灭绝那样，那么我们就是在破坏人类的共同财富（见本书第十五章）。

对这种殖民经历的争论通常是从处于边缘地位的第三世界的视角出发的，但这种经历甚至存在于资本主义的中心（参见 Kroes，1999 年）。它贯穿于整个全球权力等级及其不同的次等级。理解这个贯穿过程的最佳方法就是利用加尔东所提出的"帝国主义的结构性理论"中的基本原理（1971 年）。

处于接收端的人民并非被动地接受，任凭他人装进新内容，取代旧有的内容。实际上，他们也积极地阐释并篡改这些新内容。他们会进行抵抗，他们也会受到参考群体的鼓励、羞辱和威胁（见本书第十九章的论述）。这有助于解释什么是选择性传播（selective diffusion），一个被用以反驳文化帝国主义的概念。一个国家的经济和政治精英往往是最先面对其他文化的，包括帝国主义文化。这些精英通过教育和其他国家建立起一种渊源关系，无论这种关系是奉承还是腐败。他们与这些国家的关系越紧密，就越愿意采纳那些新的文化因素。然后是城市中产阶级知识分子。偏远地区的农村居民要接触到新文化可能需要一定的时间。因而文化入侵似乎是顺着权力

第一部分　定义文化帝国主义

结构的上下等级进行的。选择性传播修正了一般性论点而使之成为必需。选择性传播还与数量有关。如果你的收音机除了美国流行音乐之外别无选择，如果某家新闻通讯社垄断了新闻传递，那么你只有一个选择——要么让自己接触这些东西，要么就换台。如果你选择前者，你将慢慢学会使用外来视角理解自己的文化和社会。这可能会使你与自己的传统和习俗疏远，改变你关于美学和道德评判的标准，并且使你接触到自己无法提交审查的颠覆性的模式。

文化传播需要物质基础设施。但是物质和技术基础设施的发展和实行要遵循其他一些规则，而非文化内容的发展。因为物质和技术基础设施的发展和实行需要技术知识和技能、投资的预期利润和公共机构的准许，所以它就面临控制和审查，毕竟终端用户必须付钱之后才能使用，所以他们需要钱。大致而言，发展技术基础设施建设必须要保证能够产生利润。换言之，只有当文化帝国主义嵌入到国家的完全商业化和货币化的进程中的时候，它才有可能产生并且进一步发展。如果施加于文化帝国主义之上的控制和审查机制高效有力的话，它还会得到修正。这就是经济政治机制与文化帝国主义的关联之处，也是前者强于后者的地方。

那么可能抵抗吗？

关于本书

三十多年前，文化帝国主义仍被称为"帝国主义的结构理论"的大框架中的一部分（Galtung，1971年）。后来在爱德华·萨义德（1993年）、苏山萨·龚那提拉克（1982年）、艾西斯·南迪（1983年）等人的努力下，文化帝国主义发展成为一个理论体系，成为后殖民主义理论的核心（见 Gandhi 于1998年的概述）。本书并没有从

第二章 文化帝国主义：文化统治的政治经济学

理论的角度探讨文化帝国主义，而是从现实生活的经历出发，因为通过现实生活我们发现文化帝国主义是一个重要概念。然而，行动的并非"各种文化"，行动并将某种东西强加于他人的是处于社会背景中的人，受众则是其他的处于社会背景中的人。文化是一种交流，但这里的交流是不对称的。因此，文化帝国主义的概念必然隐含着一点，即我们能够准确具体地回答谁是帝国主义者，谁是受害者，他们在怎样的结构中进行运作等问题（见本书第一章）。

美国人试图通过使舆论和盟国政府的合理化来支持自己发起的"反恐战争"。他们的行为促成了一种氛围。在这种氛围下，我们召开了一次会议，将本书的作者都聚集到一起。2002年10月，当所有的作者都聚集到德国特里尔参加名为"文化帝国主义"的会议时，这场"反恐"宣传运动正进行得如火如荼。会议的组织者一致认为文化帝国主义包罗万象，因而不应该将它局限于美国在当前全球政治中的作用，也不应该局限于传媒的作用或者局限于当前。尽管会议只有两天，但我们还是希望尽量展示现象的各个侧面，并找出其中的共同之处。会议吸引了来自16个国家的120多名参会者，其中有政治学家和哲学家、核物理学家和社会学家、心理学家和病理学家、律师和艺术史家、来自非官方组织的活动家和人类学家、经济学家、工程师以及神学家。在策划本文集的过程中，我们并没有打算抹去文化帝国主义丰富的多学科性的特征，也没有打算将所有来稿都简化，使之于同一个理论框架之下。更吸引人的是将这种多学科性、多认识论以及多文化背景展示出来。会后，参会人士都按要求修改了自己的稿件，并分别提交给本书的两位编者进行第二次独立审稿。以上就是本文集出版的经过。

第一部分　定义文化帝国主义

参考文献

Blum, William. 2000. *Rogue State*. Monroe, ME: Common Courage.

Blum, William. 2005. "A Concise History of US Global Interventions, 1945 to the Present." In Hamm 2005.

Bourdieu, Pierre. 1999. *Eine Gefahr für die Grundlagen unserer Kultur*, 4 December.

Brzezinski, Zbigniew. 1997. *The Grand Chessboard: American Primary and its Geostrategic Imperatives*. New York: Basic Books.

Davis, Walter E. 2005. "September 11 and the Bush Administration." In Hamm 2005.

Enzensberger, Hans Magnus. 1962. *Bewusstseinsindustrie*. In *Einzelheiten*, ed. H. M. Enzensberger. Frankfurt: Suhrkamp.

Fanon, Frantz. 1963. *The Wretched of the Earth*. New York: Grove.

Fukuyama, Francis. 1992. *The End of History*. New York: Free Press.

Fulbright, William. 1966. *The Arrogance of Power*. New York: Random House.

Galtung, Johan. 1971. "A Structural Theory of Imperialism." *Journal of Peace Research* 8, 2. Repr. Galtung, Johan. 1980. *Peace and World Structure: Essays in Peace Research*. Vol. 4. Copenhagen: Ejlers.

Gandhi, Leela. 1998. *Postcolonial Theory*. New York: Columbia University Press.

George, Susan, 1997: "How to Win the War of Ideas: Lessons from the Gramscian Right." *Dissent* 44 (Summer): 47—53.

Goonatilake, Susantha. 1982. *Crippled Minds: An Exploration into Co-*

lonial Culture. New Delhi: Vikas.

Hamm, Bernd (Ed.). 2005a. *Devastating Society: The Neo-conservative Assault on Democracy and Justice.* London: Pluto.

Hamm, Bernd. 2005b. "Introduction." Hamm 2005.

Huntington, Samuel P. 1993. "The Clash of Civilizations." *Foreign Affairs* 72 (Summer): 22—49.

Huntington, Samuel P. 1996. *The Clash of Civilizations and the Remaking of World Order.* New York: Touchstone Books.

Kroes, Rob. 1999. "American Empire and Cultural Imperialism: A View from the Receiving End." Paper presented to a conference on The American Impact on Western Europe. Washington, DC: German Historical Institute, March 25—27.

Nandy, Ashis. 1983. *The Intimate Enemy: Loss and Recovery of Self under Colonialism.* Delhi: Oxford.

Parker, Alison, and Jamie Fellner. 2005. "Above the Law: Executive Power After September 11." In Hamm 2005.

Polanyi, Karl. 1957. *The Great Transformation.* Boston: Beacon Press.

Project for a New American Century. 2000. Rebuilding America's Defenses. Available on-line at < www. newamericancentury. org/RebuildingAmericasDefense. pdf >.

Said, Edward. 1978. *Orientalism.* New York: Pantheon.

Said, Edward. 1993. *Culture and Imperialism.* New York: Vintage Books.

第二部分
文化帝国主义：历史与未来

引 言

苏山萨·龚那提拉克是斯里兰卡权威的后殖民评论家、科学与科技社会学学者。他综合考量了各种批评观点，提出了一个分析框架，以理解14世纪以降西方文化帝国主义的历史发展与轨迹。根据龚那提拉克的观点，文化帝国主义在全球层面上的特征表现为违背受众的自觉意愿，将文化包裹强加给他们。在历史上，这是通过武力获取的，除此之外有可能选择通过更不显眼的、更加微妙的方式达到目的。前者的经典实例是始于15世纪的西班牙和葡萄牙人对拉丁美洲和亚洲部分地区的征服。通过武力强加的是天主教义的文化负荷。然而，龚那提拉克注意到，随着世界地缘政治关系以及其他关系的变化，文化帝国主义的特征也发生了改变。例如，虽然19世纪以前早期的欧洲帝国扩张阶段很容易等同于天主教或者后来的启蒙主义对非西方文化的单方面强制输入，而当今全球化时代的特征则表现出更大的流动性、多方向甚至反方向的文化流动。因此，今天的全球经济不是单向的。同样，世界的文化帝国主义也不再是单向的。随着西方文化确定性的崩溃，我们能够看到在西方出现了非西方的文化流，例如越来越多的人认识到了南亚佛教思想与西方哲学之间存在的并行关系，以及佛教与印度教哲学和实践的不同方面对于西方国家成百上千万人的日常生活的重要影响。例如，瑜伽在西方的推广。但是，尽管存在这些反向的文化流，龚那提拉克却认为非西方国家依然经历着一种更为单向的文化帝国主义。而基督教原教旨主义的传教运动所持续进行的"文化强暴（cultural rape）"就证实了这一现象，同时外国资助的非政府组织（NGO）也正在实施"文化殖民"，从对"第三世界的新灵魂"的捕猎中牟取利益。

艾西斯·南迪是印度重要的政治心理学家和科学社会学家，他也在对过去进行分析的基础之上，预测了文化帝国主义的未来。与龚那提拉克不谋而合，他认为"文化帝国主义当今的化身从19世纪的殖民和社会进化论传统中得到力量，将文化定义为成熟与非成熟、理性与非理性、历史性与非历史性"。根据南迪的观点，这些以宗教（基督教）为基础的以及世俗的"对理想社会未来的愿景"，发展成现代欧洲殖民主义和帝国主义的内在构成部分，也为它们的存在做出了辩护。而现代欧洲殖民主义和帝国主义标志着对全球化世界的第一次认真而系统的艰难尝试。南迪梳理了19世纪欧洲帝国主义更为晚近的遗产，注意到尽管"二战后帝国主义计划逐渐被消解，却从未被完全粉碎"。因此，"帝国主义的文化没有遭遇全球性的直接挑战，后帝国主义的世界从来没有真正抛弃帝国主义世界观的主要信条"，依然抱有类似"对文化等级制度的信仰，并且认为西方势力承载了启蒙愿景，扮演了解放者的角色"，相信"进步的和历史阶段的理论，将亚洲与非洲文化定义为欧洲过去的返祖"。的确，南迪认为许多与全球统治捆绑在一起的现行观念，例如经济援助和发展、人权、民主、进步、治国之术、统治以及外交，"甚至我们反抗帝国主义的观点","都受到了帝国主义世界观的侵蚀"。他相信非西方国家"挣脱帝国主义的范畴,在普通公民的最基础的日常生活之上建立起对抗"并非没有可能。但是他也指出,到目前为止,这种对西方文化帝国主义的基础性对抗尚未减缓今天大多数非西方文化"顺从地走向同一性的未来(的脚步),而这一未来不过是对当今的西方世界略作修订的一个版本"。

德国社会学家、全球问题与未来研究专家伯尔尼德·哈姆,论述了西方科学与真理的概念如何被用来使意在压制和剥削自然与人类的西方政治—经济利益合法化。哈姆认为,在此过程中,"科学与真理"已经变成了一种意识形态,以牺牲大多数人的利益为代价,旨在惠及社会和科学团体的"精英势力"(对照 C. W. 米尔斯 1965 年的论著)。在这一章中,哈姆支持了这个论点,他首先做了调查,认为西方将科学与真理定义为客观的、价值中立的。他继而提出与这一自我形象格格不入的诸种现象,例如科学、金钱和权力的关系、新自由主义的兴起、科学的美国化,以及德国最近实行的深受美国后中等教育模式影响的大学改革。这些差异明显的批判性观察使哈姆随之对欧洲以及其他西方国家社会科学学科的当前状态及其未来提出了一种讽刺性的预测。

第三章
文化帝国主义：历史与未来

苏山萨·龚那提拉克

文化帝国主义在全球层面上的特征表现为，违背受众的自觉意愿而将文化包裹强加给他们。达成这个目的借助的是武力以及更不显眼且更加微妙的方式。前者的经典事例是西班牙和葡萄牙人在征服拉丁美洲和亚洲部分地区时，动用武力在这些地区强制推行天主教义的文化负荷。时光流转，从西班牙和葡萄牙人的掠夺时期到19世纪英国统治的时代，到20世纪后半叶美国霸权的盛行，再到如今全球化势力的崛起，文化帝国主义的本质也相应地发生了改变。直接的霸权时代因其单方面强制性的特点极易辨识，先是教会，后是启蒙主义以及各种混合物风行一时。但是现在的全球化却具有更大的流动性。全球化经济不是单向的，正如那些主要的跨国公司分布在几大洲，彼此间来往密切。文化帝国主义世界亦是如此。如今，后现代主义的社会科学主导模式显示出西方的中心文化负荷的缺失，这种确定性的丧失还表现在其他方面，其中包括欧洲基督教信仰的崩溃。在此期间西方一度出现了非西方的文化脉络。例如，许多重要的英文小说作家皆有亚洲背景。未来十年笼罩在全球化势力之下的世界将发生迅猛的变化，许多领域将向亚洲转移，在技术上也会有重要改变，而所有的变化并非因为纯粹的西方强权专制。同样，文化世界和文化帝国主义世界也将发生变化。本章将会概述这些复杂变化，并且找出有可能施加干预的领域，以组织力量反对文化强权。

第三章　文化帝国主义：历史与未来

文化帝国主义的第一个阶段：原始大屠杀

地处欧洲东南一隅，曾经深受伊斯兰文化影响的葡萄牙和西班牙在全球范围内最先发动了文化殖民主义。在此之前，它们穿越地中海或者通过阿拉伯人，早就与亚洲建立了联系，从中学到了很多知识。在环世界航海的时代，它们还是宗教裁判所的要塞。1492年，教皇通过了《托尔德西亚斯条约》(*Treaty of Tordesillas*)，主要出于宗教目的而将世界划分给西葡两国。这实际上变成了一道特许令，默许了它们在南北美洲和非洲大肆掠夺、强奸和大规模屠杀人类。亚洲也未能幸免，虽然受害程度略低。教会猛烈推动的文明教化使命夺去了几百万人的生命，抹煞了许多民族的全部历史，剥夺了他们的生存意愿。在亚洲，它们将主要目标锁定在斯里兰卡和菲律宾。

菲律宾在文化征服之前的文化遗迹显示，西班牙和葡萄牙人入侵的时候他们正处于摆脱部落文明的阶段，开始建立更高的文化和文明，建造城市，确立正式的书面文化。就这样，我们发现在西班牙入侵者到来之前，这里保留着南亚文化的影响［形式表现为印度教和佛教塑像、一部印度语手稿，以及梵文经典《罗摩衍那》(*Ramayana*)的元素］、中国文化影响（保留下来的中国古币和陶瓷为证），还有后来的伊斯兰文化影响。因为西班牙和葡萄牙人在菲律宾制造了大屠杀，这种文明遗迹得以保存到今天的寥寥无几，形不成气候。菲律宾处于国际文化交流的边缘，因此不能很好地说明强制征服之下文化文明的国际对话的动态。

另一方面，斯里兰卡在过去2,300多年的时间里一直位于东西对话的十字路口，而由于西班牙和葡萄牙人在斯里兰卡也实施了残酷的文化灭绝，因此可用作个案研究的最好例证。斯里兰卡在文化

第二部分　文化帝国主义：历史与未来

灭绝和文化对抗方面的经验将富有启发意义。这是笔者在本章所采用的个例。

请允许我首先论述文化帝国主义的第一阶段，即航海发现以及接下来发生的事件。

上帝的全球性收益

在这个最初阶段所输出的文化负荷覆盖着欧洲从4世纪延续到14世纪的黑暗时代的意识形态。在此时期欧洲摒弃了希腊罗马的古典传承，接受了基督教。最初阶段也是欧洲再次发现自我的阶段，并且回归其古典传统的目标。在这一进程中欧洲也汲取了非欧洲因素，包括经由阿拉伯和部分经由伊比利亚半岛传播而来的亚洲文化。

该阶段所施加的主要文化负荷是天主教。使信徒皈依所使用的技巧直接取自宗教审判所。这些技巧在过去几个世纪已经被教会掌握得出神入化，野蛮地使用于本大陆自己的民众身上。在如今的里斯本有一座审判博物馆，这里展示了教会是如何实施这种神圣但恐怖的技艺的。最具典型性的展出显示了一个牧师愉快地注视着一个不幸的受害者被砍掉腿，这是实施教会意志的一个必要的组成部分。这些技巧将暴力的广泛使用作为一项神圣职责，尤其是在南北美洲。

天主教行动：斯里兰卡的宗教裁判所手法

如果想几句话概述斯里兰卡的天主教信仰影响，需要首先指出今天在葡萄牙人曾经统治过的地区，没有一所寺庙的历史超过150年；而该国其他地方的庙宇却有持续两千多年的历史。葡萄牙殖民者烧毁了所有的佛教寺庙和几所印度教寺庙。他们将掠夺来的财物做成金像和珠宝镶嵌的装饰品运回里斯本。庙宇烧毁后残余的建筑

第三章 文化帝国主义：历史与未来

材料被用来修建教堂和堡垒。葡萄牙人威胁那些不愿意皈依天主教的人，他们当着顽强抵抗的父母的面用大钉子活活钉死他们的孩子，将此种暴行作为一种特殊的劝诱手段。数百人被斩首以惩后人。

被摧毁的庙宇的例子俯拾皆是。公元前3世纪建成的著名寺庙克拉尼亚寺（Kelaniya）坐落在科隆坡郊野，这座寺庙被彻底地焚毁破坏了。在斯里兰卡东部和南部海岸有两座"千柱"寺，因其宏大，故而在公众想象中仿佛由一千根柱子构建而成。这些也都被摧毁殆尽。其他一些被破坏的寺庙群是类似于大学的学习中心。那些在掳掠之后未能逃脱的人都遭到了杀害。

不谙南亚历史的局外人或许会认为从文化意义上讲，斯里兰卡不过是一片遥远领土上的一个微小国体，这些算不上多大的损失。但是，这种观点是完全错误的。斯里兰卡位于多文化的交汇点，（根据现代考古学发现）至少从公元前7世纪就位于东西贸易路线之中，这个国家发展了精妙的建筑、文学和文化传统。罗马历史学家老普利尼（Pliny the Elder）在公元1世纪记录了斯里兰卡四位大使的到访，其中首席大使的父亲也曾经去过中国（Guruge, 1993年）。僧伽罗（Sinhalese）和中国的记录都显示，有从相反方向，当然还有从临近的南亚地区前往中国的旅行。欧洲古典作家科斯马斯·印第科普莱特斯（Cosmas Indicopleustes）在6世纪的时候将斯里兰卡称为"仲裁者（mediatrix）"，属于东方和西方之间贸易路线的中间点（Guruge 1993：13）。中国作家李超（音译，Li Chao）注意到，"来自僧伽罗—斯里兰卡的船只是中国港口中最大的船舶"（Weerasinghe 1995：35）。

与此贸易地位并驾齐驱的是斯里兰卡的文化地位，她是世界哲学与宗教思想主要的集散地和中心之一。这开始于大约公元前3世

第二部分　文化帝国主义：历史与未来

纪佛教的大规模引介。佛教的大量文献最初被翻译成僧伽罗语，后来与在斯里兰卡写成的大量评论一起再被翻译成小乘佛教的混合语（lingua franca），即巴利语（Pali），相当于天主教的拉丁语译文。斯里兰卡很快变成佛教思想的一个主要中心，与亚洲大部分地区发展了广泛的文化往来。现存的许多这种文化旅行的记录中的一个引人注目的记录，记载了公元429年僧伽罗的尼姑游历到中国，建立了佛教尼姑秩序。这是当时记录在案的女性最长距离的旅行。

斯里兰卡创造了大量的文献，涵盖本体论、认识论、心理学、独创文学以及建筑学和医药领域。教皇的奴才们摧毁的正是这种传统。在许多层面上，类似于对亚历山大里亚城图书馆以及图书馆内所有知识的学习者的毁灭。

我们可以简要概述教会通过葡萄牙人在斯里兰卡破坏的知识机构和知识创造者的情况。截至第一个千禧年的最初几个世纪的时候，斯里兰卡有三座大型的大学式修道院，每一座都容纳了几千名僧侣。他们与亚洲的其他学者之间的来往互动不仅在当地有记录，在南亚和中国也都有记载。葡萄牙殖民者摧毁的正是这些修道院大学的继承者。尽管在16世纪每座修道院大学中的僧侣数量都已经减少，只剩几百人，但其作为学术研究中心的地位依然不变。这些修道院的学生要求掌握六种语言。他们能够接触到大量文献，高雅和通俗兼有。与欧洲中世纪不同，全国人口的受教育程度很高，而一些文献由各个社会阶层的人写就，包括女性在内。19世纪西方世界有几家博物馆收集了斯里兰卡的手稿。这些手稿藏品现在多达几万件。例如，大英博物馆有些女性朝圣的自传（日期大约为15世纪）记录了她们游历各地的经历，显示了女性的自由以及谱写诗歌的卓越才华。德国的印度学家海因茨·毕彻（Heinz Bechert）曾经统计过，

第三章 文化帝国主义：历史与未来

在 19 世纪斯里兰卡引入西式改革之前，全国人口的识字率要高于同时期的英国（Bechert，引自 Gombrich and Obeyesekere 1988：207）。值得注意的是，这发生在由于殖民入侵而导致的佛教机构衰落之后。从 6 世纪到 9 世纪游客涂写在通往锡吉利亚（Sigiriya）被废弃了的岩石城堡墙上的诗歌中，可以看出社会广大阶层之中的识字程度很高。

还有一些数据显示，当时斯里兰卡的人均寿命比同时期的欧洲人要长。无论"真正"的最高寿命的差距有多少，两个不同文化区域里的神话所记载的寿命确实存在着明显差别。欧洲有圣经记载的 90 年的最高寿限，而在斯里兰卡是佛教记载的 120 年的生命。必须认为这些寿命值是文化产物，部分反映了所在地区的最长寿命。孕育圣经的土地干燥，沙漠遍布或者接近于沙漠，严重依赖动物性食品，容易引发动脉阻塞和癌症。而另一方面，斯里兰卡则主要是植物性食品，因此倾向于拥有更长的人均寿命值。

写于葡萄牙入侵时期的文学——实际上也有一些写于在此几个世纪以前——显示出广博的地理知识，其部分源于贸易和文化的往来。因此几乎有 50 个国家被提及（Weerasinghe 1995：9—12）。在葡萄牙人到来之前的这个时期，斯里兰卡也仍然保持着强大的文化往来的传统。这主要包括与东南亚的接触，东南亚从 9 世纪到 15 世纪一直受到僧伽罗文化的深刻影响（de Silva 1981 年）。

许多证据显示，在欧洲人入侵之前，本地拥有丰富的知识文化。例如，希腊和罗马数学只能数到 1 万（the Myriad）。斯里兰卡继承的佛教根源中提到了直至 10 的 53 次方（10^{53}）的数字（Singh 1983 年）。佛教理论还有一种世界观，认为世界的物质和时间都是原子的（Karunadasa 1967；Karunadasa1983）。这种观点认为，所有生存的物

第二部分　文化帝国主义：历史与未来

质都互相关联，对环境做出了强烈的暗示（Padamasiri de Silva 1998）。人类的意志被认为处于中心，并且有一种发展完备的心理学以自然主义的方式来解释日常的人类现象，尤其是那些有关感知和认识的现象（Sarathchandra 1958 年；Goleman 1981 年；Goleman 1988 年）。尽管在流行的占星学中存在神话的因素，斯里兰卡也承继了南亚以太阳为中心的天文学。当时欧洲自然历史的根基是亚里士多德的学说。后来在果阿邦（Goa）*工作的葡萄牙人加西亚·德奥尔塔（Garcia D'Orta）的著述改变了这一切（Patterson，1987 年）。德奥尔塔的著作建立在部分源于斯里兰卡当地的信息基础之上，后来使欧洲的思想发生了革命，导致了现代植物学的诞生。加西亚·德奥尔塔的著作也涵盖了南亚的医药。与斯里兰卡相同的是，这些医药在当时也被认为比欧洲的更为有效（Gaitonde，1983 年）。斯里兰卡应用的正式语法是建立在可以追溯到前基督教时代的古典南亚语法的基础之上的，在威廉·琼斯（William Jones）于 18 世纪基于南亚模式发明的现代语文学之前，这一直是最好的语法。

信仰体系建立在佛教的基础之上，这一信仰体系将诸如占星术等形式的迷信斥之为粗俗而"违禁"的艺术，尽管有时也有驱魔的行为发生。然而这被普遍认为是有帮助的，几乎是在自动销售某种非自然主义的东西。17 世纪僧伽罗国王的一个阶下囚，英国人罗伯特·诺克斯（Robert Knox），提到了民众在采用这些驱魔行为时未显出尊重之意。"僧伽罗人会……嘲笑他们自己信仰中的迷信……我经常听到他们说……他是个什么样的神呢？……往他嘴里大便……不给他奉上祭祀品……对他们的偶像众神评价如此低微"（Knox1681：

---

*　印度的一个邦名。——译者注

83)。当葡萄牙人在沿海地区强加基督教之后,对教会的盲从取代了这种有帮助的怀疑。

在斯里兰卡前进的基督教战士:从西班牙和葡萄牙人到西欧的荷兰和英国新教徒

随着与西班牙和葡萄牙人掠夺性资本主义相连的商业时代的终结,全球性的欧洲势力的重心转到了荷兰和英国。这也与资本主义模式从商业主义到工业资本主义的转变不谋而合。至此,一种更加微妙的新经济关系得以运行。一种新兴的全球经济与欧洲的工业生产、其他世界各地的原材料和市场紧密地连接在一起,要求被殖民国家在技术上处于低端位置,因此导致了西式学校体系以及通过学校教学大纲的部分殖民化的出现。葡萄牙时代直接的宗教压迫和强迫推行的天主教现在变成了新教徒温和的皈依体制,以及对"白人的责任"的信奉。欧洲的新教—天主教冲突在斯里兰卡也如出一辙。

重要的是观察这些变化是如何发生的。当时,斯里兰卡不仅受困于殖民入侵造成的动荡,也深受当地皇室派系纠纷和内讧的困扰。为了平息这些派系争斗,当地统治者试图怂恿当时正在国家沿海窥伺的荷兰人在国内找到一个立足点以对抗葡萄牙人。这致使荷兰人用卑劣的手段取代了葡萄牙人,而僧伽罗的谚语详尽地说明了一切:"扔了生姜(指葡萄牙人),捡了辣椒(指荷兰人)"。

荷兰人占据了国家的沿海地区,很快开始迫害天主教徒,禁止他们奉行自己的宗教。天主教神父逃散到佛教国王的辖区,国王允许他们晚上偷偷回到荷兰人占据区,在天主教信徒之中进行宗教活动。而天主教徒随着葡萄牙人来到之时,本国的穆斯林教徒也同样受到过迫害,僧伽罗国王也是将他们重新安置在别处,使他们可以

第二部分　文化帝国主义：历史与未来

在王国的纵深之处自由地信仰他们的宗教。

英国人逐渐取代了荷兰人。1815年，最后一个僧伽罗统治者被取代了，英国人变成了这个国家的绝对霸主。他们与僧伽罗人签署的条约使其得以合法化，不仅允许佛教的存在，而且与早期的皇室传统一致允诺保卫佛教。后果之一是，曾经被葡萄牙人，后来被荷兰人（现在轮到了英国人）控制的沿海地区经历了佛教活动的高潮，包括修建和修缮寺庙及其附属的人员机构。英国人对此有所警觉，引入了新的限制，也引入了新的方法，试图把僧伽罗人改宗为基督徒。

教化棕色皮肤的先生们

然而，在殖民文化负荷中现在发生了质的变化。在先前的宗教负荷之上附加了新的教化冲动——白人的责任。1835年英国改革者托马斯·巴炳顿·麦考利（Thomas Babington Macaulay）做了一番臭名昭著的评论，将这一动向描述得淋漓尽致："欧洲一座上好的图书馆里一个书架的图书就抵得上印度和阿拉伯所有的本地文学。"他接着描述了自己重建南亚的妙方，认为：

> 我们（殖民者们）现下必须不遗余力地形成一个阶层，这个阶层可以担任我们和我们统治的几百万民众之间的翻译。这些人在血统和肤色上是印度人，而品味、观点、道德和智力上是英国人。我们可以将提炼当地方言的任务交给这个阶层，用借自西方命名法的科学术语来丰富这些方言，逐渐将它们变成合适的载体，向大量人群传送知识。（McCauley 1835年；引自Edwards 1967：125）

第三章 文化帝国主义：历史与未来

这就是南亚地区殖民文化政策的普遍动力。从一个英国人于1843年所做的评论中，可以看出这种愿望在斯里兰卡引发的后果。他这样评述：

> 僧伽罗人偏好曼彻斯特、利兹、谢菲尔德以及伯明翰的制造商……高层们迷恋最好的葡萄酒，尤其是马德拉白葡萄酒（Madeira）和香槟，在他们的晚宴中敞开供给欧洲的客人们；而世界上没有人比他们更推崇英国药物、文具和香料店的；也没有人比他们更热爱英格兰火腿、奶酪黄油、波特黑啤（porter ale）、苹果酒、雪利酒、鲱鱼、鲑鱼、凤尾鱼、泡菜以及糖果的。（Bennet 1843：48）

文化反向流动

贝内特所说的"僧伽罗人"指的不是整个国家，而是其统治阶级。另外他对文化影响的描述也不准确，会被误以为文化带来的变化是从英格兰到锡兰的单向流动。就像在葡萄牙时代——譬如德奥尔塔的作品———一样，此时也存在着从东方到西方的反向文化流动。其中最有说服力的一个例子是英国帝国主义的主要诗人，鲁德亚德·吉卜林（Rudyard Kipling）及其最著名的诗歌"假如"。他的诗中许多重要观点或许来自佛教思想的经典总结，也就是《法句经》（*Dhammapada*）（公元前6世纪）。"假如"一诗的中心思想直接取自《法句经》，包括几乎所有关键的段落。吉卜林也许出于无心，但我更倾向于相信他是有意为之。

需要指出的是，这个地区以及斯里兰卡并不是一个与世隔绝的孤立整体。斯里兰卡与周边环境，尤其是与南亚和东南亚一直有互

第二部分 文化帝国主义：历史与未来

动的关系。在沿海地区处于欧洲的包围之际，斯里兰卡人一直试图复兴他们的文化。18 世纪中期，一位杰出的僧侣和一位贤明的君主开启了该国的宗教和文化复兴（Bond 1992 年；Malalgoda 1976 年）。古老的机构和寺院，有的历史可以回溯到 2000 年前，得到了重建和修葺。古典研究，尤其是巴利语和僧伽罗语的学习，在过去 150 年间已经衰退，现在得以复苏，一个方法是从暹罗国引进文本。暹罗奉行小乘佛教，僧伽罗人早先曾将自己的古典学术传递过去。这种让古典文明回归的做法在 19 世纪英帝国统治时期一直持续，亚洲建立起与西方讨论中心的联系，其反响至今仍然可以感觉到。

这一正式的反向迁移中的一个关键因素是由威廉·琼斯在加尔各答建立的皇家亚洲协会（Royal Asiatic Society），形式上效仿了英国皇家协会（Royal Society of Britain）。皇家亚洲协会分会在南亚其他地方得以建立，包括科隆坡在内。这个协会为当时的英国人以及西化了的当地人提供了一个了解南亚过去的文化和文明的场所。协会的重要成果是对语言、历史和文化的研究。威廉·琼斯的贡献尤为重要，他比较了南亚和欧洲各国的语言，从而正式发明了现代语言学。19 世纪还见证了梵语和巴利语重要著作的翻译，这两者都是南亚的古典语言。西方第一次发现了相对来说没有掺杂偏见的佛教和印度教。随后，主要的南亚思想被译介到西方，并且得到了相对客观的研究。与这一时期大规模翻译相媲美的是第一个千禧年间将佛教经文翻译为汉语的工程。在此应该注意的是，爱德华·萨义德（1978 年）认为欧洲"东方主义"的作品有意歪曲了亚洲的观点，并不适用于研究南亚的研究学者。19 世纪以及 20 世纪初欧洲对于南亚研究通常对其主题持有赞同态度。

斯里兰卡文化中一个引起全球反响的重要项目是 19 世纪佛教复

第三章 文化帝国主义：历史与未来

苏的持续。英国正式接管斯里兰卡之后所通过的一项协约允许在国王统治下继续进行佛教活动，从而使当地的文化得到了一丝回旋的余地。在沿海地区再次开始重建寺院。1853 年，在科隆坡郊区建成了一座重要的寺院帕拉玛·达马瑟蒂亚（音译，Parama Dhama-cetiya）寺。这是一件大事，后来该寺院成为文化讨论的一个中心。与缅甸和泰国重新建立起来的联系也支持了佛教的抵抗运动，很快导致了对基督徒的一系列挑战——这次他们挑战的是试图使他们皈依的英国教会。在基督徒和佛教徒之间的一系列争论使得基督徒遭到痛斥，而在这些争论中出面的佛教僧侣也通读了西方文献。英国人约翰·凯珀（John Capper）报道了这些争论，他注意到"一些和尚对现代科学著作完全精通"。（Capper 1873；引自 Abhayasundara 1990：155。）在国外被报道之后，这些争论得到了很多关注。

一个关注群体是纽约的见神论者（Theosophist）。* 该群体的首领布拉瓦斯基夫人（Madame Blavatsky）和奥尔考特上校（Colonel Olcott）开始与参与争论的僧侣通信。见神论本质上是神秘主义的，几乎与科学性不沾边，在西方后来的文化运动中产生过主要的影响。布拉瓦斯基夫人最近被誉为"新时代的祖母"。她在颇具影响的著作《秘密教义》（The Secret Doctrine）中，将一位斯里兰卡僧人视为她的众"导师"之一（另外的"导师"是一些印度僧侣）（Blavatsky 1888；Johnson1994）。见神论者与南亚的联系以及西方人尝试学习亚洲，对南亚人的自我认知和独立运动都产生了重要影响。甘地会说："最高的议员就是见神论者"（引自 Cranston 1993：194）。

见神论者与斯里兰卡僧侣之间关系的本质，在奥尔考特 1879 年

---

* 或译"通神论者"——译者注。

第二部分　文化帝国主义：历史与未来

写给一位僧伽罗和尚的信中也可见一斑：

> 在众多无知的西方人中，我称得上是一个开明的人，但是与我东方教士诸兄弟所拥有的学识相比，我与他们之中最后一位新入教者一样无知……我们必须向你们求助，并且必须成为你们，而且要说：父亲们，兄弟们，西方世界在垂危之际……来帮助我们，拯救它。来做我们的传教士、教师、争论者、布道者……说服一位善良、纯洁、博学而善辩的佛教徒来给我们布道吧，你们将席卷眼前的国度……（引自 Guruge 1984：338—339）

奥尔考特和布拉瓦斯基最终来到了斯里兰卡，成为正式的佛教徒，与当地人互动，辅佐了佛教的复兴。但是，当地人只有在见神论者同意佛教思想的前提下才接收他们。但是情况总是不能遂愿。当见神论者如其惯常一样，带来神秘主义和超自然的重重外壳之时，佛教群体开始对他们抵制，甚至一度要将他们逐出，直至奥尔考特做出一个正式的道歉才作罢。他们成立于科隆坡的所谓佛教—见神论协会（Buddhist-Theosophical Society）从来都不是见神论的协会，而一直是一个佛教协会。

与当地僧侣有联系的不仅仅是见神论教徒。截至 19 世纪晚期，涌现了大约 40 位学识高深的僧伽罗僧侣学者，他们不仅学术高深，熟谙外语，而且在全球联系广泛（Guruge 1984：lvii）。这些僧侣与西方（美国、英国、德国、法国、丹麦、俄罗斯、奥地利等）互有来往，也与亚洲各国（缅甸、柬埔寨、中国、日本、印度、泰国等）各有联系。其中有几位积极致力于将主要的巴利语文本以及一些梵

第三章 文化帝国主义：历史与未来

语文本传播到西方。翻阅与这些僧侣通过书信或者受过其指导的西方学者的名单，就像在阅读西方亚洲学者的《名人录》。这些西方学者与当地僧侣之间的关系，可以引用丹麦著名的巴利语学者维果·法斯布埃尔（Viggo Faosboell）的话语加以最好的概括："我们欧洲人，因为与佛教的活泉相隔如此遥远，而且如此匮乏原料，当然必需（来自这些僧侣学者的）帮助"（引自 Guruge 1984：xv）。在这种监护之下，爱德华·萨义德笔下的那种东方主义不可能发生在佛教研究或者整体上的南亚研究领域中。

与这些佛教僧侣通过信或者共过事的欧美学者包括奇尔德斯（Childers），他编纂过一部巴利语词典；里斯·戴维斯（Rhys Davids）出版过主要的巴利语文本，他是伦敦巴利文本协会的创始者；赫尔曼·奥尔登伯格（Hermann Oldenberg）是佛教第一篇权威德语文本的作者；马克斯·马勒（Max Muller）是德国权威的梵语和巴利语学者，东方圣书系列的作者；威廉·盖格（Wilhelm Geiger）是德国的权威巴利语学者；埃德温·阿诺德爵士（Sir Edwin Arnold）是《亚洲之光》（*Light of Asia*）的作者；保罗·卡勒斯（Paul Carus）是《公开法庭》（*The Open Court*）与《一元论者》（*The Monist*）的编辑；还有其他几个人，诸如罗斯特（Rost）、米纳耶夫（Minayeff）、哈迪（Hardy）、沃伦（Warren）、兰曼（Lanman）以及法斯布埃尔（Fausboell）等。学者们与斯里兰卡僧侣之间的通信已经有部分出版了，信函数量几近 1,000 封（Guruge，1965 年）。

佛教复兴运动中涌现的最卓越的人物之一是安纳伽利卡·达摩波罗（Anagarika Dharmpala），国际佛教运动的创始者。过去 20 年间，在斯里兰卡出现了一种新殖民主义的反民族后退势力，对安纳伽利卡大肆攻击诽谤。他最初是奥尔考特的门徒，后来反对奥尔考

第二部分　文化帝国主义：历史与未来

特试图将见神论中的超自然因素带入佛教中。安纳伽利卡在1893年于芝加哥召开的世界宗教大会（the World Congress of Religions）上的发言产生了巨大的影响。这次大会是19世纪西方统治的一个顶点，但却被安纳伽利卡的演讲推向了反面。他的演讲对国际佛教运动的推动作用，可以媲美印度大师辩喜（Vivekananda）的演说对国际印度教运动的推动（Guruge 1965年）。

安纳伽利卡最终建立了一个从日本横贯美国的全球佛教网络。他的联络人一部分源自学者僧侣们早前的跨越全球的那些通信。他的重要成就之一就是将印度的佛教场所重新开辟为朝圣的对象和圣物的载体。印度20世纪中期佛教的复兴部分归功于他的先驱性努力。

安纳伽利卡是一位学贯西方与亚洲通俗和神圣文学的博学者。在他已经部分出版的数十年的演讲稿与书信中，我们看到他博闻广知，讨论了众多亚洲与西方学者的观点。在后者的范畴之中，他谈到了安泰阿卡斯（Antiochus）*、昂迪巩那斯（Antiogonas）、亚里士多德、德谟克利特、第欧根尼、柏拉图、托勒密、毕达哥拉斯、苏格拉底、伽利略、爱因斯坦、达尔文、赫胥黎、马基雅维利、伯克利、休谟、康德、尼采、威廉·詹姆斯、赫伯特·斯宾塞、斯宾诺莎、叔本华以及密尔（Guruge，1965年）。

值得注意的是，19世纪南亚对于西方入侵的许多反应不同于东亚，因为南亚也倾向于模仿西方挂在嘴边的套话："东方是东方，西方是西方"，以强调东方更具有"精神层面"，与西方大有不同。印度的印度教人物诸如辩喜、甘地以及亚洲首位诺贝尔奖得主泰戈尔

---

* 希腊神话中Hercules与Medal之子。——译者注

等,也强调了这种被假设的东方精神的优越性。亚洲各种不同的反应在泰戈尔获得诺贝尔奖之后对东亚的访问中可见一斑。他对上海和横滨的广大民众发表演讲时,却发现他们并不接受他对亚洲精神的推定。事实上,他被誉为一种落败的文明的使者(Hay,1970年)。

安纳伽利卡的另一方面是一个(不妨借用一个西方词汇)文艺复兴式的巨人(Renaissance man),想要建立一个新世界,植根于他自己国家文化的过去和其他国家的当代经验之中。他没有拒绝现代科技,而是欢迎它的到来。他参观了西方和日本的工业学校,在斯里兰卡建立了类似的学校(Guruge,1965年)。他对保守的甘地及其思想类型的观点是颇为生动的。安纳伽利卡说,"纺纱机的全球性应用……不足以使一个民族进步",并且哀叹印度的村民多么无知,"他们用占星术算命来指引自己的生活,他们的宗教建立在对宿命的迷信之上,迷信的根基是鬼神和造物者"。他补充道:"古旧的牛车今天不灵光了,因为我们必须与之竞争的是拥有卡车和轿车的民族"(Guruge,1965:715)。

全球化时代的文化反向流动

在上文中,笔者已经描述了19世纪斯里兰卡对西方屠杀的一些主要反应。斯里兰卡以及整体上的亚洲都尝试以一种全球化的方式做出回应。

在20世纪前夜,东方至西方的反向流动越来越得到承认。这在一些技术文献中影响深刻。尽管以前西方唯一认可的一直是西方哲学,但是现在也承认亚洲也曾提出过一些非常重要的哲学问题。因此评论者们写到南亚思想与西方哲人之间的类似之处,例如佛教与

第二部分 文化帝国主义：历史与未来

黑格尔、叔本华以及尼采之间的共性（Hoffman 1978 年）。胡塞尔、海德格尔以及厄恩斯特·马赫（Ernst Mach）的著作中都注意到了他们与佛教思想的平行与相似之处。南亚现在开始对西方哲学有了某种影响（Inade 与 Jacobson 1984）。已知的受过南亚思想影响的美国哲学家包括威廉·詹姆斯（William James）、查尔斯·A. 穆尔（Charles A. Moore）、桑塔亚纳、爱默生、欧文·巴比特（Irving Babbitt）、查尔斯·皮尔斯（Charles Pierce）、约翰·杜威、艾尔弗雷德·诺斯·怀特海（Alfred North Whitehead）以及查尔斯·哈茨霍恩（Charles Hartshorne）（Riepe，1967 年）。而《公开法庭》与《一元论者》这样的杂志都是保罗·卡洛斯编辑的，为东西方对话提供了一个公开的平台（Jackson，1968 年），对 20 世纪的新物理学可能产生了惊人的影响。

相对论和量子物理学来源于 19 世纪末和 20 世纪初的非常识性的观察，要求对观察过程做出一种激进的重新定位。这两个领域里的主要理论家爱因斯坦和薛定谔（Schrödinger）都深受哲学的影响。有证据显示，这两人或者受到了亚洲的影响，或者与亚洲的思想相呼应。正如薛定谔的近期传记作者沃尔特·穆尔（Walter Moore）所强调的，薛定谔直接承认自己受到了亚洲哲学的影响（1994 年）。而爱因斯坦则被认为是间接通过厄恩斯特·马赫受到了影响。马赫既对爱因斯坦产生了重要的哲学影响，也是保罗·卡洛斯的朋友，是《公开法庭》和《一元论者》的撰稿人（Goonatilake，2000 年）。

从更接近主题的角度来说，佛教影响也在诸如诗歌这样的美国文化领域中得到关注（Tonkinson，1995 年）。与 20 世纪 60 年代反文化相关的改革与抗议运动有几条线索可以追溯到佛教和印度教。佛教与印度教的哲学和实践方面也在西方生活的一些层面中找到了栖身之处（Fields，1992年），例如瑜伽的流行。关于冥思（meditation）理论和实践的研究已经做了数百种，并且在最受崇敬的科学杂志上得以发表。这些研究显示了在几个物理和心理领域中冥思的成效。冥思作为佛教和印度教最高的实践形式，今天有几百万西方人在尝试着。冥思的形式既有传统的，也有改革过的，是西方医药体系所推荐的一种疗法。西医在治疗例如压力、焦虑、恐慌和恐惧症方面也运用了南亚的技术。（关于这些南亚文化素材流入20世纪科学的具体探讨，见笔者1998年的著作。）

如果说上文描述了变化中的全球文化体系中的某些层面的话，那么我们应该如何描述今天全球文化状态的特征呢？过去占据统领地位的主要文化因素又发生了怎样的变化呢？

今天的西方不再是早先那个文化霸权的整体。实际上，西方某些文化领域中最具创造力的一些作品是由非西方人完成的。一些最优秀的英语作家是南亚人，而部分时尚部门也由东亚人掌控。美国越来越多的重要的科学技术革新者是非欧洲裔人。构成美国未来的研究和发展潜力的研究生中亚洲人占据了重要的比例。在尖端科技的孵化器——硅谷的创业企业，亚洲人作为技术革新者，也作为企业家占据了重要的份额。

至于基督教，曾经由西班牙和葡萄牙人对世界其他地区的野蛮入侵标志着文化殖民主义的开启，也发生了质的变化。西欧在许多方面是一个后基督教的社会。教堂在很大程度上都是空荡荡的，除了在文化和科学上与西欧相比相对停滞不前的东欧和南欧之外，正式信教的人寥寥无几。上述两个地区曾经屈从于意识形态上的铁血政策：在东欧是斯大林主义，有时也有天主教掌控，在南欧是天主教独霸一方。在美国也可以看到有些受过教育的美国人失去了基督

第二部分 文化帝国主义：历史与未来

教信仰。

似乎还没有形成从诸如社会科学中得来的非宗教本质的主要意识形态指南。现行的后现代主义的主要社会科学模式与科学针锋相对，其实践表现为虚无主义，质疑和拒绝任何立场。我认为，后现代主义看上去不是一种理论，而是启蒙以来西方社会第一次集体丧失方向的表征。因此，后现代主义与其说是一种理论，不如说更多地反映了西方的衰落和确定性的丧失。

向亚洲的转移

假如说上文是西方当代文化状况的局部写照的话，那么全球正在出现的将保证未来文化局势的又是怎样的经济与地缘政治趋势呢？全球性的主导趋势是向亚洲的转移。在未来30年内，世界的经济轴心将回归亚洲。在接下来的几十年里，南亚、东南亚以及东亚将拥有像欧洲和美国那样的经济影响力。尽管亚洲的平均收入，尤其是南亚的平均收入将低于西方，但是这里庞大的人口基数与文明集合形成的潜在冲击力将是巨大的。这对文明转移做了主要的暗示。

考虑到巨大的交流的可能性，世界现在可以开放了。过去300年以来，第一次出现了文明之间交换关系的可能。但是首先我们必须进行一番深入思考。乌托邦还没有来到——又有两个披着传教外衣的殖民机构在暗处潜伏。其一是我们的宿敌：教会，其二是一个新的隐而不露的敌人：外国资金援助的非政府组织。

教会与文化强暴

先从教会说起。在欧洲，教堂现在也许空了，但是聚敛了大笔的金钱。在诸如德国这样的国家有教堂税这样的正式的敛财形式。

第三章 文化帝国主义：历史与未来

美国电视给了募集大笔资金的新教会人士流行明星的地位。由于基督教帝国在欧洲和美国再无扩展的余地，它现在正从贫穷的第三世界寻找新的市场。灵魂捕猎者与他们 16 世纪和 17 世纪的前辈们毫无二致，只不过现在用金钱而不是用枪支来武装自己。与过去几百年一样，所有这一切的动机都是为了受害者的利益，基督教将要拯救他们的灵魂。有时候，尤其是欧洲的一些基督教宗教中，募捐行为与信仰上帝、基督以及其他迷信的信息分离开来。这才是真正的慈善，它尊重了受众的信仰，值得表扬。

然而不幸的是，这些撒玛利亚人的善心举动被基督教会所实施的大规模文化强暴所毁坏。因此引发了许多忧虑，尤其是在南亚、东南亚以及东亚的部分地区。在许多国家完成皈依要通过直接或者间接行贿的方式。他们付钱给人家让他们成为基督徒。或者在由韩国的新皈依的基督徒和美国原教旨主义者所实践的另一种诡计中，他们通过学习圣经来学习英语，并被给予特殊的现金激励去参加这种新型的学习。有错的不仅仅是这些通常的嫌疑人，诸如来自美国圣经地带（American Bible Belt）的基督教原教旨主义者。教皇本人在印度的时候，非但没有被自己手下的"羔羊"纷纷从他欧洲的教堂逃离的事实吓住，反而发表了一番无礼的言论，公开呼吁亚洲基督教化。这种言论出自一位被当作国宾的人的口中，显得非常失礼。在互联网上很容易发现基督教教化进程的具体计划和目标。它们类似于军事计划，有详细的人口统计，具体到地区和城镇范围的目标人群，列出了当地人口的弱点和优势，以及将他们带入教会的方式。这些计划带有对他们进行大规模商品化的最粗鲁的烙印。

教会在斯里兰卡实施的文化强暴，新旧混杂，仍在继续。普遍感觉到的由美国原教旨主义教徒在朝鲜战争以后带到韩国并且引起

第二部分 文化帝国主义：历史与未来

广泛的基督教化的技巧，现在正出现在斯里兰卡。这种不道德的皈依机制在国内发展了一千多个新教组织，其中很多已经注册为免税的外国投资，被获准按照成本价格进口车辆和设备。一个主要的皈依目标人群是信奉印度教的泰米尔人，他们在内战中陷于政府和分离派泰米尔·伊拉姆猛虎解放组织（Liberation Tigers of Tamil Eelam，LTTE）*之中。泰米尔·伊拉姆猛虎解放组织的最大支持者也一直是新旧教会的基督教教士阶层。印度教教士因其没有出现在泰米尔·伊拉姆猛虎解放组织的宣传中而格外显眼。

天主教最近在斯里兰卡参加的一些辩论看似无害，在回顾之时则不是一回事。几年前，教会领导的一个反对派反对更新从1950年代就活跃在斯里兰卡的美国之音的中转站。但是这种反对恰好与教会扩张自己设在菲律宾的广播站"真理电台（Radio Veritas）"同时展开。这两个电台其实都是多国殖民主义者在无线电波上对亚洲思想展开的争夺。但是真理电台是欧洲黑暗世纪的残余，而美国之音尽管实际上也是文化殖民者，却至少摒弃了迷信，在这个意义上还是现代的。据说当今世界上麦当劳要比十字架更为有名。我不是麦当劳的拥趸；对我来说，麦当劳提供的是堵塞血管、引发癌症的伪食品。但是对我而言，并且出于我对5个世纪以来一直是教会的文明目标——斯里兰卡——的担忧，看上去堵塞血管要好于用迷信混杂物来堵塞思想。

世界以独特的非政府组织形式敞开

假如说新近重新武装起来的教会将要成为文化殖民领域的一个

---

* 一般简称泰米尔猛虎组织。——译者注

第三章 文化帝国主义：历史与未来

主要的入侵角色，另一个隐形的入侵者则是外国资助的非政府组织。对那些不熟悉非政府组织在第三世界的活动的人来说，在此有必要补充几句。说到外国资助，我指的是在过去十年左右时间暴增的那些非国有组织，它们主要从西方的捐赠人手中获取资金。这是西方深思熟虑后做出的决定的结果，这样西方的援助越来越少地引入第三世界国家。这是公开的，因为他们无法信任第三世界国家在分发援助资金的过程中做到透明、公正和不腐败（Hulme and Edwards, 1997年）。因此，外国资助的非政府组织应运而生，但不能将它们误认为是真正文明的社团。它们通常与第三世界政府一样既不民主且又腐败。一些非政府组织实际上确实在第三世界起到了好的作用，例如在诸如健康、教育、计划生育等领域。但是通常它们不具备民主的结构。通常是由几个中产阶级组成，在第三世界中构成了一种新的私人部门，尽管有时也像私人企业一样起到正面作用。值得注意的是，旧有的具有营利性质的私人部门至少对市场制度负责。它的成败取决于相对非个人行为的盈亏标准。新型的私人部门，即非政府组织，仅仅对自己及其捐助人负责。外资的非政府组织可以获得金钱带来的资源，当地和外国的媒体宣传通常将真正的当地动因边缘化。这已经导致了新型的非政府组织殖民主义，产生了一个新的非独立阶级。它们尤其在文化、意识形态以及政治领域中变成一股阴险的势力，几乎是外国利益的内奸，尽管它们有时候来自西方的左派。这阻止了从左右两派中产生真正的可选项，因为要获得资助必须得到捐助者要求的意识形态框架的接纳。

在此有必要指出几个事实以揭露外资非政府组织是如何扭曲了斯里兰卡的文化现实，我敢说也扭曲了许多第三世界国家的学术和文化场合。通常这些非政府组织雇佣军的水平和经验远远低于大学

第二部分 文化帝国主义：历史与未来

学术阶层以及其他的当地文化生产者。但是他们通常还是比当地文化生产者得到更多的报酬。他们也更多地旅行，并且制造了西方和非西方之间的虚假联系。非政府组织抢先获得通往西方的渠道，反之亦然，就这样扭曲了全球范围内占统治地位的西方和当地文化场景之间的关系。国内真正的有机文明社会的发展所发出的声音就这样被预先制止了。已经有人注意到，非政府组织通过与当地政治以及附带的外国关系打交道，正在将外交政策私有化，导致一种新型的帝国主义的形成（Duffield 1997：98）。甚至在相对无伤大雅、没有太多政治色彩的领域里，它们也已经扭曲了当地的结构。一个绝佳的相关例子是斯里兰卡的非政府组织"萨尔乌达耶"（Sarvodaya）。*

不能误将斯里兰卡的萨尔乌达耶组织认为是甘地在印度建立的同名组织。有一个阶段它接受了来自国外的大笔援助，实际上，外国每年有一个特殊的援助财团给它提供资助。它曾将自身推销为斯里兰卡最大的非政府组织，宣称其组织几乎遍及国内的每一个村落。外国援助始于20世纪70年代，当时恰逢西方反文化和欣赏非西方事物的尾声。在那个时期萨尔乌达耶组织自称为一个佛教组织。后来当西方捐助市场改变了要求的时候，它也修改了自己的信息。

随后，在一位备受尊敬的最高法庭法官的带领下，国家授权的一个法律调查委员会已经收集卷宗，并证明这一组织实施的巨大诈骗的受益人为其创立者及其家庭成员。假如这种类型的诈骗是政府办公室里一个贫穷的职员所为，我相信他会被立刻逮捕，顺利起诉并且被判入狱。

---

* 印度圣雄甘地倡导建立的新社会之名，意为"人人幸福"。——译者注

第三章 文化帝国主义：历史与未来

在此重要的是要强调，最初通过非政府组织而来的殖民者们不一定是西方的捐助者，而是它们扭曲了当地的状况，使当地的真实反应销声匿迹，创造出扭曲的社会状况和社会关系。确实，在西方捐助者中有一些群体，例如一些德国群体，它们强调当地文化和当地知识对于他们资助的重要性。一个例子是与德国绿色组织建立联系的海因里希·伯尔基金（Heinrich Boell Foundation）。

那么问题就是：西方以及例如联合国等国际组织应该彻底停止援助吗？答案显然是否定的。对于真正自发的接受者来说还是有援助空间的。资金应该给予真正的公民团体，而不是落入少数人为自己创建的人造援助的陷阱之中。通常来说，援助应该只给民主选举的组织。在斯里兰卡和别处有好几百个工会、职业组织以及其他组织所构成的真正的全民社团。它们值得首先获得援助，尽管有时候可以将这些组织之外的少数情况作为种子实验加以援助。

结 论

文化帝国主义世界已经从工业主义时代带来的西班牙和葡萄牙人野蛮的大屠杀和教会分化的背信弃义，转变为当今全球化的世界同时向亚洲转移的进程。现在不是一个霸权一手遮天的时代。全球化进程与原始的过分单纯化的构想不同，并不总是单极的。在文化帝国主义中还出现了新的角色，例如非政府组织现象，以及攫取第三世界灵魂的基督教改良战略。如今出现了对霸权的抵制点，以及欧洲中心领域之外的新文化的增长点，明天会有更多点涌现出来。随着向亚洲迁移的加速，亚洲越来越有自信，这些新文化成长点将会在数量上有所增加。可能在下一代或者两代之后，文化帝国主义会消亡，代之以文化增长和文化散布的多元中心。

第二部分 文化帝国主义：历史与未来

参考文献

Abhayasundara, Pranith (Ed.). 1990. *Controversy at Panadura or Panadura Vadaya*. Colombo: The State Printing Corporation.

Ariyapala, M. B. 1956. *Society in Medieval Ceylon*. Colombo and Kandy: K. V. G. de Silva.

Blavatsky, Helena Petrovna. 1888 [1978]. *The Secret Doctrine*. Adyar: Theosophical Publishing House.

Bennet, J. W. 1843. *Ceylon and its Capabilities*. London: W. H. Allen and Co.

Bond, George D. 1992. *The Buddhist Revival in Sri Lanka*. Delhi: Motilal Banarsidass Publishers Ltd.

Capper, John. 1873. A Full Account of the Buddhist Controversy held at Pantura, in August 1873 between a Buddhist Priest, Gun_ nanda Mohattivatte, and two Ministers of the Protestant religion, the Rev. D. de Silva and the Rev. F. S. Sirimanne. Colombo: Times of Ceylon.

Cranston, Sylvia. 1993. *H. P. B.: The Extraordinary Life and Influence of Helena Blavatsky, Founder of the Modern Theosophical Movement*. New York: G. P. Putnam's Sons.

De Silva, K. M. 1981. *A History of Sri Lanka*. Berkeley, CA: University of California Press.

De Silva, Padmasiri. 1998. *Environmental Philosophy and Ethics in Buddhism*. New York: Palgrave.

Duffield, M. 1997. "Evaluating Conflict Resolution." In *NGOs in Conflict—An Evaluation of International Alert*, ed. G. Serbe, J. Macrae, and L. Wohlgemuth. Fantoft – Bergen, Norway: Christian Michelsen Insti-

第三章 文化帝国主义：历史与未来

tute.

Edwards, Michael. 1967. *British India* 1772—1947. London: Sidgwick and Jackson.

Fields, Rick. 1992. *How the Swans Came to the Lake: A Narrative History of Buddhism in America.* Boston and London: Shambhala.

Gaitonde, P. D. 1983. *Portuguese Pioneers in India Spotlight on Medicine.* Bombay: Popular Prakashan Private Ltd.

Goleman, Daniel. 1981. "Buddhist and Western Psychology: Some Commonalities and Differences." *Journal of Transpersonal Psychology* 13: 125—36.

Goleman, Daniel. 1988. *The Meditative Mind.* New York: G. P. Putnam and Sons.

Gombrich, Richard, and Gananath Obeyesekere. 1988. *Buddhism Transformed: Religious Change in Sri Lanka.* Princeton, NJ: Princeton University Press.

Goonatilake, Susantha. 1998. *Toward Global Science: Mining Civilizational Knowledge.* Bloomington, IN: Indiana University Press.

Goonatilake, Susantha. 2000. "Modern Physics Bears the Imprint of Western and Asian Philosophies." *Nature* 25 (May): 399.

Guruge, Ananda W. P. (Ed.). 1965. *Return to Righteousness: A Collection of Speeches, Essays and Letters of the Anagarika Dharmapala.* Colombo: The Government Press.

Guruge, Ananda W. P. (Ed.). 1984. *From the Living Fountains of Buddhism: Sri Lankan Support to Pioneering Western Orientalists.* Colombo: Ministry of Cultural Affairs.

Guruge, Ananda W. P. 1993. "From Tamraparni to Taprobane and from Ceylon to Sri Lanka." *In The Cultural Triangle of Sri Lanka*. Paris: UNESCO.

Hay, Stephen. 1970. *Asian Ideas of East and West: Tagore and his Critics in Japan, China, and India.* Cambridge, MA: Harvard University Press.

Hoffman, Yoel. 1978. "The Possibility of Knowledge: Kant and Nagarjuna." In *Philosophy East/Philosophy West: A Critical Comparison of Indian, Chinese, Islamic and European Philosophy*, ed. B. Scharfstein, I. Alon, S. Biderman, D. Daor, and Y. Hoffman. New York: Oxford University Press. 269—90.

Hulme, David, and Michael Edwards (Eds.). 1997. *NGOs, States and Donors: Too Close for Comfort?* New York: Macmillan Press Ltd in association with Save the Children.

Inada, Kenneth, and Nolan Jacobson (Eds.). 1984. Albany, NY: State University of New York Press.

Jackson, Carl. 1968. "The Meeting of East and West: The Case of Paul Carus." *Journal of the History of Ideas* 29: 74—75.

Johnson, Paul. 1994. *The Masters Revealed: Madame Blavatsky and the Myth of the Great White Lodge*. Albany, NY: State University of New York Press.

Karunadasa, Y. 1967. *Buddhist Analysis of Matter*. Colombo: Department of Cultural Affairs.

Karunadasa, Y. 1983. "*Vibhajyavada* versus *Saravastivada*: Buddhist Controversy on Time." *Kalyani* 2 (October): 1—28.

Knox, Robert. 1983 [1681]. *An Historical Relation of the Island of*

Ceylon in the East Indies. New Delhi: Navrang Publishers and Booksellers. First Facsimile Reprint.

Malalgoda, Kitsiri. 1976. *Buddhism in Sinhalese Society* 1750—1900: *A Study of Religious Revival and Change.* Berkeley, CA: University of California Press.

Moore, Walter. 1994. *A Life of Erwin Schrodinger.* Cambridge: Cambridge University Press.

Patterson, T. J. S. 1987. The Relationship of Indian and European Practitioners of Medicine from the Sixteenth Century. In *Studies on Indian Medical History*, ed. G. Meulenbeld and D. Wujastyk. Groningen: Egbert Forsten. 119—29

Riepe, Dale. 1967. "The Indian Influence in American Philosophy: Emerson to Moore." *Philosophy East and West* 27: 124—37.

Said, Edward B. 1978. *Orientalism.* New York: Pantheon Books.

Sarathchandra, E. R. 1958. *Buddhist Psychology of Perception.* Colombo: Ceylon University Press.

Singh, Navjyoti. 1988. "Jain Theory of Measurement and Theory of Transfinite Numbers." *Journal of Asiatic Society* 30: 77—111.

Tonkinson, Carole (Ed.). 1995. *Big Sky Mind: Buddhism and the Beat Generation.* London: Thorsons.

Weerasinghe, S. G. M. 1995. *A History of the Cultural Relations Between Sri Lanka and China: An Aspect of the Silk Route.* Colombo: The Central Cultural Fund.

第四章
作为未来理论的帝国主义

艾西斯·南迪

现代殖民主义做出了第一次认真的系统性的全球化的艰难尝试。两次世界大战从其本质和名称上暗示了全球化的一个特殊阶段的最后场景，这标志着现代殖民主义的终结。[此处我间接指涉了查尔斯·兰格（Charles Long）的观点，认为跨大西洋的奴隶贸易是全球化的首次正式举措，因为这种贸易代表了对人类自身彻底商品化的首次努力。关于文化的文明化使命以及社会进化等级制度的殖民化理论，可能与新世界的发现和被卷入大约 300 万非洲人口的国际化贸易大有关系。]之前的全球化尝试——表现为多种形式的征服、发现以及福音传道——从未在真正意义上寻求将整个世界置于其中，也当然没有像今天全球化所做的，或者像 19 世纪下半叶殖民主义所做的那样，尝试使世界更为透明、更有预见性。亚历山大大帝哀叹没有更多世界待他去征服，但是他所征服的世界当然不是全球，他对此也心知肚明。基督教福音传道也致力于改变世界，以其上帝的指示重新塑造世界。然而，福音传道永远不能真正放弃可拯救与不可拯救的灵魂的观点，认为有真基督徒和为物质利益而接受洗礼的基督徒的区分，后者如果动机不是特别纯粹的话，会随时现出原形，耽于享乐。顽固不化的异教主义在福音世界观中引入一种永恒的不确定性的因素。殖民主义第一次真正努力根据一种新的人造形象重塑世界。在此形象中，基督教的上帝占据的是一个辅助性的地位，尽管有截然相反的异议存在。诸如伽利略、笛卡尔以及弗兰西斯·

第四章 作为未来理论的帝国主义

培根等这样的世俗上帝塑造了这一世界形象。殖民主义尽管与基督教相关,其驱动力却来自关于未来和理想社会的愿景,是一种几乎完全虚无主义(ad nihilo)的人造产品。

上述未来理想社会的愿景中存在的一些明显的组成部分值得进一步阐释,因为随后为了保护并确立欧洲文明的中心地位而引发的全部关于进步或者历史阶段的人道主义理论尝试,几乎都不由分说地援引了这些愿景。但是,在我进一步阐释之前,需要做出两点说明以防误解。

第一,我不认为任何异议能够完全摆脱与其不同的观点。实际上,异议通常的确主要成形于其反对的观点。即使有组织的抗议和反抗运动最终也往往整合了它们意图推翻的主导文化中的一些因素。例如,像我们所知的工会运动就曾经是对19世纪工业资本主义的抗议。一旦资本主义自身在20世纪末开始发生剧烈的变形,工会运动也开始动摇或者削弱。如今许多国家的工会已经支离破碎。全球化的金融资本主义的新形式及其不同的构成机构已经开始激发一系列新组织的成长,这些新组织在某种程度上正在扮演的角色,类似于工会在两次世界大战之间的年代和战后阶段曾经扮演的角色。譬如活跃在诸如环境、人权、女性问题、和平等领域的各种非政府组织以及运动可以称为19世纪和20世纪早期工会的"同态(homeomorphic)"对等物——雷芒多·帕尼卡(Raimundo Panikkar)在一个截然不同的场合采用过这一说法(Panikkar,1995年)。与工会相比,它们的内部动力、目标以及社会角色或许不同,而其结构和运行的文化显然更为多元。但是假如鼎盛时期工会的主要功能在回顾时可以被定义为与工业资本主义主导结构唱反调的话,今天的志愿部门最重要的职能最多只能说是与之大体相似。至于志愿部门整体来说

第二部分　文化帝国主义：历史与未来

是否很好地扮演了这一角色，则是另一回事。

第二，尽管二战后帝国主义计划逐渐被消解，却从未被完全粉碎。帝国主义没有经受任何全球性的决定性的溃败。帝国势力在20世纪40年代被削弱，但是依然得势。它们对原有殖民地放松了掌控，也看似良心战胜了私利而不是私利战胜了帝国荣耀的浪漫传说。的确，多亏了它们在二战中对抗的主权政体，殖民势力才在战后崛起，自我标榜为民主和人道主义社会的捍卫者。全球局势以及经历过的轴心国势力的教训，促使许多其他国家接受了这种观点。因此，帝国主义的文化没有遭遇全球性的直接挑战，后帝国主义的世界从未真正抛弃帝国主义世界观的主要信条。这些信条——尤其是对文化等级制度的信仰，并且认为西方势力承载启蒙愿景，扮演解放者的角色，这两种观点都是进步与历史阶段的理论，将亚洲与非洲文化定义为向欧洲过去的返祖——的确成为战后全球化的政治文化不可分割的一部分，成为战后建立的国际机构网络、战后经济援助与发展概念的不可分离的一部分。的确，我们有关人权、平等、正义、民主、进步甚至抵抗帝国主义的各种观念，无论带着旧殖民主义还是新殖民主义的伪装，都受到了帝国主义世界观的侵蚀。我们关于治国方略、统治以及外交的概念也如出一辙。整个20世纪可以被读作19世纪各种社会工程学理论的大碰撞，其中一些理论直接是殖民主义的，另外的理论是反殖民主义的，但却深受殖民主义本身的影响。将反殖民主义斗争的适应力（resilience）解读为殖民主义适应力的一项副产品，并没有否定这些斗争的创造性潜质，却会揭示这种斗争兴起的文化，揭示斗争本身具有的被打上了时代烙印的文化。

殖民主义文化的遗产

殖民主义文化传统的一部分是将发展中国家看作是不乏愚笨的

第四章 作为未来理论的帝国主义

见习民族国家，用西塞尔·罗兹（Cecil Rhodes）已经被用滥了的话来说，是半野蛮、半童稚的（half-savage and half-child）。诸如发展、现代化之类的霸权主义观点的存在，已经让这些国家看上去越来越像是贫困潦倒的待产的母亲，在繁忙的街角分娩，毫无尊严可言。所有人聚拢起来围观见证这一重大事件，给她们提供智者的忠告和一点施舍，还有专家的咨询。

有关常识的全球化结构中有一个基本的假设，认为对于一个发展中的社会来说，任何关于理想社会的不同愿景皆为自相矛盾的陈述，是一种矛盾修辞。因为发展中社会正在发展中，不应该拥有对未来的愿景。禁止发展中社会拥有愿景。它们只能有自己的目标，有不可变的、不可避免的过去、现在和未来。它们的过去和现在当然混为一体；其"自然的"非历史性确保了它们的现在与发达国家的过去没有任何两样。发展中国家的未来当然也会像发达国家现在的样子。有些不识趣的人或许会怀疑这种观点绑架了所有人类的未来愿景。他们也许不无道理，也许谬之千里，但是显然不需要从发展中国家找人过来听听他们怎么说，除非此人的观点深不可测，带着种族色彩。一切已经了然，全球媒体每天都重复着这个常识。只有具体细节有时候会发生变化，但都无关痛痒。

经济史告诉我们——我猜这与经济史学家的观点相左——几乎所有主要的发达国家是在"发展"这个概念本身在二战后出现之前获得发展的，也就是说，在发展专家、发展经济学以及发展理论产生以前就已经得到了发展。可论证的是，在主要发达国家中，只有战后日本在有关发展的观点在知识世界以及经济实践中风行之后才得到了发展。我们有时不禁会猜想，日本是在20世纪80年代正式接受了风行全球的日本管理模式和发展战略理论，并且致力于在日

第二部分　文化帝国主义：历史与未来

本国内将之体制化的时候，才开始有了发展表现和经济管理上的问题。社会与政治变化默许的理论通常比挂在嘴上的理论更为有效。至少这种默许理论不会促成一种职业阶层的形成，这种职业阶层发展了对这些理论的某种既定兴趣，并且最后使这些理论停滞不前。

无论政治经济还是发展的心理历史都正在夷平身份认同，使之变成单向的。我们一度认为中国是中国，印度是印度。现在我们却学乖了，认为它们首先都是发展中国家，忠实地遵循发展教科书上写好的发展轨迹，甚至许多中国人和印度人也这样认为。它们对发展主义和现代化的社会进化的要求俯首听命，从而保证了这些社会的自我定义现在主要取决于它们的国民生产总值（GDP）、人均收入、信用评级、出口潜力、银行利率以及国防能力。而它们的社会、文化和生活方式已经被认定是过时了，只能引起游客和学术领域专家的兴趣。的确，这些社会自身看上去也已经做好准备，甚而急切地要去摒弃自我个性的关键部分，以避免在全球秩序中被断定为多余之物。

就连这样有时也行不通。作为一个现代化的民族国家、经济上的超级大国，日本已经不仅抛开了其文化和生活方式的许多方面，还持续寻求被重新定义为一个高效的现代化的人—机系统和政治经济。日本拥有与众不同的多信仰观点（例如，它是少数几个不同信仰百分比加起来多于百分之百的国家之一，因为大多数日本人有不止一种信仰），努力确保高度工业化社会中还有不同社区的存在，日本神道教（Shinto）甚至还有"不可思议的"800万男女诸神，而该国对稻谷和稻农有"非理性的"喜爱——所有这些显而易见地与全球化的大众文化毫无共同语言。

第四章 作为未来理论的帝国主义

身份认同的夷平

众多运动与意识的集结致力于抵制这种身份的夷平,同时也致力于将社会变革进程人性化,但都没有经受住压力,最终屈从了。有时候,为了一种不同的未来所做的斗争本身也已经成为一种技术,而将外围作为二等公民整合进入主权。

例如,在世界许多地区,人权活动者必须兼顾耳边各种喋喋不休的说教,告诉他们什么才是争取人权的正确方式,而这些说教完全建立在欧洲启蒙主义关于人权和个体权力的愿景之上。就这样,甚至在争取人权的全球斗争中也存在着一丝殖民战略的色彩。所有不同的意见都被监控了;有的被宣布为合理的、有建设性的而且是"正常的",有的则被贬斥为病态的、不实际的或者不负责任的。

结果就是人权行动主义和预期的受益者之间产生了一定的距离。与这种人权主义相关的人性社会的概念,往往不能引起大部分本来可以最大程度从中获益的亚非社会的热情。只有有限的人意识到控制人权话语的社会在过去五百多年的时间里在南半球留下了杀人、种族清洗、实施暴政的记录(参照 Bourgeault *et al.* 1992; Churchill 1992)。对于南半球的大多数人来说,这些社会及其精英好像忽然之间强烈意识到,需要有公民权利、人类的互爱以及种族、宗教和人种友好。南半球的许多人怀疑在这一强烈的新诉求背后隐藏了一个事实,即截至 20 世纪中叶,从欧洲出口到南半球的暴力已经开始物归原主。曾经在非洲和南美洲肆虐的杀人技术,在 20 世纪 40 年代被如此高效地应用到欧洲犹太人身上;而集中营的概念是英国人在南非布尔战争中发明的(Ferguson,2003 年)。与战略性轰炸相对应的地区性轰炸理论,尽管被纳粹在格尔尼卡、被日本帝国主义在南

第二部分 文化帝国主义：历史与未来

京试验过，却是由亚瑟·哈里斯爵士（Sir Arthur Harris）和那位"民主战斧（battleaxe of democracy）"——温斯顿·丘吉尔爵士发展为一项正当理论并且大范围应用的。许多亚洲人都有二战中关于日本暴行的悲惨回忆，但是他们也没有忘记有人蓄意谋划的东京燃烧弹爆炸一天之内就杀死了14万人，大约与广岛原子弹爆炸造成的死亡人数相同，其中大多数都不是武装人员。

民主和人权的战斗史历经波折，而对所谓的发展中国家来说，这些波折不仅具有教育意义也富有启示性。例如，独立印度的政治精英们在四十多年的时间里一直都听着说教，教育印度应该如何努力赶超伊朗的国王、李承晚（Syngmn Rhee）、蒋介石、费迪南德·马科斯（Ferdinand Marcos），以及拉丁美洲军事团体更为炫目的领袖们，因为他们代表了民主和自由的事业。就连印度左翼，印度的官方持不同政见者，也将早期的印度看作是苏联，后来看作是中华人民共和国——人权的另外两种"模式"。冷战的结束或许已经终止了这种争论，但是卖弄学问的老师们已经给世界的见习社会设计了其他新型的学术课程。这些落后社会现在受邀在亚洲价值观和人权之间做出选择。全球媒体已经将马来西亚总理马哈蒂尔（Mahathir Mohammed）和新加坡政治领袖李光耀打造为亚洲价值观的象征，将最初在美国支持下建立的著名的阿富汗塔利班变成了伊斯兰邪恶势力的例证。当昂山素季（Aung Sang Suu Kyi）为缅甸开放社会做斗争的时候，他们当然不代表亚洲的价值观，只是被刻画为代表欧洲启蒙主义所奉行的普遍的价值观。

没有发展的发展

假如社会可以在没有获得发展概念所规定的利益的情况下得以

第四章 作为未来理论的帝国主义

发展的话，那么笔者怀疑在没有获得人权标准化概念的利益时，人民也会为了自己的基本权利而抗争。无论如何，马哈蒂尔和李光耀自命维护了一些亚洲人的价值观，而这些人可能在自己国家只构成少数派。对此马来西亚政治已经提供了足够的线索，而新加坡政治在将来也会如此。

普通的亚洲人仍然决定着亚洲价值观到底为何物。并且他们依然倾向于认为人权运动者阿斯玛·贾汉吉尔（Asma Jahangir）和占德拉·慕札法（Chandra Muzaffar）比阿富汗塔利班派系更能代表穆斯林的价值观。全球化政治的主导文化通过授权小独裁者们的一党制权力为一些世界最古老的文明代言的方式，不仅羞辱了这些文明并且在许多国家寻求将独裁政体合法化。因此，许多南半球的环境、和平和民主运动不仅需要对抗当地的独裁分子，还要反对那些在过去200年间被合法化了的观点，这些观点认为治国方略和公共生活是合理、理性、成熟、实际的。至少这些运动正在部分地试图用自己的语言展开斗争，从而可以触及到他们的邻居，可以使自己的声音被听到。在全球化的新政体下，生存、社区权力以及文化对抗是这些运动的语言中的关键概念。

依然有谣言说16—17世纪的启蒙主义给所有基本的人类问题提供了完整的答案，世界其他地区现在能做的就是忠实地复制西方支配的全球文化中目前流行的口号。然而，在启蒙运动的伟大人物中，缺少一位思想家把非暴力作为人类生活的核心价值，而20世纪有组织的暴力中被杀害的至少2亿人已经为这一缺失付出了代价。确实，这个世纪主要的血腥杀戮都是打着启蒙价值观的旗号，而不是以亚洲价值观为幌子，就连发生在亚洲的屠杀也不例外。在德国的借口是优生学和19世纪的生物学，在苏联和柬埔寨则是历史不可避免的

第二部分　文化帝国主义：历史与未来

力量和政治经济的进化理论。在南亚，现代的民族国家和欧洲式的民族主义已经在独立后的 30 年中取代了推动自由运动的反帝国主义运动。今天南半球的公共领域中多种形式的斯大林主义是现代国家建立和民族形成的副产品。亚洲精英们向帝国主义的西方学习，因为这是他们在殖民时代唯一直接了解的西方。

非洲、亚洲、拉丁美洲为人道社会所做的斗争是殖民地时代经常发起的斗争的延续。南半球的人权和环境斗士以及反核武器和民主运动必须不仅反对当地的暴政，也要反抗那些在过去 200 年间被合法化为文明生活不可或缺的治国方略的范畴、概念和观点。

在这场斗争中，挣脱帝国主义的桎梏，在普通公民最基础的日常生活之上建立对抗不是没有可能。让我以下面的实例结束本文。根据主要的电视渠道，主要是印度新德里电视台（NDTV）和卫星新闻（Star News）报道的民意调查，90% 以上的印度人支持 1998 年秋天的第一次的核武化热潮。几周之内这个数字降到了 60%。六个月以后，一份重要的全国性报纸《印度教徒报》（The Hindu）发起了一项调查，显示只有大约 44% 的人同意上一年度的印度核试验，其中大多数是受过西方教育的现代城市人口。也许在一种古老的疲惫的反讽文明中，公众对于这种现代科技（以及可能随之而来的后果）的热情不会持续太久。但是 56% 的人都拒绝为核弹喝彩，这个基础也很难摧毁。希望看似存在于这些寒微的、没有受过良好教育的、没有得到曝光的印度人身上，存在于这些反核武器化运动部署的人们的能力之中。这些人也许不受全球媒体机器制造的全球化"常识"所青睐，但是他们可能连接着的，是在全球化时代和 19 世纪殖民主义推进中依然幸存的多元文化之间另一种交流的语言。

第四章　作为未来理论的帝国主义

结　论

在一个主要受到一系列帝国主义范畴支配的世界里，文化帝国主义当今的化身从19世纪的殖民和社会进化论传统中得到了力量，将文化定义为成熟与非成熟、理性与非理性以及历史性与非历史性的。这一套范畴将文化降格为一种二维实体，其命运只能取决于发展与现代化的水平以及成功的程度。这一进化主义的结果，就是删节了对未来的愿景，缩减了对理想社会的多元理想的设想。多数文化已经被重新定义为前现代化的欧洲和北美的各种异国版本，顺从地走向同一性的未来，而这一未来不过是对当今西方世界略作修订的一个版本。

参考文献

Bourgeault, Ron, Dave Broad, Lorne Brown, and Lori Foster (Eds.). 1992. 1492—1992: *Five Centuries of Imperialism and Resistance.* Halifax, NS: Fernwood.

Churchhill, Ward (Ed.). 1992. *Struggle for the Land: Indigenous Resistance to Genocide, Ecocide and Expropriation in Contemporary North America.* Toronto: Between the Lines.

Ferguson, Niall. 2003. Empire: *The Rise and Demise of the British World Order and the Lessons for Global Power.* New York: Basic Books.

Panikkar, Raimundo. 1995. *Invisible Harmony: Essays on Contemplation and Responsibility.* Minneapolis, MN: Fortress Press.

第五章
见利忘义的科学：作为文化帝国主义的科学与真理

伯尔尼德·哈姆

本章的观点是，我们西方关于科学与真理的概念被用来使意在压迫和剥削自然和人类的利益合法化。这些概念被用来掩盖西方政治—经济利益的毁灭性特点。此时，科学与真理变成了意识形态。作为意识形态，二者倾向于以大多数人口为代价，惠及社会中的"权力精英（Power Elites）"（C. W. Mills 1956），[1] 当然还有科学团体。在全球强制性推行这种对科学和真理的理解是文化帝国主义的一部分。

本文的阐释对此持否定态度。虽然批评西方科学，但是不会提出其他选择。西奥多·W. 阿多诺（Theodore W. Adorno），法兰克福学派社会科学的领军人物，他曾经发明过一个词汇"否定辩证法"（negative dialectics），认为对现存现实的批判性分析暗含其对立面。本文不会更深入地涉猎其他知识体系的问题（有关讨论可见 Goonatilake，1998 年）。

笔者的意图不是追随约翰·加尔东（Johan Galtung）（1971 年）对科学帝国主义（作为文化帝国主义的一种次级分类）的理解，他依然认为科学是寻找"真理"的严肃尝试（科学中的帝国主义不过是认为存在有效的客观科学，但是在权力利益之中被误用了）。相

---

[1] 由于"精英"一词含有道德上的优越感的意义，我选用较为少用的词汇"官员"（cadres）来指涉社会中的权力阶层。

第五章 见利忘义的科学：作为文化帝国主义的科学与真理

反，本文意在对这种观点提出质疑。在历史进程中，科学已经变得或者说过去一直都与掌权的官员紧密联系，而且屈从于其利益，所以科学的理想化观点看起来成为保证接近官员并且影响他们的一种重要的工具，换言之，科学成为一种职业意识形态。

本章将要探讨这一观点，首先是要将西方把科学与真理定义为客观的、价值中立的概念做出概括。本章继而提出与这一自我形象格格不入的诸种现象：科学、金钱和权力之间的关系；科学与可持续性发展的问题；科学的美国化；德国经历的大学改革，作为博洛尼亚进程*的一部分。这些资料与意识形态加以对照，将会对见利忘义的科学做出诊断。最后将探讨的是这种见利忘义的全球化。

科学与真理的意识形态

"科学"可以被定义为人类对自身经历加以分类、编码、处理并且归结意义的方式。这既适用于科学，也适用于非科学类型的知识（Studley 1998：1）。有许多种获取知识的不同渠道：通过逻辑推理、感性认知、直觉、权威以及因循守旧或者通过投入和爱。根据科学家群体中公认的某些法则制造出来的经历被称作"科学的"经历。尽管这种符号可能与大多数普通人毫不相干，但是它依然成功地在官员中产生了战略性的影响。

人们在共有的并且有规律地互相确认的世界观、知识体系和文化背景中获取知识、处理知识。知识被建立，进入已知的参考框架，被评估，被选择；知识被赋予意义，被捆绑在既定社会的历史经验之中。知识既不是自主的，也不是客观的，而是被绑缚在人们生活

---

* Bologna Process，29个欧洲国家于1999年在意大利博洛尼亚提出欧洲高等教育改革计划，目标是整合欧盟的高教资源，打通教育体制。——译者注

第二部分　文化帝国主义：历史与未来

的社会情境之中，受个体在自己社会中的社会地位以及各自的物质生活条件的影响。知识的社会科学［由卡尔·曼海姆（Karl Mannheim），1893年—1947年创始］为此已经提供了充足的证据（但是可以参照阿多诺在1955年的著作中对曼海姆方法的批判性评论），许多经验主义研究已经探讨了不同的社会阶层和职业人群所拥有的社会形象。这些范式相对而言不会改变，也存在于科学之中，托马斯·库恩（Thomas Kuhn）（1962年）已经提出过这个观点。

在日常生活中，如果一个观点被日常生活经验的规律所证明，如果这个观点看似合理，如果我们尊敬和喜爱的人信以为真，或者被二手信息得以证实，那么我们就会将它当作"真实"的。假如一个观点在备受推崇的期刊上发表，被知名的科学家认可，或者用科学的方法论的规则得以测试，我们就认为它具有"科学的真实性"。卡尔·波普尔（Karl Popper）认为，一个观点永远不能在科学的严密性中被客观地证明其具有真实性，而科学方法要求公认的观点应该被证伪，从而逐渐缩减可能性真理的领域。这一观点仅有理论价值（Popper，1960年）。在真实的实践研究中并没有多大的意义，因为新的观点不断生发，不断检测，以期被证实，而公认的观点被证伪只是例外情况。

在特别科学的（extra-scientific）日常生活中，真理的相关证据是感性体验的、所参照人群的观点，但大多数情况下是大众媒体。在大多数科学中，建立在概率理论基础上的数据测试对真理做出经验性的证明，而从圣经或者其他经典作家处引经据典已经失去了说服力。数学被看作是理性观点的客观基础。想要在科学上站得住脚，经验现象必须通过数学变换转译为数字语言。科学群体中通常的信仰认为，真理可以被计算出来。

第五章 见利忘义的科学:作为文化帝国主义的科学与真理

科学发现的"方法"(method)是常规性的,是建立在具体的文化共识之上的。但是,我们也必须假设获取知识有不同的方法,使用不同的方法很可能会导致不同的结果。科学教育和训练传递这些常规。因此,重要的是要理解谁有权决定这些常规的存在,而这些常规又是建立在怎样的标准之上。尽管明显需要做出这样谨慎的反思,现今通常的做法却是,欧洲(以及其他)的社会科学家们总是认同今天美国流行的方法,将数字和方法论程序作为衡量自己工作的相关性的标准。文章要在"需同行评审的学术刊物"上发表,通常好像需要用精密的数字统计铺平道路,而不是用相关的理论加以论证。我们多次看到沉重的数据大炮被用来轰击理论的小老鼠!

根据科学"自身的形象"(self-image)的设定,科学必须独立而且价值中立,让科学家没有任何外在的限制。这样做只有一个目的,就是寻找纯粹的无目的的知识。任何政治、经济或者其他非科学的利益都不应该入侵或者干扰科学进程。只有这样才可以保证科学不断地接近真理。好奇心不仅仅是人类内在本质的一部分,也为人类的普遍利益服务。科学家有而且只有一个任务:致力于纯粹的研究,让自己的知识惠及他人。除此之外,科学家没有背负任何责任。这就是为什么民族国家维护着大学机构,保证研究和教学的自由(有时候,这甚至订立在宪法之中,比如德国)。国家政府受到忠告要投资科学,因为至少从长远看来科学将会带来智慧和改良,也会带来竞争上的优势地位,从而促成革新、增长、就业以及收入。全球化增加了这种观点的有效性和相关性。

没错,确实也存在着一些问题。教育、科学、革新以及增长被认为是解决问题的方法。根据这一逻辑,许多问题的原因在于人们没有得到科学的教育,而是依照传统的、"非理性的"方法行事。科

第二部分　文化帝国主义：历史与未来

学进步被看作是所有问题的解决途径：疾病将会被消灭或者治愈，环境的破坏将会被阻止或者被修复，贫穷和饥饿将会被征服，不可再生资源将会被取代，犯罪和滥用毒品将会被制止，生命将会被延展，永远年轻将会实现，发展将会得到加强，物质利益将会保障给所有人。科学进步成为解决所有赤字的灵丹妙药。

真实的概念向科学性的客观洞察力敞开——所有问题不过是因为知识不足——这样的观点很诱人。首先，它提供了一个受人欢迎的借口，因为没有人对科学知识的匮乏负责。其次，它允许我们让别人代表我们，解决我们自己的问题。建立客观真理的能力已经被归结为科学。科学的美誉在很大程度上取决于将这种服务回馈社会的能力。

当然，科学这一形象一直都引发质疑。一直以来，在所有学科中都有独立个体的声音呼吁建立科学的伦理基础。通常这些伦理科学家会遭到主流的批判，认为他们反对的是学术自由和研究自由，因此违反民主思想，甚至会鼓吹科学国有化。这样当然会最终服务于统治阶级——不无讽刺的是，这些具有强烈伦理基础的科学家被指责为政治极权主义的支持者。为了避免流于泛化，需要注意的是"西方"或者"现代"科学绝非一个同质体。在不同的社会中有各种"学术类型"（Galtung 1988：27），而在主流学科中一直都存在着不同的声音，边缘化的认识论立场或多或少都拥有支持者。上文描述的是主流的特征。

价值中立、无目的性以及免责，在这些服务于科学的自我管理并且收到巨额研究经费的机构中被看作是主要的美德。它们依然是学术教育的标杆，正被用来证明科学家，尤其是在教授行列中的科学家在我们社会中享有的种种特权是合理的。

第五章　见利忘义的科学：作为文化帝国主义的科学与真理

在有关"西方在知识上的统治"[1]一文中，斯里兰卡作者纳林·德·席尔瓦（Nalin de Silva）（2002年）毫不避讳地直接谈到这个问题。他认为："西方科学被认为应该尝试理解客观现实，而且据说西方人所教授的不论何种真理都是客观有效的。开始于15世纪文艺复兴时期的整个欧洲现代主义建立在客观性、真实性以及绝对真理的基础之上。"那么，科学正是一个接近客观现实的渐进过程而在方法上加以标准化的。然而，要有资格评估这种接近真理的程度，我们应该已然知晓客观真理。也就是说，这是一个经典的循环论证。席尔瓦接着说到，即使我们认为存在能够理解并且可以占有（"知道"）的客观事实，即使到那个时候，占有真理的过程依然是主观的或者相对的。没有方法来客观地占有客观事实，即对所有人同时有效的客观事实。甚至客观事实这个概念也是主观形成的［费耶阿本德（Fayerabend）在1979年曾经提出过一个非常类似的观点］。

观察报告

以下的观察报告提供了有关上述科学意识形态的某种偶然的经验主义信息，尽管研究不够系统。在此使用是为了对上述假设的有效性提出质疑，从而开启一扇门，更好地洞悉科学真实的本质，也即所谓见利忘义的本质。

科学、金钱与权力

那些对作为社会机构的科学（science as a social institution）感兴趣的人用一连串不同于上文的观点，得出了非常不同的结论。首先，

1　谢尔顿·顾纳塔顿（Sheldon Gunatatne）帮助笔者找到该文。

第二部分 文化帝国主义：历史与未来

他们强调科学是一种保障个体生活的方式。科学家们需要钱，不仅为了研究也是为了自己以及家人的物质生存和舒适。因此，科学家将会从事能够带来收入的研究，而究竟谁来付钱倒是次要的。那些关心科学机构的人看到的是一个复杂的网络，涵盖大学、研究所、政府的研究部门以及私有企业，它们之间为了竞争优势、名声、金钱、权力以及影响力而进行的永恒争斗不容忽视。由于在产业中的这些特权的分配取决于科学家输出市场化成果的能力，大学的这种体系就更为复杂。学术质量标准通常基于学术成就，比如专业论述发表的数量、刊号以及发表的场所，科研资金、会议组织以及教学质量，但不一定建立在有没有促进实际问题解决的能力的基础之上。例如，在社会科学中，很可能让从来近距离见过工厂场地的终身教授来讲授工作与工业社会科学；而教授政治科学无需预期这位教授曾经参加过任何级别的法律会议，或者以内部人员的身份见过公共管理部门的运作。在学术领域，只要写出几本书，讨论那些只在纸面上认识事实的人写的书中推论出来的问题，就可以成就一番事业。

职业晋升和受欢迎程度至少是科学家在确保获得终身地位之前主要的奋斗目标。怎样才可以在科学群体中吸引别人的注意呢？是谁控制了学者所需的确保比较舒适而且优越的生活方式的资源呢？这在多大程度上取决于个人工作的学术质量和独创性呢？可以确定的是，活跃于专业组织以及研究委员会是十分重要的。这将科学家紧紧地绑在学科纽带之中。对于年轻学者而言，这就是主要的工作市场。其次，重要的是发明或者发现某种新事物，给它取一个容易上口的名字，并且称之"范式变化"。鉴于我在自己专业的狭窄领域中见过太多的范式变化被公之于众，就连托马斯·库恩都强烈怀疑他的《科学革命的结构》（*Structure of Scientific Revoluntions*）（1962

第五章 见利忘义的科学：作为文化帝国主义的科学与真理

年）一书是否真有人读过并且读懂了。

然而，绝大部分的科学工作是在应用研究中完成的。科学家及其工作是只有极少数人能够承担的昂贵投资。其中之一是期望得到高额资金回报的私有企业，另外是国家用税收主要支付的军备研究，而军备研究也是风险极小却收益巨大的事业。到目前为止，科学压倒一切的角色是生产利益——以金钱或者选票的形式。为了同一个世界、文化间的理解以及所有人类共有权益的责任——这些在科学努力的日程中几乎无迹可寻。"技术……已经生吞了科学"（Nandy 1987：45）。科学受那些买得起单的人的感知、利益以及世界观的支配。当然，这个观点远非新颖，但依然值得指出，因为这与我们在文化帝国主义中的利益紧密相连。

科学家在公众面前比任何人都更为成功地展现自己几乎无懈可击的形象。媒体捍卫了这一形象，为每个微不足道的问题而采访科学家，听他们说出真理。法庭和公共管部门需要大量的科学家充当专家；在政治舞台上，科学家在专业委员会中、在寻找事实的行动中扮演着顾问的角色。自始至终独立、客观并且清廉的光环得到了悉心维护。只有在密室里见利忘义的态度才表露无遗：只要你选择了合适的专家并且给了他们合适的报酬，就可以买到任何一个想要的专业技术和意见。但正是这些密室人物为了自己的利益，公开宣称自己深信科学研究的客观性。正是这种利益的巧合，才从本质上将权力官员和科学家这两个领域紧紧地绑在一起。

95%的全球研究资金（几乎全部由西方控制）都投入到了应用研究之中。这其中大约65%是政府用来军备研究的税收（Nandy 1993：383）。太空研究、宇航、核聚变、毫微技术、人工智能或者微生物学以及基因工程的价值是社会中的普通人所无法认识的，他

第二部分　文化帝国主义：历史与未来

们当然非常怀疑在这些领域投入这么多资金的意义何在。但是这些研究关系到新的商业领域和巨额收益的期望值，有时候关系到总统的选举。根据政府首领签署的官方文件——（例如，过去十年世界会议的文件）——显示，在这些领域正在大笔投入资金，而影响到上百万人的真实需要和疾苦的其他研究领域却正面临着严重的资金短缺。

既没有价值中立的、无目的性的科学，也不存在彻底致力于"真理"或者"共同利益"的科学家。科学的自我形象是一种对科学在社会中真正用途的意识形态伪装。我对这个观点的论证不是出于个体的层面，而是在结构的层面上的。在结构层面上形成并且维护了这些情况，从而引导科学和科学家朝着向经济政治权力官员的仆人转变的方向前行。

可持续发展的科学

我们在可持续发展的问题上可以辨别出两种见利忘义的人：一方面，是那些了解这些问题，并且装作认为在采取措施解决问题之前需要更多研究的人，另一方面，是那些否认环境问题的存在，从而宣称环境保护没有必要并且对经济有害的人。

从结构上来说，科学家一定有兴趣让问题悬而不决，或者发明或整合新的问题，用以保证他们进一步的资金来源。可持续发展是其中一个绝佳的例子。想想为了研究可持续发展的条件而投入的资金数额。这种研究大多无功而返，因为那些条件很容易列举出来，而且早就众所周知：底线很简单，就是富裕的国家要想实现全球性的可持续发展，必须削减其大约90%的自然资源消耗。但是因为权力阶层为了相反的利益予以反对，没有采取任何实际行动。就这样，

第五章　见利忘义的科学：作为文化帝国主义的科学与真理

研究被用来作为"不作为"的借口。

此处的要点在于，当寥寥数位科学家指出了地球生物的生存威胁之际，许多科学家根本不关心这个问题的实际解决，而是热衷于为了金钱、名誉以及公众关注利用这个问题。这样做不仅仅是出于他们自以为是的个人利益，而且也出于那些权势官员自以为是的个人利益，他们清楚地了解可持续发展系统的对抗性矛盾会形成对他们的挑战。

在科学界要想获得显赫地位，一个良方就是抗衡已知的范式。而如果这个范式不利于有权阶层的利益，这种抗衡就占尽了绝对先机，可以引来名利双收。这就是绿色环保计划（Greenwash）追求的东西。一个例子就是丹麦奥尔胡斯大学统计学教授比约恩·罗姆伯格（Bjorn Lomborg）成为生态学领域最近最引人注目的人物。他的基本秘诀很简单：在全球环境大灾难问题上挑战所有已有证据，提出与之相反的环境改进的观点，用一系列给人深刻印象的数据加以佐证。要做到这些，根本不需要了解生态学中任何一点复杂的东西。你需要做的只是找到一个著名的出版商（Lomborg，2001年）。2002年，丹麦反科学欺诈委员会（Danish Council of Scientific Dishonesty）证明，罗姆伯格伪造并且有选择性地使用了统计数据，并且误用统计方法，歪曲了阐释和结论，而且有意误读别人的研究。无论如何右翼的丹麦政府还是任命他为新建的环境监测研究所的所长，小布什的环境问题的主要顾问名单中他也赫然在列。

科学的美国化

西方科学金字塔的顶端通常被认为是美国科学。西方科学家应该紧跟美国相关领域的发展，与美国同行们密切联系，并且从美国

第二部分　文化帝国主义：历史与未来

文献中衍生出许多自己的假设（这将会给他们一线机会使自己的著述得以在美国发表）。美国科学家至少可以在社会科学领域发表相对琐碎的东西，虽然这些东西对于受过普通教育的欧洲人来说毫无新颖之处，但是他或者她的文章却依然肯定会在西方其他地区获得很多关注，观点也被广泛引用。那些没有紧密跟随美国文献的人被认为只是一家之言。反向的思考方式是不存在的。正如美国大众媒体很少跟进非美国的新闻，美国科学群体也几乎不关注世界其他地区的发展。非美国的社会科学家应该用英语发表论文，而英语不精通的论文也会被拒绝。另一方面，很难找到哪些美国社会学家是因为熟悉自己相关学科的汉语（这可是一门世界语言！）、阿拉伯语、法语、西班牙语，或者德语方面的学术发展而声名卓著的。

被推向美国社会科学显赫地位的人正在定义何为主流。就像在所有其他领域中，描绘主流和边缘的能力表现了极少数人统治而多数人服从的权力结构。

大学改革

从传统意义上讲，德国高等教育体系完全是由国家资助的、非竞争性的、非等级制的，而且教研结合，学生免交学费。在德国联邦体系之下，大学属于第二等级，土地（省份）管理的一部分，联邦政府几乎没有立法构架和基础组织（下层建筑）资助方面的权威。尽管在社会地位和收入上有所区别，但教授们从一开始就是国家的终身公仆。他们享有高度的自主权，受到宪法规定的研究和教学自由保障（宪法第五项第三点）。没有来自学生、同辈、系主任、院长或者校长的对他们学术表现的评价。直到1990年才首次发表了大学排名（*Der Spiegel* 1990）。这引发了激烈的论辩，几乎被完全否定。

第五章 见利忘义的科学：作为文化帝国主义的科学与真理

从统计数据来看，德国培养的同比年龄组的大学毕业生少于其他国家，而且他们毕业要花更长的时间。当然，这些数据必须能够反映教育的质量才能有效。除此之外，土地管理部门陷入了沉重的债务而寻找削减大学预算的方法。两种因素迫使大学改革。地方政府转而指控大学的自主权，以此为借口阻止科研基金的资助。首先，大学引入了评价因素，排名变得更为常见。1998年5月，一些欧洲大国的教育部长在巴黎开会，发布声明要求实施欧洲教育通用体系。仅仅一年以后就发表了由29个欧洲政府签署的博洛尼亚宣言，目标是到2010年为止实施欧洲高等教育统一的标准化体系。学士硕士项目将取代传统的毕业方法，可转化的学分、教学项目认可以及质量控制都被引进。这被看作是朝全球范围的标准化迈进的一步。

此时我们不应该忘记，欧盟为了自己的成员国，早在1994年就展开磋商，致力于在世界贸易组织关贸总协定（WTOGATS）的情境下对其教育实行自由化。20世纪80年代早期就开始了在美国议会中呼吁争取多边服务的协定，在第三产业联合（Coalition of Service Industries）中联手的美国公司得以将这个主题放在乌拉圭回合的议程之中。这也许有助于解释标准化进程的广泛执行的特点（Scherrer，见本章）。很容易想象，对主要设立在美国的教育服务产业来说，一个标准化的欧洲学习空间将是多么诱人——从通过大学附属分校进行的电子教学的所有形式，到项目认可、教学评价，再到测试服务全部标准化。

新的体系多多少少都照抄了美国大学的体系，没有任何严肃的调查来了解哪种体系更有成效、更有创造性、更能维护自主的批判性思想。事实上，尽管德国传统教育体系在局外人看来必然是混乱的，但是其生产力却相对更高——举例说明，前往美国高校的德国

第二部分 文化帝国主义：历史与未来

学生发现自己通常都是班级最好的学生。新的体系将主要有利于工业。企业想要的是缺少文化素养的毕业生，在工作中听话、好训练。在地方长官新的理事会上，工业家将会直接影响大学的决策。由于认为大多数学生将只是获得学士学位，这些教学项目将主要包含讲座科目，其内容在考试中会原样得以复制。自主学习所要求的更为自由的形式，例如研讨或者研究项目，几乎将消失殆尽。更多的学生、更多的讲座、更多的作业以及更多的批改作业意味着教学和科研关系的消解。由于将大学看成类似于公司的机构，对于资金募集以及排名和评估的依赖将会强化大学管理的等级体系。新体系正在自上到下被政治性地强力推行。随着在世界贸易组织关贸总协定中可以预见大学被迫向私有企业敞开，教育的商品化将会战胜公共责任原则。私有企业将会打压任何批判性的学术自主权的念头，代之以完全商品化的教育，纯粹的市场需求才是其兴趣所在。

不无讽刺的是，2004年初宣布政府计划将选出五六所"精英大学"的任务，留给了一位社会民主党的联邦教育科学部长。这几所大学将受到联邦预算大约3亿欧元的额外资助。其后果不难预见。公共资助甚至是更私有化的资助将会进入"精英"院校的内部圈子，而其他学校将不仅失去资源，也会失去学术身份和吸引力。非精英大学将要被改编成职业化学院。教育数据将会显示大学毕业生的比例上升，但不会显示出智力水平的下滑。

诊断：见利忘义的科学

从这一诊断中得到的是什么呢？对西方科学的批判可以归结为以下六点：

第五章　见利忘义的科学：作为文化帝国主义的科学与真理

1. 科学已经在一定程度上变得等同于技术；定位知识（Orientierungswissen）几乎没有了，而占据多数的是谋利的知识（Verwertungswissen）。

所有科学研究来自社会，也将回归社会。每一个主题只有在社会感知和协商的过程中才具有科学反思的价值。每一个问题在可以进行科学研究之前必须通过社会定义。因此，不应该允许科学忽略其社会责任。社会需要科学，但需要的不是服务于任何具体利益的一种科学，而是那种为整个社会，也就是为全球社会负责的科学。不能允许科学忽略对人类共同利益的责任。许多主流科学家宣称将逻辑与道德相分离，这是一个意识形态问题。伦理与科学永远不能分道扬镳。

2. 大多数技术长远来说都是毁灭性的，对危险视而不见。

一切都始于军备研究的分量及其巨大的"成功"：地球上每个人头上都顶着相当于几吨重的炸药，全部来自西方的兵工厂。同时，全球生态危机的根本原因，是从工业革命以来科学技术引发了西方国家原材料和能源等自然资源的出产量不断增长（Fischer-Kowalski et al. 1997）。原子能不仅让未来几百代人肩负难以计算的风险，而且还是将原始能源转化为电力的最昂贵而且最低效的方式。没有谁从大企业一方，也没有谁从国家一方，认真评估过它们需要承担的基因改造生物（genetically manipulated organisms）的风险有多大。而从事这种研究的少数几个人正在受到阻挠和歧视。对原材料的掠夺、风险和浪费，显示我们将要用长期毁灭所有未来几百代人的代价（这正是可持续发展的对立面）买来当代人的短期使用。医药企业投入巨资发明新的"疾病"，让我们相信要治愈这些病需要他们的药。

第二部分　文化帝国主义：历史与未来

为了发展并且销售新药，他们提出了对爱情的生化分析——"适时的一片"将会毁灭我们爱情中那么美好、那么人性的感觉的本质。

3. 科学仅为当权者生产知识。

至少随着工业化的进程，科学的本质目的已经变成了通过技术手段掌控自然。不能"推理"出在科学研究的广泛领域中哪些决定最终会导致技术的产生，但是这个决定的做出，是根据那些为了自己的目的而发展应用技术的人的利益的。经过一系列过滤，选出哪些有利可图，哪些无利可图，最终研究得以通过。科学技术同时既是掌控自然的工具，又是掌控人类的工具。科技改变了人类，但是科技作为权力工具的特征同时也被掩盖，因为通常的印象是技术客观地决定了社会组织的情况，其背后的人为权力已经不再能被探测出来。

科学家急于给我们提供必须的意识形态，断言所有自然体系的进化必然受到竞争和适者生存的制约。这个观点的得出没有通过严格的研究，而是一个指导原则，一个预设的参照系，被强加在经验发现之上，而无视相反的解读。何不从团结与合作的角度重新解读进化呢？这也完全不顾人性的基本本质。人类已经心照不宣并且心甘情愿地从自然决定论的铁链中逃脱，用文明和文化替代掉它。

4. 科学没有增加，而是剥夺了人类决定自己未来的可能性。

科学越来越驾驭社会，剥夺了民主和人权。举例来说，没有关于我们的社会是否需要，以及需要多少基因研究的民主对话。几十年以前还有一点点这种对话的可能，奥地利对核能的（反对）投票可以加以例证。今天如果进行关于基因改造生物的公开投票，将会

第五章 见利忘义的科学：作为文化帝国主义的科学与真理

被立刻压制，理由是欧洲必须在研究方面保持全球竞争力。全球化遭到指责，因为全球化使民主抗议越来越难以组织。基因改造的支持者最初提出可以生产更多更好的食品，而疾病可以治愈。然而，（2001年）世界卫生组织的署长格洛·哈勒姆·布伦特兰（Gro Harlem Brundtland），却在转基因生物中看不到任何有用之处。很容易证明地球上的饥饿是一个分配问题，而不是生产的问题，那么这个问题根本就不是更高产的作物所能解决的。

5. 科学经常更多地掩盖事实，而不是阐明事实。

在社会科学中，尤其是在其肯定性的主流中，科学通常更多地掩盖事实，而不是阐明事实。这在新自由经济理论中相对容易得到证明。然而，这并没有阻止这一方式对抗所有其他方式的政治性的强制执行，也没有阻止给人类和自然带来的巨大伤害。要在经验主义的社会科学中证明这一点也许没有那么容易。但是几个随机选择的事例足够作为例证。

- 要了解任何一个社会，一个关键的变量是权力的分配，这对可以智慧地参与民主来说至关重要。尽管我们不缺乏衡量权力和权力区别的定义或者方式，但是这个问题在研究中几乎不存在。
- 了解社会不公的一个重要变量是收入分配。尽管我们生活的社会在统计数字方面过度发展而且过度官僚化，收入的统计数据却不充分，甚至弄虚作假。在收入分配的国际比较中，那些诸如世界银行在其年度世界发展报告中发表的表格，并不比用茶叶占卜高明多少。货币收入和真实收入完全是两回事，在不同社会中具有完全不同的分量。然而，那些数字却用来做研究，享有世界银行的权威。

第二部分 文化帝国主义：历史与未来

- 代表性调查（典型调查）是社会研究的一个重要工具。出于费用功效的考虑，通常这些调查都是以标准化的形式展开。被调查者可以在科学家提供的问题旁边的方框内打勾。他们必须适应科学家认为有相关性的分类——该科学家在取样中往往对人们的实际生活处境一无所知。这在国际调查中变得异常冒险。

- 自20世纪60年代以来，社会科学的广阔领域经历了大量的革命。数据分析日益取代了充实的论证。比起数据运算法则的精密，人们对数据质量的关注要少得多。一个典型的例子是：在一个非常流行的德国社会指数系列（Statistisches Bundesamt，WZB，ZUMA）中，失业数据报告来自联邦工作处。尽管人们经常批评这些数字比真实失业率的评估要低50%，这些指数（比如统计数据年鉴书里的数字）仍然不加评论地得以出版，而且被许多研究人员当作对现实的有效描述。

- 但是关于量化还有一个问题。假如我们用统计数字来描述社会现实，那么我们保留的只是那些自身容易量化的信息部分——不管这些信息是否欠缺考虑，以及在何种程度上可用，而且这些信息的相关部分可能丢失，因为这些部分不能被量化或者不太容易被量化。想想数学仿真模式吧。这种模式不但几乎不可能解决问题的复杂性，还可能刚好不能将那些对了解要解释的现象至关重要的信息包括进来，因为不容易加以量化。

假如科学正逐渐沦为掩盖事实的一种程序，那么可能是由于认为可以从数学或者数据测试中看出真理的最后证据。所以一切必须以数学转化易于消化的方式加以陈述。"我说的是操作主义（operationalism），可以将现实降格为用科学方法可以了解的现实，然后从这个被操作的现实中做出推断，重构自然的、人的或者文化的现实

第五章 见利忘义的科学：作为文化帝国主义的科学与真理

'整体'"（Nandy 1987：116）。智商不再被认为是现象的不充分的近似值。相反，智力变成了通过智商衡量的东西。

6. 对我们大脑的控制。

科学在很大程度上被用来控制我们的大脑。这不仅仅是广告中出现的情况，而且越来越多地用来控制被委婉地称作"战略传播（strategic communication）"的公众舆论，以及对"镇压罪行"（crimini di pace）的控制，迫使持不同意见的个体从众（Basaglia *et. al.* 1980）。当然，科学坚持并且增加其自身的影响。欲望被人为地创造出来，行为被设计，忠诚被生产，或者疾病得以发明。美国人对1990—1991年海湾战争的肯定态度用科学手段被有意地制造出来（Carlisle 1993）。

见利忘义的全球化

西方侵略性文化有其深厚的历史根基。人从自然中的分离，灵魂与肉体的分离，在敌意环境中生存的斗争，对自然强力的征服，这些都是旧约中重要的主题（Nandy 1987：25，Galstung 1988：15）。自然主要是敌对的，亚当为了自身的生存被迫杀害动植物。"混沌的"自然逐渐被消除，由开化过的井井有条的田野和花园所取代。不过几个世纪的时间，欧洲人（以及到达新世界之后的美洲白人）就成功地根除并且改变了任何违背他们基督教控制欲望的东西。时至今日，西方社会的主导神话依然认为自然拥有无尽的可用资源，尽管他们也知道不对。"他们同样用一种敌对的态度来反对其他文化中的神祇及其神圣的概念；将它们视为真正的神的对手，有待消灭"（Sardar *et al.* 1993：26）。

这种认为其他人类和社会劣于自己的观点可以追溯到希腊古代：

第二部分　文化帝国主义：历史与未来

不会说希腊语的人都是野蛮人。"说某些民族不会说希腊语，就是暗示他们没有理性思维，不能根据逻辑行事，智力发展低下，不能控制情感。他们虽然能够理解理性，却不能拥有真正的理性"（Sardar et al. 1993：26）。这种态度的表达后来更为极端，将所有类型的丑陋怪物归为他者、未知的人、"印第安人（Indian）"（该词汇被用来描述所有未知的）尤其是食人者。就这样，几个世纪以来出现了一种形象，将文明化了的自我与狂野的、野蛮的、不可预料的他者分离开来。这一形象在整个基督教中一直蔓延到欧洲的中世纪。"很容易看出，这个裸体的、毛发丛生的、挥舞着木棍的野蛮人的有力形象是整个欧洲文明试图疏远的所有一切的投射"（Sardar et al. 1993：35）。即使今天还时不时提到这种劣等的他者，例如在战争时代的宣传中将敌人描述为"东亚佬"*（美国在越战中对越南人的称呼；这样杀一个越南佬听上去比杀一个人要容易得多。）

对于欧洲人而言，自然和其他文化看上去既敌对同时又低劣。这一老套的看法有两种形式：第一种是不可驯化的野蛮的食人族（今天的仇视伊斯兰的宣传）；第二种是天真的孩童需要指导和教育（许多今天的发展援助）。两种情况下基本的回应模式也是一样的：劣等人或者被贬为奴或者被灭绝。"野人因此要么被文明化，要么成为文明的祭祀品"（Sardar et al. 1993：25）。

阿巴斯·曼努彻里（见本卷）援引阿里·夏利阿提（Ali Shari'ati）的观点，认为西方殖民主义者不一定否定被殖民者的文化和历史，而是试图说服被殖民者相信自己是消极的、低等的人，不能思考。同时，通过"分化和命令"（*divide et impera*），买办资产阶级被转变为不过是西方精英的漫画，从而斩断了自身的文化根基。

---

* gooks，对韩国人、菲律宾人和日本人的蔑称。——译者注

第五章　见利忘义的科学：作为文化帝国主义的科学与真理

但是科学也被直接用来支配与控制发展中国家，正如约翰·加尔东在对科米洛特计划（Camelot Project）（1967年）的分析以及综合结论中所显示的（1970—1971年）。这项有史以来得到最大资助的社会科学计划，应该去调查拉丁美洲亲美政府是如何得到支持而反对叛乱的（资助机构是美国五角大楼）。最具声望的社会科学家皆参与到这个计划之中。计划公之于众后遭到了反对，拉美社会科学家拒绝合作，之后该计划于1965年被终止。

其他知识体系通常被称为当地的、传统的和本土的，这证明了西方知识体系的侵略性特征［例如，加尔东比较了基督教和佛教的认识论，1988：15；另外参见2003年173期的《国际社会科学期刊》（International Social Science Journal）上的文章］。地球各处的人们已经积累了适合自己生态居住的知识和历史经验。通常这种知识与某一地区的文化或社会密切联系；它充满活力且处于变化之中，属于与自然密切联系的社会群体；它与"现代的"、"西方的"或者"科学的"知识大相径庭。"它可能包含灵魂关系、与自然的关系、自然资源的使用、人与人之间的关系，在语言、社会组织、价值体系、机构以及法律中得到反映。它可能包含神圣文本，通常是口头流传下来的，在传奇和故事中存身。因此它很脆弱，而局外人很难接触到"（Studley 1998：5）。

虽然既不中立也没有价值中立，西方科学技术仍然成功地使大多数人相信了它的客观性。这不仅危及其他的知识体系，也排斥了西方思想中任何其他的可能性。用科学手法理解和征服的自然重新出现在技术生产和破坏的工具中，影响了生活，同时也使生活受到这一工具的主人的掌控。这样，理性等级与社会等级产生了矛盾。如果情况如此，必须在前进的方向上发生变化，用以消解这种致命的联系，并且对科学结构本身产生影响。在不丢失其理性特征的同

第二部分 文化帝国主义：历史与未来

时，科学性命题将会在一种完全不同的经验（和平世界的经验）情境中得到发展；科学将会得到极为不同的自然的概念，将会看到本质上迥异的事实（Marcuse 1964：181）。

我们能够在文化帝国主义巨大而综合的情境中发现许多机制，旨在在全球范围内施加西方科学与真理的概念，将有害的效果普遍化。从"绿色革命"到孟山都公司（Monsanto）的"终止子技术"，科学进步一直被用来毁灭本土的生存经济，被用来迫害人们，迫使他们陷入全球化经济、商品化、货币化以及市场规律的专制之下。结构调整狂热地要求开放国内市场，看上去是一种监督国内经济的策略的主要工具。两者都导致第二、第三世界国家产生了少数有钱人（他们在生活态度和生活方式上追随西方模式，将资金投资在西方银行）和大多数穷人之间的分裂。这是一个致命的悖论：恰恰是那些应该需求并且消费西方自动化工厂所过度生产的产品的人被剥夺了这种能力，而一小撮寡头政治的统治者阶层并没有将自己的财富进行投资（除了保证在媒体、商品或者腐败上的影响力之外），而是进行投机。当钱可以生钱的时候，人类就算作为消费者也是多余的了。

将西方的科学和真理的概念强加给全球，不过是文化帝国主义拼贴中的一块小小的马赛克而已。控制新闻市场与公共关系的新角色同样重要；流行音乐与戏剧和垃圾食品一样与之相关；电影和肥皂剧、全球式样的建筑、结构调整政策、"反恐战争"、科学技术、语言的英语化、大学的美国化也都在文化帝国主义的拼贴之中。将所有这些罗列在一起，我们正在全球范围内有力地普及我们的社会组织模式。

或许有人会说，科学和真理"本身"（per se）并没有那么有害，有害的是政体和经济对它们的误用。我对此持怀疑态度；这个故事更具有历史深度，而其漫长的过程也确实造就了我们对于科学的理

第五章 见利忘义的科学：作为文化帝国主义的科学与真理

解。反对者寥寥，因而逆转看起来是不可能的。科学的进步和"全球问题"（*Global Problématique*）的加剧存在着相互关系。当然，相互关系不一定表示因果关系，但是这会引人深思。那些科学的鼓吹者们忘记的只是一个小小的细节：在这个可能是最美好的世界里，西方资本主义及其对消费和增长难以满足的饥渴，正在摧毁地球上所有人类生物学意义上的生命支持体系。

参考文献

Adorno, Theodor W. 1955. *Prismen.* Frankfurt: Suhrkamp.

Alvarez, Claude. 1992. "Science." In *The Development Dictionary*, ed. W. Sachs. London: Zed Books.

Basaglia, Franco, Franca Basaglia – Ongaro, Michel Foucault, et al. 1980. *Crimini di pace.* Torino: Giulio Einaudi.

Brundtland, Gro Harlem. 2001. "Food Safety: A World – wide Challenge." Speechdelivered to the "Food Chain 2001: Safe, Sustainable, Ethical" Conference. Uppsala, Sweden. 14 March.

Brzezinski, Zbigniew. 1997. *The Grand Chessboard.* New York: Basic Books.

Carlisle, Johan. 1993. "Public Relationships: Hill & Knowlton, Robert Gray, and the CIA." *Covert Action* 44: 19—25.

Chossudovsky, Michel. 1997. *The Globalization of Poverty.* Penang: Third World Forum.

Chossudovsky, Michel. 2004. "Global Poverty in the Late Twentieth Century." In *Devastating Society: The Neo – liberal Assault on Democracy and Social Justice*, ed. B. Hamm. London: Pluto.

Der Spiegel. 1990. Welche Uni ist die beste? Hamburg (Spiegel – Spezial 1/1990). de Silva, Nalin. 2002. "Western Domination in Knowledge." *The Island* (Sri Lanka), June 18.

Festinger, Leon. 1957. *The Theory of Cognitive Dissonance*. Evanston, IL: Row, Peterson.

Feyerabend, Paul. 1979. *Erkenntnis für freie Menschen*. Frankfurt: Suhrkamp.

Fischer – Kowalski, Marina, et al. 1997. *Gesellschaftlicher Stoffwechsel und Kolonisierung von Natur*. Amsterdam: OPA.

Galtung, Johan. 1967. "After Camelot." In The Rise and Fall of Project Camelot, ed. I. L. Horowith. Cambridge, MA: MIT Press. Repr. Galtung, Johan. 1979. *Papers on Methodology: Theory and Methods of Social Research*. Vo -l. 3. Copenhagen: Ejlers, 161—79

Galtung, Johan. 1970—71. "Science Assistance and Neo – Colonialism: Some Ethical Problems." PRIO publication M—13. Repr. Johan Galtung. 1980. *Peace and World Structure: Essays in Peace Research*. Vol. 4. Copenhagen: Ejlers. 180—93.

Galtung, Johan. 1971. "A Structural Theory of Imperialism." *Journal of Peace Research* 8, 2. Repr. Johan Galtung. 1980. *Peace and World Structure: Essays in Peace Research*. Vol. 4. Copenhagen: Ejlers. 437—81.

Galtung, Johan. 1988. *Methodology and Development. Essays in Methodology*. Vol. 3. Copenhagen: Ejlers.

George, Susan. 1997. "*How to Win the War of Ideas?*" Dissent 44: 47—53.

Goonatilake, Susantha. 1998. *Toward a Global Science*. Bloomington, IN: Indiana University Press.

Hamm, Bernd (Ed.). 2005. *Devastating Society: The Neo – conserva-*

第五章 见利忘义的科学：作为文化帝国主义的科学与真理

tive Assault on Democracy and Social Justice. London: Pluto.

International Social Science Journal. 2001. *Indigenous Knowledge*. Paris: UNESCO.

Kates, R. W., et al. 2000: *Sustainability Science*. Available at < www.ksgnotes1.harvard.edu/BCSIA/sust.nsf/pubs/pub7/MYMfile/2000 - 33.pdf. >.

Kuhn, Thomas. 1962. *The Structure of Scientific Revolutions*. Chicago: University of Chicago Press.

Lakoff, George. 1996. *Moral Politics*. Chicago: University of Chicago Press

Lindbeck, Assar, et al. 1994. *Turning Sweden Around*. Cambridge, MA: MIT Press

Lomborg, Bjorn. 2001. *The Skeptical Environmentalist*. Cambridge: Cambridge University Press.

Mannheim, Karl. 1964. *Wissenssoziologie*. Berlin: Luchterhand.

Marcuse, Herbert. 1964. *One-dimensional Man*. Boston: Beacon Press.

Marx, Karl. 1890. *Das Kapital*, Bd. 1. MEW Bd. 23. Berlin: Dietz 1986.

Mills, C. W. 1956. *The Power Elite*. New York: Oxford University Press.

Nandy, Ashis. 1987. *Traditions, Tyranny, and Utopias: Essays in the Politics of Awareness*. Delhi: Oxford University Press.

Nandy, Ashis. 1993. "State." In *The Development Dictionary*, ed. W. Sachs. London: Zed Books.

Popper, Karl. 1960. *The Poverty of Historicism*. London: Routledge and Kegan Paul.

Powell, B. A. 2003. *How Right-Wing Conservatives Have Hijacked US Democracy*. Available at < www.berkeley.edu/news/media/releases/

2003/10/27_ lakoff. shtml >.

Sardar, Zia, Ashis Nandy, and Merryl Wyn Davies. 1993. *Barbaric Others. A Manifesto on Western Racism.* London: Pluto.

Stiglitz, Joseph. 2002. *Globalization and its Discontents.* New York: W. W. Norton.

Studley, John. 1998. *Dominant Knowledge Systems and Local Knowledge.* Mountain Forum On-line Library Document. Available at < www. mtnforum. / resources/library/studj98a. htm >.

Ullrich, Otto. 1993. "Technology." *The Development Dictionary*, ed. W. Sachs. London: Zed Books.

Williamson, J. 2000. "What Should the World Bank Think about the Washington Consensus?" *The World Bank Research Observer* 15, 2: 251—64.

World Wildlife Fund. 2000. *Living Planet Report.* Oakland, CA: Redefining Progress.

第三部分
传媒帝国主义与文化政治

引 言

　　凯瑟琳·萨利卡克斯是一位政治学家，也是国际通信与传媒政策方面的专家，她探讨了当前国际事务语境下的文化帝国主义概念与开启文化统治新空间的关联性。她特别以欧盟为例，讨论了欧盟国际化治理机制与此背景下代言政治的作用之间复杂的交集。她认为，"文化领域一直是欧盟政策中一个备受争议的对象，但是同时文化领域又作为新的欧洲认同的主要意识形态的组成部分。欧盟发展的关键是：一个从完全的经济组织到社会文化组织的转型过程"。这一点从萨利卡克斯对欧洲自20世纪80年代中期以来，发展欧盟统一的文化和传媒政策以对抗源自美国的传媒和传媒内容的优势地位，以及私人利益在电视广播中的优势地位，所做出的持续不断的努力的讨论中可以体现出来。她承认媒体评论员和文化帝国主义论文所推动的论点，即今天复杂的、全球性的"话语从北向南，从西方向东方的流动并不一定形成统治"的观点。同时她也坚持认为，系统机制持续地运作从而"保证资本主义在普遍范围内以及在它的主要代理人，尤其是美国和西方国家的宣传"。这些机制包括西方（主要是美国）强大的文化和传媒产业对文化同质化的持续影响力，而又不仅限于此。萨利卡克斯认为，多种（地区的、国家的、全球的）文化地域范围的存在并不表明它们的力量平等，因为受美国支配的全球文化和传媒产业已经培养全世界的观众形成了一种特定的传媒认知模式："认可音乐剧的规范，盼望看到情景喜剧的结局，将新闻理解为精英阶层提供的信息，接受与那些熟悉的形式有关的新的娱乐和信息形式。"根据这些进展，萨利卡克斯得出结论，文化帝国主义的论题由于两方面的原因而对欧洲人来说具有独特的重要性：第一，因为它有助于加深对美国在欧洲的市场统治范围的理解，尽管已经采取积极行动来减缓这一统治的进程；第二，它还能使我们认清类似的欧盟国家范围内的以牺牲少数族群为代价的内部文化统治的行为。

克里斯托弗·杰曼（Christophe Germann），一位在瑞士执业的国际知识产权律师，自由新闻工作者，短片制作人，他仔细调查了电影产业的文化多样性问题，重点讨论了欧盟的经验。以普遍意义上的传媒和文化产业为例，杰曼指出，美国电影业，更具体地说就是被称为"大型电影制片公司"的七大好莱坞影业公司的垄断寡头，就市场份额而言统治了全世界大部分国家的视听产品市场。杰曼强调"大部分咄咄逼人地进行市场宣传的视听内容及其衍生作品（即文学、音乐等）都出自单一的、基本同质的文化根源这一事实"，对观点表达自由所带来的"极权主义威胁"。作为他发展更为有效的机制以提高电影产业中的文化多样性的努力的一部分，杰曼提出了一份关于欧盟成员国所实施的，通过政府补贴、配额以及其他政府干预市场的手段，以专门促进本土和民族视听内容的制作和发行的法律和政策的批判性分析。他勾勒出了国家和地区的文化政策立法与

第三部分 传媒帝国主义与文化政治

世界贸易组织（WTO）规则等全球贸易协定之间的冲突所造成的一些问题。对于与现有机制相关联的一些问题，寻求一些补充性和替代性的手段来实现视听领域的文化多样性政策。

黎安国是一位来自日本的社会政策比较研究专家，他仔细调查了亚洲新兴工业经济体信息与通信技术网络的发展所带来的影响。黎安国提出了一份国家的信息与通信技术发展状况的对比分析，探讨了关于在亚洲新兴工业经济体使用信息与通信技术的新形式，对网络内外的国家政治和政治积极行动主义实践可能产生的影响的问题。例如，他提出以下问题：对传统上一直由反民主政治统治的国家而言，公民访问互联网机会的增加会在促进亲民主的、具有潜在颠覆性的政治网络积极行动主义的形式中起到怎样的作用。同时，他还探讨了当前亚洲各国政府是如何利用"电子政府"的主动权——或者使用多种微妙的宣传形式，或者明显具有压制性地通过政府授权的审查制度以及信息与通信技术介入控制——削弱政治反对派的潜在威胁源。黎安国认为，信息与通信技术网络的发展正在对东亚各国的经济产生重要的社会、文化和政治影响，同时，也在重新绘制文化帝国主义与反对文化帝国主义的斗争的轮廓。

艾尔维拉·克拉森表示，虽然媒体也许可以为政治积极行动主义提供新机会，但是媒体还是被继续用来传递主流文化价值观。这一点可以从她对"9·11"事件后由美国领导的"反恐战争"中媒体传递的价值观的转移的研究中反映出来。从她作为一个传媒研究者和德国自由新闻撰稿人的有利观测点的角度，克拉森研究了2001年9月11日至2003年底在伊拉克俘获萨达姆·侯赛因期间，在媒体流行的为争取公民的全球"攻心"之战的情况。她认为在这段时期，西方媒体，主要是美国媒体，在传递主流文化价值观上所扮演的角色,显然服务于促进西方国家的文化帝国主义。克拉森认为,争取公民的人心之战不仅发生在美国及其盟国——这些国家的人民被唤起了爱国热情和牺牲的意愿,而且还发生在阿拉伯和穆斯林世界——在这里,战斗更加激烈,美国政府支持媒体的宣传活动以说服公民认识到发起"反恐战争",从而"引导整个世界接受将带来永久和平的价值观"的必要性(摘录自小布什的演讲)。克拉森认为"9·11"事件"作为文化帝国主义的一个计划,美国式的全球积极行动主义的激进行为,旨在通过使用或者威胁使用武力或其他压迫性手段创造一个阐释的真空"。反过来,这个真空又会被"超速发展的价值观的转移所填充,而在转移过程中,接受传递的是对现实、利益和理想的被期望的(这里即为美国式的)解读"。然而,克拉森并没有得出结论说,在将来就没有希望消除如同美国军事政治宣传机器所造成的那种影响,这一机器用来控制媒体,目的是为了传递"9·11"后"反恐战争"期间所需要的价值观;相反,她提出了一些旨在为将来以"信息去军事化"为目标的工作提供起点的建议。

第六章
将统治合法化：关于文化帝国主义多变面孔的笔记

凯瑟琳·萨利卡克斯

"文化帝国主义"是直接融入国际政治领域的少数几种强大的理论之一。这样说并非毫无道理。一直以来，文化帝国主义都是联合国在文化和传播领域一次最大胆也是最失败的尝试，即世界信息与传播新秩序（the New World Information and Communication Order）背后的意识形态力量，而且它在围绕全球化展开的辩论中继续保持着核心地位。尽管这个词语招致各种批判，但它反映出文化生产和消费过程之间的严重失衡，并一直保持自己在国际以及超国家的政治中的存在。本章节意在探讨国际事务语境下文化帝国主义概念的关联性，尤其是为文化统治找到新的空间。在这个框架下，使文化帝国主义行为和政策合法化的新的、有意的或者无意的策略得到了考虑。本章将特别以欧盟为例，探求欧盟的国际化治理机制与此背景下代言政治的作用之间复杂的交集。文化领域一直是欧盟政策中一个备受争议的对象，同时文化领域又被视为新的欧洲身份认同的主要意识形态组成部分以及欧盟发展的关键：一个从完全的经济组织到社会文化组织的转型过程。

文化帝国主义存在的问题

文化帝国主义的概念复杂而充满争议，正如该词语企图描述的现象一样。文化帝国主义一词的出现已有三十多年，这个概念一直强调经济和政治维度的力量关系渗透到文化领域的方式。早期文化

第三部分 传媒帝国主义与文化政治

帝国主义的主要兴趣点在于，当外围和半外围国家为取得话语权和自治权而战斗时，将核心文化强加于这些国家之上所产生的效果。

在这个语境下，传媒和文化帝国主义被视为一个包罗万象的词语，用于探讨传媒在文化霸权的象征性建构和复制中所起的作用。斯蒂文森（Stevenson 1995：95）的解释是，传媒帝国主义试图分析经济、政治、社会和文化领域相互之间的决定性关系。传媒—文化帝国主义常常与全球化一起使用：世界上原来的殖民地国家通过奋斗成功独立之后，通过军事、行政和经济优势进行"野蛮的"殖民控制的做法大大减少。然而上述控制手段已经被更隐蔽的手段所取代。这些手段正在维持并且重复统治的过程。这种控制是通过传媒和文化产品，或者传播过程（有些学者更愿意将传媒和文化产品归为传播过程）的使用而实现的（Hamelink，1994 年）。

谢勒认为，全球传播体系有两大目的：从意识形态角度证明资本主义的合理性；充当各产业跨国营销的手段。当然，全球传媒自身就构成了众多企业。文化帝国主义理论在 20 世纪 60 年代后期和 20 世纪 70 年代的发展（Schiller，1969 年），直接将传媒业的优势——主要来自美国，与对文化认同的威胁联系起来。在 20 世纪 70 年代至 80 年代关于世界政策的辩论中，如何在帝国主义力量之下进行文化保存和保护的讨论尤为激烈，比如麦克布莱德报告* 以及联合国教科文组织（UNESCO）为建立一个更加平等的全球传播秩序所做的种种努力。联合国教科文组织未能建立平等的全球传播体系

---

* 麦克布莱德报告（MacBride Report），1980 年联合国教科文组织发布的一份文件，又名"多种声音，一个世界"（Many Voices, One World），旨在分析现代社会的传播问题，特别是与大众传媒和新闻有关的问题，思考出现的新技术问题，并提出一个新的传播秩序（第一段提到的世界信息与传播新秩序）来解决上述问题，最后的目的是促进和平和人类发展。——译者注

第六章 将统治合法化：关于文化帝国主义多变面孔的笔记

的模式，被认为是由于美国不愿意执行可能抑制美国传媒企业活动的政策所导致的（见 Hamelink，1994 年；Vincent et al. 1999 年）。

传媒—文化帝国主义被认为是过去 20 年里全球化进程加速的一部分。全球化主要被视为全球的西方化（Robins，1991 年）。正如麦当劳化的观点所支持的那样（Ritzer，2000 年），后期资本主义及其霸权地位的扩张是一些过程，这些过程不仅通过生产和发行过程的同质化，而且还通过商品自身的同质化得以实现。这也是通过信息流被加强于并且进一步融入当地领域和文化的过程。后者更多地被视为是强国霸权地位导致的结果，同时又被用来暗示南北之间信息流的失衡。传媒—文化帝国主义的论题暗示着这种失衡是由信息的单维度流动导致的。对这一论题的批判指出，文化表达、生活经历与主体性的碎片化和多极化等因素没有得到充分承认。而且，文化帝国主义隐含着以下意思：文化在某种程度上是"纯洁"的，因而无法解释文化中的杂糅、进化和对话过程。因此，这个概念被认为无法有效地解释当今世界，因而话语从北向南，从西方向东方的流动并不一定能够形成统治（Baker，2002 年）。

尽管主体性有积极抵抗的潜能，但是自由解读和重新创造的力量——换言之，人的能动作用——只能勉强地比作保证资本主义在普遍范围内以及在它的主要代理人，尤其是美国和西方国家的宣传的系统机制。

尽管欧盟国家有特定的去中心化的程序，决策中心主要还是那些通过间接方式维持自己在国内市场和资源方面影响力的经济和军事力量的强国。这些国家有的过去就占据支配地位的中心，但同时又不局限于这些中心，比如美、英、德、法帝国及其各自的殖民力量，以及日本这样的军事强国。考虑到当前的经济"一体化"过程，文化帝国主义不应该

第三部分 传媒帝国主义与文化政治

被误认为是一种只与国与国之间的关系有关的现象。沃勒斯坦（Wallerstein）的外围和半外围概念（1974年提出）不仅比以往任何时候都更适于表达国与国之间的关系，而且还更适于表达国家的内部动态。尽管结构与实践已经有所变化，但世界贸易组织、《关税和贸易总协定》以及八国集体等全球组织还是被一个民族国家的核心团体所控制。同样，国际货币基金组织，甚至联合国这样的机构都会在少数民族国家的力量之下严重妥协。不仅如此，在这些中心国家（核心团体），在它们的国内或者区域性的组织机构（如欧盟）中，存在着多个外围和半外围；存在着阶级、种族和性别上的社会经济划分；存在着参与决策过程的不平等；存在着自决权方面的限制。被建构成文化、种族和语言少数派的外围实体进一步构成了地缘上的性别和年代的不平等。

这里问题就出现了：面对帝国主义的好莱坞文化侵袭时，是否值得维护文化在国内和本土的商品化？商品化是否提供了抵抗的空间？对美帝国主义的抵抗是否就是一种观念的转变，认为同质的、纯洁的本土文化受到了美国资本中不纯洁因素的威胁？另一方面，本土和国内的文化产业直接被核心文化产业殖民化。音乐产业的麦当劳化在跨国企业全球音乐电视台（MTV）身上得到了体现，它受不同于自身操作轨迹的中心的指引，从本土文化中吸取灵感，生产适合本土或者国内市场销售的商品。

除此而外，本土和民族的文化通过转变成保守的、常常是反动的、容易消费的关于它们自身的叙事套路（譬如关于独特性的论述），从而成为商品化的一部分，并且为进一步商业化进行宣传，同时建构"他者"。阿帕杜莱（Appadurai 1991）指出了这个过程的不同层面：在这个全球化时代，"他者"并没有成为伴随一代代人成长的遥远文化（如同美国电影中刻画的那样），而是成为邻近文化

第六章 将统治合法化：关于文化帝国主义多变面孔的笔记

（苏联国家文化的俄罗斯化比美国更受到关注）。当前特殊的地点呈现出新的重要性：本土文化空间的入侵者（难民和政治避难者）的形象与异国化的文化形象（度假胜地，"外国"美食）以及"他者"的形象（少数民族）共存，赋予核心多元文化的特征。与此同时，多元文化往往不得不与核心文化平行存在，但却很少成为核心文化的内在组成部分。（2001年种族骚乱之后，英国布拉德福特市决定在亚裔社区和白人社区之间建起一堵墙的决定，显示出我们只能在电视或者互联网上体验到所谓的地球村，而非在我们生活的街道上，在那里地方主义、国家主义、地区主义、性别歧视和种族歧视就站在门口。）

世界内向和外向的两极分化（全球资本、全球通信与种族战争）并不一定表明全球文化更加多极化。多个文化地域范围的存在并不表明它们的力量均等。强大的文化和传媒产业（在美国）已经培养全世界的观众形成了一种特定的传媒认知模式。他们认可音乐剧的规范，盼望看到情景喜剧的结局，将新闻理解精英阶层提供的信息，同时他们还接受与那些熟悉的形式有关的新的娱乐和信息形式。从这一点来看，将本土文化和全球化人为地两极对立是对本土文化纯洁性的过于简单化的假设。同时，对地方中心的过度兴奋是低估了力量失衡的程度。

依附理论*学家提出的一些观点（Wallerstein，1974年），在今天用来解释一些结构和内容的具体形式占据优势地位的原因特别有用。认为新帝国主义力量将自己的传媒形式和传统强加给其他国家的观点，可以解释为什么一些价值观可以凌驾于另一些价值观之上。例子之一

---

* 依附理论（Dependency theory）认为资源从"外围"的欠发达国家流向"核心"的富国，以前者为代价使后者变得更富裕。——译者注。

第三部分　传媒帝国主义与文化政治

就是盎格鲁—撒克逊式的新闻风格，它直接来源于大英帝国时期以及二战后美国地位上升时期英国传播体系（马可尼电缆）的优势地位及其客观（有男性主导的、西方国家新闻专业所定义的）和公正（而不是譬如市民新闻和市民参与）的价值观。第二个例子就是西方提倡的个人主义的、非情境化的技术手段，是如何取代非洲文化所采用的社群主义的、情境化的方式的（Mickunas and Pilotta 1998）。

代言政治和文化帝国主义

20世纪80年代和90年代掀起了一股解除管制的浪潮，文化产业的美国模式被推广到整个欧洲乃至全世界。公共服务广播商和国有电信产业的私有化为进一步的市场扩张创造了新空间。拥有丰富经验和手段的大型传媒联合企业从新市场中获益最多、最耳熟能详的传媒文化通过西方（特别是美国）内容的出口，在很大程度上控制了价值生产的方向。通过这种方式，传媒成为世界各种文化或者媒体试图适应西方界定的文化和经济规范的典范。

马特拉夫妇（Mattelart and Matterlart1992）认为，这个过程中最为关键的是公共空间的商业化。公共空间的商业化、私有化与所有权的集中——实际上就是公共空间的封建化——是21世纪初最显著的维度。然而，重要的是当前公共空间正被世界上最强大的西方媒体所拥有的少数几家公司占据着。[1]

公共空间的商业化无论是通过国内资本还是通过跨国资本实现

---

[1] 全球前50家广告公司中有30家总部在美国，前50家兼并公司中有24家总部设在美国。1998年，当英国是最来势汹汹的收购方的时候全球有106家公司被外国投资者列为目标《银幕文摘》(*Screen Digest*, 1998年)。传媒和文化产业显然具有重要的经济价值，因为这两个产业是美国发展最快的产业：预测显示广告收入的年增长率为8.6%，而1994年以来终端用户的花费已经增长了106%［舒勒媒体投资银行（Veronis Suhler），2002年］。

第六章　将统治合法化：关于文化帝国主义多变面孔的笔记

的，并不一定能够保证社会辩论的丰富化。难缠的、令人头疼的社会问题往往被规避，无论是在内容（不基于原型的故事）还是在目标（所有人都能接触并参与的）方面，因为它们不能盈利。社会变化没有在市场上发生；相反，市场包容了社会变化。更进一步，公共空间中私人利益所代表的扩张将公民参与压缩到越来越有限的空间，使他们仅仅成为消费者的角色。通过由国际组织、各项协定和全球监管组成的网络，跨国企业和大国政府越来越成为地球上经济和文化生活条件的组织者。

资本扩张的全球化主要通过两种方式被传媒强化。第一，传媒通过信息软件的传递和跨国公司子公司的远程控制打破了空间限制。第二，通信传媒为文化产品和分配的商品化服务，并日渐成为由全球化进程所创造的市场的购物门户。

全球化依赖于能将各国法律协调起来并将具体性质的贸易法制化的监管环境。国际组织和区域性组织，比如欧盟，就反映了对这种新环境的经济和行政回应。米尔沃德（Milward，1992年）表示，贸易国际化是战后欧洲重建的主要源泉。欧洲化进程是欧洲本土市场持续获利并且增长的首要条件。尽管米尔沃德认为民族国家要在战后的欧洲证明自身存在的合理性，欧洲一体化行动在政治上是不可避免的，但是他依然强调国际贸易在这个进程中的中心地位。

欧盟主要是一个经济联合体：其最主要的目标是建立统一的大市场以及商品、资本和劳动力跨境的自由流动。为了达到这个目标，必须采取一些与政策相关的措施，比如往往（但并不一定）在共性原则指导下的国家法律的协调一致。然而，目前欧盟正在越来越多地处理经济一体化带来的社会和政治后果：工人权利、健康与安全、文化或宗教以及其他社会或者文化问题，即被欧盟学生称为政策外

第三部分　传媒帝国主义与文化政治

溢的一种现象。

　　欧洲机构（部长理事会、欧盟法院、欧盟委员会以及欧洲议会）在这些过程中的介入尤其值得玩味，因为它们不仅是体现（欧洲）内部政治体制安排的缩影，还构成了体现国际化制度特点的微观世界。将跨境贸易和服务等跨国事务的管理权赋予超国家的机构，更是文化商品在国际和跨国范围内商业化体系的一个重要组成部分。欧盟与其他国际组织的主要区别（也是最重要的区别）在于，欧盟在结构上使用了跨国政治的代议制民主形式。从这个意义上来讲，欧盟通过将立法权赋予欧洲议会，不仅加强了自身民主的基础，同时还努力去解决合法性危机的问题。欧洲议会（由欧洲人直接投票产生）在这个超国家的层面上充当了公民的代言人。尽管是在几个层面上做决策——在区域层面上是民族国家之间，另外还在机构之间——这表明制定政策的体系相当分散，把关的主要还是部长理事会（民族国家的代表），到最近才变成欧洲议会。然而南特维奇和福克纳（Nentwich and Falkner 1997）认为，在社团利益盛行的地方，欧洲议会的权力就比国家议会小得多。欧洲议会同时也是一个象征性的代理人，因为它旨在代表欧洲文化和社会而不是代表国家。在面对美国传媒统治欧洲市场所产生的文化帝国主义效应时，欧洲议会与保护本土文化之间的关系成为制定传媒和文化政策的核心考虑因素。围绕这个观点，自由主义者和贸易保护主义者都试图规范市场问题。

　　与现存的组织经济活动的政策制定结构以及草根阶层政治参与程度进行比较，可以看出国际贸易和政策机制中以超国家的议会形式出现的代言政治的重要性。在文化产业全球化的过程中，欧洲议会构建了国际政治中一个独一无二的机构，并且拥有影响全球政策

第六章 将统治合法化：关于文化帝国主义多变面孔的笔记

的潜力。国际层面的谈判不仅指明了作为经济因素的文化商品不断增加的重要性，而且还指出了较小国家为本土产品保留空间的担忧（McChesney，2001年）。文化商品被纳入世贸组织谈判之中，被纳入《北美自由贸易协定》（NAFTA）的三方协议之中，被纳入美国对自己传媒和文化产业的贸易保护主义政策之中以及出口大国文化产业的税收增长之中。不仅如此，文化和传媒技术以及信息权的经济层面在信息社会世界峰会（WSIS）的评议中具有重要意义。在这个过程中，如果信息社会世界峰会性别委员会（the WSIS Gender Caucus）、非洲妇女发展通信网络（African Women's Development and Communication Network，FEMNET）、信息社会传播权运动（Communication Rights in the Information Society Campaign）、本土世界协会（Indigenous World Society）等公民社会组织能起什么作用仍然存在疑问的话，那么超国家或者国际层面代言的重要性就更好理解了。在高层谈判中，譬如信息社会世界峰会或者最近在约翰内斯堡举行的世界环境峰会，各国政府和机密领域基本上不欢迎公民社会组织的参加。

机构反对文化统治的历史语境

在国际贸易和信息售卖的全球化环境中，政策制定已经顺应了这些力量所产生的需求。政策一词仍然没有得到很好的界定（见Bobrow等，1977年）。我反对将政策视为在各不相干的时间和地点进行的政治决策这样一种碎片主义观点，而是应该将政策视为政治决策的终端产物，它的产生需要一个与政治密切相关的过程，需要考虑历史发展状况和一个特定的机构背景，并涉及行动者之间的不一定需要对公众公开，或者为大众审查负责的谈判（如Landau，1975

第三部分　传媒帝国主义与文化政治

年），根据上述因素，同时考虑政策的管理功能，可以认为文化和传媒领域政策的方向与决策的性质反映出，在影响文化过程（生产—创造、发行、消费、综合）发生的条件的各种势力之间存在着广泛而复杂的关系网。

　　传媒与文化政策以及旨在（至少）直接影响传媒和文化的政策（比如调控文化产业的竞争政策），对文化表达领域、文化和创造力、传统与价值观的表现，以及它们的传播和再生产方式都有重大影响。欧盟传媒和文化政策发展的历史根源在于欧洲议会的政治参与。从一开始，这个弱小的机构（欧洲议会1982年）关于议程设置的策略就不仅提供了第一个专门针对传媒复杂性的全面的欧盟政策议案，而且还为未来几十年中该领域可能发生的关于政策的辩论奠定了基础（Sarikakis，2004年）。经济一体化是欧洲政治统一的途径，而传媒则是达到上述目的最重要的工具之一。自20世纪80年代初至20世纪80年代中期，根据传媒与公民社会是密不可分的概念（欧洲议会1984a）的表述，欧洲议会早期的一些提议至少包含了21世纪初可能主宰传媒政策的两个各有特色的领域：传媒和通信新技术以及跨国广播。

　　在不断扩张的市场和跨国资金的影响下，为了保证资本活跃程度就必须保证市场和社会的相对可预测性，因而就有必要协调各国以及区域性的政策。监管是对市场—国家关系和市场—市场关系转型的一项至关重要的任务，换言之，干预是必要的，即使是为了放松管制。为了建立和发展统一大市场，欧盟遵循法规政策统一化的逻辑，但是政府之间的、国家之间的和超国家的权威机构越来越多地在承担制定政策和决策任务的时候，几乎从不告知普通公民，也不与他们沟通。这种脱离普通公民的做法以及政策参与中文化和传

第六章 将统治合法化：关于文化帝国主义多变面孔的笔记

媒的中心地位是欧洲议会主要关心的问题。它们关心的另一个重要问题是在跨国传媒和文化的大图景中私人利益的程度以及强国的作用（比如，欧洲议会1984b，1984c，1985a，1985b）。

为了将欧洲传媒空间民主化，欧盟的政策提案主要集中在三个内在关联的领域，这三个领域同时也代表了欧盟特点改变的特殊时期。这些领域是：不断变化的欧洲传媒整体和文化思潮，公开辩论的特点以及强势行动者，特别是强势产业的地位。相对应的第一个时期主要是将传媒和文化政策话语的基本原理介绍进来。这一时期从1982年欧洲议会的第一个议案起，到1989年制定的实现泛欧洲市场的最重要的单项政策《电视无疆界指令》（TVWF）（Peterson and Binberg 1999：204—205）。在这个时期，随着无线广播等公共空间的私有化和跨境广播活动的开始，国有部门开始自由化。欧洲议会提出了一个整体的政治目标，支持重视社会责任的传媒模式，其目的与《麦克布莱德报告》（MacBride Report）非常相似。[1] 这个时期欧洲议会的地位并不比一般公民社会的地位高：在政策制定过程中所起的作用有限，与强大的欧盟委员会和部长理事会相比只能处于二流地位。但是由于欧洲议会坚持公共空间和公共所有权的观点，在这个领域又存在政策和治理上的真空，欧洲议会创造并加入了一个议程，欧盟政策行动者后来发现很难脱离这个议程。另外，欧洲议会还将泛欧洲文化和传媒空间的概念介绍进来，并强调文化表达的政治维度。这些议案是为了应对两个平行的威胁：源自美国的传媒和传媒内容的优势地位；私人利益在无线广播中的优势地位。

---

[1] 关于《麦克布莱德报告》与当前国际政策议案之间关系的及时讨论，见 Raboy（2003）。

第三部分　传媒帝国主义与文化政治

　　第二个时期以 1997 年修订《电视无疆界指令》为终点。在这期间发生了为传媒大亨们提供机会扩大市场份额的重要交易，而且他们在国内和语言市场上的扩张也在进行中。内容配额政策（两次努力都未能产生确凿而有约束力的政策）、积极保护媒体内容多元化（不是传媒所有权）以及保护公共服务广播商（PSBs）成为重要工作。上述举措并非每一样都很成功，因为事实证明私人利益过于强大，由焦虑的公共服务广播商、自私的国家代表以及过于多变以致无法在多元问题上达成一致的本土或区域条件组成的非统一阵线根本无法压制它。更多激进的提议（比如公民平等基础上实现女性和男性的现实代表权利的积极举措，以及一项应对色情业的政策）则马上被部长理事会否决。

　　在欧洲传媒和文化市场的当前状况下，文化产业的商业化并未给大部分欧洲国家的公共服务广播商留下太多的空间。国有部门内容的商业化表明，文化产品已经成为易于消费的、是模仿而非创新的人工制品。在这里通常的嫌疑人成为主要的受益者：大型传媒和通信技术联合企业通过服务和生产的纵向与横向融合支配了市场（比如 TVinsite，2002 年）。尽管眼前的图景惨淡，但是欧盟各国的国内和本土生产的大幅度增长，欧洲各国作品的发行和消费的增长，使好莱坞占有的市场份额下降到了前所未有的 66%［欧洲视听观察组织（European Audiovisual Observatory），2002 年］。这个令人欢欣鼓舞的转变（这并非理所当然，也不是视听数据永久的特征）在很大程度上归功于，当面对美国在这些产品上的优势时，设立资金、空间和计划以实现产业积极发展的政策。欧盟委员会一直监控《电视无疆界指令》在欧洲各国的影响。欧洲议会在回应欧盟委员会的监控报告时呼吁进一步修订该指令，将技术发展囊括在内，尽管欧

第六章 将统治合法化：关于文化帝国主义多变面孔的笔记

盟委员会的建议恰好相反。新的修正案将具有特殊意义，因为这将反映欧洲议会主导下的辩论的延续或者变化。

对抗文化帝国主义的限制

除欧盟之外，在"自由"贸易协议管辖地区，文化商品的贸易也受到影响商品内容的一些因素的影响。销路是传媒和文化商品生产的主要决定性因素，反过来销路自身又取决于语言、可获得性、易使用性和消费等其他因素。文化统治是一个持续不断的过程的一部分，其中包含抵抗的时间和空间，并时不时地允许创造途径以实现自我表达。在当前保护欧洲文化空间的"战斗"中，欧盟（主要通过欧洲议会，但并非完全需要通过欧洲议会）主要对付的是来自"来自大洋彼岸"的威胁。从这个角度看，内容配额或支持本土产品等所谓的"贸易保护主义"政策考虑的只是外来的威胁。欧洲内部的扩张以及各种形式的文化与市场统治正在被边缘化。通过集中所有权的方式将文化空间商业化，通过语言统治来控制市场以及其他对由符号和时尚组成的文化范围的强制性指令（潮流会决定哪些是可接受的，哪些是视野狭窄的），这些都是文化统治形式的一个层面，它们不会吸引政策制定者的注意。比如，基于性别基础而导致的文化表达的途径、技巧以及参与程度上的不平等有其政治和经济维度，而这个维度只是关于"社会排斥"（social exclusion）的一般话语中的一部分。欧洲内部空间法律的协调和市场的统一，使具有经济优势的国家和成员的统治，以及在文化和市场领域已经享受到预先设定的优势地位的好处的文化和社会因素合法化。

对文化帝国主义进程的抵抗是有限制的，这反映在国内产业在面对"外国"产业时所获得的支持程度上。那么从这个角度看，欧

第三部分 传媒帝国主义与文化政治

洲议会当然为国内公共服务广播商和本土产品提供宝贵的支持。欧洲议会还发起了培训项目，为欧洲文化作品提供了非常节制的但是安全的资助体系，同时还干预了内容提供方面的事务。正如欧洲议会存在的价值所假定的那样，它将在国际协议（世贸组织谈判、信息社会世界峰会的地位等）的预期范围内，继续维护文化领域的政治重要性。

文化和传媒政策将文化和通信领域的未来发展纳入考虑范围。即使在自称最支持自由市场的国家（美国），实行的也是保护本土企业产品，对欧洲作品在美国的进口和发行严加控制的贸易保护主义政策［欧洲视听观察组织，2002年］。对国内文化生产实施"保护主义"政策是民族国家为保护国内市场和资本经常采用的一条途径。然而，这并不等同于对来自本土或跨本土的文化和社团的独立制片人和草根作者的积极支持。各国政府遭受来自比自己强大的拥有更强大市场力量的国家的压力，在传媒的商业利益面前显得更脆弱（Galperin 1999；Hoffmann-Riem 1996）。欧盟政策的设计是否真是为了促进本土文化的独创性，从而通过传媒抵抗单一文化统治带来的后果？或者这些政策是否通过统一市场以及公民对政治的冷淡（比如选举时的低投票率）推动了文化帝国主义行为的合法化？与幸运地拥有好莱坞动作英雄片播放权的天空电视台（SKY）和卢森堡广播电视台（RTL）等商业频道相比，欧洲电影是否更有资格享受扶持性政策，然后出品反动的、惧外的或者性别歧视的影像？当贝塔斯曼遇见默多克时，保护贝塔斯曼的利益是真正需要考虑的问题吗？代言政治的作用是否就是支持商业内向化或者促进政治参与的文化？

欧洲议会被要求完善的角色之一就是为欧洲计划提供一定程度上的合法化。完成这个任务的同时还会带来一些预料之外的后果，

第六章 将统治合法化:关于文化帝国主义多变面孔的笔记

即不一定去抵抗各种统治形式的合法化行为。不过,在为公民权问题进行辩论的空间里出现了抵抗,这里的公民角色不仅仅是消费者、欧洲的文化实体、表达和多样性。从这个意义来看,文化帝国主义的论题对欧洲人尤为重要,因为它能加深对美国统治欧洲市场程度的理解,尽管已经采取了防御性措施来减缓统治的进程。但是,这也有助于我们认清内部文化统治以牺牲内部少数族群和非市场导向的创造性领域,以及其他公共领域为代价的类似行为。讨论用其他形式取代传媒和文化消费主义的可能性,无论这种讨论是否是关于公共服务广播商是这种表达的重要工具,都为市场主权提供了意见相反的话语。

参考文献

Appadurai, A. 1993. "Disjuncture and Difference in the Global Cultural Economy." In *Colonial Discourse and Post Colonial Theory*, ed. P. Williams and L. Chrisman. Hemel Hempstead: Harvester Wheatsheaf. 27—47.

Baker, C. 2002. *Making Sense of Cultural Studies.* London: Sage.

Bobrow, D. B., H. Eulau, M. Landau, C. O. Jones, and R. Axelrod. 1977. "The Place of Policy Analysis in Political Science: Five Perspectives." *American Journal of Political Science* 21: 415—433.

European Audiovisual Observatory. 2002. *Focus 2002 World Film Market Trends.* Strasbourg: European Audiovisual Observatory.

European Parliament. 1982. "Resolution on Radio and Television Broadcasting in the European Community." *European Communities, Official Journal of the European Communities*, OJ No C87/109—

112, 05. 04.

European Parliament. 1984a. "Resolution on Broadcast Communication in the European Community (The Threat to Diversity of Opinion Posed by the Commercialization of New Media) ." *European Communities, Official Journal of the European Communities*, OJ No C117/198—201, 30. 4. 84.

European Parliament. 1984b. "Resolution on a Policy Commensurate with New Trends in European Television." *European Communities, Official Journal of the European Communities*, OJ No C17/201—205, 30. 4. 84.

European Parliament. 1984c. "Resolution on Broadcast Communication in the European Community (The Threat to Diversity of Opinion Posed by the Commercialization of New Media)." *European Communities, Official Journal of the European Communities*, OJ No C 117/198—201, 30. 04. 19841985b.

Europäisches Parlament. 1985a. *Bericht im Namen des Ausschusses für Jugend, Kultur, Bildung, Information und Sport über eine Rahmenordnung für eine europ? ische Medienpolitik auf der Grundlage des Günrbuchs der Kommission über die Errichtung des gemeinsamen Marktes für den Rundfunk, insbesondere über Satellit und Kabel* (KOM (84) 300 endg.). PE 92 783/endg. [European Parliament. 1985. Report on Behalf of the European Parliament Committee on Youth, Culture, Education, Information and Sport. COM (84) 300 final]

Europäisches Parlament. 1985b. Europ? ische Medienpolitik in *Verhandlungen des Europ? ischen Parlaments* Nr. 2—329/272 12. 09. 1985 [Eu-

第六章 将统治合法化：关于文化帝国主义多变面孔的笔记

ropean Parliament. 1985b. European Media Policy in Debates of the European Parliament. Nr 2—329/27212. 09. 1985]

European Parliament. 2001. *Report on the Third Report of the Commission to the Council, the European Parliament and the Economic and Social Committee on the Application of Directive 89/552/EEC "Television without Frontiers."* A5—0286/2001 Final.

Galperin H. 1999. "Cultural Industries policy in regional trade agreements: The Cases of NAFTA, the European Union and MERCOSUR." *Media Culture and Society* 21: 627—648.

Hamelink, C. 1994. *The Politics of World Communication.* London: Sage.

Hesmondhalgh, D. 2002. *The Cultural Industries.* London: Sage.

Hoffmann-Riem, W. 1996. *Regulating Media. The Licensing and Supervision of Broadcasting in Six Countries.* New York: The Guilford Press.

Landau, M. 1977. "The Proper Domain of Policy Analysis." In D. B. Bobrow, H. Eulau, M. Landau, C. O. Jones, and R. Axelrod. "The Place of Policy Analysis in Political Science: Five Perspectives." *American Journal of Political Science* 21: 415—3.

Lees, T., S. Ralph, and J. Langham Brown (Eds.). 2000. *Is Regulation Still an Option in a Digital Universe?* Luton, UK: University of Luton Press.

Mattelart, A., and M. Mattelart. 1992. *Rethinking Media Theory.* Minneapolis, MN: University of Minnesota Press.

McChesney, B. 2001. "Policing the Unthinkable" in *Open Democracy.* Available at <http://www.opendemocracy.net>.

Mickunas, A., and J. Pilotta. 1998. *Technocracy vs. Democracy.* Cresskill, NJ: Hampton Press.

Milward, A. S. 1992. *The European Rescue of the Nation State.* London: Routledge.

Nentwich, M., and G. Falkner. 1997. "The Treaty of Amsterdam: Towards a New Institutional Balance in European Integration." Online Papers (EioP) 1 (15). Available at < http: //eiop. or. at/eiop/texte/1997 −015a. htm >.

Peterson, J. ,and E. Bomberg. 1999. *Decision − making in the European Union.* London: Macmillan.

Raboy, M. 2003. "Media and Democratization in the Information Society." In *Communicating in the Information Society*, ed. B. Girard and S. O'Siochrú Geneva: United Nations Research Institute for Social Development

Ritzer, G. 2000. *The McDonaldization of Society.* 3rd ed. Thousand Oaks, CA: Pine Forge.

Robins, K. 1991. "Tradition and Translation: National Culture in its Global Context." In *Enterprise and Heritage: Crosscurrents of National Culture*, ed. J. Corner and S. Harvey. London: Routledge. 21—44.

Sarikakis, K. 2002. "Supranational Governance and Paradigm Shift in Communications Policy − making: the case of the European Parliament." In *Global Media Policy in the New Millennium*, ed. M. Raboy. Luton, UK: University of Luton Press. 77—91.

Sarikakis, K. 2004. *Powers in Media Policy.* Bern: Peter Land Academic Publishers.

第六章 将统治合法化：关于文化帝国主义多变面孔的笔记

Schiller, H. 1969. *Mass Communications and the American Empire*. New York: Augustus M. Kelly.

Schiller, H. I. 1996. *Information Inequality: The Deepening Social Crisis in America*. New York: Routledge.

Screen Digest. 1998. *Mergers and Acquisitions*. Focus on Distribution Channels. Available at <http://www.screendigest.com/yp_98—04(2).htm>.

Stevenson, N. 1999. *The Transformation of the Media: Globalisation, Morality and Ethics*. London and New York: Pearson.

TVinsite. 2002. "Top 25 media Companies." Available at <http://www.tvinsite.com/brodcastingcable/>.

Veronis Suhler Merchant Bank. 2002. *Communications Industry Report*. Available at <http://www.veronissuhler.com/articles/article_202.html>.

Vincent, R. C., K. Nordenstreng, and M. Traber. 1999. *Towards Equity in Global Communication: MacBride Update*. Cresskill, NJ: Hampton Press.

Wallerstein, I. 1974. *The Modern World System*. New York: Academic Press.

第七章
内容产业和文化多样性：以电影为例

克里斯托弗·杰曼

当今许多国家向国内以及/或地区的视听内容产业提供公共援助，目的在于支持本土电影电视的制作和发行。这种政府干预的背后原因是双重性的：保护或创造就业机会以及促进电影所表现的文化认同和多样性。根据现代自由福利国家的普遍理解，只要这些产业和文化政策符合公共利益，那么它们在市场经济中也是合法的。今天世界各国的许多决策者已经达成共识，视听内容的文化多样性有其自身的价值。此外，文化多样性是人类表达自由权利的前提条件，而对建立在法治基础上的民主制度的良好运作而言，观点表达自由极为重要。

目前，美国电影业——即被称为"大型电影制片公司"（Majors）的七大好莱坞影业公司的垄断寡头——就市场份额而言统治了全世界大部分国家的视听产品市场。这七大寡头垄断公司（"好莱坞公司"）（"Corporate Hollywood"）分别是迪斯尼公司、索尼影视娱乐有限公司、米高梅公司、派拉蒙影业公司、20世纪福克斯电影公司、环球影片公司和华纳兄弟影业公司。七大公司的电影在许多欧洲国家的放映比例达到了90%。与此同时，在美国电影电视市场放映的外国影片则不到3%。这些触目惊心的数字可以视为极权主义威胁的一种表现。导致这种极权主义威胁的原因是大部分咄咄逼人地进行市场宣传的视听内容及其衍生作品（即文学、音乐等）均来自单一的基本同质的文化根源。除了好莱坞强加给他们的以外，美国主流

第七章 内容产业和文化多样性：以电影为例

电影的观众获取不到其他关于世界的图像。柏林墙倒塌之后，好莱坞公司供应的内容驱使全世界几乎所有的市场对同类的、单一的、图景的需求达到了前所未有的程度。

在追求视听部门的文化多样性时，地区和国家的立法者也许会有帮助。但是电影法必须适应一个相当动态的环境。好莱坞电影产业当前的霸权并不仅仅与内容有关，而是严重依赖历史上形成的发行结构和投资机制。实际上，这些发行结构和投资机制常常阻碍观众接触外来的影视作品。在现代市场经济中，一些主体处于与国家相似的权力地位，在存在无数兼并情形的传媒领域尤其如此。欧洲理事会和联合国教科文组织与许多其他国家和地区一样，已经意识到占据支配地位的电影市场操纵者对文化和民主的威胁。这些操纵者将大致统一的图像强加给全世界，最坏的可能性就是导致一种统一的思维方式，即法国人所说的"单一思想"（pensee unique）。利益相关者们日渐达成共识，视听商品和服务不能完全被界定为在内容上中立的商品，而是应该被认为是传递个人和集体在某个历史时期创造并共享的独特思想、意识形态、观点和价值观的载体。因此提供多样化的电影作品成为保持和促进民主的必要条件。事实上，只有当受众（比如以电影为例的观众）被赋予机会在不是一家独大的画面中真正进行选择，观点自由才有可能实现。这自然意味着表达自由也被保留了下来。反过来，这也解释了当市场无法实现文化多样性时，国家在促进和调控本土电影、电视广播的制作和发行中所起的重要作用。比如根据瑞士宪法，国家有权对联邦、州和市以补贴的方式鼓励本土电影制作和文化多样性。在欧盟层面上，我们要提的是《电视无疆界指令》，它设定了有利于欧洲视听内容的节目限额。这种对市场力量的干涉依据的是《欧盟条约》（EU Treaty）

第三部分　传媒帝国主义与文化政治

第151条。同时，国家对市场力量的干涉也会面临公共审查的危险。要在当前利益与免受公共和私人领域产生的审查之间找到平衡点，这在信息时代构成了对法律和政策制定者的巨大挑战。

　　本章的第一部分将研究与好莱坞主要电影制作和发行公司的世界霸权相关的视听部门文化多样性的价值及其损失问题。同时还提出问题：当占据市场支配地位的私人操纵者滥用权力，对那些拒绝传播基本统一的世界图景的视听内容行使私人审查时，这些操纵者是否也形成了极权主义威胁？同时，第一部分还强调了在所谓的"寓教于乐时代"（infotainment age），在对文化多样性的可行的法律保护缺位的情况下，市场经济就可能给公民社会带来损失。本章的第二部分将批判性地分析通过政府补贴、配额以及其他政府干预市场的手段专门促进视听内容制作和发行的法律和政策。在此，作者将勾勒出国内和地区的文化政策与《世界贸易组织规则》等全球贸易协定之间产生的冲突，并探索在视听领域实现文化多样性政策的其他补充和替代性手段。

市场经济全球化与视听产业

文化多样性与 "大片（Blockbuster）" 现象

　　提高电影文化多样性的公共政策应该在所谓的"大片"现象的特殊语境下进行讨论。这一类型的电影（大片）是指人们几乎无法回避的电影。大片在流行音乐中的同义词是"热门歌曲"，在当代文学领域的同义词是"畅销书"。这三者至少有一个共同特征，即巨额营销投入。

　　除此之外我们还能怎样定义"大片"呢？瑞士竞争委员会在2000年完成了一份国内电影市场反托拉斯调查的报告，该报告提供

第七章　内容产业和文化多样性：以电影为例

了一个更全面，但也更具争议的定义。这个定义的产生受到之前奥地利和德国卡特尔法的影响。根据该定义，在瑞士这样一个只有约700万居民的小国家，大片就是成功吸引了10万名以上观众到影院观看的影片，该定义的灵感来自于奥地利和德国原来的卡特尔法。除了这个客观标准之外，更有趣的是瑞士竞争委员会表示，大片的成功和其他电影在票房上的失败必须要与各自的内容或"体裁"有关。该委员会从这个角度将电影分为"主流"电影和"文艺片（art house）"。他们认为前者包含流行内容（喜剧、动作等），而后者则涉及独特的主题，可能只会引起一小部分人的关注。根据这样的推理，该委员会将大片归入主流电影之列，而将其他电影排除在大片市场之外（Wettbewerbskommission 2000：4）。

与瑞士竞争委员会的方法相反，票房能否成功主要甚至完全取决于内容的说法必须摒弃。倒不如说，大片之所以成功如果不是完全取决于在于巨额营销投入［印刷和广告（print and advertisement），即 p&a］的话，其主要原因也在于此。巨额营销投入将其他无法获得相同印刷和广告投入的影片赶出竞争范围之外。2003年，好莱坞大片的平均印刷和广告投入达到300万美元［参见 http://www.mpaa.org 新闻发布稿；2003年之前的数据，参见《美国电影协会2002年鉴》（Motion Picture Association of America 2002）］。这个数字尚未包括明星的片酬，明星的片酬可能会产生高达3,000万美元的额外费用。明星的报酬被称作所谓的负成本——即2003年平均每部电影的制作成本为6,300万美元——明星获得高报酬主要是出于营销的考虑，因为在吸引观众方面，明星的功能和价值就相当于商标的功能和价值。与瑞士竞争委员会以事后的票房收入或以内容为标准给大片所下的随意性定义相反，将全球平均市场营销投入约为

6,000万美元的电影界定为大片也许更合适，这意味着印刷和广告支出在4,000万美元以上，额外的明星报酬在2,000万美元以上。

如今全世界大部分国家的视听市场显然都被这七大公司所垄断。确保这种垄断地位的模式非常简单：每家大公司每年制作约30部大片，并且作为发行商平均为每部电影投入6,000万美元以上的资金，用于印刷和广告投资以及明星的片酬，目的是引发电影院线对这种类型的影片的需要。营销投入可以说是院线安排大片放映档期的最具决定性的因素。如此一来，观众只能消费由大公司通过自身强大的发行结构和巨大的营销投入所强加给电影院线的内容。如果发行商使用所谓的"包卖"（block booking）方式，那么情况甚至更糟。包卖就是当发行商将大片租给放映方时，要求放映方同时也放映来自同一发行商的商业价值低的影片。大片就是通过这种方式成为霸占银幕的一揽子买卖的一部分。在许多国家的司法体系中，这种做法是违反竞争法的。既然市场关系主要发生在作为制片人和发行人的大电影公司（供应方）和电影院线（需求方）之间，那么可以说观众需求在此几乎无关紧要。除了源自同一种文化源头的大片之外，占据市场支配地位的大公司寡头垄断几乎没有给其他内容的电影留下任何空间，除非各国政府通过旨在促进视听产品多样性的文化立法和文化政策而在国内和地区的层面进行干预（杰曼，2004年）。

贸易自由化和电影的意义

贸易自由化是联邦型结构共有的历史特征。例如，统一大市场的创建是18世纪的美国、19世纪的瑞士联邦和德国以及20世纪的欧共体和欧盟成立的驱动力之一。在联邦结构的创始时期和发展的早期阶段往往可以发现各种消除洲际贸易壁垒的宪法性方案，有趣的是这种狭隘的功能主义最后逐渐让位给了更广阔更包罗万象的政策。随着时间的推移,贸易壁垒逐渐被消除,合理的竞争环境开始形成,联邦政府开始越来越多地使用侧翼政策(科蒂尔和杰曼,2001年)。在如今的信息时代,以维护和促进文化多样性为目的的侧翼政策,对于坚持法治基础上的自由民主形式的社会而言是必不可少的。然而,在"法治引发的全球化(rule of law induced globalizalion)"过程的背景下,旨在鼓励本土视听内容的制作和发行的政府干预手段日益受到挑战。"法治引发的全球化"不同于主要由互联网等技术手段的发展引起的事实上的全球化,它意味着通过国家之间签订国际协议以消除贸易上的国界。这种经济一体化过程往往始于针对贸易关税(海关税收)和非关税(配额)壁垒。导致各国向国外商品和服务开放自己的国内市场的根本原因基于经济理由(比较优势理论)和政治理由(市场一体化作为维护和平的手段)。

如今视听部门规范性的全球化正受到世贸组织国际贸易规则的影响。在这个背景之下,强调《服务贸易总协定》(GATS)——世贸组织关于服务贸易的一个协议——谈判过程中出现的有关电影术语的分歧显得尤为重要。谈判过程中提出的一个关键问题是电影到底是"娱乐"还是"文化"。总而言之,好莱坞电影产业认为电影是娱乐,因此相关商品和服务应该完全受国际贸易自由化规则的管辖。相反,欧盟以及其他国家和地区则认为电影同时也是一项文化成就,应该给予特殊对待。官方的做法是,视听内容产品不仅属于《关贸总协定》的管辖范围——电影作为有形的商品进行贸易,如DVD;还属于《服务贸易总协定》的管辖范围——将电影作为服务进行贸易,即通过影院发布、广播或者其他方式传播电影。在评价视听部门的国际贸易情况时,世贸组织秘书处是这样说的:

第三部分 传媒帝国主义与文化政治

> 视听服务显著地反映了国家及其人民的社会文化特征，所以被认为具有重要的社会和政治意义。因此，政府调控和公共支持的项目发挥着重要作用。对视听服务的调控不仅关涉社会文化问题，还涉及促进本土产业的发展并限制外国内容进入的问题。（世贸组织秘书处 1998：1）

在区域层面，欧盟委员会在描述视听部门的特殊地位时指出：

> 视听传媒在现代民主社会的运作中扮演着核心角色。没有信息的自由流通，民主社会就无法运转。而且视听传媒在社会价值观的发展和传播中也起到了基础性作用。这并不仅仅因为它们在很大程度上影响了世界的那些事实和形象是我们能够看到的，而且还因为它们提供了政治、社会、种族、地理以及心理等我们用来使上述事实和形象更加易懂的概念和范畴。因此它们不仅帮助决定了我们看到的是什么样的世界，也决定了我们怎样看待这个世界。
>
> 因此视听产业与其他任何一个产业都不同。它不只是生产与其他可以在市场销售的产品一样的东西。它实际上是最优秀的文化产业。它深刻影响了民众的所知、所信和所感，并在文化身份的传递、发展乃至构建过程中发挥了关键作用，对儿童来说尤为如此。（欧盟委员会 1999：7—8）

比如，将罗伯托·贝尼尼的《美丽人生》和史蒂文·斯皮尔伯格的《辛德勒名单》仅仅视为娱乐显然有失偏颇。而且，不能否认，视听作品是以本质上主观的、相对的价值观、观点以及意识形态等

第七章 内容产业和文化多样性：以电影为例

形式广泛传播复杂的、最具表现力的，因此也是最有效的商品和服务的。二战时期，德国导演维特·哈伦（Veit Harlan）执导的反犹太影片《犹太人苏斯》（*Jud Suess*）在纳粹德国及其盟国占领的国家轰动一时。戈培尔执掌的德国宣传部为这部影片大力宣传并进行了有效推广。有上百万名观众观看了这部电影。然而今天，这部影片被锁在电影资料馆中，只有极少数电影研究者才能看到。作为对比，纳粹德国大力宣传的另一种商品——大众汽车今天仍然大受欢迎。这个例子清楚地说明了电影与其他商品和服务之间的差异。在和平时期，电影仍然讲述在意识形态和政治上永远无法中立的故事。这个特点的害处极大。比如，半个世纪前好莱坞大型电影制片公司制作的许多西部片都宣扬对美洲土著的种族灭绝。你可能还记得影片中牛仔说的话，比如，"印第安人只有死的才是好的"。其中一些内容今天仍然在通过电视传播。

视听内容可以获得丰厚的利润。这说明了为什么视听部门是并且一直是国际贸易中高度敏感的部分。自由贸易拥护者的利益是显而易见的。在美国，内容产业是仅次于航空业的第二大出口产业。此外，电影还是将本土市场的其他商品和服务向外国消费者进行推销的有效工具。

电影的意义是由观众来发现和阐释的。如果观众因为占据支配地位的市场操纵者的阻碍而无法看到电影，那么这部电影就不再具有任何意义。这就是今天大部分影片的命运。具有讽刺意义的是，这种情况又在很大程度上使好莱坞大片同样变得毫无意义（即使这些影片具有真正的艺术和娱乐价值），因为它们和源自其他文化的影片并非在一个公平的环境下进行竞争。如果《蒙娜丽莎的微笑》被单独挂在卢浮宫，那么她的笑还会一样吗？

第三部分　传媒帝国主义与文化政治

电影《"9·11"事件簿》（*11/09/01 September 11*）清楚地反映了电影中文化多样性的重要价值。法国制片人阿莱·布瑞金（Alain Brigand）邀请11位来自不同国家的电影制作人〔分别为莎米拉·玛克玛尔巴夫（Samira Makhmalbaf）、克劳德·勒鲁什（Claude Lelouch）、尤瑟夫·夏因（Youssef Chahine）、丹尼斯·塔诺维奇（Danis Tanovic）、伊德莎·渥德拉戈（Idrissa Ouedraogo）、肯·洛奇（Ken Loach）、亚利桑德罗·冈萨雷斯·伊纳里多（Alejandro Gonzales Innaritu）、阿莫斯·吉泰（Amos Gita）、米拉·奈尔（Mira Nair）、肖恩·潘（Sean Penn）以及今村昌平（Shohei Imamura）〕，共同拍摄一部关于2001年9月11日对纽约和华盛顿的恐怖袭击的短片。在艺术上的唯一要求是每部独立短片时长必须是精确的11分9秒1帧。最后的成品为这些悲剧性事件提供了多个地理、文化和艺术的视角。然而，这部短片集在美国市场却未能得到满意的商业发行。人们可能会认为这部电影是源于好莱坞大型电影制片公司的主导地位而进行的市场审查的另一个典型范例。

对那些文化多样性的拥护者来说，是进行一场公开辩论的时候了，借助辩论以讨论当世界不再被划分成两个在意识形态上互相竞争的超级大国，而且面临全球层面的新挑战时，同质的视听内容给公民社会所带来的极权主义威胁。我们将需要讨论的问题举例如下，但不仅限于此：

- 如果电影、音乐或者文学被认为仅仅是"娱乐"，那么在当今所谓的"信息时代"、"寓教于乐"乃至"信息"的分界在哪里？
- 如果一个社会所消费的所有电影、音乐、文学和信息几乎都拥有同一的文化根源，即美国文化，甚至来自这个国家观念基本相似的垄断寡头——好莱坞大型电影制片公司，这意味着什么？

第七章　内容产业和文化多样性：以电影为例

● 在一个社会中，其自身的身份受到另一种占据地位的排斥身份多样性观念的身份的破坏，那么这种情况意味着什么呢？

● 视听身份多样性的消失（偶像灭绝），最后导致文化多样性的消亡，这对地球上的不同社会意味着什么？

● 因为视听部门缺乏文化多样性所产生的基本统一的内容是否会损害言论自由，并最后破坏法治基础上的自由民主社会的政治决策过程？

对于这一系列问题，本章无法提供确切的答案，而这份列表本身就是无法穷尽的。世界上越来越多的国际和地区组织、国家以及非政府组织开始明确或暗中担心，在缺乏保证文化多样性的保障措施的情况下，占据市场绝对统治地位的内容产业可能会对文化和民主带来威胁。当一些内容供应商有能力将通过把几乎所有提供其他观念的供应商都赶出商业圈的方式来灌输自己的内容的时候，那么最糟糕的情况就可能发生：个人最终开始以统一的方式来认识世界，并以统一的方式思考、感觉和行动。

不过，可能有人会质疑，好莱坞大型电影制片公司提供的占据绝对市场份额的内容是否会最终导致极权主义机制的建立。到目前为止，还没有确凿的证据表明存在这样的因果关系。这个假设需要进一步调查证实。不过我暂时怀疑，电影中文化多样性的缺失会对民主以及人类的非物质幸福带来危害。因此，我建议文化政策和法律制定者们依循防患于未然的原则赶紧行动，不要拖延。这个想法是受国际环境法的启发而产生的。国际环境法规定，国家有权采取措施应对威胁，即使采取设想的措施时尚未有充分的科学证据表明假设的正确性。

第三部分　传媒帝国主义与文化政治

寻求文化多样性的定义

2003年秋，联合国教科文组织第32届大会在一些国家和地区性组织动议的基础上，授权总干事在两年内起草关于文化多样性的国际条约的初稿［关于这项动议早期发展情况的具体分析，见伯尼尔（Bernier），2004年］。现有的关于促进和保持文化多样性的国际法律文书有一个共同点，即它们包含的是声明性语句，而非可执行的规则。在争议解决和制裁机制方面，它们表现得尤其薄弱。因此，一旦在这些文书基础上制定的有关文化多样性的国际协议与世贸组织协定发生冲突，相关方很可能会违反自己对文化多样性的承诺，遵循后者的规则。这就是为什么寻求其他补充性和替代性的法律手段以有效实施和促进文化多样性的政策显得如此重要的原因所在。

哪种类型的商品和服务应该受到国际贸易法规的特殊对待？如军事设备的国际贸易就一直受国家主权的完全控制，因为军事设备不在世贸组织规则的管辖范围之内。为什么电影就不能如此呢？对于这个问题的一个可能的答案是，1994年乌拉圭回合谈判结束时谈判各方还是未能就电影的意义达成共识。当时使用的术语就表明了路径上的二元对立。美国将电影界定为"娱乐"，而欧共体则认为电影是"文化"。电影是美国最重要的出口商品之一，因此它要求扫除所有视听商品和服务的国际贸易的障碍。法国以及欧共体先是试图通过谈判为电影争取所谓的"文化例外"资格，也就是使电影完全脱离世贸组织规则的管辖范围。然而这个地位主要因为来自美国的巨大压力而被否决，而且世贸组织的新规则，尤其是《服务贸易总协定》最后只能将电影也包括进来。《服务贸易总协定》还要求世贸组织成员在十年之内，最迟到2005年，进一步使视听部门自由化。相关的谈判目前正在进行之中（关于谈判的总体情况，参见格

第七章　内容产业和文化多样性：以电影为例

雷伯，2004年）。

反对者们从法律层面指出，不能因为视听商品和服务有其自身的文化特殊性就要求特殊待遇，因为文化的概念对法治而言过于含糊不清，而法治环境下的法律概念必须是可预测的。因此，立法者面对的主要挑战就是，在专门为视听商品和服务制定的国际贸易条款的语境中找到关于文化的可行的定义。要找到这样一个可以适用于国际贸易规则的"文化的"定义，要求将注意力特别集中在"提供给普通观众的内容"、"文化起源"和"市场份额"这些概念之间的关系上。我希望自己提出的这个关于文化的可行的定义能够成为所有的利益相关者进一步讨论的基础，尽管这个定义只能用于电影的文化多样性，但是你也可以将与这个领域相关的推理过程应用到其他领域的文化多样性问题上来，比如文学和音乐。从我们的特殊目的来看，"提供给普通观众的内容"可以定义为将任何信息（虚构的或纪实的）传递给广大民众的视听商品和服务。定义"文化起源"的标准应该包括文化分类的标准，如创作者（影视剧作家、导演、演员、摄影、录音师、舞美设计师、音乐家和编辑等）、投资人、制片人和发行人的国籍、种族、社会环境和宗教归属；电影语言；故事以及故事中隐含的意识形态；对话原文以及电影关键的拍摄地点。反过来，面向普通观众的内容的"市场份额"应该根据影院放映、广播（包括通过有线或无线方式传播的内容）、家庭录像带（硬拷贝）销售以及互联网等新传媒样式获得的总收入来计算，同时市场份额还应该反映文化渊源的多样性。

因为篇幅有限我无法进行具体分析从而充实这个定义，不过我们可以以语言问题为例来给电影的文化多样性找到一个可行的定义。这个例子还能突出其他所谓的文化产业与电影产业的关系，即电影、书籍和音乐以及整个传媒之间的互动。在好莱坞大型电影制片公司

第三部分 传媒帝国主义与文化政治

设计并遵循的全球营销策略模式下，大片（电影）往往会催生一本畅销书和一首热门歌曲，反之亦然。提供给普通观众的内容绝大多数使用英语。语言会影响提供给普通观众的内容吗？几乎毫无疑问，语言会通过一些心理渠道来驱动创作者，进而影响他们创作的内容。今天用英语撰写的小说更有可能成为畅销书，也更有可能最后被改编成影视剧本。在歌曲界也是如此。影视剧作家、导演和演员如果将英语作为工作语言就有更多机会被国际观众所了解。因此，普通观众就会消费最初用英语创作的电影、书籍和音乐。这会导致消费习惯的形成，而消费习惯最后是难以改变的。尽管本土语言总能在国内市场找到观众群，但是对没有使用英语而是使用本国语言的内容的需求会减少。最糟糕的情况是，对这类内容的需求会完全消失。从这个角度看，电影以及其他内容的市场份额成了评估语言乃至整个传媒的文化多样性程度的可靠指标。

如果我们证明大片在票房上的成功与营销有关而与内容没有关系，所以是大片的供应促进了大片的需求的话，那么上述评估就显示出特别的重要性。总之，当前的市场状况只允许观众看到占据市场支配地位的内容，而阻止观众看到来自其他文化源头的内容。因此，普通观众就失去了自由选择的机会。除了那个支配他们市场的内容之外，他们无法自由选择来自其他文化源头的内容，因为其他已经不存在。我们称之为"市场审查制度"（market censorship）。我认为市场审查制度加快了人类文化财富的毁灭，触犯了个人（即创作者与电影观众）的言论自由权，因为我将电影的文化多样性视为一种"全球公益"（global public good），并且视为观点表达自由的前提（杰曼，2002年）。在下一节，我将批判性地分析用于促进这种文化多样性的手段。

第七章 内容产业和文化多样性：以电影为例

促进电影文化多样性的手段
补贴和配额是仅有的工具吗？

　　国家促进电影的文化多样性的经典手段就是补贴和配额。通常补贴用于本土电影的制作、发行和放映。为了使电影项目获得更多经费，许多国家签订了所谓的国际共同制作协议，使这些项目享受国民待遇。通过这种方式，制片人可以向所有受这类协议约束的国家申请补贴。不过执行这类协议需要创造性团体进行跨境协作。电视节目配额倾向于播放本土电影。此外，政府也经常支持一些与电影有关的事件和活动，如电影节和电影档案馆等。分配公共资助有两个主要体系：一个是通过"同行评审"进行质量评估（所谓的"选择性资助"），另一种则是以票房成功率为条件（所谓的"自动资助"）。这种资助应该主要被用于保持和促进电影的国家身份。从理论上来说，支持多种身份的存在有助于产生多样性。

　　我们期望许多政策制定者会认为大幅度提高补贴能促进电影文化的多样性。20世纪70年代欧共体的空客计划就是使用这种方法的一个例子。欧洲花费大量公共资金，旨在建立一个足以与波音公司抗衡的航空产业。这个计划最后获得了成功。空客公司2001年中期获得的订单比竞争对手美国波音公司还多。然而，这种模式过于昂贵，而且会与当前世贸组织的约束性规则相抵触。因此欧盟能否达成政治共识再次为视听产业采用这种模式值得怀疑。而且，进一步分析发现，这种方式可能会损害电影的文化多样性事业，因为它可能会导致营销费用的进一步膨胀。最后，但并非最不重要的一点，在大部分处于经济转型期的国家、发展中国家和最不发达国家，稀缺的公共资金必须用于其他更重要的领域，因此它们就无法使用这些工具了。

第三部分　传媒帝国主义与文化政治

知识产权保护标准

可能有人设想用降低知识产权保护程度来替代昂贵的公共资助手段。的确，降低版权和商标保护标准可能会削减大片制作过程中过度的明星以及印刷和广告费用，并因此为具有不同文化渊源的视听内容供应商提供更多平等的机会，使他们能够接触到更多的观众。这种推理方式在视听领域暂时还属于异类。不过你可以对比农业和制药部门关于适度知识产权保护以分别实施食品安全（生物多样性）、公共卫生（获取基本药物的权利）以及文化多样性（观点表达自由）等政策的讨论。大规模的、像纳普斯特*那样的、通过互联网方式的个人使用，或者——视情况而定——系统地侵犯视听作品的版权和商标权（即盗版）是否在损害传媒大佬的同时就有利于文化多样性呢？有人可能会得出以下结论：某种程度上放宽版权和商标保护可能会减少占据市场支配地位的内容供应商过度的广告投入，从而有利于传播源自其他文化的电影，因为这些电影目前被排除在更多观众的视线之外（也可比较斯迈尔2001：3）。

在一些工业化国家、许多处于经济转型期的国家以及较大的发展中国家，比如巴西和印度，它们已经达成保护知识产权的共识，甚至将某些侵犯版权的行为判定为犯罪。传媒企业更是急切地希望严格执行版权和商标保护，打击侵犯自己独有的商业权利的盗版者，并游说政府实施和执行相应的法律制裁。

之所以赋予独有商业权利的理据之一在于为取得优质的创造性成果提供动力。因此创作者和投资人都主张高标准的版权保护。另

---

* 纳普斯特（Napster）是一家著名的音乐交换网站，免费提供MP3格式的音乐下载服务，因版权问题被关闭，后又为Roxio公司兼并。——译者注

第七章 内容产业和文化多样性：以电影为例

一方面，过多的保护又有损使用者的利益，在某些情况下，还有损整个社会的利益，因为版权保护会提高受保护商品和服务的价格。对于为促进大片的制作和发行而进行的巨额融资更是如此。这些受知识产权法保护的投资被用于市场营销而非创造性活动，从而把好莱坞的大部分竞争者赶出市场。下面的公式可以用来表达面临的基本威胁：TMC = SPA = TMC（意思是"商标和版权"等于"明星、印刷和广告"等于"完全单一的文化"）。

从这个角度看，放宽知识产权（保护）有助于提高视听内容商品和服务的多样性，因为这样做可以遏制恶性竞争。可能有人认为盗版以及侵犯商标权可以阻止投资者将大量资金用于市场营销。一旦专属权由于大规模的盗版行为而无法得到系统性的维护，那么这些投资也就无法得到有效保护。然而，另一方面，我们并不否认那些经过精心设计的创作者权益的合理性，它可以鼓励独创性，这不仅对创作者有利，对整个社会也有利。与农业和制药等其他部门一样，立法者必须在私人财产和公共利益之间找到新的平衡，最后达到实施合法政策的目标。具体而言，比如说，对于那些在明星报酬与印刷和广告投资方面超过一定金额的视听作品，可以提倡缩短版权保护和国际穷竭的期限。*从公共利益的视角来看，应该明确创作者权益保护的主要目的在于鼓励独创性。这表明不应该滥用版权来鼓励过度的市场营销投入，因为过度的营销投入会破坏电影的文化多样性。商标保护同样也是如此。

---

* 国际穷竭（international exhaustion）主要发生在商标权保护领域。商标权人将载有注册商标的商品投入市场后，其销售权一次用尽，商标权人无法控制该商品在市场中的进一步流通。商标权利穷竭有地域性和国际性之争。如果商标权利穷竭具有国际性，那么商品投放市场之后，将导致其在全世界范围内的相关权利用尽（参见常廷彬、钟小燕，"试论国际贸易中的商标权限制"，《亚太经济》，2010年第4期，第146页）。——译者注

第三部分 传媒帝国主义与文化政治

竞争法规和政策

通过发放补贴，即专门用于私人团队完成某项任务的公共资金，国家可以对本土视听内容的制作和传播提供专门的支持。相反，竞争法背后的理据是为了提高市场中生产者的经济效益，从而造福消费者乃至整个社会。在包括欧共体在内的许多国家和地区的司法体系中，关于津贴的规定都与竞争法密切相关。的确，津贴的本质就是扭曲竞争。另一方面，如果私人主体滥用自己的市场支配地位，津贴往往又是对付他们反竞争行为的昂贵的补救手段。他们的市场支配地位往往又因为严格的知识产权保护而得到加强，因为知识产权保护以独有权利（如版权和商标）的方式给予他们垄断地位。美国电影产业在国内市场的发展历史就包括一连串这样的行为，从电影的开山鼻祖爱迪生（Puttnam，1997年）开始，到"派拉蒙法令"（Paramount decrees）时期达至鼎盛。在具有里程碑意义的《美利坚合众国诉派拉蒙影业公司等》案例 [case of United States v. Paramount Pictures, et al., U.S. 334 US 1. (1948)] 中，美国最高法院发现好莱坞五大电影制片公司（派拉蒙、华纳兄弟、20世纪福克斯、洛伊公司和雷电华电影公司）都有过限制交易的行为，其中包括纵向和横向的价格垄断。最高法院命令电影业纵向解体，并要求各家公司（这些公司几乎拥有或控制着美国25个超级大城市中不多的几家一线影院）将所拥有的3,000多家影院中的约一半剥离出来。这些双方同意的判决中的一些条款最近已经被放宽。*

世界大部分国家的电影发行很大程度上都受到好莱坞大型电影

---

* 双方同意的判决（consent decrees），《元照英美法词典》提供的译文。也遵循台湾地区的术语译成"两造同意判决"。"两造"是古汉语用法，指原被告。——译者注

制片公司寡头垄断的控制,只有印度例外。我们诚恳地建议那些重视电影的文化多样性的国家在国内市场仔细审查这些大公司的行为,如果有必要就相应地修改自己的竞争法规。为这个目标而努力的任何一个行动都应该意识到以下事实,即真正的竞争自身就可能是实现视听部门文化多样性的有效手段。在这个语境下,真正的竞争会要求实施为源自不同文化的竞争者提供公平的竞争环境的法规。现在离这样的环境还很遥远。实际上,我们甚至可以比较苏联发行体系和今天好莱坞大公司集中计划但全球有效的电影经济之间的相同之处(杰曼,2002年)。

如果文化政策制定者决定激活竞争法资源,他们应该分析美国法律中所谓的"必要设施原则"(essential facilities doctrine)。简而言之,此原则"将责任加诸于一家这样的公司:该公司控制着必要设施,并强行拒绝另一家公司使用某个产品或者服务的合理要求,而后者要与前者竞争就必须获得这个产品或者服务"。美国最高法院最早是在1912年的美国与铁路货运站协会案[*United States v. Terminal Railroad Ass'n*, 224 *U. S.* 383(1912)]中提出这个原则的。掌控所有进出圣路易斯铁路大桥和调度场的铁路公司阻止竞争对手提供出入圣路易斯的运输服务。最高法院认为这同时构成了非法限制贸易和企图垄断。因为它违反了普遍性的规则,即使是垄断者也会选择交易对象,因此法院设立了后来得到广泛采用的标准。在法院要求垄断者为竞争对手使用必要财产提供条件之前,相关方必须达到这些标准。具体而言,根据必要设施原则确立反托拉斯责任,任何一方都必须证实以下四个因素:1. 必要设施被垄断者控制;2. 竞争者实际上或理论上无法复制必要设施;3. 竞争对手被拒绝使用设施;4. 为竞争对手提供设施的可行性。

第三部分 传媒帝国主义与文化政治

在考虑关于"必要设施"的请求时，美国几乎每一家法院都采用这个反托拉斯责任的标准。法庭的观点也表明，如果垄断者拒绝竞争对手使用必要设施是出于排斥竞争的恶意——通常的表现是已有商业惯例的变化，并且明显带有损害竞争对手利益的动机——那么必要设施原则下的反托拉斯责任就尤其合适。由于必要设施原则已经被适用于多种情形之中，法院已经不再人为地限制该原则可以恰当地得到适用的产品、服务或者其他财产。法院的一次判决指出，必要设施原则并没有明确要求设施必须像被告所说的那样重大，该原则也不是不适用于有形产品，如产品的零配件。"'设施'一词适用于有形产品，诸如运动或娱乐场馆、交通工具、能量传送或信息传递设施等，也适用于非物质产品，如信息本身"（杰曼 2004：104—106）。

将好莱坞大公司的营销和发行垄断体系视为更多国际观众了解源自其他文化的内容提供商的一个必要设施，这是完全有道理的。实际上，从前面简要概述的市场结构和机制的角度来看，"大片策略"作为一种商业行为很大程度上阻碍了观众接触独立电影制片人和发行人的作品。因此在法庭上检验使好莱坞大公司每年将100多亿美元的资金（美国电影协会2002年）全部投入到营销（明星、印刷和广告）的体制是否也属于一种必要设施应该会非常有趣。支持这种要求的论点可能会认为，好莱坞大公司的垄断寡头之所以能够吸引众多营销资金是因为它们能够以公司的名义，并以合同的形式控制电影在国内和国际上的发行。

显然，有人会认为美国法院会驳回这样的要求——最可能的原因是出于贸易保护主义的立场。但是，这种推理方式也许能为其他的司法体系的立法者提供灵感，在必要设施原则的基础上阐释竞争

第七章 内容产业和文化多样性：以电影为例

法规，专门为具有不同文化来源的视听内容供应商提供更公平的竞争环境。而且这种方式还能使电影的文化多样性在经济方面切实可行，而不需要过多地依赖纳税人的钱。

国际贸易规则

从新自由主义强硬派的角度来看，国家和地区性的津贴以及放映配额都被认为是视听商品和服务进行国际贸易的障碍，因而没有存在的合理性。尤其是各个国家只给国内制片人提供的津贴。视听放映配额一般都偏向于国内内容的广播。因此好莱坞大公司就提出，津贴制度歧视外国制片人，违反了世贸组织的一个基本规则，即所谓的"国民待遇"原则（首字母缩写 NT）。国民待遇原则规定各国要平等对待国内和外国的商品和服务。自由贸易思想的支持者们声称，以津贴和放映配额形式进行公共资助扭曲了竞争过程。因此他们认为这样的干预会危害视听商品和服务的国际贸易。好莱坞大公司的态度是希望消除配额并将津贴降至最低。此外，它们还挑战了所谓的国际联合制作协定，即在两个或两个以上国家之间达成一致，规定一部电影可以被赋予所有协议国的国籍。它们认为这种联合制作的协定违反了世贸组织规则的另一条原则，即禁止国家之间经济歧视的最惠国待遇（the Most Favourite Nation）（MFN）条款。

《世贸组织关于与贸易有关的知识产权协议》（agreement on trade – related aspects of intellectual property rights, TRIPS）过去是，现在仍然是工业化国家和发展中国家之间就保护标准问题产生深刻矛盾的根源［南北冲突（North – South conflict）］。同样，《服务贸易总协定》导致了美国与欧共体以及其他与欧共体观点类似的国家和地区之间关于如何对待视听服务的紧张关系［东西冲突（East-West conflict）］，过去如此，现在仍然如此。尽管上述两个协议在1994年的乌拉圭回合谈判中最后都得以正式通过，但是两者都还存在大量分歧。《世贸组织关于与贸易有关的知识产权协议》当前面临的主要挑战是公共卫生问题（药品发明的专利问题），而《服务贸易总协定》面临的则是文化多样性问题（促进视听内容多样化的措施）。对于后者而言，谈判各方无法就文化例外问题达成一致。这些谈判现在仍在进行之中（关于2003—2004年谈判回合的详情，见格雷伯，2004年）。

《服务贸易总协定》是个人电影艺术的雷区。它就是一个大集市，在这里文化服务可以与任何其他类型的服务进行交换。譬如亚特兰大奥运会期间，瑞士政府从美国政府获得了瑞士航空通航的授权。作为交换，瑞士政府取消了对好莱坞电影的进口配额。鼎鼎大名的瑞士航空公司最近破产了。好莱坞大片的市场准入尽管是排斥竞争的，但却还稳如泰山。这件事虽然发生在世贸组织规则生效之前，但却反映了《服务贸易总协定》约束下的电影产业可能的命运。另一方面，将《服务贸易总协定》应用于视听部门能够成为抵抗美国贸易法律的武器，特别是1974年通过的专门针对知识产权问题的《贸易法案》（Trade Act）等单边压力的盾牌。这项立法授权美国总统使用贸易制裁来应对他国"不合理"或者"不公平"的贸易措施。世贸组织法规的一个积极意义就是限制了这种弱肉强食的丛林法规。然而，有批判眼光的观察者会质疑：在无法为参与电影制作和商业开发的主体团队提供真正平等的竞争环境的情况下，正在进行的《服务贸易总协定》谈判中所讨论的视听产品和服务国际贸易的进一步自由化是否合理？实际上，在好莱坞所提供的内容与具有其他文化渊源的内容之间存在价值评判上的文化歧视，现行有效的

第七章 内容产业和文化多样性：以电影为例

国际贸易法规尚未关注这个问题。

在理想状态下，电影电视观众、广播节目听众应该与文学作品和报纸的读者一样享有自由选择源自不同文化的内容的机会。因此，世贸组织规则应该包括多边竞争法规，以促进全球文化多样性。或者，如果这些法规在世贸组织内部无法达成一致，那么成员国仍然有权在国内制定相关法规。

世贸组织暂时还没有竞争方面的多边协议。因此各成员国在这个领域仍然持有全部立法权。各国可采用以下两种方式制定与国际贸易法规具有同等实施和执行效力的法律和政策，以促进文化多样性。第一种方式是制订国家的、地区性的或者全球性竞争法，专门解决内容产业的文化多样性问题。它的替代方式或补充方式是在世贸组织内部达成共识，认为"大片"与其他没有获得同等营销投入的电影一样都是不可替代的商品和服务。使用前一种方法，政府可以引导甚至要求占据市场支配地位的操纵者调整自己的商业行为，为具有不同文化渊源的视听内容提供同等的机会，让广大观众有机会观看。如果使用后一种方法，区别对待本土电影和外国大片就不会被认为是违反世贸组织法规，特别是国民待遇原则和最惠国待遇原则，因为这两种类型的影片都不会形成类似的产品或者服务。另外，政府还可以尝试利用《世贸组织关于与贸易有关的知识产权协议》自身的灵活性调整保护标准，使其更利于促进电影的文化多样性。

《世贸组织关于与贸易有关的知识产权协议》所要求执行和实施的知识产权保护（力度），对于国家来说是昂贵的举措［要求修改国家的法律、改革司法和行政机构、"能力建设（capacity building）"等］。你可以认为如果这些举措损害了合法的文化政策，那么付出这

第三部分　传媒帝国主义与文化政治

些代价就是不合理的。具体而言,如果一个寡头卖家滥用自己的市场支配地位,在全球范围内用系统性的方式实施文化歧视,那么保护它的知识产权就是荒谬的。因此我建议在关于文化和贸易法规的谈判中引进两个新原则,即"文化待遇原则"("Cultural Treatment", CT)和"最优惠文化原则"("Most Favourite Culture", MFC)。各国立法者在各自领土内实施知识产权保护时,应该要求严格实施这些原则。这两条原则是受国民待遇原则和最惠国待遇原则的启发而提出的。后两条原则禁止经济歧视,期望通过自由贸易提高物质福利["比较优势理论"(comparative advantage theory)];前两条原则要禁止的是文化歧视,期望通过文化多样性,即通过自由交换具有不同文化渊源的内容(电影、文学和音乐等),提高非物质福利。如果视听部门的国有或私人主体违反了前两个原则,那么各国就可以拒绝强制执行侵权者的知识产权,以作为一种有效的制裁手段。

引进营销税

根据美国和加拿大发布的电影统计数据,经济学家德·万尼和沃尔斯(De Vany and Walls, 2002 年)得出结论,首映的第一周对成功的大片而言不那么重要,但对不那么成功的电影而言却很重要。因此,他们声称,"电影观众是无法被操纵的,电影只有引发了正面的口头信息瀑布才能成为真正的热门(转引自杰曼 2004:85)"。*这些学者将制作成本(预算)、明星、首映银幕的数量、电影续集("热门电影的仿制品")、电影类型(动作片、冒险片、喜剧、话剧、魔幻片、恐怖片以及科幻片等)以及分级制度(观赏电影的年

---

* 信息瀑布(information cascade)行为是从众行为的一种,通常人们在观察他人的行为后会做出与他人相同的选择。——译者注

龄)作为统计变量。然而,他们并没有计算广告费用。因此只有当电影在营销方面的投入差不多时,"电影观众才能在通过口头信息和评论分享个人信息时打破信息瀑布"的结论才是准确的。著名制片人罗伯特·伊万将影片的首映比作降落伞,"如果不打开,你就死定了"(Litwak 1986:84)。可以再加一句,如果没有降落伞就跳的话,那你无论怎样都会死——这对于没有足够的明星加盟,没有足够的印刷与广告力量而在一个公平的环境下打开降落伞的所有电影来说都是一样的。

调控者们可以考虑对过度的营销费用征收"营销税"。这样做也许能够对大片策略的使用产生威慑作用,从而约束占据市场支配地位的公司的行为。这样做还能使市场机制更加透明,并且在早期就告知电影观众大片吸引大众的真正原因,即营销投入。而且,这样做有助于阻止大片策略引发的恶意竞争。所收税款可以再次分配给没有足够广告预算的源自任何文化的电影。通过这种方式,营销税就不会具有歧视性。而且营销也因此与世贸组织原则保持一致。

税收考虑可能成为实现电影的文化多样性的强大驱动力。由于营销投入的金额与电影首发区域的大小紧密相关,因此较小的市场作为本土首映地点就会处于不利地位。实际上,在美国和加拿大进行首映的话,其在规模经济上比在西欧的大范围首映要有效得多,因为西欧各国由于民族语言不同而被分割成了众多小区域。这个因素也许是好莱坞电影产业的主要竞争优势。从这个意义上讲,营销税还体现出全球范围内更多的平等,因为营销税能中和国内市场大小的差异。

文化多样性作为可实施人权

表达自由和观点自由等人权是法治基础上的民主政权的必备要

素。公民想要自由地做决定，自由地表达自己的观点就需要拥有这些人权。这种自由要求公民能够接触各种不同的信息来源。对于电影，只有当观众能够在一种以上占据支配地位的影像中进行选择，观点自由才能真正实现。这意味着表达自由也得到了保护。这里还包括国家在为本土电影制作提供津贴以及调控发行和电视广播中所发挥的重要作用。当电影制作在经济上不具有可行性的时候，国家应该有权加以干预，从而维护表达自由。同时，这种国家干预市场力量的行为可能承担着公共审查的危险。在眼前各种利益之间寻求平衡，同时又要提防公共和私人生成的审查方式，这对于今天的立法者和政策制定者构成了挑战。实际上，正如我在本章开头所说，在现代市场经济中，一些私人主体与国家享有类似的权力地位。在传媒部门尤其如此。要保证观点表达自由就必须采取法律措施，抵抗来自公众或者私人的审查制度。

从美国电影产业的发展历史来看，大家可能会问及另一个人权问题，即一个人的才华和肤色是否能够决定他在好莱坞的成败。1996年，美国人权主义活动家、参议员杰西·杰克逊（Jesse Jackson）要求好莱坞的大型电影公司的执行官们解释，为什么在整个好莱坞电影史上还没有一位非洲裔美国演员获得奥斯卡奖。六年以后，丹泽尔·华盛顿（Denzel Washington）成为第一位获得奥斯卡奖的非洲裔美国人。在这个语境下，我们就会想起奥斯卡奖实际上是美国电影产业最有效的市场营销手段之一。

上述例子也许可以给政策制订者们带来一些启发，去进一步探寻其他路径，比如公民授权倡议，这也许需要部分依靠法院的力量才能实现。你可以考虑赋予个人要求更丰富的文化多样性的权利。也可以想象各国政府创建一个阶级行动体系。在这个体系内，个人和非政府组织可以质疑企业内容供应商的政策,对那些损害文化多样性的私人企业处以惩罚性赔偿金。再次重申,我们也可以从其他公众关注的领域获取经验,比如环境保护或者公共健康。

结 论

电影的文化多样性是一个复杂的问题,公众对这个问题的重要性了解仍然不多。文化多样性和生物多样性一样重要(见本书第十五章和第十六章)。生物多样性对人类的物理存在至关重要,而文化多样性在世界所有个人和团体的精神和情感生活中具有同样的重要性。

有必要协调国家、区域以及全球层面的法规和政策以保证文化多样性。市场机制目前已经无法维护和促进电影的文化多样性。这种多样性既是一种公共利益又是言论观点自由的前提。因此,许多国家和超国家组织,如欧盟和欧洲理事会今天都以津贴或者其他公共资助的方式干预视听部门。同时,好莱坞大型电影公司则寻求消除或者至少将这种干预在世贸组织内部降到最低。它们认为公共资助扭曲了竞争。然而,事实上可以说在视听部门,好莱坞大型公司的电影和源自其他文化的电影之间根本不存在公平的竞争环境。占据市场绝对统治地位的好莱坞大型公司将大部分竞争对手都驱赶出局了。

为了避免电影以及随之而来的文学和音乐中的"单一思想",各国必须采取行动。我认为国际协议中仅有关于文化多样性的纲领性条款是不够的。因此我赞同为了改善状况进一步利用竞争和知识产权法规和政策的潜能。专为视听部门制定的反托拉斯法也许能够创造公平的竞争环境,为源自不同文化的内容制作人提供同等的机会。

第三部分 传媒帝国主义与文化政治

世贸组织成员国暂时还完全拥有这个领域的立法权。一旦竞争法规的制定被列入世贸组织谈判的日程表之中，赞同电影的文化多样性的国家就应该行动起来，草拟一个包含各种文化关注点在内的专门协议。就内容产业而言，这样的一个协议应该是反对滥用市场支配地位损害言论自由，并最终危害民主实施的法律保护措施。

立法者还必须解决知识产权保护问题。高标准的知识产权保护会刺激大片投入过多的印刷与广告费用，因此危害没有得到同等投资的电影。从这个意义上讲，过多的版权保护会将源自其他文化的电影驱赶出局，而占据支配地位的电影则可以继续参与竞争。另一方面，以创作者权利形式出现的某些保护标准应该作为鼓励独创性的手段而存在，保证电影制作者更多地从国家给予的津贴中独立出来，同时也可以脱离国家相应的控制。因此急于提高电影的文化多样性的立法者必须在知识产权保护标准方面找到新的平衡。

此外，立法者应该对过度的营销费用征税，税收所得可以公平分配给独立制片人，用于维护和促进电影的文化多样性。当前占据市场绝对垄断地位的好莱坞大公司会引发大众媒体思维同质化的效应。营销税这个工具也许会成为使这种影响透明化并且反对这种影响的有效机制。比如，只要利用一部好莱坞大片在明星与印刷和广告方面平均费用的2%，即100万美元，一部阿拉伯电影就可以在美国进行宣传。这样就可以保证多样化的内容找到一些通往美国本土观众的渠道，并为美国公民提供一幅更为生动的关于世界的画面。

最后一点但绝非最不重要的一点，就是对观点表达自由的追求，可以引导当今电影产业中占据主导地位的生产商和决策者们思考不同形式的自我调控，为源自不同文化的内容供应商创造平等的竞争环境。好莱坞艺术家们拥有对电影艺术大量的智慧和真正的热情，他们可以克服目光短浅、见钱眼开的私人利益，最后达到公共利益领域的合法目标：电影的文化多样性。

参考文献

Bernier, Ivan. 2004. "A UNESCO International Convention on Cultural Diversity." In *Free Trade versus Cultural Diversity*: *WTO Negotiations in the Field of Audiovisual Services*, ed. C. B. Graber, M. Girsberger, and M. Nenova. Zurich: Schulthess. 65—76.

Cottier, Thomas, and Christophe Germann. 2001. "The WTO and EU Distributive Policy." In *The Case of Regional Promotion and Assistance, in the EU and WTO*: *Legal and Constitutional Aspects*, ed. G. de Bùrca and J. Scott. Oxford: Hart Publishing. 185—210.

De Vany, Arthur, and W. David Walls. 2002. "Movie Stars, Big Budgets, and Wide Releases: Empirical Analysis of the Blockbuster Strategy." Paper presented at the XIX Latin American Meeting of the Econometric Society. Sao Paulo, July.

EC Commission. 1999. Communication de la Commission au Conseil, au Parlement européen, au Comité éonomique et social et au Comité des régions, Principes et lignes directrices de la politique audiovisuelle de la Communauté à l'ère numérique, Bruxelles, 14 décembre. [COM (1999) 657].

Germann, Christophe. 2002. "Meinungsfreiheit in Zeiten der 'Blockbusters.' Das neue Filmgesetz und die kulturelle Vielfalt in der Informationsgesellschaft." *Zeitschrift für Immaterialgüter –, Informations – und Wettbewerbsrecht sic!* 7 (8): 481—92.

Germann, Christophe. 2004. "Diversité culturelle et cinéma: une vision pour un pays en voie de développement." In *Free Trade versus Cultural Diversity: WTO Negotiations in the Field of Audiovisual Services*, ed. C. B. Graber, M. Girsberger, and M. Nenova. Zurich: Schulthess. 77—108.

Graber, Beat Christoph. 2004. "Audiovisual Media and the Law of WTO." In *Free Trade versus Cultural Diversity: WTO Negotiations in the Field of Audiovisual Services*, ed. C. B. Graber, M. Girsberger, and M. Nenova. Zurich: Schulthess. 15—4.

Litwak, Mark. 1986. *Reel Power: The Struggle for Influence and Success in the New Hollywood*. New York: Morrow.

Motion Picture Association of America. 2002. US Entertainment Industry: 2002 MPA Market Statistics. Available at: < http://www.mpaa.org/useconomicreview/2002/2002_Economic_Review.pdf >.

Puttnam, David. 1997. *The Undeclared War: The Struggle for Control of the World is Film Industry*. New York: HarperCollins.

Smiers, Joost. 2001. "La propriété intellectuelle, c'est le vol!" *Le Monde Diplomatique*, October.

Wettbewerbskommission. 2000. Schlussbericht vom 28. November 2000 in Sachen Vorabkl? rung gemäss Art. 26 KG betreffend Schweizerischer Filmverleih – und Kinomarkt (Reg. Nr. 32—0114) wegen angeblich unzulässiger Verhaltensweise gemäss Art. 7 KG und wegen angeblich unzulässiger Wettbewerbsabrede gemäss Art. 5 KG.

WTO Secretariat. 1998. Background Note on Audiovisual Services, Geneva 15 June. S/C/W/40.

第八章
网络空间内外的文化帝国主义、国家权力与公民积极行动主义：对亚洲新兴工业经济体的比较研究[1]

黎安国

随着亚洲经济的部分复苏，所谓的信息化社会也正在出现（Castells，1996年，2000年）。在信息化社会中，信息与通信技术在全球资本主义中的工具作用至关重要。从这个角度出发，丹·席勒（Dan Schiller，1999年）用"数字资本主义"一词来描述今天信息与通信技术网络对全球范围内社会、文化和政治变化产生的前所未有的直接影响。例如，在环太平洋地区的另一端（这个地区也是全球信息和通信技术链的一部分），美国商务部《关于信息技术革命及其对经济的影响第三年度报告》（2000年）表示，在所有因素中，仅信息技术就贡献了1995年以来生产力增长的一半甚至更多。

数字资本主义主要是一个超越全球范围的以企业为主导的市场体系。自20世纪初出现以来，以企业为主导的市场体系首次在地球上任何一个地方都不再需要面对重要的社会主义对手。数字资本主义还可以自由地超越疆域的限制，更重要的是，在发展过程中突然不再受地缘政治的约束，因而可以获取经济优势（Schiller 1999年：205）。对亚洲来说，更特别的是亚洲经济发展大起大落的经历，这促使民族国家和社会重新思考自己过度追求增长的发展模式（Drys-

---

[1] 本章是关西学院大学基金、特殊研究基金、政策研究学院研究基金、香港大学城市规划和环境管理中心、社会工作和社会管理系研究基金项目的阶段性成果。另外还要特别感谢本书的两位编辑。

dale，2000年）。为了应对全球化力量和对信息化社会的呼吁，国家有计划地发展"高科技产业中心"（technopoles）或者"科技城"（technocities）的规划成了未来高科技社会的图景，特别是新千年里得以增强的信息和通信技术以及与密集型的生产模式（Castells and Hall，1994年；Downey and McGuigan，1999年）。在亚洲发起这些计划是为了提高国家的全球竞争力。主要发起者是亚洲强国：中国、日本和新加坡（新加坡政府，1996年；Olds，1997年；Wu，2001年）。

在幻觉与真实之间：电子政府计划

为了赶上实时的全球竞争，大部分为全球发达国家提供信息和通信技术设备的东亚国家，正在努力更快更好地提升数字网络以便积极参与全球电子商务和电子政府活动（Rao，2001年）。

尽管日本毫无疑问在东亚地区拥有最先进的高科技生产系统，但是日本信息和通信技术在消费和政府部门的应用（移动通信除外）却远远落后于北欧国家。为了改变这种状况，日本政府于2001年开展了"电子日本"计划，打算在五年内增加国内电子商务和电子政府活动中信息和通信技术的使用，达到与其他发达国家相同的水平。

在政府的支持和大公司的推动下，韩国有自己的电子政府计划：韩国希望在现有3,000万手机用户、2,200万互联网用户（占总人口的一半）、700万个宽带家庭用户、510亿美元信息技术出口产值（占总出口值的30%）、信息技术部门的产值占国民生产总值50%以上的基础上进一步发展，尽管目前韩国已经是世界上使用网上股票交易、MP3下载、宽带接入和电子银行的第一大国。

韩国于2002年底基本完成了电子政府计划。这个计划衍生出以下

第八章　网络空间内外的文化帝国主义、国家权力与公民积极行动主义……

内容：旨在更新国内信息基础设施（使144个地区网速从155兆位/秒提高到40,000兆位/秒）的"面向21世纪网络韩国"（CyberKorea 21）计划、增加政府网上采购的倡议（可节约超过2.5亿美元）、促进信息和通信技术部门的发展，以及为中小型企业（SMEs）和社会边缘部门提供支付得起的宽带接入和信息通信技术培训。韩国已经创建了一个电子政府网站（www.egov.co.kr）。目前有超过65%的政府文件使用电子处理，超过12个部门已经使用知识管理系统。而且截至2002年11月韩国政府已经完成了11个电子政府项目。

在社会层面，韩国国民在网络积极行动主义实践方面也相当进步。他们通过互联网联合起来反对政府腐败（www.NGOkorea.org）。

中国台湾借助自己在信息和通信技术生产领域的全球优势（是国际个人电脑大品牌的分包商或外包代理商），正通过多种电子计划，特别是通信市场的进一步自由化以及在社会各级推进电子社区的发展，促进公共和个人需求，努力实现电子政府管理的目标（http://wwww/gov.tw）。

同样，后殖民时期香港实施的"数码21资讯科技策略"（Digital 21 strategy）虽然落后于其他地区，但是包括通过"网络港"旗舰计划建设电子商务基础设施，将电信市场自由化，实施电子政府以及为学生提供信息和通信技术扫盲培训。一个一站式网站（www.ithk.gov.hk）和政府资助的网站（http://www.info.gov.hk）以及让更多人可以访问互联网的社区数码或者电信中心已经建立起来。在未来几年内，所有香港市民都将拥有一张智能卡作为身份证明，还可将智能卡用作电子钱包以及获得政府服务。数码21策略（www.digital21.gov.hk）更进一步的目的是将香港建设成第三代移动服务的可盈利的市场，二代互联网（Internet 2）计划的典范。

第三部分 传媒帝国主义与文化政治

新加坡是当前亚太地区实行电子政府服务最充分的国家。硬件和软件配置大部分都已经到位。而且新加坡正在向建设世界级政府门户的目标努力（http://www.gov.sg），新加坡已经从基本的网络存在和交流的特征快速向网上办理事务和全面转型发展。新加坡政府计划到 2005 年提供包括电子采购、客户关系管理软件、个性化需求、投票、选举和无线网络等服务。

中国内地虽然是后来者，但正在大城市全力发展电子政府。三大主要城市（北京、上海、广州）尤为突出。它们大步向前迈进，互联网普及率全国最高（超过 30% 的家庭），移动电话接入和固定线路接入的比例为 1∶4.5。

网络积极行动主义的国家设计

移动 3G 技术的开发［在日本电报电话公司（Nippon Telegraph &Telephone Company in Japan）带领下］和东亚地区有线通信带宽的增加使更多网络行动成为可能，并为大家所期待。对于"网民"而言（或是经常使用互联网的人），他们的全部行为将根据按时、实时、真正及时地获取的信息而发生变化，并超越以往因地理位置不同而导致的时差的限制。实际上，在社会经济生活的方方面面，信息化模式最重要的发展可以从全球 24 小时不停歇的生产、沟通和交换机制中反映出来（Castells，1996 年）。由于资本融资的全球机制受信息和通信技术的支持，并且与所谓的"信息或远程信息服务城"的出现相结合，因而上述趋势正在加强（唐尼和麦奎根，1999 年；Graham and Marvin，1996 年）。更具挑战的是对个人和群体而言有新的要求，要求他们具有良好的阐释和判断能力，在面对大量而充分的信息和资料的情况下，能够通过信息和通信技术的协调，实时回

第八章 网络空间内外的文化帝国主义、国家权力与公民积极行动主义……

应全球事件。

同时电子政府计划正在转变成超级政治计划。信息和通信技术的完全融合、互联网和万维网等无线和有线通信，不仅为亚洲政府带来了机会同时还带来了挑战。为了保持政府的支持率和意识形态治理，领导层甚至可以利用互联网大大提高公众对本国制度的支持。

网络积极行动主义的动态和新机会结构

由于东亚各国在社会政治方面的保守主义，电子化的最理想状况可能就是像美国一样，65%的家庭至少拥有一台电脑，43%的家庭可接入互联网。今天的互联网就是一个巨大的明显具有商业倾向的公共图书馆（Nie and Erbring，2000年；Vogelsang and Compaine，2001年）。在当前的管理模式下，信息和通信技术更多被用于处理硬信息数据和传递政府决策的结果，而用于为政治动态、政治意愿的检验或更软更具流动性的信息提供论坛则较少（Anderson，1995年；Margetts，1999年；Garson，2000年）。换言之，非常清楚的是，信息和通信技术至今尚未对正式精英政治活动圈之外的人士产生影响。这一点可以由公共部门改革中信息和通信讯技术应用的逻辑，即它对管理生产/供应方的偏见来解释。电子政府并不能取代现实的政治活动——从个人以及整个社会的层面，在约束条件下进行选择（Alexander and Pal，1998年）。然而，网络空间的确能为统治阶级和被统治阶级提供政治参与的新机会，为超越传统民族国家疆域界限的积极行动主义提供新的机会。

不断扩大的网络空间：

被移植的网络积极行动主义的萌芽？

快速发展的亚洲信息和通信技术市场提供的机会在这里应该专门强

调。2003年的最新研究表明（http://www.internetworldstats.com/stats3.htm），大中华地区（中国内地、香港和台湾）互联网使用率在持续增长，其中中国内地有超过6,500万5周岁以上人口能够上网。2003年，中国内地城市人口中互联网的普及率达到7%（2,200万），低于香港的67%（450万）和台湾的49%（1,100万）。不过另一项历史研究表明，中国内地正在慢慢追上香港——自2000年4月至12月的8个月中，中国内地互联网用户增长了15.4%，而香港的增长率仅为9.7%（http://www.iamasia.com）。同一研究表明，在中国内地，许多家庭并没有个人电脑，39%的互联网用户在工作单位上网，35%的用户在网吧上网。在香港，绝大部分用户（85%）在家里上网，只有四分之一的用户在工作单位上网。同时，台湾有40%的用户在学校上网。

互联网远没有达到预期中的商业化。电子商务在该地区的普及率还比较低——香港地区仅有20%的网络用户曾在网上购买商品和服务，中国内地和台湾紧随其后，都是15%。这意味着对个人而言，互联网还只是信息性的，是一个交换意见、观点和知识的沟通空间，不管这些意见、观点和知识是严肃的、重要的还是微不足道的。因此将政治衔接项目扩展到网络空间仍然还有巨大的空间。

亚洲国家越来越多的居民开始进入网络世界的无边界（有线和无线）的空间。例如，截至2000年底，亚太地区的移动互联网用户达到3,440万，在3个月内增长了29%［《数据咨询》（Dataquest），2001年4月18日］。不过增长数量存在地域发展差异——几乎所有新增的用户都来自日本或韩国。截至2000年底，日本移动网络服务用户为2,680万，韩国为700万。这与该地区移动电话使用的快速增长是一致的：用户从1999年底的1.51亿发展到2000年的2.3亿，增长了52%。该地区正在赶上欧美地区。用户人数增长最多的是中国内地。

第八章　网络空间内外的文化帝国主义、国家权力与公民积极行动主义……

1999年中国移动电话用户为4,330万。截至2000年，数量翻了一倍，达到8,530万。同一时期，印度（增加97%，增至310万）和菲律宾（增加132%，增至630万）的移动电话用户数量也大幅增加。

更多的人可以连接到互联网：约17%的中国城市人口现在可以上网，而在2000年3月，只有5.9%［《中国日报》（*China Daily*），2001年6月26日］。中国互联网络信息中心2001年（2001年7月18日）的一份报告显示，中国的互联网用户为2,650万，比年初增长了17.7%，比2000年7月增长了56.8%。这些都反映了网络空间越来越无处不在（比较Stefik 1999）。

当前东亚地区的政治体制问题重重，几乎无法解决社会发展问题上的紧张局势和冲突。政府无法解决社会发展问题已经受到来自国内外的政治自由主义人士的批判，这往往最后形成移植过来的、受海外帮助的积极行动主义。移植积极行动主义实践的典型例子包括进步通信协会（Association of Progressive Communications APC, http://www.apc.prg）、抗议网（protest.net, http://www.Postest.net.org）等组织在电子化方面所做的努力。这些组织在东亚国家已经开始获得一席之地。进步通信协会是一个全球非政府组织网络，它的使命是在信息和通信技术使用过程中，通过信息和通信技术的使用授权支持各种组织、社会运动和个人，建立战略性群体和项目，为人类的平等发展、社会正义、政治过程参与以及环境的可持续性作出有意义的贡献。自20世纪90年代以来，它们的重点一直都是亚洲新兴工业经济体。韩国进步网（Korean Progressive Network, Jinbonet）作为韩国互联网信息运动的圣地已经于2001年11月加入了进步通信协会。进步网的成立（http://www.jinbo.net/）是一座里程碑，为进步的韩国人与世界其他地区之间的国际团结架构了一座桥梁。进步网还在"基地21（BASE21）"的运作中发挥了带头作用。基地

21 是由韩国公民和社会团体联合创建的集体另类传媒网络。基地 21 网站（http://www.Base21.org）创建于 2001 年 8 月。

互联网积极行动主义的实践能够革命性地改变公开支持与授权之间相互作用的模式、公共服务供应商和用户之间的力量关系以及治理结构（亚历山大和帕尔，1998 年；IDEA，2001 年；沃尔克，1999 年）。这里的关键问题是互动性、积极参与以及社会政治活动积极分子为身处其中的政治体系设置进步的议程：虚拟政治团体提供机会使个人在制定政策过程中变得重要。

对新兴政治结构而言，电子动员将对拓宽并加深网络空间（包括本土空间和地区空间）内外民主参与政治的范围和程度产生极大的影响。发展状况可以从表 8.1 中反映出来。

表 8.1 关于传统动员和电子动员下的新政治的机制

	传统动员 （现实环境下人与人之间的）	被信息和通信技术强化的动员 （在现实和虚拟空间）
传统政治 （特定地域的和僵化的）	党派政治掌控的代言民主	通过大众传媒和互联网的公共关系和传媒运动
新政治 （跨国的和灵活的）	20 世纪 90 年代之前的新社会运动（NSMs） 国际非政府组织的跨国积极行动主义	跨国积极行动主义 电子民主 被信息和通信技术强化的新社会运动 全球非政府组织的蜂窝化* 政治全球化

* 全球非政府组织的蜂窝化是用移动和蜂窝信息和通信技术将全球非政府组织联系起来的过程。

第八章 网络空间内外的文化帝国主义、国家权力与公民积极行动主义……

显然，新政治享有被信息和通信技术强化的传媒和策略带来的相对优势，全球非政府组织的组织形式趋于多细胞化、网络化、更依赖于水平（对应传统的上下等级制度）的权力结构。新政治的一些效果可以从可持续发展和生态问题的全球化（全球化兼本土化）中表现出来，而可持续发展和生态问题又在多层面、灵活的时空形态和领域内被反映出来。这些政治机会结构新类型尤其是伴随通过电子动员（EM）而开展的政治活动的程度、强度、模式和范围的加深和扩大而出现的（Cook and Kothai，2001年；Lai，2003年）。

夭折的机制：网络空间的内容和渠道控制

毫无疑问，网络空间的规模和容量将以跳跃式规模发展。最近的预计特别值得注意的是，亚太地区互联网用户将从2000年的5,500万个增加到2005年的1.92亿个。自2001年至2005年，互联网接入的年综合增长率达到28%［杨基集团（Yankee Group），2001年6月28日］。促进该地区增长的主要因素是解除管制以及宽带价格的下调，尽管不同地区解除管制和下调价格的比例不同。阻碍发展的两个主要因素是贫穷和文盲。在印度，个人电脑拥有率低，各种形式的审查制度以及其他阻碍大家进入网络空间的因素也妨碍了发展速度。

新加坡：在网络社会检查内容

新加坡政府使用信息和通信技术的经历并不顺利：尽管政府大力推动互联网的使用，并在新加坡生活的几乎每个方面都加上了"电子"二字——比如电子银行、电子商务、电子政府和电子家园——但是电子政治活动却受到严格管制（比较新加坡政府，1996

年)。因为担心互联网成为快速传播谣言的平台，就像2001年选举活动中的那样，导致执政的人民行动党（PAP）领导人没有时间在投票前修正人民对自己的错误印象，政府提议设立新法规（不同于已有的广播法）来控制"政治"新闻的内容（Associated Press，2001年7月15日）。简而言之，互联网自由的网络空间能够影响政治格局的重组、权力和资源的再分配，并影响各个民族国家的文化。

2001年提出的审查规则很快就被纳入法律。2001年7月25日29号法案在新加坡国会上提出，8月13日获得顺利通过（http://www.gov.sg/parliament/bills/data/010029.pdf）。新加坡广播局在这一立法问题上的官方立场是，这项法案"仅仅"要求参与网上选举的广告活动的人注册。但是，批评人士认为，这样做将会关闭讨论政治问题的新闻群体以及类似的群体，而且已经产生了这样的后果。争论的焦点在于选举广告的定义应如何使用。

类似的政府审查计划正在马来西亚推行。一个新的政府机构，即国家互联网顾问委员会正在创建之中。该委员会将成为互联网立法和政策制定的最高权力机构。官方打算减少马来西亚人民可以观看的色情内容的数量，同时压制"污蔑性谎言和不雅内容"[《网络文摘》（CyberDigest），2001年5月31日]。在马来西亚，所有的传媒方式都受到严格控制。广播商和报纸必须持有许可证，一旦广播或出版"不良"报道或照片，许可证会随时被吊销（比照Abbott，2001年）。

中国香港：自我监管还是半自我审查模式？

在"一国两制"的模式下，香港网络空间的监管方法与中国内地极为不同。在1997年7月1日回归之前，香港已经有一套相当复

第八章 网络空间内外的文化帝国主义、国家权力与公民积极行动主义……

杂的互联网审查体系，特别是警务和海关事务处执行的《公安条例》（Public Order Ordinance）以及其他法律管辖下的对网络空间政治动员的控制。1996年，有人呼吁建立印刷和非印刷媒体的自我调控机制，并提出包括行业规则和投诉处理体系在内的自我调控方案（Bryre，1998年），但是这个提议尚未被完全采纳。因此，自1997年以来，政府酌情控制互联网内容和渠道的权力就被国家机器的不同部门广泛解读并实施。香港特区政府并未使用某种形式的审查，而是"鼓励"互联网服务供应商（ISPs）制定并自动实施行业规则（比较 Vito，2000年）。实行自我审查从以下事实中可见一斑：不止一个机构在维护包含不健康社会文化内容的网站的名单，并将这些名单提供给互联网服务供应商。

韩国：民主国家对内容审查的尝试

尽管韩国在1999至2000年之间宽带和移动电话用户数量快速增长（两位数的增长速度），韩国政府近期还是试图通过立法来审查互联网内容。1996年，美国通过了《美国通信风化法案》（American Communication Decency Act，CDA）。根据该法案，政府和互联网服务供应商享有控制网络内容的官方权力。韩国也试图通过一个类似的法案。不过韩国设立法案的理由不同。《美国通信风化法案》主要针对一般的危害性内容，韩国的法案显然专门针对危害未成年人的内容。实际上，禁止和控制的范围要宽得多。信息通信部实际上实施了一项政策，要求所有公共电脑中心、学校和公共图书馆都使用网络内容控制软件。他们表示这样做可以禁止制作盗版软件的公司开设的10.8万家所谓的"不良"网站中的任何一家。这样做最大的问题在于评判不良网站的依据是信息通信部的判断（http://www.safenet.ne.kr）。

第三部分 传媒帝国主义与文化政治

为了反对内容审查，创建于2000年春天的进步网络组织反对信息和通信审查联合行动小组（Collaboration Action Group Against Information and Communication Censorship CAG），带领韩国的65家进步团体发起了一场反对上述法案的抗议活动。它们通过各种网络或非网络示威活动反对上述提议（详情见 http://www.jinbo.net）。受这些抗议活动的影响，有关互联网内容分级制度的条款在法案最后通过时被删除了。简而言之，政府进行内容审查的努力被网络积极行动主义削弱。网络宣传最活跃的集体是韩国进步网（以及与其关系紧密的网站基地21，http://www.base21.org）。该组织发起了长达60天的绝食行动（于2001年12月20日结束）反对新实行的互联网内容分级制度。反对信息和通信审查联合行动小组则要求信息通信部部长辞职。另外还有一些抗议活动则反对互联网和通信伦理委员会（Internet and Communication Ethics Committee，ICEC），一个向信息通信部汇报工作的值得怀疑的非政府组织。

日本：为适应全球竞争的电子政府

电子日本政策始于2000年初，目标是截至2003年提供全方位的电子政府服务，截至2005年底将日本建成全世界电子政府最发达的国家（http://www.kantei.go.jp/foreign/it/network/priority/slide1.html）。截至2003年年底，日本的互联网普及率就达到了60%，会使用信息和通信技术的人数也达到了总人口的60%，实现了全方位的电子商务和电子贸易，并建立了一个统一的电子政府服务门户（http://www.e-gov.go.jp）。同样，提高网上公共辩论质量也被政府视为大事，但还是有一些问题尚待解决，如电子邮件负荷过重。日本社会面临的挑战是如何才能使各方都参与到关于政治和政策的辩论中来，因为尽管当前

第八章 网络空间内外的文化帝国主义、国家权力与公民积极行动主义……

的大部分公共政策咨询都是双边的——政府寻求民众的反馈并考虑民众的意见，但这并不是一场持续的辩论。

尽管在日本存在各种限制访问网络和审查互联网内容的模式，但还是有一些计划正在将网络空间用于政治目的。在互联网上获得投票人的支持显然是强大的政治机构和精英的新计划，也是他们在电子政治时代幸存的策略。2001年6月，小泉纯一郎首相（小泉的支持率一度超过80%）启动了一份电子邮件时事通信，在不到一周的时间里就有100多万名读者订阅。尽管当时设计的沟通模式主要是单向的（显然无法实时回复100多万个个人的政治问题），但这还是反映出为政治目的使用互联网的流行程度，不过这也可能反应的是对互联网的期待过高。这种电子政治到底能走多远尚未可知。显然对小泉来说，要遵守自己"与传递意见给他的读者互动"的诺言是一个极大的挑战。更近一点的例子，2003年日本大选也为电子政治活动的部分成功提供了证据。

因为几乎不可能处理数量众多（如100万订阅用户中的5%）的政治观点和要求，所以如果这真的在小泉网（Koizumian Net）上使用并真的实现了，（这说明）公关策略和宣传花招似乎成为网络空间内外新的、愿意回应的政治活动过程的一部分。然而，2002年2月，日本外务大臣田中真纪子辞职一事又表明政府官员与市民之间基于互联网的先进的公共关系沟通网络也会带来相反的结果。党派内部斗争导致田中辞职一事同时也导致小泉首相的支持率降到不足50%。换言之，电子政治活动不能也不会取代现实政治活动中的血雨腥风。

另一方面，网络内外的日本非政府组织尽管经费有限，但在面对政府的电子日本计划（另一个信息化社会的高科技产业园计划）

第三部分 传媒帝国主义与文化政治

时,同样也反对政府对互联网的进一步控制和审查。进步团体最近特别积极参与反对警察侵犯个人隐私权和电话窃听等互联网问题的网络空间非政府组织积极行动主义实践。与韩国进步网一样,日本电脑接入网络(JCA – NET)为日本非官方组织和联盟提供了沟通与信息交换的通信工具和场所。这些日本非政府网络机构促进了各种形式和模式的社会积极行动主义实践,如应对右翼分子修改历史教科书等一般社会问题以及支持反全球化抗议活动。

中国台湾:开放的、无政府的、混乱的网络空间

1987年之前,中国台湾地区,对传媒和新闻都实行自上而下的威权统治。随着20世纪80年代后期台湾取消了军事管制,台湾开放了新闻和广播,出现了众多包括有线和无线模式在内的媒体供应商。20世纪90年代以来,传媒和网络空间飞速发展,无限制的扩张展示出独特的多样性与表达和沟通自由的复杂性。正如一些观察人士所说,发展的步伐几乎是处于无政府状态的(Chun, 2000年;Hsiao, 1997年)。

影响1987年之后整个台湾社会尤其是通信部门开放程度的有两股力量。第一,得益于台湾为全球生产信息和通信技术零件,并作为全球大品牌的分包商,加上将台湾建成西太平洋地区另一个硅谷的地区发展计划,台湾地区实行经济自由化,特别是通信部门的自由化。这些因素综合起来导致了信息供应和需求的飞速增长,同样也导致了社会政治动员的大幅度增长。简而言之,台湾成了东亚地区在虚拟和规定空间最开放的地方。

亚洲民主化的电子动员?

电子动员(即使用电子邮件和手机短信)使反全球化运动得以

第八章　网络空间内外的文化帝国主义、国家权力与公民积极行动主义……

在全世界出现。1999 年，约 1,500 家非政府组织使用电子邮件和信件签署了反世贸组织声明，导致在西雅图召开的世贸组织会议完全瘫痪（Brecher, 2000：83）。从那以后，由于担心社会活动分子通过互联网组织起来从而威胁到会议的召开，在确定世贸组织和其他国际会议召开地点时都要精心考虑。互联网为普通民众和社会运动反对政府、大企业和大众传媒提供了杠杆。网络空间传递的信息和观点绕开大众传媒，使社会积极行动主义实践能在全球实时进行，并为全球范围内的公民力量成功参与到企业和政府的影响力当中创造机会（Goldstein and O'connor, 2000 年）。

然而，互联网的主干还是由发达国家控制：由于基础设施的原因亚洲国家50%的互联网通信是通过美国的路由进行的。亚太及东南亚地区互联网用户数量只占该地区总人口的约0.5%，其中东亚只有0.4%，南亚只有0.04%。在美国之外的经济合作与发展组织（Organization for Economic Cooperation and Development, OECD）国家，互联网用户占总人口的 6.9%，而在美国本土，比例则高达26.3%［联合国开发计划（UNDP）］。亚洲国家之间差距也很大：在富裕地区，约有20%的成年人上网，但在贫困地区只有不到1%的人口使用互联网［国际电信联盟（ITU）2000］。这些数据证实了亚洲国家内部以及国与国之间存在的数字生活鸿沟。绝大部分人，特别是贫穷国家中的穷人成了全球化的受害者。这些人并没有像他们国家的富人那样从互联网获益。

合理使用信息和通信技术对社会发展至关重要。联合国发展计划2001 年发布的两份报告强调了信息和通信技术在解决发展中国家的一些社会和经济弊病时的重要作用。第一份报告在联合国发展计划2001 年度报告关于信息和通信技术的章节中，强调信息和通信技

第三部分 传媒帝国主义与文化政治

术有助于解决全球范围内的贫困问题。第二份报告则基于"八国集团网络力量的数字机遇倡议"（Digital Opportunity Initiative of the G8 DOT Force）的要点，于2000年7月发布。这份报告进一步强调了信息和通信技术有助于解决医疗卫生、教育和环境等领域的社会弊病（http://itmatters.bworldonline.com/news/news_07242001b.html；Waller et al. 2001）。如何在信息和通信技术与更好的政治治理之间建立关联对于人类和社会的可持续性发展可以说至关重要（比较 Kenny 等，2000）。在本章剩余的部分，我将讨论五个内在关联但又各不相同的问题。这些问题需要被视为通过使用信息和通信技术以促进人类和社会发展的种种努力的组成部分来研究。这些问题包括：可持续性发展的条件、亚洲民主化发展的特殊日程、对电子动员和电子民主协同作用的展望、寻求新的政治文化和实践以及社会平等和公正问题。

反对全球帝国主义统治的网络积极行动主义实践

毫无疑问，通往电子民主的路是漫长、曲折而又崎岖的。最近几十年经历了一个改变，全球生产机制变得更为灵活，不同国家之间资金流动的速度变得更快，容量更大。与此同时，全球经济进行了重组，爆发了几次区域性的经济危机，建立在新自由主义基本理论假设之上的"新经济（New Economy）"开始上升（关于这些假设的具体讨论，见本书第十章）。这些反过来又加快了本土层面强大的社会经济转型，使社会更加分裂，碎片化更严重，社会排斥更厉害，并导致过高的用工成本和长期失业并存。因此社会不平等和社会排斥是过度追求经济增长以及未经思考的高科技发展带来的两个严重后果。在一个"分裂的社会"，贫穷不断扩大，财富不断集中到少数

第八章 网络空间内外的文化帝国主义、国家权力与公民积极行动主义……

人手中，这不可避免地导致社会生活机会的极端分化。而在经济和高科技发展过程中，大家并不考虑这种极端分化状况（Castells，1996年，2000年；Patterson and Wilson，2000年；Wyatt et al. 2000年）。

近期在欧盟、八国首脑会议、世贸组织、国际货币基金组织以及世界银行峰会会场举行的激进的抗议活动，有力地反映了财富拥有者与贫困者之间的根本矛盾，直观地展示了穷人和富人、发达国家和欠发达国家之间的社会经济分界线。积极行动主义实践在全球层面上操作，并与本土积极行动主义实践结合，因此当控制全球资本的富有而强大的超国家机构召开全球峰会时，这些暴力场面已经成为常态。尽管这种"类似无政府主义者的"活动能否成功阻止全球资本主义尚存疑问，但是这些活动表明只要通过网络积极活动主义实践和电子动员，积极参与关于平等享受经济自由化和全球化项目带来的好处的辩论，这些辩论就能够恢复活力。

重经济发展的主流模式的受害者在社会生态运动中形成了"自由表达和付诸行动（the speak up and act out）"联盟。显然，电子动员促进了这个联盟的形成并在形成过程中发挥了沟通作用。非政府环保组织代表受害者以及可能的受害者，支持保护整个大自然，加强了对全球可持续性的要求。然而，网络积极行动主义实践是否是促进可持续性发展的有效工具却尚未可知（关于地球生态危机问题的具体讨论，见第十五章、第十六章）。

对亚洲网络空间积极行动主义实践和电子民主协同作用的展望

电子民主的倡议和动员与社会—公民自由化交织在一起，互相加强。中国台湾的情况就是如此。然而，亚洲电子动员的两个方面应该强调。一方面,电子动员计划的未来充满希望,因为仍然还有很大的扩展空间。到目前为止,电子动员计划已经扎根于一些地区的公民社会的不同部门,伴随着的是不时重复发生的社会抗议运动。一旦其他发展中国家的经济发展起来,互联网与信息和通信技术普及到更多家庭和公民部门,电子动员计划便可以扩展到这些国家(Held,1999 年;Luke,2000 年)。

另一方面,一些强大的力量则可能减缓电子动员扩张的步伐。亚洲国家在宗教观(儒教、佛教、印度教和伊斯兰教)、政治意识形态(民主、威权主义和市场化的社会主义)、殖民传统(英国、日本和美国)、边界争端(中国与菲律宾之间的、韩国与日本之间的)以及安全局势紧张方面(中国在台湾海峡进行军事演习、韩朝边境的军事戒备)都有很大的差异。实际上,许多亚洲国家都启动政府监控机构来"协调和监督"市民使用万维网的情况,同时它们又以各种有利于政治统治机制的方式动员"网络积极行动主义实践"(Kalathil,2002 年)。

而且,总有一些超国家机构试图挑战本土的公民力量,如亚太经贸合作组织(APEC)和世贸组织呼吁的经济自由化。因此,尽管电子动员的前景光明,但还是会有很多问题阻碍全面电子民主的产生,其中之一就是建立信息和通信技术的内容和渠道控制机制,阻碍大家访问互联网。更有可能的是亚洲公民力量将在亚洲各国于网络内外的冲突和互相竞争中逐渐融入某种形式的多细胞化电子动员中。

最后,强调这一点很重要:不管未来如何,东亚地区的电子动员都与北美和欧洲地区的完全不同。在亚洲存在两个信息和通信技术的地区性极端:较发达和欠发达的国家或地区。韩国、日本、中

第八章 网络空间内外的文化帝国主义、国家权力与公民积极行动主义……

国台湾、中国香港和新加坡属于前者,但南亚,包括印度、孟加拉国属于后者。许多地区还没有公共互联网基础设施。而且,甚至在同一个地方也存在许多与数字鸿沟有关的问题。这些问题又因为根植于语言、宗教、性别和地区差异的歧视性力量而复杂化,而语言、宗教、性别和地区的差异又阻碍许多人访问并使用互联网。

寻求文化实践

通过互联网提升电子动员的逻辑在于这是一个自下而上的过程:社团和利益集团自己创建并促进了这个过程。我们要帮助人们实现自己可能拥有的审议技能(信息化个性),并审视真正发生在公共辩论空间的事情。互联网在社会动员的不同阶段都极为重要。通常个人聊天室和讨论组是人们互相沟通和学习的主要媒介。显然这涉及有关社会环境问题的新知识的发现以及群体共享意义的增强——社会机构的能力建设过程。

然而,网络帝国主义和文化统治问题应该在下述语境中得到强调(Ebo,2001年;Main,2001年)。2001年12月,网上语言人口(online language population)共5.29亿,英语占了43%。在东亚地区,日本占了8.9%,大中华地区占了8.8%,韩国占了4.6%(数据来源:http://www.glreach.com/globstats/)。就网页语言种类而言,在调查的3,130亿网页中,使用英语的网页占了68.4%,日语占了5.9%,德语占了5.8%,汉语占了3.9%,法语占了3.0%,西班牙语占了2.4%,俄语占了1.9%,意大利语占了1.6%,葡萄牙语占了1.4%,韩语占了1.3%,其他语种占了4.6%(eMarketer引自Vilaweb.com)。既然英语实际上就是互联网的标准语言,英语在全球通信中的统治地位给少数民族语言带来了严重的生存危机(关于语言帝国主义的具体讨论，见第十四章和第十五章）。而且，除了语言本身，通信内容和信息都具有高度商业和政治目的性。而且，除了新闻和纪录片以外，互联网还特别关注美国的生活方式、电影、音乐以及其他大众文化样式，因而从多方面培养了世界上唯一幸存的超级大国的优越感（美国关于"反恐战争"的说法就是这样一个例子）。所有这些都反映出由美国界定并宣扬的西方文化和全球资本主义往往被大家所赞颂。简而言之，只要互联网还是建立在现有的占据支配地位的社会经济机构之上，那么它还会继续加强文化帝国主义（Ogura，2001 年）。

电子社会（不）平等、公正和电子公平

20 世纪最主要的发展模式是过度重视经济发展的非可持续性的模式。无论当时的政治体制是资本主义、社会主义还是右翼极权主义，这种模式统治了整个冷战时期。但是到了 21 世纪，政府和社会面临的真正挑战不仅是公平的全球经济发展，还有社会生态的可持续性发展。

受到市场和政府力量的支持，信息和通信技术发展默认所有人都必须能够访问互联网。但是，由于现有社会格局中存在收入、性别、种族和语言方面的各种碎片化、间离化和层级化，同一过程也会不可避免地导致数字鸿沟或者同样的过程也促使数字化的分野不可避免（Loader，1997 年）。使用互联网与信息和通信技术的电子动员计划，可以是全球可持续性发展事业中重建参与性的沟通政治、促进社会公平、提高公共参与的促进剂。勿需强调，这种发展有一个规范性维度。本质上来说，这个维度就是使用各种信息和通信技术以及电子动员新形式，在全球范围内提供更多公平的机会和更民

第八章 网络空间内外的文化帝国主义、国家权力与公民积极行动主义……

主的社会公正（Bucy and D'Angelo，1999 年；Barnett，1997 年；Wright，1995 年；McChesney et al. 1998 年）。

信息和通信技术使生产机制更加灵活，并且产生更多财富。然而，我们这个信息和通信技术驱动的后物质社会并没有发展成一个公平富足的社会，相反却产生了前所未有的社会不公平：数字鸿沟以及一个几乎是永远的下层阶级的形成；不可避免的高失业率只能被社会接受；对极少数幸运者而言，他们在新的高科技知识型企业和管理部门获取既得利益，因而得以在四十几岁就早早退休（Luke，2000 年；Menzies，1996 年；NTIA，1999 年）。当前工作和社会（虚拟）遭遇的"信息化"趋势加强了社会的分裂兼具双重性质：信息型的正式经济与低级的、劳动密集型的非正式经济并存，导致将隔离的、多样性的和等级制度结合起来的新的"网络社会"的产生（Castells，1996 年，2000 年）。东亚地区正在融入全球资本主义体系，这个融合过程加大了群体、国家和地区之间的代沟和差距。利用这些社会经济差距，全球性企业和发达国家进一步加强对亚洲地区的统治，导致建立在群体基础上的文化多样性和身份的毁灭。鉴于这样的世界局势，急需制定一个规范性的发展议程，获取电子动员的权力，在全球和本土治理的不同社会体系中促进社会平等、民主政治和社会公正。

参考文献

Abbott, Jason. 2001. "Democracy@ internet. asia? The Challenges to the Emancipatory Potential of the Net: Lessons from China and Malaysia." *Third World Quarterly* 22: 99—114.

Alexander, Cynthia, and Leslie Pal (Eds.). 1998. *Digital*

第三部分 传媒帝国主义与文化政治

Democracy. Oxford: Oxford University Press.

Andersen, K. V. (Ed.). 1995. *Information Systems in the Political World*. Amsterdam: IOS Press.

Associated Press. 15 July 2001. Online News Release.

Barnett, S. 1997. "New Media, Old Problems: New Technology and the Political Process." *European Journal of Communication* 12: 193—218.

Brecher, Jeremy. 2000. *Globalization from Below: Power of Solidarity*. Cambridge, MA: South End Press.

Bryre, T. M. 1998. "Internet Regulation in Hong Kong." *Media Digest* (December). Available at: < http://www.rthk.org.hk/mediadigest/md9812/dec_3a.html >.

Bucy, Erik, and Paul D'Angelo. 1999. "The Crisis of Political Communication: Normative Critique of News and Democratic Processes." In *Communication Yearbook*, Vol. 22, ed. M. Roloff. London: Sage. 301—40.

Castells, Manuel. 1996. *The Rise of the Network Society*. Oxford: Blackwell.

Castells, Manuel. 2000. "Materials for an Exploratory Theory of the Network Society." *British Journal of Sociology* 51: 5—24.

Castells, Manuel, and Peter Hall. 1994. *Technopoles of the World*. Oxford: Blackwell.

Chun, A. 2000. "Democracy as Hegemony, Globalization as Indigenization, or the 'Culture' in Taiwanese National Politics." In *Taiwan in Perspective*, ed. W. C. Lee. Boston, MA: Brill. 7—28.

Clarke, R. 1997. "Regulating the Net." Australian National University, Department of Computer Science Website. Available at: < http://www.anu.edu.au/people/Roger.Clarke/II/Regn.html >.

第八章 网络空间内外的文化帝国主义、国家权力与公民积极行动主义……

Cooke, Bill, and U. Kothai (Eds.). 2001. *Participation: The New Tyranny?* London: Zed Books.

CyberDigest. 31 May 2001. Electronic Discussion List: CyberDigest@Yahoo! Groups.

Downey, John, and Jim McGuigan (Eds.). 1999. *Technocities*. London: Sage.

Drysdale, Peter. 2000. *Reform and Recovery in East Asia*. London: Routledge.

Ebo, Bosah (Ed.). 2001. *Cyberimperialism? Global Relations in the New Electronic Frontier*. Westport, CT: Praeger Press.

Garson, D. G. 2000. *Handbook of Public Information Systems*. New York: Marcel Dekker.

Goldstein, Andrea, and D. O'Connor. 2000. *E - Commerce for Development: Prospects and Policy Issues*. OECD Development Centre Technical Paper No. 164. September. Paris: OECD.

Graham, Stephen, and Stephen Marvin. 1996. *Telecommunications and the City*. London: Routledge.

Held, David. 1999. "The Transformation of Political Community: Rethinking Democracy in the Context of Globalization." In *Democracy's Edges*, ed. I. Shapiro and C. Hacker - Codon. Cambridge: Cambridge University Press. 84—111.

Hong, J. 2001. "The Control of the Internet in Chinese Societies: Similarities, Differences, and Implications of the Internet Policies in China, Hong Kong, Taiwan, and Singapore." Conference Paper, Asia Internet Rights Conference, 8—10 November. Seoul, South Korea.

Hsiao, H. H. Michael. 1997. "Social Movements and Civil Society in

Taiwan: A Typological Analysis of Social Movement and Public Acceptance." *The Copenhagen Journal of Asian Studies* 11: 7—26.

International Institute for Democracy and Electoral Assistance (IDEA). 2001. *Democracy and the Information Revolution.* Background Paper for Democracy Forum, Stockholm, 27—29 June.

International Telecommunication Union (ITU). 2000. *Asia – Pacific Telecommunication Indicator.* Hawaii: ITU.

Kalathil, Shanthi. 2002. "Nationalism on the Net." *The Asian Wall Street Journal* 22 February.

Kalathil, Shanthi, and Taylor C. Boas. 2001. *The Internet and State Control in Authoritarian Regimes: China, Cuba, and the Counterrevolution.* Working Paper No. 21. Washington, DC: Carnegie Endowment for International Peace.

Kenny, Charles, Juan Navas – Sabater, and Christine Z. Qiang. 2000. *Information and Communication Technologies and Poverty.* Discussion (Mimeo) Paper, 29. August. Washington, DC: World Bank.

Lai, On – Kwok. 2003. "Transnational Activism and Electronic Communication: Cyber – Rainbow Warriors in Action." In *Transnational Activism in Asia*, ed. N. Piper and A. Uhlin. London: Routledge. 94—108.

Lei, W. 1997. "Economic Boom or Regulatory Bane? The Emergence of the Internet in Modern China." *Rutgers Law Record* 22 (October). Available at: <http://pegasus.rutgers.edu/~record/>.

Loader, Brian (Ed.). 1997. *The Governance of Cyberspace.* London: Routledge.

Luke, Timothy. 2000. *The "Net" Effects of E – Publicanism.* Paper presented at the Annual Meeting of the International Studies Association,

March.

Main, Linda. 2001. "The Global Information Infrastructure: Empowerment or Imperialism." *Third World Quarterly* 22: 83—97.

Margetts, Helen. 1999. *Information Technology in Government*. London: Routledge.

McChesney, Robert, Ellen Wood, and John Foster. (Eds.). 1998. *Capitalism and the Informational Age*. New York: Monthly Review Press.

Menzies, Heath. 1996. *Whose Brave New World? The Information Highway and the New Economy*. Toronto: Between the Lines.

Nie, Norman, and Lutz Erbring. 2000. *Internet and Society: A Preliminary Report*. Stanford, CA: Stanford Institute for the Quantitative Study of Society.

Ogura, Toshimaru. 2001. *General Situation of the Internet and Communication Rights Issues in Asia*. Paper presented at Asia Internet Rights Conference, 8—10 November. Seoul, South Korea.

Olds, Kris. 1997. "Globalizing Shanghai: The Global Intelligence Corps and the Building of Pudong." *Cities* 14: 9—124.

Patterson, Rubin, and E. J. Wilson. 2000. "New IT and Social Inequality: Resetting the Research and Policy Agenda." *The Information Society* 16: 77—86.

Rao, M. 2001. "Asia–Pacific Gears up for E-government Opportunities." Available at: < http://www.bytesforall.org/Egovernance/html/asia_ pacific_ egov.htm >.

Reuter News. 23 July 2001. News Release: "China Shuts Down Net-Café."

Rodan, G. 1998. "The Internet and Political Control in Singapore."

Political Science Quarterly 113: 63—75.

Rodriguez, J. C. 2000. "A Comparative Study of Internet Content Regulations in the United States and Singapore: The Invincibility of Cyberporn." University of Hawaii Website. Available at: < http://www.hawaii.edu/aplpj/1/09b.html >.

Schiller, Dan. 1999. *Digital Capitalism: Networking the Global Market System*. Cambridge, MA: MIT Press.

Singapore Government. 1996. *Information Technology Development Towards* 2000. Singapore: Government Printer.

Slevin, J. 2000. *The Internet and Society*. Cambridge: Polity Press.

South China Morning Post. 23 July 2001. China Web Politics. Available at: < http://technology.scmp.com/internet/ZZZHFD3J4PC.html >.

Stefik, Mark. 1999. *The Internet Edge*. Cambridge, MA: MIT Press.

United Nations Development Programme (UNDP). 1999. *Human Development Report*. Oxford: Oxford University Press.

US Commerce Department. 2000. *Third Annual Report* (2000) *on the Information – Technology Revolution and its Impact on the Economy*. Washington, DC: US Commerce Department, June. Available at: < http://www.doc.gov >.

US National Telecommunications and Information Administration (NTIA). 1999. *Falling Through the Net—Third Report*. Washington, DC, November. Available at: < http://www.ntia.doc.gov/ntiahome/digitaldivide/index.html >.

Vito, E. 2000. *Internet Use and Its Uncertain Future in Hong Kong*. Westport, CT: Mecklermedia Corporation.

Vogelsang, Ingo, and Benjamin Compaine (Eds.). 2001. *The Internet*

Upheaval. Cambridge, MA: MIT Press.

Walch, Jim. 1999. *In the Net: An Internet Guide for Activists*. London: Zed Books.

Waller, Paul, P. Livesey, and K. Karin. 2001. *E – Government in the Service of Democracy*. International Council for Information Technology in Government Administration (ICA) Information, No. 74: General Issue. June.

Wright, Robert. 1995. "Hyper Democracy." *Time* 23 January: 37—41.

Wu, Fulong. 2001. "Place Promotion in Shanghai, PRC." *Cities* 17: 349—61.

Wu, T. S. 1997. "Cyberspace Sovereignty? The Internet and International System." *Harvard Journal of Law and Technology* 10: 647—59.

Wyatt, Sally, F. Henwoord, N. Miller, and P. Senker. 2000. *Technology and In/equality*. London: Routledge.

Yankee Group. 28 June 2001. News Release: "Internet Users in Asia – Pacific." Available at: < http://www.yankeegroup.com >.

第九章
媒体传递的价值观的转移：美国"反恐战争"及其在信息社会的影响

艾尔维拉·克拉森

> 这是一个关于武力的呼吁——将我们自己用源自多种开放的沟通渠道的知识、内容和概念武装起来。不应该从脱离世界人民的真空状态来观看白宫的新闻发布会和美国有线电视新闻网（CNN）的电视节目。否则世界就属于战争的鼓吹者。
>
> ——南希·斯诺/媒体频道（Nancy Snow/The Media Channel），2001年10月

2001年9月，纽约和华盛顿遭受的恐怖袭击导致对"安全"、"自由"以及"国家至上"等制度化规范的社会感知产生了冲突。无法想象的事情的确发生了：成千上万的无辜民众被杀害；美国作为世界强国在经济和军事影响力上的象征——世界贸易中心和五角大楼——被摧毁。经过几个月互相肯定的过程，社会、大众传媒和政治领域在这些事件上达成一致，从而产生了一种无条件的备战氛围。只有在这样的环境下，并且在极短的时间内，才有可能通过大规模的经济和人力支出，在传统军事阵线之外，再建立起一个新的"反恐战争"阵线。

全球攻"心"之战

美国政府号召为赢取公民社会的"人心"而战，从部分原因上

讲这取决于实际情况,并且受到军事力量所实施的当下或计划中的军事干预的引导,但并非主要与固定的时间表或特定的地缘考虑相关。粗略而言,这场战争同时在三个层面进行:美国本土;针对欧洲国家和北大西洋公约组织[North Atlantic Treaty Organization(NATO)]成员国;以及阿拉伯和穆斯林世界。

在美国本土,必须一直保持爱国主义热情、复仇的意愿以及愿意做出牺牲的决心,以免随着时间的推移,人们因"9·11"袭击罪行而产生的各种情绪也随之淡去。这就需要不断向战斗力量灌输继续战争的原因、地点和方式等重要观念。

就欧洲国家,尤其是北大西洋公约组织成员国而言,有必要在最广泛的基础上推进"反恐联盟"的深度存在,从而消除对战争扩大化的怀疑和反对意见,比如发起伊拉克战争。

当然,争取阿拉伯和穆斯林世界的"人心"是这场战争中力度最大的。在这里,领导者们不仅试图解释反伊斯兰与亲伊斯兰的美国政治的区别,从而阻止或者平息反美的仇恨或者联盟,而且希望在这个中长期的战役中,将"反恐战争"像普通商品那样加以利用,对这些地区的社会政治领域进行意识形态攻击,从而贯彻美国的利益、价值观和理想。"妇女和年轻人"被明确指出是这场运动的目标群体(Satloff,2001年)。2002年1月,乔治·W. 布什在关于"邪恶轴心"的演讲中说:

> 在这次战争期间我们有巨大的机会引导整个世界接受将带来永久和平的价值观……美国将与全世界拥护这些价值观的勇敢的人们站在一起,包括穆斯林世界,因为除了消除威胁和遏制仇恨情绪之外,我们还有更伟大的目标。我们在反恐战争之外寻求一

个公正和平的世界……在任何一个地区,自由市场、自由贸易和自由社会正在证实自己在提升生活水平中的力量。我们将与朋友和同盟一起……共同展示恐怖力量是无法阻挡自由的力量……我们已经知道自由的代价。我们已经展示了自由的力量。在这场伟大的战斗中,我的美国同胞们,我们将看到自由的胜利(United States, Office of the Press Secretary, 2002年1月29日)。

更具有理想主义思维的人们可能认为,使用政府允许的对价值观和意义的阐释与使用坦克和炸弹相比较会更好一些。但是现在这个问题早已解决。文化学家理查德·芒奇(Richard Munch)关于"美国式积极行动主义"的理论指出,传教式的偏执行为和文化干预不仅是统治的、压迫"群体、民族和文化"的有力工具,而且它们总是深嵌于改良主义者与反对派运动自由竞争的概念中(Munch, 1986: 272ff)。为获得文化统治而进行的咄咄逼人的战斗显然要"引导整个世界接受带来永久和平的价值观"。在这样的语境下,蒙奇的理论就过时了。因此,引导大家关注"赢得文明社会的人心"就成为打赢战争的最有力武器。从这个意义上说,"反恐战争"同时也质疑了哈贝马斯(Habermas, 1962年)和吉登斯(Giddens, 1985年)曾经提出的战争是导致文化或者社会转变的主要因素的观点。这是因为真实的斗争揭示出文化或者社会转变——此处或许"断裂(rupture)"一词更适合——才是导致战争的主要原因。而且这场战争仍然只进行一种区分:盟友和对手之间的,"善"与"恶"之间的。任何人只要质疑或者拒绝这种领导地位的人就会面临危险,正如乔治·W. 布什再次警告:每个国家都要进行选择。在这场冲突中没有中间立场。任何一个政府只要支持罪犯和杀害无辜者,它们自己就变成了罪犯和谋杀犯。它们选择的将是一条孤独之路,将自己面对危险(美国新闻秘书办公室,2001年11月6日)。

激进的美国式全球积极行动主义成为文化帝国主义的一个计划,其目的在于使用或者威胁要使用武力或其他压迫性手段创造一个阐释真空。反过来,这个真空又会被疯狂发展的价值观转移所填充。在价值观转移过程中,被传递的是所需的(这里就是指美国所需的)对现实、利益和理想的解读。事情已不再是影响个人观点那么简单,而是支配它们。

文化主导地位作为信息战的新样式

这场文化至上主义的战斗的特殊意义在于,它是美国"信息战"军事战略的一部分,而信息战就是为"反恐战争"服务的。与从20世纪90年代中期开始的信息社会建设相类似。"信息战"将"信息优势"视为战争的首要目标。罗纳德·R. 福格尔曼将军(Ronald R. Fogleman,1998年)指出:"今天控制整个信息图谱(information spectrum)在解决争端时极为重要,如同过去占领一国领土或者获得制空权一样重要。"

从军事角度来看,"信息图谱"包括战时军用和民用通信以及关于战争的军用和民用通信。打个比方,有人想就军备和军事干预的"合法性和不可避免性"问题在社会上达成一致,那么掌控大众传媒传递的"战争意象(war imagery)"就至关重要。美军"信息行动"手册宣称:"影响不同受众看待并理解这些行动的活动是作战指挥中日渐流行并且需要考虑的因素,同时也是有效想象战争空间的前提。虽然识别重要受众、讯息和通信方式的要求对领导者来说已不是新鲜事,但是要想行动成功,这一点变得越来越重要(United States,

Department of the Army, 1996: 11)。"

　　1999 年爆发的科索沃战争被军事界称为"第一场信息战"。这场战争之后，政治和军事机构为了以自己需要的方式向同盟和反对者描述这场战争，部分调整了自身的结构并增加了人员。当时北大西洋公约组织的公关工作未能成功地应对塞尔维亚和非官方组织通过万维网对战争的报道。后者关于联合军事袭击造成了平民伤亡和民用设施毁坏的报道，质疑了北约为这场战争花重金精心打造的"人道主义行动（humanitarian operation）"的形象。联盟内部关于这场战争合法性的共识遭到严重威胁。当时的北约发言人杰米·谢伊（Jamie Shea）后来承认："个别事件被放大，而整体趋势却被刻意淡化……一系列有新闻价值的事件，有些对冲突的结果起决定作用，有些则完全无关……0.1% 的失败（成为）……冲突的焦点，成为判断北约的军事和道德作用的标尺"（谢伊，1999 年 6 月 15 日，转引自 Pounder, 2000 年）。美国空军信息战专家加里·庞德尔少校就未来的发展得出结论："每个人——指挥官、信息行动专家和公共关系官员——都需要明白公共信息就是一个战场。与其他战场一样，大家必须为这个战场而竞争并控制这个空间"（Pounder, 2000 年）。

　　"9·11"事件之后，政治与军事公共关系的体制性重组又一次被加强，主要内容是关于"反恐战争"的独特性。整体而言，这方面的修正在以下几个功能性层面进行：

　　1. 公共事务（Public Affairs, PA）：新闻界常用"公关工作（public relations work）"一词。对政府而言，公共事务指积极传递自己关于政府和军事活动的观点和信息，打击与自己相矛盾的面向国内外公共传媒的新闻。下列定义对美国军方有正式约束力：联合公共事务有一个重要任务,即通过报道整个行动的新闻媒体和战地记者将有关美国联合力量的可靠信息不断传递给美国公众和美国的盟军(United States, Joint Publication 1997:V)。

2. 心理行动(Psychological Operations, PsyOps):与公共事务类似的信息战争战略的一个真实的组成部分。然而,与公共事务不同的是,心理行动明确将欺骗和操纵公众作为战争的手段。美国空军指出:"(心理行动是)……有计划地将经过筛选的信息和指示物传递给外国受众,从而影响他们的情绪、动机和客观推理能力,并最后影响外国政府、机构、团体和个人的行为。心理行动的目的是引导或加强有利于发起者的目标的对外态度和行为"(United States, Air Force 1998:s43)。

3. 公共外交(Pubic Diplomany):冷战期间发展起来的一个关于政治行为的概念。在科索沃战争期间以及战后,公共外交重新被挖掘出来,仍然是提高美国利益的有效工具。美国海外业务咨询组(US Overseas Prensence Advisory Panel)1999年提出一个简短的定义,即:"我们需要公共外交来帮助澄清美国的立场和观点,解释美国支持某个行动的原因,以及为什么该行动有利于美国和另一个国家的利益"(美国海外业务咨询组 1999:32)。

为了在"反恐战争"中的实际使用,公共事务和心理行动的意图和技巧是在整个公共外交的大框架下混合使用的,没有任何值得提起的顾忌或抵抗。目标是打赢这场针对欧洲,尤其是穆斯林民众的"攻心之战"。"公布消息,"美国驻联合国前大使理查德·霍尔布鲁克(Richard Holbrooke)于2001年敦促道:"称之为公共外交,或公共事务,或心理战,或者如果你的确打算直言不讳,就称之为宣传。但是不管我们用什么来称呼它，在全世界10亿穆斯林心目中定义这场战争到底是关于什么的不仅具有决定性意义，而且还具有历史重要性"（霍尔布鲁克2001：B07）。

20世纪90年代中期以来，是否使用公共事务和心理行动在军方一直都存在理论争议。后来在科索沃战争期间，公共事务和心理行动被投入实际使用（尽管是非官方的）。现在公共事务和心理行动已经被正式纳入"反恐战争"的座右铭之中。信息和宣传之间的区别被摒弃。积极的政治和军事公共关系工作与对信息的系统性压迫、扭曲和滥用正在融合，第一次在"友好的公众与敌对的公众"之间形成一条直接对抗线。这一对抗前线不再与军事前线互为联络，而是只针对被传播内容互相矛盾的可能性。多种"公共力量"——即国内公众、国外友好的公众以及"祖国安全"的需要——正在为针对敌对民众和"恐怖分子"的战争提供支持。"9·11"事件之后，上述战争形象已经成为主导形象，并在美国及其"盟友"发起伊拉克战争后得到了进一步加深。

新的文化帝国主义旨在推进政治多极化和文化的不稳定性。在阿拉伯—穆斯林世界，信息战的前提就是以新的文化帝国主义的方式形成了为争取"人心"而进行的战斗。尽管大家基本承认大范围的反美主义会损害美国在外国的利益，但是"遏制"极端趋势仍然是美国对穆斯林国家进行意识形态干预的一个主要的既定目标。这显然是美国外交关系委员会（the US Committee on Foreign Relation）观点的一部分。该委员会在2002年7月指出：

在穆斯林占人口绝大多数的国家，一般市民和特别的受众对美国和美国外交政策的观点由于高度负面的和敌对的信念和形象而被极度扭曲……这些负面观点和形象对美国的利益和外交政策都极为不利。要树立美国在穆斯林世界的正面形象需要广泛长期的努力，其中的一个关键部分应该是创建各种项目，使这些国家的一般市民和特别的受众更加熟悉美国社会及其价值观。（美国外交关系委员会，Freedom Promotion Act，2002 年 7 月 23 日）

早在 2002 年，参议员约瑟夫·利伯曼（Joseph Lieberman）略述了一个类似的应对恐怖主义的长期战略。在这个战略中他解释道："现在阻止这张神学铁幕落下来对我们来说还为时不晚。我们现在必须行动，积极坚定地行动，帮助全世界上百万不偏激的穆斯林，他们正在遭受隔离和偏执的困扰。因为假如有一天铁幕降下了，将会对我们自身的安全带来严重而巨大的危险……并会使成千上万在铁幕之后遭受困境的穆斯林遭受严重的压迫。"（参议院约瑟夫·利伯曼，转引自 United States，Department of State 2002）

攻"心"运动

自"9·11"事件发生以后到伊拉克战争爆发前夕，美国政府的宣传活动如洪水般涌入穆斯林世界。其中一些活动如下：

1. 2001 年 9 月之后，主管公共外交和公共事务的副国务卿夏洛特·比尔斯（charlotte Beers）发起了一场形象运动，将美国创建成一个"（可销售）的品牌"，在穆斯林世界树立起象征自由、昌盛和进步的形象（Becker 2001；Klein 2002）。比尔斯曾经担任奥美公关公司的首席执行官，曾推广班叔叔大米、海飞丝以及吉列剃须刀等产品。

2. 罗斯福总统在二战期间创建的美国广告委员会（当时是战时广告委员会）开始为白宫制作电视广告。其中一则广告是关于前拳击冠军穆罕穆德·阿里（Muhammad Ali）的。这位活跃的穆斯林代表了美国不向穆斯林世界发起战争的外交政策（Cozens，2001年）。

3. 2001年12月，美国政府在华盛顿、伦敦、喀布尔以及伊斯兰堡建立了"联合信息中心"（Coalition Information Centers，CICs）。这些都是官方新闻机构，目的在于传播官方声明，应对关于联合"反恐战争"的"谎言、传说及谣传"。创建联合信息中心的想法来自英国工党前舆论导向专家、科索沃战争期间北约组织传媒事务首席顾问阿利斯泰尔·坎贝尔（Alistair Campbell）（Beers，2002年；DeYoung，2001年；Macintyre，2002年）。

4. 美国国务院下属的广播理事会支持"自由伊拉克电台"、"自由阿富汗电台"和美国之音等广播网络。美国之音大大增加了阿拉伯语、普什图语、波斯语和乌尔都语的广播时间，以便让更多25岁以下的年轻人能收听到节目，因为这个年龄段被认为"对美国抱有极大的怀疑"（Miller和Rampton，2001年）。当时，大家相信位于中东地区的受广播理事会支持（Smith，2002年）的萨瓦电台（Radio Sawa，"sawa"的意思是"一起"）正在靠近这个目标。正如白宫公共外交首席顾问赫伯特·帕奇奥斯所说："萨瓦电台已经是科威特和苏丹的第一广播电台。萨瓦电台播放各种流行音乐和新闻，因而正在吸引年轻人。这个群体是美国在占领关键的阿拉伯市场过程中所需要的。"（H. C. Pachios，2002年10月8日，转引自United States，Committee on Government Reform，2002年）

5. 2001年12月，美国国会同意成立一家电视网络，预算为11

亿美元。这个电视网络暂时命名为"9·11",目的是与穆斯林新闻网半岛电视台竞争。它将使用 26 种语言进行全天 24 小时播出,从北非到印尼都能收看(Jentzsch,2001 年;Schon,2002 年)。

6. 美国国防部雇用公关公司雷顿集团加强自己的公共事务活动。雷顿开始从 79 个国家收集新闻报道,供五角大楼向全球媒体发布回应。它们还为国有外文电台制定节目表,为心理行动设计传单(Hedges,2002 年)。也许并非巧合,雷顿还是五角大楼"战略影响办公室"的创始者之一。雷顿的任务是利用"真实"的新闻甚至"伪造"的新闻,同时影响敌对的和结盟国家的公众。然而,由于美国和外国大众传媒对该办公室发出的一些公文感到极为愤慨,该办公室不久就被关闭了(Dao 和 Schmitt,2002 年)。

7. 在心理行动领域,美国军方第四心理战团与军方广播节目合作,在战区空投传单。在阿富汗,传单内容包括呼吁阿富汗人民将本·拉登交出来,美国是阿富汗人民的解放者和恩人(Labash,2001 年)。2002 年 10 月,第四心理战团向伊拉克投放了第一份传单。传单警告伊拉克空中防御力量不要针对联军的战斗机,否则"你将会是下一个"(CNN,2002 年 10 月 3 日)。不用说第四心理战团是对的。

8. "9·11"灾难事件之后,美国政府就开始创建位于白宫的"全球通信办公室"(OGC)。该办公室的总体任务是协调信息战活动,并与五角大楼、国务院、中情局、国家安全委员会等合作(Corn,2002 年)。全球通信办公室发起了反萨达姆运动,启动经费为 2 亿美元,目的在于使美国、欧洲以及阿拉伯人民达成共识:伊拉克的独裁者必须推翻(Reid,2002 年)。

第三部分　传媒帝国主义与文化政治

上述例子只是美国在"9·11"恐怖袭击的灾难之后参与信息控制权大战的冰山之一角。随后又发生了一系列重要事件，比如美国占领伊拉克，活捉萨达姆·侯赛因。但是即使到现在，要评价这些努力能否长期有效，如何在长时间内有效也还为时尚早。占领伊拉克初期，美国军队初步的管理行动就包括取消伊拉克的传媒系统。2003年4月和5月，美国国防部先后严格控制伊拉克的电台和电视台，并用所谓的"伊拉克网络"（Al Iraqiya' Network）来取代它们（Cotts，2003年）。这一切就像信息战手册上的演习一样。与此同时，国务院广播理事会（the State Department's Broadcasting Board of Governors）也打算启动名为"9·11"的中东地区新网络。该网络"将通过卫星覆盖整个中东地区，同时也将提供专门产品，只在伊拉克境内通过地面电视频道播放，内容也是专门关于伊拉克的"（Chatterjee，2004年）。

摧毁敌方的民间媒体，长期用己方的媒体和所期望的内容取代，这些方法虽然最早是在1999年科索沃战争期间以及战后使用的，而且也不那么成功，但是它们已经成为现代战争新的关键因素，并在基本封闭和严格控制的通信体系内将信息转移和价值观转移联系起来。然而，即使在美国文化和军事统治的这个阶段，或许尤其是因为我们已经达到这个阶段，评估未来"信息去军事化"的机会也极为重要。

信息去军事化的机会

笔者个人认为，获取"解释事实的权力"（Schlesinger 1979：81）的战斗需要持续被揭露和反映，从而为讨论下面的问题提供空间：如何阻止为维护和扩张政治势力而滥用平民信息空间的行为？

考虑到信息战对公民社会的文化和信息完整性短期和长期的影响，笔者认为联系社会、跨学科、科学地说明这个问题极为重要。因此，在结论部分，笔者想提出一些建议，作为信息去军事化工作的起点。建议具体如下：

1. 拟定国际规则和协定，避免全球信息空间成为备战或者交战的工具；

2. 在国家和国际的层面成立独立机构，严格监控并且评价关于危机及其可能引发的战争的平民和军事通信，避免在大众传媒产生偏见、自我审查制度和"盲点"，揭露战争宣传；

3. 在研究冲突结构的历史与环境重要性方面，加强反战批评和公众反对意见，加强对审查制度的反对，加强对所有相关团体的动机的调查，加强对以非军事手段阻止战争型冲突并寻求解决办法的需求；

4. 具体说明有助于战争以及战时平民通信的去军事化的概念。比如，和平研究者可以设计课程教育记者，支持记者从"官方影响和渗透"中独立出来。而且，传媒本身就可以在其中发挥作用。如制定战时记者行为指导政策，或许甚至还可以要求记者与平民公共关系工作者遵守一种希波克拉底（Hippocratic）誓言，誓言至少还要求他们不参加政治军事信息运动。

全球公民社会，尤其是冲突地区的公民社会要求拥有独立公开的信息通信结构。只有信息自由流动才能保证观点的启蒙和交流将增加以非暴力方式使（军事化）降级的机会。

1917年，美国参议员海勒姆·约翰逊（Hiram Johnson）提出了他的那句名言：战争时期，真相总是第一个被牺牲的。笔者认为这句话显得过于宿命论，似乎在战争年代真相就会自动消失，这是无法避免的命运。笔者感觉首先真相是反对战争的。真相是否会沦为战争的牺牲品取决于那些试图保护和揭露真相者的力量。

参考文献

Becker, E. 2001. "The Campaign: In the War on Terrorism, a Battle to Shape Public Opinion." *The New York Times* 11 November. Available at: < http://www.invisibleamerica.com/articles/nyt–propaganda/propaganda–1.html >.

Beers, C. 2002. "US Expands Dialogue, Exchanges with Muslim World." Available at Washington File: < http://usinfo.state.gov/cgi–bin/washfile/display.pl?p=/products/washfile/latest&f=02051903.tlt&t=/products/washfile/newsitem.shtml >.

Chatterjee, P. 2004. "Information Warfare or Yesterday's News? Pentagon Media Contractor Loses Battle for Iraqi Audiences." 6 January. Available at: < http://www.corpwatch.org/issues/PID.jsp?articleid=9508 >.

Cotts, C. 2003. "US 'News': Is Anyone Watching the Iraqi Media Network?" 12—18 November. Available at: < http://www.villagevoice.com/issues/0346/cotts.php >.

CNN. 2002. "US Drops Leaflets Warning Iraq of Counterattack." 3October. Available at: < http://www.cnn.com/2002/US/10/03/iraq.leafle-ts/index.html >.

Cozens, C. 2001. "Ali Promotes US to Muslims." *The Guardian*

21December. Available at: < http://media. guardian. co. uk/attack/story/0, 1301, 623682, 00. html >.

Corn, D. 2002. "The Loyal Opposition: Brand America—Now With Extra Hype! New Office of Image Consultants To Give The Hard Sell Abroad." *Tom Paine*, 8 August. Available at: < http://www. tompaine. com/feature. cfm/ID/6123 >.

Dao, J., and E. Schmitt. 2002. "Pentagon Readies Efforts to Sway Sentiment Abroad." *The New York Times* 19 February. Available at < http://www. nytimes. com/2002/02/19/international/19PENT. html? ex = 1015126928&ei = 1&en = e6cb290f674ff9a8 >.

DeYoung, K. 2001. "US, Britain Step up War for Public Opinion." *Washington Post* 1 November. Available at: < http://www. washingtonpost. com/ac2/wpdyn/A21159 – 2001Oct31? language = printer >.

Fogleman, General Ronald R. 1998. Cited in US Air Force, Information Operations. Air Force Doctrine Document 2-5. Available at: < http://www. doctrine. af. mil/Library/Doctrine/afdd2-5. pdf, S. 1 >.

Giddens, A. 1985. *The Nation – State and Violence*. Cambridge: Polity Press.

Habermas, J. 1962. *Strukturwandel der? ffentlichkeit*. Neuwied and Berlin: Luchterhand.

Hedges, S. J. 2002. "US pays PR guru to make its points." *The Chicago Tribune* 12 May. Available at: < http://www. chicagotribune. com/templates/misc/printstory. jsp? slug = chi%2D0205120237may12 >.

Holbrooke, R. 2001. "Get the Message Out." *The Washington Post* 28 October. Available at: < http://www. cfr. org/ public/resource. cgi?

pub！4148＞．

Jentzsch, B. 2001. "Um Herzen und Hirne." *Der Freitag* 14 December. Available at：＜http：//www. freitag. de/2001/51/01510302. php＞．

Klein, N. 2002. "Brand USA." *The Los Angeles Times* 13 March. Available at：＜http：//www. alternet. org/story. html？StoryID ＝12617＞．

Labash, M. 2001. "Psyching Out the Taliban：The Army Plans Mind Games at Fort Bragg." *The Weekly Standard* 24 December. Available at：＜http://www. weeklystandard. com/Content/Public/Articles/000/000/000/691yjwkt. asp＞．

Macintyre, D. 2002. "Tucker Eskew：American Spin Doctor in London." *The Independent* 22 March. Available at：＜http://news. independent. co. uk/people/profiles/story. jsp？story ＝276117＞．

Miller, L., and S. Rampton. 2001. "The Pentagon's Information Warrior：Rendon to the Rescue." Center for Media and Democracy. PR Watch. Available at：＜http://www. prwatch. org/prwissues/2001Q4/rendon. html＞．

Münch, R. 1986. *Die Kultur der Moderne. Vol.* 1：*Ihre Grundlagen und ihre Entwicklung in England und Amerika.* Frankfurt：Suhrkamp.

Pounder, Major Gary. 2000. "Opportunity Lost：Public Affairs, Information Operations, and the Air War against Serbia." *Aerospace Power Journal* 2. Available at：＜http：//www. airpower. maxwell. af. mil/airchronicles/apj/apj00/sum00/pounder. htm＞．

Reid, T. 2002. "America Plans PR Blitz On Saddam." *The London Times* 17 September.

Satloff, R. 2001. "Devising a Public Diplomacy Campaign Toward the Middle East: Part I – Basic Principles." *Policywatch* 579 (30October). As cited in "The Message Is America: Rethinking US Public Diplomacy. Hearing before the Committee on International Relations." The White House. 14 November. Available at: < http://www. house. gov/international _relations/76189. pdf >.

Schlesinger, P. 1979. "The Sociology of Knowledge" (unpublished paper). Cited in H. J. Gans, *Deciding What's News: A Study of CBS Evening News, NBC Nightly News, Newsweek and Time.* New York: Pantheon Books.

Schön, G. 2002. "Das Pentagon will nicht lügen. US – Miliärts sagen, sie hätten nicht vor, ausländische Medien gezielt falsch zu informieren – die Mittel dazu h? tten sie." *Frankfurter Rundschau* 21 February.

Smith, T. 2002. "Reaching Out: Examining US Government Efforts to Counter Anti – American Sentiment in the Arab World through Broadcasts and Ad Campaigns." PBS Transcript 18 February. Available at: < http://www. pbs. org/newshour/bb/media/jan – june02/public _ 2 – 18. html >.

United States. Air Force. 1998. Information Operations. Air Force Doctrine Document 2—5. Available at: < http://www. doctrine. af. mil/Library/Doctrine/afdd2 – 5. pdf >.

United States. Committee on Foreign Relations. 23 July 2002. "Freedom Promotion Act of 2002." ["To enhance United States Public Diplomacy, To Reorganize US International Broadcasting … "]. The White House. Available at: < http://frwebgate. access. gpo. gov/cgi – bin/

第三部分 传媒帝国主义与文化政治

useftp. cgi? IPaddress = 162. 140. 64. 21&filename = h3969rfs. txt&directory =/diskb/wais/data/107_ cong_ bills >.

United States. Committee on Government Reform. 8 October 2002. "Hearing to Examine US Understanding of Arab Social and Political Thought. " Testimony before the Committee on Government Reform, Subcommittee on National Security, Veterans Affairs and International Relations. Washington, DC. Available at: < http://www. state. gov/r/adcompd/rls/14230. htm >.

United States. Department of the Army. 1996. Field Manual "Information Operations" No. 100—106, Information Operations, Washington, DC. 27 August. Chapter 1.

United States. Department of State. 2002. Office of International Information Programs. "[Senator Joseph I. Lieberman] Outlines Long – Term Strategy to Deal with Terrorism. Says Moderation and Modernity Must be Supported in Muslim World. " 14 January. Available at: < http://usinfo. state. gov/topical/pol/terror/02011407. htm >.

United States. Joint Publication 3—61. 1997. Doctrine for Public Affairs in Joint Operations. Washington, DC. Available at: < http://www. dtic. mil/doctrine/jel/new_ pubs/jp3_ 61. pdf >.

United States. Office of the Press Secretary. 6 November 2001. "No Nation Can Be Neutral in This Conflict. Remarks by the President to the Warsaw Conference on Combatting Terrorism. " The White House. Available at: < www. whitehouse. gov/news/releases/2001/11/20011106 – 2. html >.

United States. Office of the Press Secretary. 29 January 2002. "The President's State of the Union Address. " The White House. Available at:

< http://www.whitehouse.gov/news/releases/2002/01/20020129-11.html >.

United States. Overseas Presence Advisory Panel. 1999. America's Overseas Presence in the 21st Century. Report (November). Available at: < http://www.fas.org/irp/threat/rpt-9911_opap.pdf >.

第四部分
新自由主义、全球化和文化帝国主义

引 言

德国经济学教授赫伯特·舒伊用例证阐述了文化帝国主义与现代社会的新自由主义是不可能被互相分开的。在论证过程中，他对德国另一位经济学家、诺贝尔奖获得者、当代新自由主义经济学理论之父——弗里德里希·哈耶克（Friedrich Hayek）的思想和影响做了批判性的再分析。舒伊注意到新自由主义是第一个声称产出最大化或者最大程度地满足欲求不是自由市场经济的目的的经济学理论。同样弗里德里希·哈耶克（1969年）也在著作中写道，凯恩斯的福利经济学犯了一个根本性的错误，因为他过度痴迷于对共同福利实现程度的分析。在过去的30年里，作为占据统治地位的社会经济政治理论，新自由主义拥有无数的拥护者和倡导者。这些人一致认为有机会做出"自由的个人决定"造就了一个开放的社会并带来了文化的演进，而文化演进实现了人类的生存。然而，舒伊发问道，新自由主义是服务于谁的利益，它是由哪些经济强国支撑的，它又是强加给哪些社会阶级的。他提出的这三个问题具有极为重要的意义。他是这样回答的：同新自由主义观点相反的是，如果压力和胁迫事实上是被用来阻止某些阶级实现或追求自己的利益的话,那么我们就可以谈帝国主义了。他认为,在这个意义上,可以看出新自由主义从以下几个角度发挥了文化帝国主义的作用:通过方法论的个人主义的形式,新自由主义试图通过暗示其本身不可能存有的经济合理性来限制社会科学洞察社会关系现实的能力;作为社会秩序的蓝图,新自由主义的目标是建立一种内在化的胁迫或者换句话说也就是社交保守型的社会;作为全球经济帝国主义的形式,新自由主义通过强行实施自由贸易和自由资本流动,在发展中国家,也就是现在委婉地称为"新兴经济体"的国家中拥有不受限制的财产权,从而将触角延伸到全球。舒伊注意到新自由主义的这个方面有着令人感到可悲的讽刺,因为新自由主义已经着手打断这些国家的发展,甚至都没有承诺给它们以传统帝国主义的良性效应,即经济发展状态。

第四部分的其他章节会提供专门的案例分析来强调新自由主义、全球化和文化帝国主义三者之间的相似之处。在第十一章,克里斯托弗·谢勒仔细研究了(世贸组织框架下的)《服务贸易总协定》在欧盟国家的教育商品化过程中所扮演的角色。他认为"《服务贸易总协定》与正在传播的新自由宪政主义保持一致,为解除教育管制、实现教育私有化提供了政治框架和法律框架"。谢勒推断说,假设在实施《服务贸易总协定》的情况下,可以预料的是基于英语语言的教育提供者尤其将利用不断提高的科技能力跨境提供教育服务,那么《服务贸易总协定》就有可能在将来推动文化帝国主义。

D. 帕塔萨拉蒂认真研究了新自由主义理论中那些与经济自由化以及与法律、道德商业化相关的元素应用到印度的方式所带来的影响。具有重要意义的是,帕塔萨拉蒂进行了以新自由主义为基础的理论性批判,提供了"良好治理"的政策模式,并通过对选取自发展中国家的治理系统和体制的解读,认真分析了针对贫困、平等、人权的治理改革可能会带来的影响。他的主要论点是强调发展中国家在政治、行政和经济方面的改革忽略了社会结构和部门分工,对发展规划和政策中贫穷和公平的维度产生了重要影响。

希拉法·B. 阿勒杰敏图认真分析了 20 世纪 90 年代后独裁主义时期菲律宾女性运动的失败状况、新兴自由民主政治气候的特色,包括"拉拢新自由主义"。根据阿勒杰敏图的观点,与菲律宾女权运动的失败有关联的是马科斯(Marcos)军事独裁统治结束后,于 20 世纪 90 年代中期出现了更为广泛的文化和意识形态转变。尤其值得一提的是,她认为独裁统治的结束也会带来"曾经控制并确立社会转型计划的强硬左派的瓦解",而这反过来会被"人民的主动性和独立结构的出现"而取代。"人民的主动性和独立结构的出现"反映了一个更加新自由主义的和新保守主义的中产阶级改革家的政治影响力。尽管阿勒杰敏图承认,不能否认自 20 世纪 90 年代以来发生在菲律宾的所有的后独裁主义的政治变化,但是她总结道,"对于总是滞后于国家民主进程的女权运动来说,曾经的强硬左派在 20 世纪 90 年代的失败导致了激进左派女权运动的政治瓦解"。阿勒杰敏图表示,现在这已经被国家和国外驱动的多元论者政治体所取代(即一个受国家鼓励、由国外的教会和政府投资创立的政治体,热切想要在本国推行政治民主化并推动经济发展),在这样的政体里女性主义的异议观点就会受到压制。

第十章
新自由主义及其对人文科学的攻击：
文化帝国主义的新社会科学

赫伯特·舒伊

自17世纪以来，文化的概念被很大程度地延展开来，囊括了人类在试图战胜自然并使自然更臻于完美时给生存环境和自身增加的所有东西。因而文化的概念联合了人类对自身存在状况的所有形式的干预。通常而言，文化被定义为人的能动性针对现有环境在确定时期和地域所创造的东西的总和。这就包括相应的个人与社会的能动模式以及生存条件。社会能动模式必须包括在文化的概念之内，这是因为人类生活的物质基础——生产和经济——是以劳动分工和相互依存为特征的。换言之，生活的物质基础必须以一种社会现象的面貌出现，而且还明确规定人类的相互交往是集体活动。结果，文化的发展所展现的就是人类突破自然的阶段已经到了何种程度。与此同时，这一发展也展现了人类控制自身的社会化进程到了何种程度。鉴于集体性，可以肯定地说，文化在与人类生存状况互动的过程中得到了发展，但这种发展并不一定是人类的一个进步（社会现实强硬地给我们上了这一课）。为了不陷入主观主义或者相对主义，生存的一个必要元素必须记住：摆脱苦难是个性发展的先决条件。谈及摆脱苦难，极为重要的不仅是因为主观性和客观性在这方面往往分歧很小，还因为新自由主义的一个重要层面是坚持认为这种摆脱一定不是有意识的、集体的目标：这意味着自由的结束、通

第十章 新自由主义及其对人文科学的攻击：文化帝国主义的新社会科学

往奴役之路，以及对"文化演进"的阻碍。

新自由主义是第一个声称产出最大化或者最大程度地满足欲求不是自由市场经济的目的的经济学理论。在他的"自由社会秩序的诸原则"(Principles of a Liberal Social Order) 一文中，哈耶克（1962：121，论文45）写道，福利经济学犯了一个根本性错误，因为它痴迷于分析共同福利实现的程度。最大程度地满足欲求或者产出的基本观点只适用于像家庭或者寺院（一个经济组织）这样的经济单位；它并不适用于哈耶克所说的"自发的秩序"（katallaxie），即整个的自由市场经济社会。唯一重要的是在市场中自己做决定，即在经济交换过程中摆脱物质性压迫。这些个人的自由决定构建了一个开放的社会，由此促成文化演进。这种文化的演进使人类存活了下来。相比较为普通的教科书的智慧——即自由市场和自由竞争是满足人类欲求最好的制度和程序，哈耶克的观点则意味着一种激进的改变。[1]

有鉴于此，需要考虑新自由主义是服务于谁的利益，它是由哪些经济强国支撑的，以及它是强加给哪个社会阶级的。如果压力和胁迫是用来阻止某些阶级实现或者追求自身的利益，那么我们就会谈及帝国主义。新自由主义通过一些方式发挥了文化帝国主义的作用。首先，通过方法论的个人主义的形式，新自由主义试图通过暗示其本身不可能存有的经济合理性来限制社会科学洞察社会关系现实的能力。通过确保在这些学科中对真理的追求受到严重限制，这一方法论的个人主义进而扭曲了社会科学启发探索的价值。其次，作为"社会秩序的蓝图"，新自由主义的目标是建立一种内在化的胁

---

[1] 要了解哈耶克这位新自由主义理论大师的最近的理论综述，请见 Caldwell（2004年）和 Ebenstein（2003年）。

第四部分 新自由主义、全球化和文化帝国主义

迫或者换句话说也就是社交保守型的社会。这一稳固的社会秩序［"自然的秩序"（the spontaneous order）］要求个人自愿接受市场产生的所有结果，无论这个结果如何。使用这些方法的时候，新自由主义也包括了公开实行胁迫这一选择。就是在这一语境下，"精益国家"（a lean state）的概念将被理解。当既定的社会秩序的核心遭受威胁时，这个国家会毫不知情。（这一概念可在哈耶克的"伟大社会"（Great Society）以及新自由主义的社会契约理论中找到。）最后，新自由主义也包括一种全球经济帝国主义的形式。它的目标是外部的西方发达国家通过强行实施自由贸易和自由资本流动，在发展中国家中拥有不受限制的财产权。进而，它已经着手打断这些国家的发展，甚至都没有承诺给这些国家以传统帝国主义的良性效应，即经济发展。

今天的新自由主义反革命源自对20世纪30年代实施的、为确立现代福利国家的战略的逆反应。确立现代福利国家是一个渐进的过程，首先要熬过20世纪30年代的经济大萧条，后来的目标是在第二次世界大战后实现充分就业。结果，新自由主义对自己的界定更多的是通过反对早期的凯恩斯福利经济学，而不是通过一个完备和统一的理论体系。因而，意欲理解新自由主义及其如今的全球影响只能通过增加对这一对立立场的了解而获得。要对新自由主义有更深入的了解还要求我们一方面理解福利国家及其理论基础之间关系的特点；另一方面要求我们理解启蒙理论及其理论基础之间关系的特点。在这个情境下，笔者认为福利国家和启蒙的概念应当被理解为一种文化成就——而新自由主义应当被理解为对文化成就的否定。当人文科学被大量用于分析和推进人类状况时，就很容易理解为什么新自由主义事实上是对它们的攻击。特别是，可以认为新自

第十章 新自由主义及其对人文科学的攻击：文化帝国主义的新社会科学

由主义实际上抹灭了人文科学的核心部分，取而代之的是一种经济交易模式。在这种模式中个体的反应模式是建立在相对效应基础上的——以此类推到经济学中，相对价格是决定效用最大化行为的变量。

启蒙、改良主义和现代福利国家

现代福利国家的本质特征是政府直接对公民的福利负责。国家这一角色的构想发端于政府专制体制。专制政府并没有将自己定位于一个自我控制的、自由放任的系统来制定规则，而是直接干预经济，促进贸易和工业的发展。专制是资本主义形成和发展的一个必要的先决条件，这一点已经被广泛接受。但是随着时间的推移，像亚当·斯密这样的早期自由主义经济学家开始认为，经济自由主义为资本主义的发展提供了更好的基础。经济自由主义的主要特色是增加社会盈余，不仅通过普遍的压制（以往的社会结构也是这么做的），而且还通过系统地提高生产技术和劳动生产率，进而利用这部分盈余进行资本积累。这种生产模式本身就有减少工资并降低大众消费的倾向。低消费反过来又使可用的物质资源能够用于资本货物的生产。这将促进积累并提高劳动生产率，进而产生剩余价值，而剩余价值又可以进一步加快资本积累。

但是，20世纪30年代的经济大萧条表明，经济自由主义这一理论也是有其局限性的。尤其是它表明经济增长会减缓，而且这会对人类社会造成很严重的后果。当资本货物生产（即固定资本存量）的增长比消费品生产增长的速度要快的时候，中间产出（资本货物）与最终产出（消费品）的比率会增加。换句话说，固定资本存量比最终产出的增长速度要快。但是这一比率有上限。从技术层面讲，

第四部分　新自由主义、全球化和文化帝国主义

这一投入—产出比是确定的，而且一旦达到上限，投入就没有回报了。所以，在让工资减少的因素与那些决定投资上限水平的因素之间就会出现矛盾。[1] 或者像琼·罗宾逊（Joan Robinson, 1975: 71）所说的："如果事实上工人和资本家之间的收入分配与资本家节省的癖好，已经要求积累速度超出与技术条件相适应的资本存量增长的速度的话，那么实际资本的潜在供应会长期超过其需求量，该体系就会陷入长期性萧条。［这就是'停滞的观点（stagnation thesis）'，由凯恩斯提出，经美国现代经济学家，特别是埃尔文·汉森（Alvin Hansen）得到进一步发展。］"这一观点的历史背景是20世纪30年代的大萧条，但是有一点需要强调，以零增长形式出现的停滞状态并不一定是唯一的结果。正如目前所盛行的，增长疲软更有可能发生。

根据凯恩斯反对经济自由主义的论断，危机和失业是需求不足造成的结果。充分就业的潜在产出既不能以消费的形式也不能以投资的形式使用。市场不能通过降低价格和工资来增加需求。在20世纪30年代要明白这一点还需花费一定的时间，直至最后（中间经过很长时间的骗术），凯恩斯的学说被社会民主党派采纳，成为指导原则，如美国的民主党。该党实施了罗斯福的"新政"，进行了社会和公共福利改革。这一不同范例的要点很容易就能展示出来。凯恩斯理论的核心是假设政府财政赤字可以用来启动经济活动，旨在重新分配财富的社会和经济政策就可以用以维持经济增长的最佳水准。凯恩斯的推理方法如下："一种相对较弱的消费倾向会导致失业，方

---

[1] Marx 认为这是一个根本性的矛盾：对资本货物的需求受到生产力发展状况的限制，与此同时，消费受到生产模式的限制。生产力越是发展，两者越是在很小基础上产生矛盾，而就是在这一基础上消费模式才得以建立（Marx 1970 年：255）。

第十章 新自由主义及其对人文科学的攻击：文化帝国主义的新社会科学

式是通过要求和不接受新投资补偿量的伴随产物……"在众多因素中，消费倾向又主要依据群体之间的"收入分配原则"（凯恩斯 1973，CWⅡ：370 页与 91 页）。凯恩斯在其 1937 年那篇著名的论文"就业通论"（The General Theory of Employment）中坚持自己的这一观点。在那篇文章中他说道："人民的消费倾向（propensity to spend，我是这么称呼的）受到许多因素的影响，例如收入分配、大家对未来的普遍态度以及——可能性较小的——利率"（凯恩斯 1937：219）。而且，凯恩斯认为要使消费支出达到更高水平，"政府将不得不对消费倾向予以指导性的影响，其中一个方法就是通过纳税方案"。他还认为要稳定投资支出需要使"投资社会化达到一定程度的综合性"，因为"银行政策对利率的影响自身就足以决定最佳投资比率"是不可能的（凯恩斯，1973 年，CWⅡ：378）。

引自凯恩斯的这些话，说明了第二次世界大战后在西方发达国家起效的现代福利国家的理论和现实基础的特色。对利润收入征收高额税使得政府有能力资助各种福利计划，诸如更好的教育、国家卫生体系、住房等类似的领域。整个公共消费在许多方面促进了全球需求的增长，其中包括公共部门工作人员的支出。低利率政策被认为能够促进投资支出的增加。但这并不是达到充分就业的唯一原因：在这些一般政治条件下，行业工会通过成功签订集体工资协定，获得更好的机会增加工资。同时因为集体工资协定的再分配效应，整体需求和就业水平得到了显著提高。毫无疑问，这一大规模的"自由市场"秩序的暂停及其被所谓的"混合经济"（mixed economy）所取代，*成功满足了"多数人"的利益。但是，对于商业而

---

* 混合经济是私人经济和公共经济的混合体。凯恩斯、汉森和萨缪尔森等人认为，战后资本主义经济已经变成一种国家机构与私人企业共同控制的公私混合经济。——译者注

第四部分　新自由主义、全球化和文化帝国主义

言，产生的结果是政治对收益产权的干预，以及自主性在整体上的明显缺失。导致上述现象的原因不仅有议会和行业工会的举措，当前这些举措决定了利润水平和食利者的利息收入；还包括充分就业要求在工作场所减少约束，因为在这些条件之下，老板们的社会地位会受到质疑。[1]

凯恩斯主义及其改良主义因而可以被理解为启蒙的一个新目标。它试图实施新的社会经济规则。这些规则能够使科技进步的成果得以应用，并为共同利益（common good）提高劳动生产率。显著的一点是为了增加盈余，加快工业化的速度，信赖市场和竞争是理性的、合适的。但是需求限制的下一阶段要求其他行动。这两个行动是启蒙的不同侧面，而且结果是启蒙辩证法在经济理论领域遭受质疑，因为资本家感兴趣的是维持市场和竞争的解决方案，这确保了他们的社会权力，即使这些准则已经过时，已经不能将公共财富最大化。

已经有多种理论通过各种方式试图表明凯恩斯模式是有缺陷的，例如，新古典理论。这一点并不让人吃惊。大体上讲，新古典理论忽视了其他所有一切，除了交换过程和个人欲将有用性最大化的需求，因而它将自己定位成一个明显非历史性的路径。但是在将资本家的统治合理化的层面上，新古典理论自身也有一些严重的漏洞。首先，它没有完全消除政府作为一个主体，其影响范围远远超出市场游戏规则的观点；因而，新古典理论承认市场失灵。许多商品和服务不符合这一模式的逻辑；公共产品（public goods）被定义为私人部门和私有化之间的边界线。在最后一个例子中，政治学不得不向公共财富止步。第二，在解决 20 世纪 30 年代经济大萧条的问题

---

[1] （Kalecki，1990 年；347ff）在他那篇著名的关于充分就业的政治后果的论文中对这个问题进行了详尽的讨论。

第十章 新自由主义及其对人文科学的攻击：文化帝国主义的新社会科学

上，新古典理论并没有给出建议。这表明它在更大程度上是一种辨惑学（apologetics）而非科学理论。（凯恩斯的理论成功地解释了现实，并就如何应对危机提出了建议。）第三，新古典理论没有为社会发展提出解决方案，因而放弃了深入人文科学、修订人文科学从而使资本主义正当化的可能。第四——除了市场失灵的例子，在此政府负有责任——新古典理论着手去证明，自由市场和自由竞争能够确保经济资源得到最有效的分配。通过这种方式，新古典理论构想出一个福利目标作为评定效率的标准。在这一点上，新古典理论和新自由主义存在根本差异。

反启蒙的新自由主义

新自由主义关心的是资本主义的福利目标——"多数人"的共同利益——不能通过自由市场和竞争而获得；相反，凯恩斯主义甚至在经济发展的同时完整实现了公共福利的诺言。但是即使凯恩斯的意图是消除经济危机，并以此通过改革来拯救资本主义，而这样做却必然从多方面限制了资本家的自主性。不仅如此，凯恩斯倡导的政策趋向于消除不受控制的资本主义。因此，对资本家而言，拥有效率标准（以及其他一些漏洞）的新经典理论，以及拥有远大目标的凯恩斯主义都不是满足自己利益的合适理论。这是新自由主义形成的客观原因。它的目标是调和人类与给人类带来苦难的资本主义制度之间的关系（即使生产力极高），并阻止人文科学提出质疑这一所谓必要性的理论。前缀"新"恰当地暗示了资本主义不可能再回到资本受限制的阶段。在那个阶段，旧的自由经济体制限制了大众消费，并以此来实现工业化。

因而，对资本家而言，凯恩斯的理论洞察力以及受其理论启发

第四部分　新自由主义、全球化和文化帝国主义

产生的政治学已经令他们极为烦恼也就不足为奇了。站在他们的立场上,他们当然有理由担心。即使凯恩斯并非意在干预经济存量的财产权(生产手段),传统社会民主人士以及许多行业工会的政治家——都深受凯恩斯的启发——超越了他们精神领袖的观点,还(在许多国家)宣称将金融部门和支柱产业国有化。[1]客观而言,这次改良主义运动的主要特色是协调生产模式和生产力状况之间的关系。而且因为资本主义本身无法完成这一任务,这便成了一个政治问题,或者是有意识的集体行为。这反映出社会偏好功能(经济学家们是这么称呼的)的形成过程。

为了利用那些经济资源,社会权力的转移是必要的,否则经济资源就会闲置。也就是说权力的转移可能在一个既定的经济资助水平上使福利最大化。但是改良主义的任务并不局限于工业化国家需求不足这一问题,而且还与发展中国家有关。如果发展中国家需要更多实物资本来增加积累,并以此增加就业和生产,而工业化国家能够比现在更多地进行生产,那么工业化国家的需求限制和发展中国家的资本限制问题都将同时得以解决。对前者而言,解决方法是外贸顺差;对后者来说则是外贸逆差。为了解决这一问题,发展中国家在20世纪60年代就提出国际货币基金组织应当设立特别提款权,不仅为了在整体上提供国际流动性,而且还为了将特别提款权用做发展中国家的国际支付手段,以便发展中国家进口更多资本货物。从创造资金的技术层面来看,这一方案的核心非常简单:外贸逆差导致欠债。因为债务创造了资金,所以这些逆差就提高了国际

---

[1] 法国共产党(Parti Communiste Francais, PCF)和社会党(Parti Socialiste, PS)于1972年6月26号签订的"政府共同计划"(Programme commun de gouvernement)是对这种解决办法的最后一次尝试。1981年左翼联盟竞选获胜之后,这个计划成为政府计划。

第十章 新自由主义及其对人文科学的攻击：文化帝国主义的新社会科学

资金的供给。问题的关键就在于这些钱不是由那些该国货币充当国际流通货币的国家创造的（如美元），而是由发展中国家创造的。显然这个方案不能被主要工业国家以及这些国家的国际银行和各个产业所接受。在自由资本市场的条件下，当前的策略是发展中国家额外的资本形成以直接投资的形式出现。然后投资者自己为发展中国家的外贸逆差提供资金，同时又不产生国际负债。但是有证据表明，这一新自由主义的安排是失败的：尽管每个公司都在理性决策引导下在市场中做出了自由选择，但大体上来讲这并不能产生理性的结果。尽管存在失败的可能，新自由主义还是开始认为自己不再需要担心第三世界的状况，因为第三世界正在积极追求主权和自决权。与此同时，新自由主义已经成功地将福利政府从工业化国家中移除了。

因此，将新自由主义视为反启蒙的一种现代形式是最准确的。从经济事务来看，启蒙可以被理解为试图不断审视该体制的架构是否适合使用并发展经济资助，从而进一步创造财富；同时质疑"资产阶级社会的条件是否过于狭隘以至于不能包含他们创造的财富"（马克思和恩格斯，1977：468）。正如此前所强调的那样，这种不断审视是必要的，因为从历史发展的角度而言，各种组织形式都是权宜之计，在面对一个新的发展阶段时会过时。凯恩斯主义的启蒙成就已经解决了这一问题。或者通俗一点说，启蒙关注的问题是人类通过摆脱那些不能够，或者已经不再能够被合理解释的传统、制度、规范和惯例来提高自身的整体状况。这个关于发展的观点之所以产生是因为大家确信人类不仅能够认识并运用自然规律，而且能够创造出作为一般人类环境的社会环境，服务于所有人的利益（Schröder 1990：279）。从最广义的角度看，启蒙的概念是持续思考，遵循将

第四部分　新自由主义、全球化和文化帝国主义

人类的恐惧带走并让人类成为自己命运的主人的目标。霍克海默尔（Horkheimer）和阿多诺（Adorno）就是用这个概念来介绍他们的"启蒙辩证法"（Dialectic of Enlightment，1998：9）的。

　　新自由主义倡导的是启蒙的对立面。商业世界支持的反启蒙是对改良主义的一个必要且难以抑制的本能反应。它必须找到证据来证明改良主义理论和尝试是错误的，是违背人类天性和文化演进的。但是不仅工业化国家的内部形势需要将改良主义清除出去，而且欠发达国家的经济和政治发展也必须根据新自由主义的方式重新配置（具体例子，见本书第十二章和第十三章）。所有这些领域中的改良主义意味着权力从私人领域到政治领域的转移。改良主义原则还认为个人努力的范围是受限制的，集体行动是需要的。这就解释了为什么新自由主义对议会、工会等集体机构持有批判的态度。该理论的核心是重新定义个人，并指出它是在生物和经济规则下的决定性单位。

将人文科学降低为生物经济学：新的个性

　　论述新自由主义的文章很多，但最引人注意的一点是这些文章涉及多个方面且各具特色。将新自由主义理解成一个前后一致、条理清楚、天生具有清晰的解释和预见功能的理论并不容易。然而，只有通过它那颇具煽动性的逻辑，通过它也使用的相同的口号，即通过它对凯恩斯改良主义的反对才给人留下印象，认为它是一个条理清晰的模式。事实上，新自由主义论断在它们的政治目标中有着最清晰的勾勒。这也许就能解释反对这些目标的斗争主导了公众讨论的原因。因而对新自由主义试图证实这些目标的分析往往被置于背景当中。

第十章　新自由主义及其对人文科学的攻击：文化帝国主义的新社会科学

但是，有一种我们可以称之为新自由主义理论的东西。客观而言，它的主要特色不是对认知和知识感兴趣，而是无条件地计划和建立在伪科学基础上的改良主义斗争。因此，该理论认为改良主义是违背人的天性的，它危及了人类的生存。这就需要一种预先形成并限制该理论中那些虚假解释的严格性。所有以理论为基础的洞见，如果与新自由主义政治目标的理论基础中那些必要的东西不一致，就会被严格地拒绝或者修正。因而，人文科学不得不彻底改变。

恰如本章开篇时所强调的，新自由主义理论的核心基础是方法论的个人主义。有人认为复杂案例（如这个社会）的规律可以通过不那么复杂的案例（如个人）的规律而演绎出来。根本的"永久"法则是目标法则，这是人类所追求的，以及财富稀缺（法则），这有着其他的用处。这就涉及作为决策的依据的机会成本的概念。人类生活并且行动于物资稀缺的条件下。与传统经济理论相比，目标的定义很宽泛，强调这一点很重要。根据传统的理解，目标是你所寻找的产品；在这里，目标包括所有人类可能想要的，包括友谊、名誉、美貌、善良等。阿尔钦和艾伦（Alchian and Allen，1969：18）在《交换和生产，应用理论》（*Exchange and production, theory in use*）一书中，以一种教科书的方式准确表现了所有这一切。人类被认为是在生存的过程中已经形成了具有特别生物属性的生物：他们自私贪婪——而且从这个意义上讲，热爱学习。这就构成了一个"竞争和选择的普遍的生物经济学过程。这个过程在分析和预测人类行为和社会组织的发展轨迹时将一直有效"（Hirshlifer 1985：66）。

考虑到物资稀缺、关于机会成本的决定以及具有不同用途的、作为经济物品的所有人类属性的（心理的、道德的、精神的、智力的）宽泛定义，以及竞争和选择的生物经济学过程，人类的任何行

第四部分 新自由主义、全球化和文化帝国主义

为和决定都要在一个相对的价格体系范围内加以理解。[1]对商品及其有用性的评估以及——由此激发和决定的——商品交换是个体行为——通过竞争对市场进行的协调个体行为——的社会的基本且唯一的动力。个体的这些特性被认为已经使"贪婪"的物种在生物经济学的选择进化过程中得以生存下来。只有贪婪的、唯利是图的以及在行动主义概念意义上的接受性的社会才有机会在"存在之战"中生存下来。从生存的角度而言，资本主义是人性的完美形式：资本主义就是生活。哈耶克用以下的话说明了这一点："对人类学而言，所有文化……可能是一样好的，但是为了维持现有的社会秩序，我们不能不说其他文化不那么好"（哈耶克 1980：232）。在一次采访中，他坚持这个观点说道："为了遏制人口过多的问题，只有一个方法，那就是只有让这些能够养活自己的人活着并且繁衍后代。"哈耶克强调这绝对"不是社会达尔文主义"；相反，他忧虑的正是社会进化过程（Hayek，1981 年）。这里必须特别提到一点，基因决定、选择以及适者生存的观点和概念在极右的计划中得到了体现。分析法国、奥地利或者意大利右翼政治党派的计划，就很容易看出这一点（舒伊等 1997 年；克里森，2001 年）。

选择的过程——哈耶克称之为过滤或者清除的过程（Siebungsvorgang）——构成了一个开放的结局以及先验的、不确定的结果的社会演化过程。这里的逻辑是顺着稀缺和生物决定这条线索，个体行为没有可预测的、共同的社会结果。在波普尔或者哈耶克的概念里的，这个"开放的"或者"伟大的"社会与人的天性是一致的。如果政治学提前设定一个目标，比如充分使用所有的资源、共同福

---

1 《自杀经济学》（Hamermesh and Soss，1974 年）提供了绝佳的例证：如果对生命的恐惧（主观的评判）超出了对死亡的恐惧，一个人就会自杀。

第十章 新自由主义及其对人文科学的攻击：文化帝国主义的新社会科学

利等，如同改良主义所实行的，那么社会与人的天性之间就会出现不和谐的现象。如果这些共同的、集体的目标被强加给个人，那么个人的自由就会受到限制；他们的个人行为方式，从生物学和经济学因素来描述，就会与外部强加的偏好产生冲突。由此可见，自由必须是消极的——个人不受其他任何人干涉的自由——而非积极的自由。在积极自由的情况下个人有机会自己做决定。积极的自由，如同摆脱磨难那样，从亚当·斯密的经典著作里，从持有分配效率最大化观点的新古典主义学者那里（所有的创造性因素都得到最有效的利用）可以得到保证——或者在发展的稍后一个阶段，从凯恩斯主义的政治干预中也可以得到保证。但是，如果一方面，经验表明古典和新古典理论的承诺无法兑现——例如像20世纪30年代的大萧条——如果另一方面，改良主义可能客观地使整个体系陷于危险之中，那么经济学理论中将实现物质幸福作为现代的一个特征就必须去除。这就是"伟大的"或者"开放的"社会所做的。这样条件下的福利只能牵涉私人的、个人的责任和效率（生活是由你去创造的）。如果福利牵涉公共政治责任，结果就可能是前面提到过的不和谐；借用新自由主义的口号，它将是奴役和胁迫，是个人自由的终结。

通过"伟大的"社会的概念及其对人的本质的重要推测，形成新自由主义理论的动机就很容易理解了。社会权力必须得到保护，即使这样做的代价是大范围的苦难；正是对"大众"、对民主政策、对任何集体自决的尝试的恐惧，让权力分配陷于危险之中。

从方法论的角度来看，将改良主义视为通向奴役的道路最终都建立在方法论的个人主义基础之上。但是即使这一点也仍然需要进一步解释。由于方法论的个人主义"声称关乎个人的事实比关乎社会实体的事实更重要……即所有上层现象和常规现象——包括社会现象——最终都将化为物质实体和管理它们的法律"（Little 1995：615），那么推测应该是个人财富最大化的倾向将带来产出的最大化。新自由主义理论坚持这样的主张。但是因为新自由主义要回避这样的论述，它就不得不将个人努力的社会结果不确定化。而只有关于生存的很不具体的承诺。个人希望获得更多商品而不是少获得商品，这一点对于个人来说是对的，但对于整个社会而言却是无效的。但是新自由主义的悬而未解的问题是为何每个个体的偏好与所谓个体的集合，即社会的偏好不同？如果个人的偏好（希望多获得商品而不是少获得商品）在集体政治行动的情况下，即在存有一个社会偏好的情况下更有可能实现的话，那么理性的、受过教育的个人必然会在个人偏好的基础之上达成一种社会偏好。

看起来哈耶克比其他许多新自由主义者都更明白，对于个人努力的社会结果的解读是一个尚未解决的问题。他的解决办法是服从。因此，他强调了在解释我们由于逻辑原因而不得不屈从于某些力量的过程中的主观困难，而其所带来的结果我们无法了解得十分清楚，也无法对其施加面面俱到的影响。然而我们不得不这样做，并带着"谦卑的尊重"。这是"宗教"或者甚至仅仅是"经济学说的尊严"所灌输的（哈耶克 1991：254）。哈耶克认为，该体系在下列条件下运行：在参与社会发展过程时，个人必须愿意适应变化，愿意遵守那些未经过理性计划而得出的惯例。大体而言，个人要准备好接受社会发展的结果，这些结果不是任何人计划而来的，它们发生的原因可能无人知晓（哈耶克 1948：38）。哈耶克经常强调这就是他设想中的自由社会，只有这样的社会才可能延续下去。但是，哈耶克谴责道，人们开始反叛，并对他们过去曾经屈从的无名的影响力充

第十章　新自由主义及其对人文科学的攻击：文化帝国主义的新社会科学

满仇恨，特别是当这样的影响力阻碍他们的个人努力时。这种反叛说明了一个更为普遍的现象，即一种过去从未被人所知的、屈从于任何规则和必要性的决心——这么做的原因没有人知道。哈耶克继续说道，但是在一些领域里，对于可以合理理解的诉求无法完全得到满足，我们拒绝服从于自己不理解的事物，必然会导致我们文化的毁灭（哈耶克 1991：253）。任何基于理性的、集体的计划，旨在引导社会发展过程的替代方案一定会失败，因为知识散播于不同个体，没有哪个过程比个体的自由竞争更能在社会层面上利用这些知识（哈耶克，1959 年）。

社会学家和心理学家的一个有趣的任务将会是深入阐释人类将如何在新自由主义的社会秩序下运作。在这种新自由主义的社会秩序下，引导个人行动的原则是服从以及从经济上理性地权衡机会。一些简短的评论将有助于完整地展现这样的情景。在新自由主义世界，人类的行为是由简单的算术式的有用单位的交换所决定的。人与人之间交往的动机在于互惠，通俗而言，就是利用别人，然后再被别人利用。而且因为方法论的个人主义从简单的结构中演绎出复杂的结构，所以整个社会被看作是一个成员之间相互利用的体系。显然，这个观点与人文科学的根本信条是相违背的。许多社会科学家反对新自由主义关于人类行为的论说，很可能是他们将这种论说理解为大规模的精神扭曲的症状。这就为理解新自由主义变得如此受欢迎的原因提供了线索。它的理论描述了一个受资本主义社会化影响而堕落的人的自我实现的框架。在这个理论的基本论述中，这个堕落的人认可了他自己。对于这位理论家及其目标而言都是如此。由新自由主义理论产生的社会现实越多，该理论就越将个人视为自己的拥护者。由此，如同马克思和恩格斯（1977：464）在 1848 年

第四部分　新自由主义、全球化和文化帝国主义

的《共产主义宣言》中所写的那样，资产阶级一定"使人和人之间除了赤裸裸的利害关系，除了冷酷无情的'现金交易'，就再也没有任何别的联系了……它将人的尊严变成了交换价值"——尽管存在各种各样的个人主义。为了维护个人主义，新自由主义假装反对"集体主义"。

新自由主义理论的根本问题在于它含蓄地承认市场在权力分配上存在不平等，这没有合理的理由，因此也就很难为其辩护。因此正当化（的要求）使创造新的理论世界成为必需。这也解释了为何新自由主义对人文科学如此暴力，如此具有侵略性。显著的一点是资本家自治是反对社会总体的潜在财富的生产的，并反对将财富用于共同福利。因此，自治必须将苦难合法化。这就要求创造"一个具有生物经济属性的人"，不仅就所想要的所有实体而言，这个人的需求不受限制并且得到满足，这个人只凭借个人行动应对所有挑战，从不试图干预他人在其中运作的框架，并毫无怨言地接受任何失败。意识到这一点将是致命的。认知的进步需要公开辩论，而且要排除从智力上控制公理和方法的进入权的新自由主义的道德约束。在存在经济权力的社会环境中，缺少自信是不会被观察到的："帝国主义"以及"扩大经济学领域"这些概念被积极地使用到新自由主义文献中（Radnitzky and Bernholz，1985年）。赫舒拉发（Hirshlifer 1985：53）写道："经济学的确构建了社会科学的普遍语法。"[1]

鉴于个性中的这些对应于新自由主义方案的特点，极端右翼政党——不仅是这些政党——在自己的规划中采用新自由主义理论也就不足为奇了。即使分析这一事实，也无法通过将新的极端右翼等

---

[1] 新自由主义的这些纲要肯定是不完整的。具体分析，请参阅 Schui and Blankenburg2002 年。

第十章 新自由主义及其对人文科学的攻击:文化帝国主义的新社会科学

同于传统的法西斯主义来获得有意义的结果;因为如今的情形以及需要解决的问题已经不大相同了。在20世纪二三十年代,与传统法西斯主义对立的不是凯恩斯主义和改良主义,而是共产主义。或者如哈耶克的老师冯·米瑟斯(Von Mises)所说的,作为反对共产主义的权宜之计,法西斯主义在短时间内拯救了欧洲文明(Mises 1927:45)。传统观点认为极端右翼维护资本主义的利益,因此今天资本主义的真正问题已经不同于战前时期。但是在这场政治运动中某种基本的思想体系并未改变。人的个性的生物基础——如今更少从种族而是更多地从生物—经济决策权、为生存而战和优胜劣汰的角度考虑——所有这些都是传统法西斯(舒伊等,1997年)以及当代极端右翼党派的准则。但不仅如此;即使新自由主义表面看似要创建一个自由社会,并将政府的专制(大家是这样叫的)降到最低程度,但是产生的新自由主义政府还将会是一个权力强大的压制性的政府。

新自由主义的压制性政府

时至今日,新自由主义的文化帝国主义仍然扮演着一个对社会科学进行大范围修订计划的角色,扮演着一个个体在社会层面上的无意行为之下的谦卑和服从的文化计划的角色。还需要加上另一个方面:怎样确保个人自由在消极自由领域内找到自己的界限,确保个人不憧憬或者不索取市场拒绝提供的东西。哈耶克的服从和忠实早已暗示了界限之所在。那么怎样使之成为一个普遍的社会惯例呢?

有两种建议。哈耶克信奉在社会的道德约束中(他是这样称呼的)将压制内在化,而新自由主义的社会契约法则强调政府是最后的执法者。但是必须要强调的是这些观点相互并不排斥。哈耶克倾

第四部分 新自由主义、全球化和文化帝国主义

向于一个公民社会的解决方法,即不存在政治压迫。他的解决方案中有集体主义的特性,虽然这与新自由主义的个人主义观点相矛盾。他写道:

> 私人领域内的行为不应该是政府管制的对象,但是这并不一定意味着在一个自由社会中,个人的行为就应该免受公众意见的压力,不应该遭遇到反对……在许多情形下,这一点越来越明晰:如果为了保证对道德准则和惯例的接受,公众的赞同或反对意见所施加的压力不被称作是强制。整体而言,社会交往和个人行为所要遵循的惯例和准则对个人自由不会构成严重的限制,但是确保了行为平等的最低标准,这种平等更多的是支持而非打压个人努力。(哈耶克 1971:176)

因此,新自由主义的社会契约的概念坚持一种个人主义的方法(布坎南,1975年)。政府的存在要在一个广泛的交换体系中得到解释:如果个人很好地理解了利己,那么他就会放弃自己部分的自由以确保其他的自由。在这个框架内,政府被合法化为接受既定准则的最后执行者。这种合法化源于下列事实:社会中所有成员在对私有财产、竞争和契约责任确保的同时获得个人利益。如果压制由政府实施,那么肯定能普遍达成协议,只有那些偶然触犯规则的人才会感到有压力。与利益相关的是这样一个社会契约模式是否意味着压制,不仅是偶然的压制,还可能是系统针对所有社会阶层的。理论基础是霍布斯(Hobbes)的契约论:有价值的是一个人想要或者偏好什么,而不是他应该想要或者偏好什么。理智的行为就是那些能满足这些愿望或者偏好的行为。只有这样的行动才是有道德的。

第十章 新自由主义及其对人文科学的攻击：文化帝国主义的新社会科学

道德体系和理性的社会存在暗示着互惠性。通过互惠性，自发的交换就形成了。它使个人得以实现自身的偏好，并且能够基于个人禀赋，如工作能力，而最大程度地发挥个人的作用。如果每个人愿意合作并期待合作，没有人通过侵犯性的行为去干涉他人的个人禀赋和财产，那么一个可以运转的和平社会就得以形成。事实是否如此还是一个与理性相关的问题：害怕成为被侵犯的目标会阻止一个人自己实施侵犯性的行为。如果所有个体都理性地期待自己可以通过交换来增加自己的用处，那么这样的行为就更有可能发生。通过财产的平等分配，这种可能性就会提高；如果大型社会群体没有财产可以失去，或者他们被阻挡在交易之外，那么这种可能性就会最小化。

因此，新自由主义意义下的和谐暗示着所有个体在这个易货社会中是一个整体。这就要求所有人都拥有经济财产（在新自由主义的宽泛定义中）以作为交换的先决条件，还要求他们都有可能通过参与交换来养活自己。尽管哈耶克并不能算是布坎南意义上的社会契约理论家，但是他关于交换（katallattein，意为进行商业活动，而被社会接纳）的主要概念描述了易货社会存在的条件。因为，如果一个足够大的社会群体被隔离在商业活动之外，那么这个社会就没有普遍性。这是社会稳定的一个障碍。重要的不仅是要有与生俱来的能力，例如工作能力——人力资本，还要有如同经济权利所称的——进行交换的机会。因为这一机会的重要性，劳动力市场理论得以发展起来，用以表明在不受管制的劳动力市场中不存在非自愿性的失业。然而，如果与此相反，出于客观理由不可能出卖劳动力，可能因为对劳动力没有需求，或者在不受管制的劳动力市场中工资水平太低以致无法生存，或者缺少实际资本从而限制了就业，那么

第四部分　新自由主义、全球化和文化帝国主义

大部分人口就不会被易货社会所接纳。与此同时，其他人因而永远受到威胁，而且很大一部分劳动力提供者可能会意识到他们劳动的价格并不是自由协议的结果，而是饥饿引发的强取所致。完善的易货社会可以为他们提供些什么呢？上述模式怎样才能与下列反对意见协调一致呢：工作完全被视为一种经济商品。它暗示了在供大于求的时候多余的商品要被销毁。当今社会任何交换都讲究程序公正。这一言论体现了对强取敲诈的指责（Nozick，1974年）。政府作为社会契约的共识部分有权提供补贴。这一言论佐证了工资不足或者造成苦难的其他因素。但是严格来说，补贴并没有遵守新自由主义对社会契约的理解；相反，这个理论假设社会契约是基于交换的，即互惠性，而不是基于善行或者人道主义。按照自身的逻辑，该理论表明所有人都被社会容纳了，从而没有通过补贴以阻止一个界限清晰的、未被接纳的群体去发动社会暴乱的需要。

与此建议相反的是，很有可能不仅最后的执法者偶尔会随意选择一群忽视个体的规则的人而对他们施以压制，而且政府还会对那些除了工作能力之外别无其他与生俱来的能力的人系统地采取行动。但是，尽管这个市场存在进行系统化压制的可能，但是一个关于和平的、纯粹的易货社会的想象还是非常有吸引力的：它让人相信在这个契约社会里，主流的道德不是压迫而是个人自由的表达。从意识形态来说，布坎南的社会契约论要优于哈耶克的观点：社会契约论不要求集体道德，也不要求在面对个人行动和文化发展的最终社会结果时必须谦恭和顺从。它完全基于利己和个人道德体系。如果该体系需要一个最后的执法者来压制那些为了自身的利益可能集体忽视这些准则的人，如果社会中这一反对群体拥有一种专门的能力（如只拥有劳动力），那么与意识形态的基本推测相反，就会有一种

第十章 新自由主义及其对人文科学的攻击：文化帝国主义的新社会科学

内在的趋势来推动拥有特性的群体获取幸福，即易货社会。这就意味着承认社会阶级的存在。这样一来以普遍自由、理性和道德为主要特色的新自由主义，其整体的计划就变得矛盾起来了。这个社会就不能自称具有普遍性。它更应该是有形财富和货币财富拥有者统治的工具（舒伊 2002：413）。

因此，普遍性的缺失基于下列事实：易货社会的准则只能由那些可以通过交换改善自己处境的人自发遵守。客观而言，如果这个体系崩溃了，被排除在系统之外的那部分人不会失去什么。他们不会支持它。即使拥有财产权的易货社会毁灭了，他们的工作能力也不会丧失。这种普遍性的缺失构成了新自由主义的压制性政府。相反，只有在一个仅有农民和手工艺人的田园诗般的世界里，人人都拥有有形的财富，普遍性才有可能实现。瑞士伯尔尼中部地区的田园世界正好就是勒普克（Roepke 1947：25）构想中的社会的模式。

两种方法都意味着一种冷漠和强制的政治文化。对哈耶克而言，就是有必要通过他的"道德约束"来阻止文明的终结。对布坎南而言，就是有必要阻止那些超出交换的构成社会行动的一切。政治参与在两种情况下都被谴责了。它在这里扰乱了文化发展的和谐，在那里又扰乱了市场规则的和谐。

结　论

将新自由主义理解为文化帝国主义，这要求在文化、经济理论及其引发的政策三者之间建立联系。正如本章开篇时所说的那样，通常而言，文化被定义为对应于现有环境而在确定的时期和地域通过人的作用所创造出的东西的总和。这就包括相应的个人与社会能动模式以及生存条件。对作者在本章中所界定的文化，新自由主义

第四部分 新自由主义、全球化和文化帝国主义

是有敌意的;它是蒙昧的、未开化的,因为它坚持认为摆脱苦难不是经济发展的目的。与此相反,它声称自由不得不被视为个人在市场中的"自由"决策,这包括强迫性地接受经济资助的不平等分配,从而也必须接受社会权利的不平等分配。如果与此相反,社会旨在通过集体的政治权力来决定个人经济行为的社会结果,这意味着通过法律和集体协商来约束个人的自由,那么寻求的就是"通往农奴制之路"(the road to serfdom)(哈耶克1944年的那本著名的书的书名)。它将阻止文化的演进,而只有文化演进才能让人类存活下去。

一眼即可看出,像"自发接受"或者"最后的执法者"这样的概念暗示了新自由主义的秩序是不可能具有普遍性的。如果一种秩序的统治权表达了所有人最根本的利益,或者通过理性分析能获得普遍赞同,那么该秩序(或者文化)也许能称之为具有普遍性。但是如果保持一种秩序的稳定性需要上文所概述的集体的无意识以及谦恭和服从,并且要放弃形成一种社会偏好,放弃为了一个共同目标而有意识地携手采取行动,那么就不存在普遍性了。这样的一种秩序对科学必定是充满敌意的,因为科学是阐明社会中的冲突和未解决的问题的。在这种情况下,科学的任务是否认、隐藏、掩盖或者压制那些需要它去帮助解决的问题。从这个意义上讲,新自由主义理论的野心从一个否定的角度被界定清楚了。在此就可以发现那些存在分歧的新自由主义著作中的一致之处。

文化通过多样性表达着社会的状态。这个社会如果没有认真解决怎样为了共同福利而使用生产力的问题,如果它因为社会化和公开的强制而在思想上陷于瘫痪,那么它就是颓废的,它的科学也是颓废的。新自由主义理论在思想上是腐朽的,因为它拒绝考虑知识和知识分子努力的历史结果。该理论没有扩大我们对社会环境的理

第十章 新自由主义及其对人文科学的攻击：文化帝国主义的新社会科学

解，它只是擦掉了人类的知识和意识。[1] 在与人文科学斗争的时候，它自豪地称赞自己的帝国主义。因而，新自由主义理论不仅是一个文化疏漏（cultural slip），它还是野蛮的。这是一种服从的、谦恭的、将人类降解为一系列所谓的生理特征的文化，它因为政治原因而被选择，目的是为了保持现状。它的新达尔文主义是折衷的。它的科学产出是对文化的一种贡献，是对直面存在的工具的一种贡献，暗示着新自由主义的压制性政府中存在压制，无论是内在化的还是公开的——并非不同于作为腐朽的晚古时期（late antiquity）的一个特征的高压政府。新自由主义意味着对一个已经不具有适应性的结构的狂暴且强行的拥护。这是腐朽的一个方面。另一方面，腐朽是历史纪元发展中的一个必然经历的阶段。但是必须要记住，真正的人类和社会发展有许多要求，其中包括腐朽和衰退只能被看作是腐朽和衰退。

参考文献

Alchian, A. A., and W. R. Allen. 1969. *Exchange and Production, Theory in Use.* Belmont, CA: Wadsworth.

Buchanan, J. 1975. *The Limits of Liberty: Between Anarchy and Leviathan.* Chicago, IL: University of Chicago Press.

Caldwell, B. 2004. *Hayek's Challenge: An Intellectual Biography of F. A. Hayek.* Chicago, IL: University of Chicago Press.

---

[1] 为了改变人文科学，新自由主义所采取的方案与19世纪法国的天主教党派所做的没什么不同。维克多·雨果当时是法国议会的议员。他在国民大会上发表演说，谴责了这一宗教党派（1850年1月15日）："所有那些被天才们、文化宝藏、古老传承、一代代人、共同知识遗产所书写的、发现的、沉思的、演绎的、启示的、想象的、虚构的东西，你都要抛弃掉！如果说整个人类的智慧就像书页一样展示在你眼前，任你处置，你也要在上面画上删除线！请相信这一点！"（雨果 1964: 6）。

第四部分 新自由主义、全球化和文化帝国主义

Christen, C. 2001. *Italiens Modernisierung von Rechts. Berlusconi, Bossi, Fini oder die Zerschlagung des Wohlfahrtsstaates.* Berlin: Karl Dietz Verlag.

Ebenstein, Alan. 2003. *Friedrich Hayek: A Biography.* Chicago, IL: University of Chicago Press.

Hamermesh, D. S., and N. M. Soss. 1974. "An Economic Theory of Suicide." *Journal of Political Economy* 82: 83—98.

Hayek, F. von. 1948. *Wahrer und falscher Individualismus, ORDO – Jahrbuch für die Ordnung von Wirtschaft und Gesellschaft*, Band I: 1955, Stuttgart: Lucius and Lucius.

Hayek, F. von. 1959. *Mißbrauch und Verfall der Vernunft.* Ein Fragment. Frankfurt a. M.: Knapp Verlag.

Hayek, F. A. von. 1969. *Grundsätze einer liberalen Gesellschaftsordnung, Hayek, Freiburger Studien, Gesammelte Aufsätze von F. A. von Hayek.* Tübingen: J. C. B. Mohr (formerly Paul Siebeck).

Hayek, F. von. 1971. *Die Verfassung der Freiheit.* Tübingen: J. C. B. Mohr (formerly Paul Siebeck).

Hayek, F. von. 1980. *Recht, Gesetzgebung und Freiheit, Band 3, Die Verfassung einer Gesellschaft freier Menschen.* München: Verlag Moderne Industrie.

Hayek, F. von. 1981. "Ungleichheit ist nötig. Interview mit Stefan Baron." *Wirtschaftswoche* (weekly) Nr 11.

Hayek, F. von. 1991. *Der Weg zur Knechtschaft.* München: Verlag Moderne Industrie.

Hirshlifer, J. 1985. "The Expanding Domain of Economics." *Ameri-*

第十章 新自由主义及其对人文科学的攻击：文化帝国主义的新社会科学

can *Economic Review* 75: 53—68.

Horkheimer, M., and T. W. Adorno. 1998. *Dialektik der Aufklärung*. Frankfurt: Fischer.

Hugo, V. 1964. *Oeuvres Politiques Complètes*, *Oeuvres Divers*. Paris: Jean – Jaques Pauvert.

Kalecki, M., 1990 [1943]. "Political Aspects of Full Employment." In *Collected Works of Michal Kalecki, Volume I, Capitalism. Business Cycles and Full Employment*, ed. Jerzy Osiatinski. Oxford: Clarendon Press.

Keynes, J. M. 1937. "The General Theory of Employment." *Quarterly Journal of Economics* 14: 109—23.

Keynes, J. M. 1973. *The General Theory of Employment, Interest and Money. Collected Works, Volume VII.* London and Basingstoke: Macmillan and St. Martins Press.

Little, D. E. 1995. "Philosophy of the Social Sciences." In *Cambridge Dictionary of Philosophy*, ed. R. Audi. Cambridge: Cambridge University Press.

Marx, K. 1970. *Das Kapital*. Bd. III, MEW 25. Berlin: Dietz Verlag.

Marx, K., and F. Engels. 1977. *Manifest der kommunistischen Partei*. MEW 4. Berlin: Dietz Verlag.

Mises, L. von. 1927. *Liberalismus*. Jena: Fischer Verlag.

Myrdal, G. 1965. *The Political Element in the Development of Economic Theory*. Cambridge: Cambridge University Press.

Nozick, R. 1974. *Anarchy, State and Utopia*. New York: Basic Books.

Radnitzky, G., and P. Bernholz. 1985. *Economic Imperialism: The E-*

第四部分　新自由主义、全球化和文化帝国主义

conomic Approach Applied Outside the Traditional Areas of Economics. New York: Paragon House.

Robinson, J. 1975. "Rosa Luxemburg's Accumulation of Capital." In *Collected Economic Papers*, Vol. II. Oxford: Basil Blackwell.

Röpke, W. 1947. *Das Kulturideal des Neo – liberalismus.* Frankfurt: Verlag Schulte – Bulmke.

Schröder, W. 1990. "Aufklärung." In *Europäische Enzyklop? die zu Philosophie und Wissenschaften*, ed. H. J. Sandküher. Hamburg: Felix Meiner Verlag.

Schui, H., R. Ptak, S. Blankenburg, G. Bachmann, and D. Kotzur, D. 1997. *Wollt ihr den totalen Markt? Der Neo – liberalismus und die extreme Rechte.* München: Knaur.

Schui, H. 2002. "Die Moral ist politisch." *Erwägen, Wissen, Ethik* (EWE), Heft 3: 413—416.

Schui, H., and S. Blankenburg. 2002. *Neo – liberalismus: Theorie, Gegner, Praxis.* Hamburg: VSA – Verlag.

第十一章
《服务贸易总协定》在教育商品化中扮演的角色

克里斯托弗·谢勒

世界贸易组织应当远离教育业,但它已经影响并且仍然在影响教育——我们日常生活的一个方面——的组织规范。自1995年世贸组织成立起,跨境服务与教育服务便先后纳入其管辖范围之内。在此前的1994年,欧盟及其成员国与后来成为世贸组织成员国的其他国家签订了一份保证书,确保大多数国内外教育提供者在教育的大部分领域(初等、中等、高等教育服务以及成人教育领域)获得自由市场准入,享受平等待遇。实际上,欧盟保留的唯一权力是用它认为合理的方式补贴教育和(或)教育提供者。一轮主要关于国际教育服务供应自由化的新的谈判正在进行中。在《服务贸易总协定》的框架下,2005年之前将就跨境提供服务的进一步自由化达成一致,教育也是此新一轮谈判的议题之一。本章将讨论的是,欧盟放弃以其认为合理的方式补贴教育将会给教育格局带来巨大变化。

《服务贸易总协定》与正在传播的新自由宪政主义保持一致,为解除教育管制、实现教育私有化提供了政治框架和法律框架。可以预料的是,英语国家的教育提供者尤其能够利用不断提高的科技能力跨境提供教育服务,主要在高等教育部门("虚拟大学")和成人教育领域。其结果是,《服务贸易协定》成为了文化帝国主义的实现结构。本章将首先介绍将教育看成可以买卖的商品需要哪些策略。其次分析《服务贸易总协定》的相关程序以及该协定现有的承诺在教育商品化过程中的具体作用。最后结合教育领域的其他进程[尤

第四部分 新自由主义、全球化和文化帝国主义

其是提议建立欧洲共同教育市场的博洛尼亚进程（Bologna process）]对《服务贸易总协定》进行研究，以此来评定将教育视为商品这一观念的可接受性。此篇分析旨在揭示形成教育商品化的《服务贸易总协定》手段的新自由主义假设，并将重点置于目前以及将来与教育服务提供相关的国际谈判中可能出现的问题方面。

《服务贸易总协定》

1995 年，有三项协定纳入了世贸组织的管理范围：（1）《关税及贸易总协定》，该协定自 1947 年经过多次谈判而不断扩充；（2）《服务贸易总协定》，直至 1994 年"乌拉圭回合"谈判结束时该协定才达成；（3）《与贸易有关的知识产权协定》，该协定也是最近才签署的。《服务贸易协定》为国际服务贸易的逐步自由化提供了框架。同时，重新商讨该协定的新一轮谈判在 2000 年 2 月启动，预计此次谈判将持续数年。

《服务贸易总协定》的重要条款

到目前为止，《服务贸易总协定》就哪些问题达成了一致？首先，协定参照《联合国中心产品分类系统》（CPC）制定了分类方案,[1] 将服务划分为 12 个部门，教育服务属于第五个部门（CPC 920）。教育服务又分成五类：

1. 初等教育服务（学前教育类，例如幼儿园或者托儿所，但不是照看孩子）；

---

[1] 这个方案是在 1997 年从联合国那里采纳的，与先行的 1991 年方案的不同之处只是在教育方面，无关紧要。（世界贸易组织,《《服务贸易总协定》说明》, 2001a：246）。

第十一章 《服务贸易总协定》在教育商品化中扮演的角色

2. 中等教育服务（比高等教育低一级的中学教育以及职业服务）；

3. 高等（第三级）教育服务（例如职业教育和大学教育）；

4. 不包含在常规高等教育体系中的成人教育服务（通识教育和职业培训）；

5. 其他教育服务（初等和中等教育中没有包含的特殊教育服务）。

提供方式

此外，《服务贸易协定》第一条区分了服务贸易的四种提供方式：

1. 方式一：跨境交付（Cross-Border Supply）："从一个成员国境内向其他成员国境内提供服务"，即从一国向另一国提供服务（例如通过互联网提供电子培训）；

2. 方式二：境外消费（Consumption Abroad）："在一个成员国境内向来自另一成员国的消费者提供服务"，即在一国内为来自另一国的消费者提供服务（例如为境外学生提供服务）；

3. 方式三：商业存在（Commercial Presence）："一个成员国的服务提供者在另一成员国境内设立商业机构或专业机构，为其境内的消费者提供服务"，即在另一国境内以商业存在的方式提供服务（例如贝立兹语言学校）；

4. 方式四：自然人流动（Presence of Natural Persons）："一个成员国的服务提供者以自然人身份进入另一成员国境内提供服务"，即一国的服务提供者暂时居住在另一国境内，为另一国消费者提供服务（例如语言学校的母语教学人员）。

这些分类使得服务自由化有了很大区别。例如，某国可将教育

第四部分　新自由主义、全球化和文化帝国主义

领域自由化的承诺专门限定在成人教育的"境外消费"上。另外，成员还可以为自己额外提供特权，例如，仅允许自己国家的公民在成人教育机构任教。每个国家的具体承诺都以承诺表的方式加入协定。协定中的自由化概念比较灵活，原则上，它使得成员只开放它们认为适合开放的市场。但是，各成员一旦签定了保证书，它们就永久受到保证书的约束。当一个成员国因无法履行承诺而给贸易伙伴造成损失时，该成员需要以支付赔偿金或者在其他部门（包括商品部门）实行自由化的方式向贸易伙伴提供赔偿（第21条）。

最惠国待遇、国民待遇和透明度

当进入承诺表中的各个部门和供应方式时，各成员国都承诺支持《服务贸易协定》的核心原则，尤其是有关最惠国待遇和国民待遇的条款。

最惠国待遇原则（第2条）规定，一国给予另一国贸易优惠时，必须自动给予世贸组织其他成员相同待遇。该原则被看成是在世界范围内推动贸易自由化的主要动力。然而，协定还包含了针对该原则的一般性例外，如区域一体化条约（第5条）。这一例外对欧盟来说非常重要，因为它阻止了欧洲共同市场的贸易优势自动给予欧盟以外的国家。相应地，在欧盟范围内适用的设立自由也不用给予像美国这样的"第三方国家"。但是，如果欧盟在协定条款下，承诺在初等、中等、高等教育领域实行"商业存在"自由化（欧盟1994年就是这么做的），那么它就必须给予美国公司市场准入权，因为美国是世贸组织成员国，就像欧盟对世贸组织另一成员国印度的公司所做的一样。

国民待遇原则（第17条）规定，在任何市场，成员国对待本国

第十一章 《服务贸易总协定》在教育商品化中扮演的角色

国民和外国国民都不得有歧视。该条款旨在确保一个公平的竞争环境。所以,认证国外教育提供者的许可程序应与认证国内教育提供者的没有差别。

协定还规定,在对服务部门进行国家调控时需要保持透明度。第3条包含了一项承诺:公开所有影响服务贸易的措施。各成员国每年都必须向世贸组织通报其对服务贸易领域的法律、规章或者行政指示所做的任何修改。

争端解决谅解

根据《服务贸易总协定》的规定,成员政府之间若违反了承诺,并不会自动启用制裁机制。若某一成员国政府认为另一成员国未履行本协定下的义务,可要求该成员国履行其义务。如果被控国认为不需要做出改变,那么指控国便可诉诸世贸组织争端解决程序。《世贸组织关于规则和解决争端谅解的协定》适用于所有与《服务贸易总协定》(第22条与第23条)有关的争端。私人公司不能直接进入该争端解决系统。

世贸组织争端解决谅解为解决争端的每一步程序都制定了精确的规则,规定了严格的期限。根据解决争端的最后一步程序,如果争端解决机构(由所有世贸组织成员国组成)的建议未能在其规定的"合理期限"内执行,争议双方必须进行谈判,商讨双方可以接受的赔偿(特里比尔科克和豪斯,1999年)。还可以通过中止其他领域的优惠(来解决争端)(即"交叉报复(cross-retaliation)")。例如,D国未按照协定在教育领域履行承诺,同时U国教育部门的自由化对其也毫无意义,所以U国中止对D国教育领域的优惠并不会让D国受到影响。那么,U国可以中止对D国有大量出口的领域

第四部分 新自由主义、全球化和文化帝国主义

的优惠（如化工产品）。

当然，在《服务贸易总协定》下，只有很少一部分案件使用了争端解决程序，没有教育部门的案件，并且只有一起案例要求成立特别小组解决争端（WTO 2001c）。因为确切地说，在贸易大国，公共服务领域的服务提供的自由化属于内部争端，政府部门毫无兴趣给具有政治争议问题的解决争端程序增加负担。

公共服务

"在行使政府权限时提供"的服务——《服务贸易总协定》第一条第3款（b）——不包括在协定的适用范围内。但协定并没有详细说明哪些服务属于"政府服务"。协定第一条第3款（c）仅从反面给出了一个定义："根据本协定的目的……'在行使政府权限时提供的服务'指既不是在商业基础上提供的，又不与一个或多个服务提供者相竞争的任何服务。"

公共服务是为了满足社会的基本需求（提供卫生保健、教育、基础设施服务），因此，采用与贸易有关的措施来保护公共服务，其程度取决于提供方式和主要的竞争条件。那些部分私有化的领域、正准备进行私有化的领域，以及那些半国有的或者私人管理的公共事业（如某些福利事业），可能都不在主权条款的保护范围之内。

世贸组织秘书处在一份背景文件里表示了对以下看法的质疑：社会服务和医疗服务不包含在协定第1条第3款里。根据世贸组织的意见，大多数国家的医疗部门都是由"国有机构和私有机构"组成，这些机构"在商业基础上运营，通过向病人提供治疗服务，向病人收取治疗费用，或从病人的保险中扣除"（世界贸易组织1998b：11）。因此，主张实施第1条第3款是不现实的。世贸组织

第十一章 《服务贸易总协定》在教育商品化中扮演的角色

得出这样一个结论:"这表明在承诺表所涉及的领域,一个团体所获得的补贴或者任何类似的经济利益都要符合国民待遇义务的规定……"(世界贸易组织 1998b:11)。从服务贸易理事会召开的一次会议中可以看出,在讨论此问题时,与会成员都倾向于对第1条第3款进行狭义的解释(世界贸易组织 1998d)。根据这一解释,非国有医疗服务机构也应获得所有的国家资助,而这些资助本来只向国有医疗机构或者代表政府运营的医疗机构提供。在收费方面,公共医疗服务机构有可能因为被认为是私人医疗机构而受到协定条款的约束(Waghorne 2000:Annex 4)。作为对公共批评的回应,世贸组织秘书处最近彻底转变了立场,声明"私人医疗服务与公共医疗服务同时存在并不意味着废除了后者作为'政府服务'的地位,这一点是非常明确的"(世界贸易组织 2001e:124;政府权限的定义并不明确,请参见 Colas and Gottlieb 2001:10—13)。

在德国,私人经营者与公共经营者一起活跃在教育部门的各个领域。因此,不能通过诉诸贸易总协定规则中的主权条款而将德国教育部门排除在外。此外更因为,德国作为欧盟成员国,在其承诺表中作了许多具体的承诺,这些承诺都支持在教育领域实施国民待遇和最惠国待遇条款。因此,国外教育提供者理论上应享有平等待遇(世界贸易组织 1996:8)。举个例子,如果黑森州打算在信息技术专业设立新的学位课程,那么所有现存的大学,包括国外大学和其他教育提供者都可以为该项目申请公共基金。

欧盟的"纵向"承诺

在签署《服务贸易总协定》之后,欧洲共同体及其成员国已经作出承诺,将平等对待各类教育服务的国外提供者,但不包括第五

第四部分　新自由主义、全球化和文化帝国主义

部门中"其他教育服务"类的提供者,即初等、中等、高等教育服务以及成人教育中"私人赞助的教育服务"。它们把这些承诺列入所谓的部门承诺表,换言之,这种承诺表与具体承诺表相比,除了其他不同之外,主要区别在于部门和提供的方式。另外,欧盟成员国还保证,普遍市场准入权与国民待遇对第二种提供方式——"境外消费"也适用。它们还给予在初等、中等、高等教育部门提供教育服务的国外附属机构市场准入权。成人教育部门,包括成人通识教育和职业培训,是自由化程度最高的部门。总的来说,对第四种提供方式——"自然人流动"的自由化承诺相对较少。尽管欧盟个别成员国针对具体的教育类别提出了某些限制——例如,意大利要求服务提供者具有意大利公民身份——但德国还没有行使该权力。对于临时居住在一国境内的自然人,欧盟只提供有限制的市场准入,但明确指出以下人员除外:(1) 在公司内部调动的人员;(2) 附属机构的高层管理人员;(3) 附属机构里具有特殊知识或者技能的服务提供者;(4) 进入本国进行商业创业的国外公司代表;(5) 负责在欧盟建立附属机构的人员。

在教育部门基于《服务贸易总协定》作出承诺的国家非常少,仅次于能源服务部门。目前有41个世贸组织成员国在其具体承诺表中加入了涉及教育部门的条目,包括此前提到的欧盟及其成员国。在"幼儿园/小学"类,有32个成员国作出了承诺,"中学教育"类有34个,"职业/大学教育"类有32个,"成人教育"类有31个。在"其他教育服务"类,只有12个成员国作出了承诺。

欧盟的"横向"例外

除了部门承诺,各国的承诺表里还包含"横向承诺"项。这些

第十一章 《服务贸易总协定》在教育商品化中扮演的角色

承诺对罗列在具体承诺项下的所有部门都适用。因此在教育部门，只有"其他教育服务"类不受欧盟横向承诺的影响。然而，欧盟在"横向承诺"中制定了一条例外，当涉及公共服务时，这条例外对教育系统便尤为重要。

前面提到，一旦私人经营者与公共经营者一起活跃在教育领域，那么就不能通过诉诸协定规则中的主权条款而将该领域排除在外。但是为了使公共教育体系一直受到保护，欧盟将该条款加在了各国承诺表的"横向义务"项下，声明在所有欧盟成员国中，"国家和地区公共事业服务受制于政府垄断或者授予私人管理者的专有权"（世界贸易组织1994：2）。换句话说，欧盟保留了在公共事业部门限制市场准入的权力。同时，欧盟还给公共事业下了一个非常宽泛的定义。根据欧盟的说法，公共事业存在于以下部门，"与科学技术相关的咨询服务、社会科学与人文学科的研发服务、技术检测与分析服务、环境服务、医疗卫生服务、运输与对各种运输形式的辅助形式。涉及上述服务的专有权通常授予私人经营者，例如，从政府部门获得优惠的经营者。享受这些专有权必须履行具体的服务义务。由于公共事业也经常存在于次一级的部门，那么详细列出并穷尽所有具体部门的承诺表是不现实的"（世界贸易组织1994：2，fn.1）。

然而，教学活动却没有明确地包含在这些例外中。教学活动当然存在于教育的各个领域，但是，欧盟还保留了以下权力：如果非欧盟国家的公司没有遵守某成员国根据国民待遇原则制定的法律就在该成员国建立附属机构，欧盟有权将该附属机构排除在外。在补贴方面，即使是根据成员国法律建立的附属机构，它们也无权享受国民待遇，"只有在成员国境内或者成员国的某一具体地理分区成立的法人才有资格获得欧盟或者欧盟成员国的补贴。自然人也可以获

第四部分　新自由主义、全球化和文化帝国主义

得补贴，但必须是欧盟成员国的公民"（世界贸易组织 1994：5）。

在目前进行的谈判中，欧盟如想保留这些例外，则必须承受压力去证明这种做法的合理之处。《服务贸易总协定》第 25 条指出，补贴可能成为引发服务贸易扭曲的潜在因素。该条款还为启动谈判以制定必要的多边纪律做了准备。然而，协定并未规定这些谈判的最后期限，结果是，尽管谈判在 1996 年 3 月就开始了，可至今仍未取得具体成果。但并不能排除存在这种可能性：在目前正在进行的（以及将来可能的）贸易扩大谈判过程中，各国将就限制国家对服务部门的补贴达成一致。

迄今为止，限制欧盟主张的一系列例外的另一方压力来自《服务贸易总协定》第 6 条中有关国内管制的部分。协定在序言和第 6 条中确实承认，原则上，成员国有权根据其政治目的调控服务的提供，还可以加入新规则。但是在这么做的同时，成员国不能限制或者削弱其已经做出的自由化承诺。协定第 6 条授权服务贸易理事会制定纪律，确保资格要求、技术标准和许可要求不致构成不必要的服务贸易负担。这些纪律旨在确保这些要求基于客观和透明的标准，除了保证服务质量之外，不成为负担。目前仍不清楚何种政治目的能够使限制贸易的措施合法化。一项服务的社会兼容性、就业兼容性以及结构性政策兼容性是否是服务质量的一部分，仍然是一个悬而未决的问题。

《服务贸易总协定》任命了一个"国内管制工作组"，制定跨部门纪律，处理有关国家管制的问题。该工作组主要协商以下问题：

1. 国家调控以及国内立法计划初始阶段所进行的国际协商的政治目的的透明度；

第十一章 《服务贸易总协定》在教育商品化中扮演的角色

2. 设立标准,以此来确定为达到政治目的而制定国家措施的必要性,即所谓的"必要性测试";此处还需注意,应确保所制定的措施尽可能少地干预贸易;

3. 相互承认资格要求和许可要求,国际标准的应用。

因此,《服务贸易协定》对国内管制所涉及的利害关系方施加压力,要求其进入国际协商程序,这一过程甚至从国内法规的计划阶段开始一直持续到提议立法阶段(经济合作与发展组织,2000年)。与此同时,还有一个悬而未决的问题:如果个别贸易伙伴施压,国会认为合法的国家政策优惠能够妥协到何种程度?

如果欧盟放弃这些"横向"例外,那么欧盟成员国就不得不停止对教育的补贴,或者让国外提供者也享受这些补贴。因而,政府对私立的不来梅国际大学的补贴就不再是特殊的、有政治动机的、酌情做出的决定;相反,其经营者得克萨斯州的莱斯大学便有权得到这些资金。

《服务贸易总协定》与欧洲统一市场计划

要评估协定谈判将怎样影响教育体系,比如德国的教育体系,就有必要区分不同级别的服务调控。《服务贸易总协定》属于全球性的、多层级调控的一部分。所有的改变,或者说大部分的改变都来自于这一层级是不可能的。最强的调控压力来自于"欧洲统一市场计划"。该计划自1985年起开始实施,目的是逐步实现共同市场的四项基本自由(商品、服务、人口和资本流动自由)(欧盟委员会,2001年)。

1999年签署的《博洛尼亚宣言》制定了建立"欧洲教育区"的

第四部分 新自由主义、全球化和文化帝国主义

共同目标,旨在促进(师生和学术人员)的流动,引进可以互通的学位体系和学分体系,以及在质量保障方面加强合作。2001 年,在布拉格召开的欧洲教育部长会议签署了《布拉格公报》(*Prague Communique*),就进一步扩大欧洲高等教育机构的合作达成一致。[1]

协定为那些努力进入欧洲市场的非欧盟出口国提供了机会。同时,将统一市场的优惠赋予第三方国家并不伴随义务——这一规则包含在协定第 5 条的经济一体化条款中。然而,正如前文提到的,欧盟已经做出了许多自由化承诺,这些承诺可能将在关于协定的进一步谈判中得到扩大。这样的话,第三方国家便会反对那些欧洲统一市场中未实施或者只部分实施了自由化的部门。音像服务部门的例子很好地说明了这一点。在协定的乌拉圭回合谈判中,美国强烈批评欧洲国家对国内传媒产品规定的最低配额。那时,欧盟不承担任何承诺(义务),从而保护了对本地电影产业的补贴,维护了联邦州(例如巴伐利亚州、黑森州等)在德国无线电行业立法上的权威。此外,该实例还说明,国家等级的特殊压力来自于那些比欧洲提供者更具竞争力的第三方国家的经营者。

开放教育服务市场是协定所致力于实现的,这一过程也可以不受统一市场的调控而进行。在欧盟内部,如果提供教育服务不是为了追求经济利益,那么竞争的基本自由和规则不适用于国家教育系统(欧盟委员会 2000:13)。但这并不意味着欧盟成员国不会让越来越多的第三方国家的私人提供者(例如成人教育或者高级职业培训提供者)进入市场。德意志联邦共和国很有可能将开放市场的提议通过欧盟委员会提交给贸易总协定组织进行谈判解决。

---

1 参见 http://eu.daad.de/ arbeitsstelle_eu/ euroletter/ archiv/euroletter_19.pdf。

第十一章 《服务贸易总协定》在教育商品化中扮演的角色

另外,国家利益相关者还可以有策略地利用协定的多边等级性质来挑战国家规则。德国、欧洲、美国和日本的服务公司对自然人跨境流动的要求在很大程度上类似。因此,德国服务公司可以联合国际游说组织,向自然人跨境流动的国家限制发起挑战。同时,它们还可以利用调控的各个层级为自己服务:双边等级或者跨大西洋等级(例如,为相互承认的协议游说)、欧洲统一市场的区域等级(例如,提倡对申请入盟的国家或者联系国扩大流动自由),以及《服务贸易总协定》的多边等级。服务行业在所有等级中都有具体的组织机构。此外,任何在国家和欧盟等级上没有解决的利益冲突(例如,政府希望降低现存的雇佣标准)都可以通过在协定下做出适当的自由化承诺来"解决"。

以下农业领域的例子说明了如何上升到世界贸易组织层面去证明欧盟统一市场进一步自由化的正当性。荷兰政府最近要求停止直接支付农民工资,并利用世贸组织关于全球农业市场自由化的一个决定为其要求辩护[《德国商报》(*Handelsblatt*),1月31日,2001:5]。

在这种程度上,协定和欧盟内部服务自由化可以被理解成自我完善性的各等级的自由化。因此,可以通过协定谈判来对单一市场(即受到较多国家调控的部门)的自由化的差距施加压力。将来若有任何国家提出取消自由化,即使只是取消一段时间,都可以因其不符合协定承诺而遭到拒绝。该协定的一个主要功能就是,将产生于双边等级或者区域等级的自由化进展多边化、系统化。从原则上来说,一旦进行系统化,便无法制定条款来恢复国家调控的权力;相反,协定对逐步自由化概念的设想是不断拓宽开放市场的承诺。

由于欧洲服务论坛的建立与自然人跨境流动自由化有关,所以

第四部分　新自由主义、全球化和文化帝国主义

协定的相关规章便可以调控世贸组织成员国之间的相互控制过程，"从而在国内层面上缩小具有政治意味的辩论的范围"[欧洲服务论坛（ESF），2000年]。实际上，协定条款有一个重大危险，那就是会在各成员国之间激起"同辈压力（peer pressure）"，从而限制国家调控的空间。这种联系中的一个重要机制便是协定要求国家调控透明化。从朝着这个方向走出的第一步承诺表中可以看出，因为这些承诺表基本上反映了各国的对外贸易体制，虽然可能反映得不完整。而且，承诺表中的承诺是"静止的"，在国际法下有着约束力。如果一国的对外贸易体制变得更加严格（例如通过修正立法），那么这一行为便违反了国际法。另外，协定的通知要求会促使新政策的产生，其中包括即使立法提议在草拟阶段，也需要与那些和此提议有利害关系的世贸组织成员进行讨论。

值得怀疑的是，是否能通过专门的保护机制来阻止世贸组织对国内调控的管理。举个例子，当出现冲突时，用以阻止市场扰乱或者雇佣市场扰乱的保障条款——这些条款也是工会要求设立的，旨在暂时停止履行承诺——是否能真正实施要取决于多种条件。首先，市场扰乱必须在国内层面上造成足够大的压力；其次，一国实施这种保护性条款需要得到欧盟其他成员国的同意。

欧盟成员国还面临一个额外的特殊问题，那就是在协定谈判中，许多部门的统一市场自由化程度较高，这可能会带来额外风险。如果欧盟委员会根据欧洲的自由化进程要求第三方国家扩大自由化，那么第三方国家也会列出类似的多项条款要求欧盟实施。如果这种做法带来了贸易优惠，那么即使是先前受保护的部门也将面临更大的竞争压力。

《服务贸易总协定》还充当了谈判的框架，为一部分世贸组织成

第十一章 《服务贸易总协定》在教育商品化中扮演的角色

员国就更大范围的自由化达成一致创造了可能。之前只有少数世贸组织成员同意在基础电信服务和金融服务领域签订协定，但后来，这些协定在一些欧盟成员国等更具竞争实力的国家的推动下而得以扩大。这些协定在极短的时间内就签定了，有的甚至只用了一两年的时间。因此，欧盟委员会便开始宣传这一方法。然而，协定的签署方还未将它们因承担协定义务（如最惠国待遇）而得到的利益扩大给世贸组织其他成员国。除了上述协定，《服务贸易总协定》还允许排他性协定的存在。《服务贸易总协定》第7条依照某些要求，为签订关于"对服务提供者的有关批准、许可或者证明所规定的标准"的双边和多边协定做了准备。这些协定不需要对世贸组织的其他成员开放。

发展国际教育市场

教育部门的重要经济意义可以从以下事实看出：20世纪90年代中期，经济合作与发展组织国家平均将国内生产总值的5.9%用于教育部门，这些资金中的80%直接用于资助教育机构（世界贸易组织1998a：3）。由私人教育经营者提供的服务早已存在，近几年稳步发展。在英国、澳大利亚、新西兰、美国和智利这些国家，教育部门高度私有化（Lohmann，2001年）。在德国，也有私人提供者提供各种方式的教育服务（Nagel and Jaich，2001年）。

跨境提供教育服务的范围正在快速扩大。以下将简要介绍针对各种方式所提供的服务。

1. 方式一：跨境交付。这种服务提供方式是从某一成员国境内向另一成员国境内的消费者提供服务。特别是随着互联网（电子学习、网络大学等；世界贸易组织 1998a）的发展和传播，这种方式正在变得越来越重要。2000 年，有 6% 的留学生参加了远程学习项目（Larsen, Morris and Martin 2001：13）。如今，大多数开放型大学确实仍然要求学生到校上课，但是在引进性能优越的宽带网络之前，就已经有少数远程教育大学只通过互联网提供教学课程［例如菲尼克斯在线大学（the University of Phoenix Online）］。虚拟大学的概念既可以指一所实际存在的大学的部分虚拟化，也可以指合作大学的某一团体的虚拟化，还可以指新建一所只存在于网络空间的虚拟大学。这一概念正在迅速传播。

2. 方式二：境外消费。国际教育服务贸易正在迅速发展，尤其是在留学生占大多数的高等教育部门，这使得《服务贸易总协定》下的"境外消费"成为教育部门国际服务交流的主要形式。美国因境外学生众多而成为这种教育服务的主要"出口国"。1999 年，这种"出口"创造了 90 多亿美元的收入，使得教育部门的出口在美国服务出口中位列第五。如果按照收益计算，排在美国之后的是英国、澳大利亚和加拿大。但是如果按照留学生人数计算，排在英国之后的是法国和德国，在这两个国家，教育基本上向所有人免费开放。在经济合作与发展组织国家，教育部门获得的收益占服务部门贸易总额的 3%（拉森、莫里斯和马丁，2001：8—14）。

3. 商业存在。越来越多的英语国家的大学在其他国家建立分校。2000 年，澳大利亚有 35 所大学在境外共提供了 750 个（学习）项目，来自新加坡、中国香港、马来西亚和中国内地的 31,850 名学生参加了这些项目。1996 年至 1997 年，英国 75% 的大学在境外提供项目。（拉森、莫里斯和马丁，2001：13）有几年，德国大学在德意志学术交流中心的支持下也提供过海外课程。

第十一章 《服务贸易总协定》在教育商品化中扮演的角色

对于第四种提供方式"自然人流动",还没有数据显示其进行的程度。

自由化要求

私人教育经营者、美国与澳大利亚和新西兰政府,以及像经济合作与发展组织这样的国际组织都看到了跨境教育服务贸易的巨大潜力。澳大利亚政府总结了自由的国际教育市场有以下积极影响:人口流动、学术交流、丰富的多样性,以及用教育构建联系以加强经济与政治的联盟、社会与文化的联盟。除此之外,新西兰政府还指出,跨境教育项目将为人力资本的发展作出积极贡献(世界贸易组织2000b)。经济合作与发展组织希望通过开放市场,让全世界尤其是发展中国家更加繁荣(经济合作与发展组织,2001年)。

现存的贸易障碍

上面提及的私人经营者、政府和国际组织都看出,跨境教育服务贸易的潜力受到诸多现存的国家管制的限制。因此,他们要求取消那些有意或者无意歧视国外教育提供者的规章。这些规章包括对教育提供者的数量、所提供服务的数量,以及国外提供者在公司中所占比例的限制。另外,对服务提供者的批准和许可,尤其在涉及资格认证和技术标准时提出的条件都被看成是贸易障碍(Reichert and Schaub,2001年)。

澳大利亚提交给新一轮《服务贸易总协定》谈判的意见书中列出了政府在教育部门采取的可以被看成是贸易障碍的措施。

1. 模式1,跨境交付:政府设置新的障碍,回应越来越多地使

第四部分　新自由主义、全球化和文化帝国主义

用互联网提供教育服务的做法；对教学材料（贸易的学术工具）使用或进口的限制。

2. 模式 2，境外消费：控制留学生自由流动的签证要求、对外交换要求；资格承认问题，这些问题对学生获得海外教育机构的认证造成阻碍。

3. 模式 3，商业存在：对所有权或海外产权的限制；有关结对安排的规则，这些规则限制了"机构对机构"的协商的进行；政府的调控、政策和资助的框架缺乏透明度。

4. 模式 4，自然人流动：控制师生自由流动的签证问题、雇佣规则；对教学材料（贸易中的学术工具）使用或进口的限制（世界贸易组织 2001c）。

私人领域的要求

行业协会通常对贸易谈判有着重要影响。早在 20 世纪 80 年代初，支持多边服务贸易协定的游说活动就在美国开始了，加入服务业联盟（Coalition of Services Industries/CSI）的公司将拥有联合力量，有能力将该议题提交乌拉圭回合议程（Fritz and Scherrer 2002：46—48）。此外，美国贸易代表和经济部还得到所谓的工业部门咨询委员会的建议。在世贸组织上一轮谈判中，欧盟委员会得到欧洲企业家圆桌会议（European Round Table of Industrialists/ERT）和欧洲雇主集团的建议。为了重新协商《服务贸易总协定》条款，1999 年初，欧洲服务论坛（ESF）建立。欧洲理事会贸易总局资深分析师迪特里希·巴思（Dietrich Barth）撰文指出，欧洲服务贸易论坛是"由私人资助、为服务部门建立的组织，该组织与欧盟委员会密切合作，界定欧盟的攻击性和潜在的防御性的贸易利益，并为委员会出

第十一章 《服务贸易总协定》在教育商品化中扮演的角色

谋划策"(巴斯 2000：290)。

美国和欧洲的行业代表在服务部门提出的总体要求越来越趋向一致,这一点非常明显。而且,美国和欧洲作为"跨大西洋贸易对话(Transatlantic Business Dialogue/TABD)"成员可以直接与对方合作。它们的核心要求主要与以下几个方面有关：

1. 针对所有服务部门和所有的提供方式,扩大承诺范围；
2. 享有在境外建立机构的完全自由,保证过半数的所有权,享受国民待遇；
3. 针对国家调控制定促进竞争的原则作为《服务贸易总协定》谈判的核心；
4. 为电子贸易提供便利措施；
5. 重要员工在公司内部的调动自由,以及在没有国外分支机构的情况下供应合同的流动自由；
6. 针对严格限定下的紧急情况所制定的安全条款和快捷的争端解决程序；
7. 世贸组织多边规则应向国外提供者开放政府采购功能；
8. 调查服务部门的补贴程度,评定是否需要协定调控［比较 CSI, 2000 年；欧洲服务论坛, 1999 年；UNICE, 2000 年；全球服务网(Global Service Network), 2002 年］。

美国教育企业集团在新一轮《服务贸易总协定》谈判中针对教育部门提出了下列具体要求：

1. 为国外附属机构提供便利措施；教学人员短期就业移民；通过录像、只读存储光盘和互联网提供跨境服务；

第四部分　新自由主义、全球化和文化帝国主义

2. 学生在自己国家能够更容易获得美国的教育和继续教育项目；

3. 在美国教育机构获得的资格、证书得到其他国家的官方承认；

4. 在国际上，对美国教材实施知识产权保护，同时对美国教材放宽海关限制、货币管制和投资条件（见 CSI 2000：27）。

该集团的兴趣主要集中在高等教育和成人教育类，它们想在《服务贸易总协定》的分类方案中增加一个新的"培训"类别。该集团的主要目的是通过提供与本公司相关的技术培训来获利，这类培训要么由公司员工提供，要么由外部提供者提供。

德国教育界的公司还未提出与协定相关的要求。但是蒂森克虏伯董事会主席、欧洲企业家圆桌会议成员格哈德·克罗姆希望开放教育市场能够带来这样一个好处：终结"一直存在于欧洲教育体系的懒惰文化"（克罗姆，2002 年）。

美国、澳大利亚、新西兰三国政府的要求

迄今为止，世贸组织秘书处只收到美国、澳大利亚、新西兰和日本四国提交给新一轮《服务贸易总协定》谈判的意见书。美国政府已经将前文提到的一系列要求包含在了谈判提议中，并且希望在协定中增加一个有关教育测试程序提供者的类别（世界贸易组织，2002 年）。

新西兰政府也认为，"其他教育服务"类不够详细，没有充分地将目前教育市场上出现的变化包括在内。新西兰建议对该类别进行补充，并列出了"说明性清单"，认为"所有'其他教育服务'都没有界定等级。这些服务包括短期培训课程、语言培训和多个学科的实践课程或职业课程，如计算机操作、接待服务、资源管理和初

第十一章 《服务贸易总协定》在教育商品化中扮演的角色

级生产行业,还包括由非传统提供者提供的教育服务,如驾驶员培训课程和公司培训服务"(WTO 2000b:2)。新西兰政府还要求将"成人教育"类扩大,将"社区教育"加入其中(世界贸易组织2000b)。除此之外,新西兰还建议引进一个新的类别——"教育代理服务",该类别可由以下功能界定:"教育代理服务包括教育服务的宣传和营销、对申请的处理和收费等,由代理机构代表教育机构直接向学生提供服务,收取一定费用,或者基于合同进行"(世界贸易组织 2000b:3)。最后,新西兰建议将"主要与娱乐活动相关的服务"包含在"其他教育服务"类中。目前,这些服务划分在体育服务类。体育项目和娱乐活动的教学更适合归类于教育服务(世界贸易组织2000b)。

澳大利亚政府在其意见书中并未建议对目前的教育服务分类作任何改变,而主要是呼吁它的贸易伙伴按照它所做的那样,承诺在中高等教育服务类以及教育服务的其他次一级类别履行协定原则。有趣的是,澳大利亚政府使人们注意到了教育部门的通行规则和其他部门的通行规则(例如,电信或者音像部门与第四种服务方式)之间的"重要联系",并据此提出要求,希望进行一轮全面的协定谈判(世界贸易组织 2001c)。

另外,以上三国的意见书中都包含一份贸易障碍列表,三国政府希望世贸组织成员国能根据这些列表调整它们未来的市场开放提议。这些障碍列表主要谴责了以下做法:经济需求测试、对国外提供者的税收歧视、政府对高等教育服务和成人教育、职业资格进修项目的补贴不透明(世界贸易组织 2000a;2001b,c)。日本政府的意见书只表达了普遍的对维持教育质量标准的关心。

美国、澳大利亚和新西兰三国的意见书中界定了要求的范围,这

第四部分　新自由主义、全球化和文化帝国主义

一范围并不全面，但同时也不需要通过这种形式实施这些要求。三国政府都希望国内有强烈的反对教育体系自由化的声音，这在它们的意见书中都体现了出来。它们不断强调政府在教育提供中的重要性。例如，美国将私人教育部门看成是国家教育体系的补充（世界贸易组织2000a）。澳大利亚则更进一步声明"政府必须保有决定国内资助、制定调控政策或措施的主权"（世界贸易组织2001c：1）。新西兰认为，有必要"在保持国内教育优先权与探索新方法使教育服务贸易进一步自由化之间取得平衡"（世界贸易组织2001b：1）。

与欧盟、日本和波兰相比，上述几个成功的教育出口国只在教育服务的少数几个次一级部门作了承诺：美国在成人教育和其他教育服务部门作了承诺，澳大利亚在中高等教育和其他教育服务部门作了承诺，新西兰还没有在成人教育和其他教育服务部门做出任何承诺（世界贸易组织1998c：21）。

因此，这些提出了要求并且已经采取了明确立场的国家还需要达到欧盟的标准。它们的具体要求（主要针对重新分类）也是非常适度的。这些国家基于战略考虑才要求对教育服务部门进行更细致的划分：相对于过多的部门广泛地参与自由化，适度细分后的教育部门可以遇到较弱的抵抗。新西兰在其意见书中公开列出了如下考虑：

> 新西兰认为，某些教育服务次级部门受敏感性问题的影响较小，这些敏感性问题与划分国家政策和商业活动有关。成员应当考虑在这些次级部门做出承诺的可行性。如果先讨论目前的教育分类怎样更准确地反映了所提供的教育的真实情况，使成员更确切地理解它们所寻求的和所提供的承诺的本质，并且

第十一章 《服务贸易总协定》在教育商品化中扮演的角色

帮助它们找到国内敏感问题的所在,这一过程会便利很多。(世界贸易组织 2000b:2)

竞争地位

前文提到,《服务贸易总协定》主要影响的是欧盟成员国与所谓的第三方国家,即非欧盟国家的关系。协定对欧盟成员国彼此之间关系的影响还是次要的,因为这种影响可以通过欧盟层面与世贸组织层面的战略对话而调整(如本章开头所述)。正因如此,协定的影响主要是由德国和欧洲教育经营者与非欧盟国家教育服务提供者之间的竞争地位决定的。但是,据我所知,国内教育提供者的竞争地位目前还没有得到系统的研究。因此,在此我只提出一些初步设想,这些设想因提供方式和教育类别而异。

模式 1,跨境交付:在这种服务提供方式中,教育资料的内容通过信息通道和通信通道被出口到世界各地。到目前为止,这种提供方式只在大学、成人教育和其他教育服务类存在。与虚拟大学部门的国际提供者,例如西部州长大学和菲尼克斯在线大学相比,德国的教育机构除了哈根函授大学以外,其他的仍在建设阶段。德国目前有 16 所虚拟大学,主要由政府资助,这些大学还与基金会、大学和专科学校合作而获得资助。它们暂时只为德国境内的消费者提供教育服务。

以英语为母语的提供者在国际市场上有着较高的声誉和明显的语言优势。而且由于英语市场较大,这些提供者便可以享受规模大的好处,对它们而言也是一种生产教育资料的优势成本。此外,英语国家的提供者可以聘请到更多信息技术专业人员,同时它们与信息技术以及互联网服务部门的大公司有着更紧密的联系(不仅仅是

第四部分 新自由主义、全球化和文化帝国主义

地理位置上的紧密)。在某些领域,德国的大学和研究人员享有国际声誉,然而,其声誉在远程教育领域的吸引力似乎不如在传统课程领域那么重要。

在"其他教育"类也可以进行跨境教学评估,主要是用选择题的形式。在该领域处于领先地位的是美国教育考试服务中心(ETS 2002)。

模式2,境外消费:这种提供方式也主要局限在大学和成人教育类。如前所述,英语国家的提供者在这一市场占据主导地位。国际留学生需要付费才能在英语国家学习,而德国的大部分境外学生不仅可以免费学习,还能以语言课程的形式获得补助,少数学生还可以直接获得生活补助。然而,在纯粹的市场经济条件下,打算到德国大学学习的国外学生却很少。由于德国本身的语言区域较小,可以认为,即使对德国大学进行更细致的划分,即使建立了国际知名的以市场为导向的大学,这一境况也不会有大的改变。

除了语言课程,国外进修项目侧重于为积极参与国际交流的员工提供公司内部课程或是由公司赞助开设的课程。

模式3,商业存在:这种方式包括服务提供者在另一成员国境内建立附属机构。就教育部门而言,主要是指在世贸组织的另一成员国境内建立语言学校,或者专攻某些学科的以职业为导向的教育机构,同时还包括大学分校。

在这两个部门,英语语言的提供者都明显更为成功。举个例子,德国大学如果要在国外建立分校,目前还需要德意志学术交流中心的大力资助。德国大学缺少国际知名度(具体来说,没有教育市场的"品牌"),缺少捐助,财力匮乏,同时还缺少商业管理知识和大学课程营销知识;相反,由于德国大学得到国家资助,所以迄今为

第十一章 《服务贸易总协定》在教育商品化中扮演的角色

止,只有少数国外提供者在德国建立了附属机构。它们的付费课程要与德国大学的免费课程竞争。因此,它们正试图为自己争取国家补贴,例如,莱斯大学正在为不来梅国际大学争取补贴。

模式4,自然人流动: 这种方式包括因工作暂时移居到另一成员国境内。在这种提供方式中,初级教育也引起了人们的讨论。尽管必要的语言能力可能成为障碍,但国际工资差别还是会让幼儿园暂时雇用国外工人。但在中等教育服务部门,语言能力成为主要障碍。

在职业培训和大学教育类,可以通过学科领域进行划分,这种划分取决于用本地语言来获取和应用这一学科内容的重要性。例如德语和法语。总的来说,来自国外的专门人才可能在信息传播方面不如在教学和研究活动中活跃。

用这种方式提供的课程通常时间较短,因此,最可行的领域是成人教育或者继续教育领域。

可能的结果

预测未来是一项有风险的活动。由于本章内容缺乏作出大胆预测所必需的大量经验基础,因此,以下综述(关于《服务贸易总协定》现存的和未来的义务可能带来的结果)主要是有根据的猜测而不是精确的预测,主要旨在指出可能出现问题的领域。

"纵向"承诺的结果

本章前面提到,欧盟已经作出承诺,在初等、中等、高等教育服务部门和成人教育部门,遵守协定前三种提供方式所规定的原则。现存的国家对中高等教育服务提供的补贴,将使非欧盟国家以境外消费和商业存在方式提供的服务保持在较低的水平。但是可以预计,

第四部分　新自由主义、全球化和文化帝国主义

境外提供者将利用不断提高的科技能力跨境提供教育服务，尤其是在高等教育领域（大学或者学院）和成人教育领域。在虚拟大学部门，美国提供者有着领先的技术和较高的声誉。由这些机构颁发的学位证书将在何种程度上与公立大学颁发的学位证书产生竞争，主要取决于大学的最终学历认证领域的发展情况。如果将来要建立一个课程认证市场，那么二者之间的竞争会更加激烈。

由于欧盟已经做出了承诺，因此在目前的协定谈判中，欧盟只能在"其他教育服务"类就第四种提供方式"自然人流动"做出附加承诺。实际上，已经有第三方国家在"其他教育服务"类别下提出了要求。但这些要求并不是针对整个"其他教育服务"类别的，主要是因为提出要求的这些国家迄今做出的市场开放承诺不及欧盟所做的承诺多。更确切地说，这些国家想对该类别进行更细致的划分，将教育代理服务和教育考试服务从中分离出来，这样便可使这两种服务自由化。教育评估市场的领导者是美国教育考试服务中心，它们对学生进行考核，对教材进行评估。美国教育考试服务中心是教育国际贸易全国委员会（the National Committee for International Trade in Education/NCITE）的一员，在协定谈判中，美国代表其利益（教育国际贸易全国委员会，2002 年）。教育部门的自由化产生了这样一个问题：这些公司关于教育内容的标准将在何种程度上显示出国际性，并以此来限制大学自治和存在至今的对学校的民主管理？

放弃"横向"例外的结果

到目前为止，欧盟保留了在公共服务部门限制市场准入的权力，以及用其认为合适的方式补贴教育部门的权力。这些例外有效地保

第十一章 《服务贸易总协定》在教育商品化中扮演的角色

护了政府资助的教育机构。美国、澳大利亚和新西兰提交给新一轮《服务贸易总协定》谈判的意见书中并没有要求欧盟放弃这些例外，主要原因是上述三国政府也为各自的教育体系提供了大量补贴。但是美国政府明确要求将补贴行为透明化。透明化肯定会限制补贴的可自由裁量的范围。最近，其他国家已经要求欧盟放弃有关的横向例外。

欧盟终究还是感受到了压力，要求其放弃一直奉行的这些例外，或者至少限制这些例外的适用范围。如前文所述，有关补贴方式和补贴程度的谈判已经开启，服务贸易理事会也已得到指示，将商讨提高国家调控透明度的规则和决定政府措施必要性的标准。虽然这些谈判迄今似乎停滞不前，但并不排除有这种可能性：谈判将与其他议题合并达成协定（打包解决），或者在一些国家的推动下达成协定。关于政府服务和补贴的谈判涉及范围很广，这对社会上的利益相关者来说，对谈判的进程和结果进行打包解决并非易事。

谈判已经开启：教育工具化对其他部门造成的危险

在新一轮世界贸易谈判的准备阶段，欧盟便尽可能地将工业部门、服务部门，以及贸易政策问题（对竞争的调控、政府采购功能等）都包括在谈判范围内，一再使谈判范围尽可能扩大。欧盟这么做的动机很明显。在农业政策上，欧盟遭到了国际社会的诟病。大部分发展中国家、谷物出口大国（例如加拿大）以及美国都要求欧盟为它们各自的农产品开放市场。然而，由于贸易保护主义者的"共同农业政策（Common Agricultural Policy/CAP）"是欧盟一体化进程的支柱性政策之一，而且在欧盟未来的扩张中，无论如何该政策都会面临诸多压力，因此，组织谈判的欧盟委员会不愿在农业部门

第四部分 新自由主义、全球化和文化帝国主义

给欧盟的贸易伙伴任何减让。从这一点上可以看出，欧盟花大力气尽可能多地将其他部门包含到谈判内，是想用它们作为交换对象。

根据以往的谈判经历，在解决贸易伙伴之间最重大的争议时，不到最后一刻是不可能达成协定的，这就是所谓的"打包解决"。双方为谈判中的首要议题所做的妥协会涉及许多其他部门和类别，这样就形成了一个"包"。如果某部门包含在该打包协定中，即使该部门的代表对协定的有关条款不满意，也不可能撤销已经做出的让步，这是因为，如果撤销了这些让步，那么整个协定都会瓦解，这是谈判方和更多与此协定有关联的部门不愿意做的。因此，各方都会对不满意的部门施压，要求其遵守该协定。

1994年，协定谈判最后，欧盟接受了教育领域的承诺，这很有可能是打包解决的结果，因为那些负责教育的政治家直到事后才知道这些承诺。目前协定谈判的进程使人们有理由怀疑教育将被用来当作交换对象，成为那些在政治上更有影响力的部门的牺牲品，就像1994年那样。尤其是还没有哪一方在教育领域对贸易伙伴提出要求。欧盟133委员会中只有荷兰在谈判的最后时刻提出，要求美国在高校领域的承诺与欧盟的一致。但是，没有一所荷兰大学有兴趣在美国建立分校。尽管如此，欧盟委员会还是立即对这一要求予以关注。毕竟，任何在协定框架下提出要求的部门都必须明白，这一要求只有用减让作为交换才能得到满足。因此，欧盟委员会的这一做法也体现了其愿意给予自由化减让。

以作者最熟悉的德国政策为例。德国政策区分了"可营销的"和"不可营销的"教育服务，并已声明将在以下部门作出减让：成人教育、教育考试服务、教育代理服务等。如果其他欧洲国家也采取了相似的立场，那么在世贸组织谈判中，欧洲谈判方就可以为对

第十一章　《服务贸易总协定》在教育商品化中扮演的角色

手提供诸多灵活选择。如果欧洲没有国家想在美国建立大学分校，在谈判中不支持这一要求，那么谈判方便可以牺牲这一要求去帮助其他部门。结果就是，欧洲教育部门做了新的承诺，却得不到对等的承诺。欧盟的教育管理正面临一个最严重的威胁，这种威胁是由目前全球化的趋势以及与语言相关的（也就是英语）文化帝国主义造成的。如果欧盟成员国内的非英语教育组织想要避免成为可操纵的群体（以及在谈判桌上有可能被牺牲掉），那么在世贸组织谈判的准备阶段，反对者们就必须公开明确地表示它们能够接受的自由化的限度，并找到合适的同盟。

参考文献

Barth, D. 2000. "Die GATS 2000 – Verhandlungen zur Liberalisierung des internationalen Dienstleistungshandels." ZEUS, Zeitschrift für europarechtliche Studien, Heft 3, S. 273—93.

Colas, Bernard, and Richard Gottlieb. 2001. Legal Opinion: GATS Impact on Education in Canada, commissioned by the British Colombia Teachers Federation, the Canadian Union of Public Employees (British Colombia), the Canadian Association of University Teachers, and the Canadian Federation of Students. Montreal/Toronto: Gottlieb and Pearson, October 29.

Cromme, Gerhard. 2002. Available at: < http://www.xs4all.nl – ceo/observer7/ebs.html > 11 February.

CSI. 2000. Coalition of Service Industries Response to Federal Register Notice of March 28, 2000. Washington, DC.

Educational Testing Services. 2002. Available at: http://www.ets.org/

第四部分 新自由主义、全球化和文化帝国主义

12 April.

ESF. 1999. "Declaration of the European Service Industries towards the Millennium Round." European Services Forum 25 (October). Available at: < http://www. agendapublishing. com/onlinepastpubs/WTO1999/advocacy%20briefs/p62. pdf? papertitle = Towards%20the%20Mil‐lennium%20Round >.

ESF. 2000. "The Temporary Movement of Key Business Personnel: Second Position Paper." European Services Forum 24 (October). Available at: < http://www. esf. be >.

Europäische Kommission [European Commission]. 2000. Leistungen der Daseinsvorsorge in Europa. Mitteilung der Kommission. KOM (2000) 580, 20 (September). Brüssels.

European Commission. 2001. Review of the Internal Market Strategy. COM (2001) 198 final (11 April). Brüssels.

Fritz, Thomas, and Christoph Scherrer. 2002. GATS 2000. Arbeitnehmerin‐teressen und die Liberalisierung des Dienstleistungshandels. Düsseldorf: Edition der Hans – B? ckler – Stiftung.

Global Services Network. 2002. Available at: < http://www. globalser‐vicesnetwork. com/12 April >.

Koehler, Matthias. 1999. Das Allgemeine Übereinkommen über den Handel mit Dienstleistung (GATS): Rahmenregelung zur Liberalisierung des internationalen Dienstleistungsverkehrs unter besonderer Berücksichtigung des grenzüberschreitenden Personenverkehrs von Dienstleistungsanbietern. Berlin: Duncker and Humblot.

Larsen, Kurt, Rosemary Morris, and John Martin. 2001. Trade in Ed-

第十一章 《服务贸易总协定》在教育商品化中扮演的角色

ucation Services: Trends and Emerging Issues. Working Paper. OECD.

Lohmann, Ingrid. 2000. "Bildung und Eigentum. über zwei Kategorien der kapitalistischen Moderne." In "Was es bedeutet, verletzbarer Mensch zu sein": Erziehungswissenschaft im Gespräch mit Theologie, Philosophie und Gesellschaftstheorie. Mainz: Mathias – Grünwaldt – Verlag. 267—76.

Nagel, Bernhard, and Roman Jaich. 2001. Endbericht des Max – Träger – Projekts " Bildungsfinanzierung." Kassel.

National Commitee for International Trade in Education (NCITE). 2002. Available at: < http://www.polarisinstitute.org/corporatecampaigns_files/ – ETS.htm > March.

OECD. 2000. "Strengthening Regulatory Transparency: Insights for the GATS from the Regulatory Reform Country Reviews, Working Party of the Trade Committee." TD/TC/WP (99) 43/FINAL. Paris.

OECD. 2001. *Kein Wohlstand ohne offene Dienstleistungsmärkte*. Policy Brief Observer. Paris.

Reichert, Tobias, and Martina Schaub. 2001. "Liberalisierung, Regulierung und Demokratie—Der internationale Handel mit Dienstleistungen im Rahmen des DATS." Forum Umwelt und Entwicklung. Available at: < http://www.umweltbundesamt.de/uba – info – daten/daten.gats.htm >.

Trebilcock, Michael, and Robert House. 1999. The Regulation of International Trade. 2nd edition. London: Routledge.

UNICE. 2000, "UNICE Strategy on WTO Service Negotiations (GATS 2000)." Brüssels: Union of Industrial and Employers'Confederations of Europe (24 November).

Waghorne, Mike. 2000. "Health Services for Trade, Public Services

International," Ferny – Voltaire Cedex (18 April). Available at: < http://www.world – psi. org >.

世贸组织报告

WTO. 1994. European Communities and Their Member States, Schedule of Specific Commitments General Agreement on Trade in Services. GATS/SC/31 (94—1029) . 15 April 1994. Geneva.

WTO. 1996. Subsidies and Trade in Services. Note by the Secretariat, S/WPGR/W9. Geneva.

WTO. 1998a. Economic Effects of Services Liberalization: Overview of Empirical Studies, Council for Trade in Services, Background Note by the Secretariat Addendum. Geneva.

WTO. 1998b. Health and Social Services. Background Note by the Secretariat. 18 September, S/C/W/50. Geneva.

WTO. 1998c. Education Services. Background Note by the Secretariat. 13 September, S/C/W/49. Geneva.

WTO. 1998d. Report on the Meeting held on 14 October 1998—Note by the Secretariat. Council for Trade in Services, 12 November, S/C/M/30. Geneva.

WTO. 2000a. Higher (Tertiary) Education, Adult Education, and Training. Communication from the United States. 18 December, S/CSS/W23. Geneva.

WTO. 2000b. Negotiating Proposal for Education Services. Communication from New Zealand. 26 June, S/CSS/W93. Geneva.

WTO. 2001a. Guide to the GATS. An Overview of Issues for Further

第十一章 《服务贸易总协定》在教育商品化中扮演的角色

Liberalization of Trade in Services. London/The Hague/Boston: WTO Secretariat.

WTO. 2001b. GATS 2000: Temporary Movement of Service Suppliers. Communication from the European Union and their Member States. 14 March, S/CSS/W/45. Geneva.

WTO. 2001c. Negotiating Proposal for Education Services. Communication from Australia. 1 October, S/CSS/W110. Geneva.

WTO. 2001d. Ministerial Declaration. Adopted on 14 November 2001. WT/Min (01) DEC/1. Doha.

WTO. 2001e. "Market Access: Unfinished Business. Post – Uruguay Round Inventory and Issues. " Special Studies 6. Geneva.

WTO. 2002. Negotiating Proposal for Education Services. Communication from Japan. 15 March, S/CSS/W137. Geneva.

第十二章
从白人的负担到良善治理：经济自由化和法律与道德的商品化

D. 帕塔萨拉蒂

> 承担起白人的责任——
>
> 为了和平而展开的战争——
>
> 填满饥馑之口
>
> 吁请疾病停止；
>
> 当目标离你最近时，
>
> 为了他人的目的实现时，
>
> 当心懒惰和异教徒的愚蠢
>
> 将一切希望都化为乌有。
>
> ——鲁德亚德·吉卜林，"白人的责任"，1899年

> 白人的重担已被歌颂，黑人的重担谁来颂唱？
>
> ——马克·吐温，1901a

本章提供了有关良善治理的理论和政策模式的批评，并通过分析某些发展中国家的管理制度和机构变化，考察在贫困、公平和人权等方面的管理改革所蕴含的意义。中心观点就是重视政治、行政和经济改革，却忽视了对发展计划和政策中的贫困和公平层面有着关键意义的社会结构和分工。具体而言，传统社会结构中固有的社会结构等级划分、对他人的歧视排斥倾向，以及不明智的现代制度实践导致了治理形式的不可持续和不公正的发展。更重要的是，将

第十二章　从白人的负担到良善治理：经济自由化和法律与道德的商品化

治理的改革和变化聚焦于小的范围，导致法制和行政的变革也偏向于部分社会部门，或者直接或间接地侵犯了公民的基本人权。在一定程度上，基于发展的治理模式，改革的不足和局限根植于对社会片面的理解，以及未能考虑不同社会群体成员在主动参与对社会管控、发展和变革进程并做出贡献的能力有所不同。那些运作良好的基于社区的管理体制的存在和功用，几乎不被那些持有经济自由化和"良善治理"立场的人所认可。在主体的讨论和框架中通常被忽视的是，旨在实现发展的良善治理路径也同时需要聚焦于社会团体集体做出决定并付诸实施的程序、机制和机构，以及个人、组织和团体权衡自己的利益并实现权利的方法。

从理论上讲，"良善治理"模式聚焦于通过政治、经济以及行政权力的实施来有效管理社会事务。从这一点来看，这些做法意在追求法治进步、强化社会责任、提高社会透明度，同时增强与社会经济重点以及实现发展目标的方式等相关的社会共识。良善治理模式因此也应该包括公民社会及其团体机构以及建构这些主体的方法。然而，在最近的有关经济自由化和良善治理的理论探讨中却并非如此。相反，本章提出的一个主要论点是：管理机构和机制已经由社会管理的手段转变为创造利润和经济效益的工具。换言之，用阿尔都塞的哲学观来看，已经发生在发展中国家的一个现象是，作为意识形态方式寻求社会关系和生产条件的有效管理，已经转变为一种直接的资本生产工具。这一变化在当今发展中国家的法律和道德转向商品化的趋势中可能最为清晰可见，例如在印度。

"商品化"这一术语在本章中是指法律和道德正在发展成为产品交换和贸易目标的事实。法律和道德准则被越来越多地以它们产生利润的潜力为基础来加以评判。从马克思主义的角度来看，就像所

第四部分　新自由主义、全球化和文化帝国主义

有商品一样,"良善治理"及其运行机制的载体——包括法律条款、道德标准以及实施机构,正在受到"迷信式"的盲目推崇,仿佛它有本质的价值,而事实上它掩盖了涉及生产和分配的权力关系。因此,具有讽刺意味的是,即使推动"良善治理"旨在推动主要是西方国家的目的的全球化和经济自由化,即使是不赞同全球经济一体化的目的和进程的善意的撒玛利亚人,也捍卫基于走向民主、自由发展、人权等目的的专门道路的统一有效的管理模式。这些撒玛利亚人已被称作文明福祉托拉斯(Blessings-of-Civilization Trust)[1]的成员,他们不加批判地以一种典型的东方主义(萨义德,1978年),试图在很多发展中国家推行先进管理模式。本章从"文化帝国主义"的视角提出了对当今先进的管理模式的批判,特别聚焦于将法律和道德的商品化作为在发展中国家的一种西方文化帝国主义的重要代理人的现象。

经济自由化和"良善治理"

> 文明福祉托拉斯被机智而又谨慎地运作着。它是一流的。这里有比其他游戏更多的钱、更多的领地、更多的主权,还有其他各种报酬。
>
> ——马克·吐温,1901b

有人声称法律和道德已经商品化并且已经变成了生产的工具,同时社会调节功能也随之衰退,他的意思并不是说法律和道德在过去仅有调节功能。长期以来,社会和社区已经将国家、经济交换场

---

[1] 该词为马克·吐温在19世纪末和20世纪初使用,以回应吉卜林关于"白人的责任"(见吐温1901b)的观点。

第十二章　从白人的负担到良善治理：经济自由化和法律与道德的商品化

所（市场）与道德、传统、习俗和实践中的公民社会主体，以及那些没有明确的功能但包含了社会、文化、经济和政治任务的诸方面的机构的功能融合了起来。殖民主义、帝国主义和资本主义为社会生活的不同领域重新创设了一些具有明确功能的机构。许多"良善治理"模式试图要做的是用具体的经济结构将政治和社会结构（重新）连接起来以便为特定的经济主体实现一种特定的经济效益。除此之外，正如我们即将要看到的，很多援助和发展机构几乎未能认识到新的社会政治管理结构与现存的或者变化中的经济结构之间正在被建立的联系的专制本质。

一些实体机构，像联合国开发计划署（UNDP）、包括世界银行和亚洲开发银行在内的一些多边金融机构、诸如美国国际开发署（USAID）和英国政府世界开发处（DFID）等的一些援助性机构，以及一些新自由主义学者大约在过去十年间，特别强调在发展中国家为经济增长和减少贫困方面的管理改革的优点，以及在这些改革中经济自由化和结构调整的计划的重要性。从某种程度上讲，对"良善治理"的聚焦主要出现在对这些机构支持或否定政府实施的一揽子经济改革的专制主义的强烈批评中。除此之外，在任何一个重要层面上去判断旨在减少贫困的经济改革失败的原因时，社会科学家——独立地为这些机构工作——提出的理论是，由泄密和"政府俘虏"所导致的政府无能是结构调整计划失败的一个重要因素。

世界银行在开发"良善治理"模式以及通过"政治性前提条件（political conditionalities）"将这些模式强加给发展中国家的过程中起到了重要作用。（关于该条目的更多细节，请见 Neerja Gopal Jayal，1997 年）其他诸如亚洲开发银行和英国政府世界开发处等多边借贷机构和发展机构已经全部采纳了这些模式，这体现在有效管理的定

第四部分　新自由主义、全球化和文化帝国主义

义和方法中。联合国开发计划署和联合国教科文组织的方法似乎有些不同，因为它们更注重政治正确性，强调参与和人权等。而且相比之下，也更少强调私有化的优点。但整体而言，这些机构就"良善治理"的组成部分和执行者采纳了相同的结构路径。

英国政府世界开发处目前计划在三年间投入将近 600 万英镑支持最近在印度建立的良善治理中心，以及在印度开展的更广泛的治理改革项目（见英国驻印度高级委员会，2002 年）。这项援助是为了提高决策和管理等一系列"战略"领域，并支持一系列增强政府的"责任感"、"响应能力"和"透明度"的措施。

亚洲开发银行几乎将全部注意力集中在良好政府公正地实施良善治理过程中的权力行使方面。除此之外，将治理定义为"国家在社会和经济发展资源的管理过程中的权力行使方式"，这样也可以明晰地识别良善治理在发展中的角色。然而，通过不将注意力集中于合法性的来源上，而为有效率的专制主义留下了余地，此为这样一种管理方式，比如可以表述为："治理就是权力主体行使权力的方式"。（亚洲开发银行，1999 年）。这种分散的权力运行机制，尤其经过民众的努力之后，是既有传统性又有现代性的机构运行的机制，完全不在亚洲开发银行的业务范畴之内。在实际操作中，亚洲开发银行涉及了许多被称之为经济治理或者"合理开发治理"的活动。

世界银行长期以来支持极简政府的理念，而现在却主张高效政府，这是一个甚至得到像阿玛蒂亚·森（Amartya Sen）这样一些经济学家支持的概念，这些经济学家并不完全是支持市场的，并且对政府在发展中国家所扮演的角色也有所认识。世界银行列出政府的五项基本职责如下：

第十二章　从白人的负担到良善治理：经济自由化和法律与道德的商品化

1. 制定法律法规保障私有财产权；
2. 维持宏观经济稳定，不干涉私有市场；
3. 投资基础服务和基础设施；
4. 保障社会安全体系；
5. 保护环境（世界银行，1997年）。

从本质上讲，就其通向有效管理的路径以及实现私有繁荣领域的角色来讲，世界银行彻底地注重政府的职能。

2002年的人类发展报告聚焦于治理在发展中的作用。报告引用了联合国秘书长科菲·安南的一句话，"先进治理很可能是唯一最重要的消除贫困和促进发展的因素"。联合国开发计划署将管理定义为："在国家各类事务的管理中政治经济权力和行政权力的运作"。（联合国开发计划署，2002年）然而，正如早些时候提到的，联合国开发计划署认可了管理的多重属性，声称：治理由复杂的运行机制、程序以及机构组成，公民和组织通过这些表达他们的诉求，解决他们的分歧，践行他们的权利和义务。它特别将私有团体和民间组织在管理过程中发挥的作用考虑在内，这些作用是其他一些机构几乎不予考虑的。联合国开发计划署在定义和接受民间组织方面做了进一步的努力，但最终以失败告终，因为它的定义遗漏了不被正式认可和接受的公民组织团体所代表的大量部门和集体。联合国开发计划署与其他受到多方赞助的机构的路径的关键不同之处在于，关于发展其聚焦于扩大选择权而不是仅仅局限于促进发展的市场机制。

联合国教科文组织充分确定了由世界银行倡导推动的结构调整计划中先进治理方式的源泉，同时在"谁来治理、如何治理和代表

第四部分 新自由主义、全球化和文化帝国主义

谁来治理（who governs how and on behalf of whom）"的辩论中提出了一种"意识形态风险（ideological risk）"的说法。（联合国教科文组织，2002年）。这很可能是因为联合国教科文组织更多地是一个学术机构和倡议组织，而不是一个发展机构，因此它能就通过描述良善治理的意识形态根源、将其和市场改革紧密相连，将其话语本身定义为一种"新兴的、战略性的、自上而下的霸权话语"而对它提出批评。许多良善治理的方式清晰地反映了它的新自由主义经济的属性，（因为它）强调机构的重要性、机构改革以及以经济增长和经济发展为导向的机构发展。尽管新的制度经济学以及像诺贝尔经济学奖获得者道格拉斯·诺斯（Douglass North，1993年，2000年）的工作与此紧密相关，但是重点要指出的是，即使像托马斯·弗里德曼（Thomas Friedman）这样的新自由主义经济学家现在也持有这样的观点："那些拥有合理的机构和治理并以全球化为导向的国家可以从中得到最大益处，缓冲最坏的经济冲击"（弗里德曼，2002年）。

在一份关于治理的战略文件中，世界银行将机构发展的概念拓展到公共部门以外的所有经济领域。在公共领域，经济功能被认为是政策制定、服务交付以及调控和问责。几乎所有的银行贷款现在都具有机构建设的成分。许多贷款都聚焦于公共部门的核心机构的改革——公共服务、公共事业费用和财务管理机构、费用征收系统以及立法和司法机构。因此，尽管声称要将机构改革拓展到公共部门以外，但改革的重点好像主要集中在公共机构或政府机构。世界银行也正在组建有关机构的指标的数据库，主要是指"公共部门机构绩效（Public Sector Institutional Performance/PSIP）"。公共部门绩效的具体指标包括预算波动（年度波动，通过职能划分）、电话线路的等待时间、是否择优录用公务员、与国际惯例相比的公务员数量、

第十二章　从白人的负担到良善治理：经济自由化和法律与道德的商品化

公务员工资（与私人部门和其他国家相比）、在公共部门中政府任命官员的比例、税收和公共支出管理的政府账目审计的拖延程度，以及中央政府对地方政府财政救助的程度等。

联合国开发计划署的目标在于为诸如立法、司法和选举机构等与政府机构相关的领域，为公共和私有领域的管理，为分权化和支持地方管理，以及为公民社会组织提供帮助并构建核心能力（联合国开发计划署，1997年）。联合国开发计划署认同管理常态化、制度化的观点，强调"通过发挥市场作用并确保公共部门名副其实的高效机构和规程来推动发展"的重要性。然而，我们再一次看到，这与世界银行的理念又极为不同，因为联合国开发计划署同样也强调保护人权，并重视"对影响民众生活的规则和机构的更广泛的参与"。为此，它不仅致力于实现高效公正的效果而且将其自身与"公正的过程"联系在一起（联合国开发计划署，2002年）。这就引起了一系列关于机构由什么组成以及何种规则最有效的问题。根据联合国开发计划署的观点，答案包括透明、参与、响应、问责以及法治等。

英国政府国际发展处在关于管理的这些主要组成部分中又增加了可预期性。英国国际发展处和其他机构通常采取以国家为中心的方式，将参与定义成"为包括弱势群体在内的全体人民提供机会的政治体制的运作能力，组织和影响国家政策实施的能力"。从这一点出发，强调增强国家管理的能力而使国家变得强大并不是一蹴而就的。实际上，"治理"这个术语及其组成机构被英国政府国际发展处限定在国家层面，并将其定义为"国家机构、政策法规和国家体制——行政、立法、司法和军事体系——如何在国家层面和地方层面运行，以及国家和公民个人、公共社会和私有机构之间如何建立

第四部分　新自由主义、全球化和文化帝国主义

联系"(英国政府国际发展处战略论要，日期不详)。

亚洲开发银行仿效世界银行对治理所下的定义，致力于构建这样一种理念："建立同时涵盖公共部门的职能和能力，以及为公共和私人事务的办理创造框架性的法规和机构，包括对经济和金融行为的监督，还有对公司、企业和合伙的规制框架（亚洲开发银行，1999年）。显而易见的是，制度化的管理方式完全有助于通过公共部门的机构改革来提升私人部门的表现。

笔者将在本章的下一部分详细阐述这些不同的管理理念，并针对在发展中国家的情境下的具体情况提出批评意见。此外，笔者批判地评价了一些学者的观点，他们只是同情发展中国家的形势，但未能考虑到其独一无二的社会文化特征，只聚焦于某一"普遍的"文化特征，例如自由和选择权。本章将引用例证以说明治理模式被实施和赞美的方式，同时用以支持本章中关于东方学者和文化帝国主义者正在宣传的有关良善治理的理想模式的观点。

法律、伦理道德和制度的商品化

> 政治、宗教和意识形态不再是重大问题。
> 它们是道德的，但仅限于资本主义道德观。
> ——保罗·弗雷勒（Paulo Freire），《希望教育学》
> (*Pedagogy of Hope*)，1998 年

在大多数先前作为社会主义、共产主义和混合型经济体制的国家中，经济自由化的过程现在已经是确定的。在国际货币基金组织、世界银行以及其他多边机构的支持和引导下实施的结构调整计划，已经导致了进出口市场的去管制化，加剧了所有领域经济活动的竞

第十二章 从白人的负担到良善治理:经济自由化和法律与道德的商品化

争、财政紧缩政策以及各种行政许可和监控交织在一起的局面。在日益自由化的经济中,这些变化与国家权力的变化同步进行,国家权力不再扮演早期在经济和社会发展意义上的角色,而且非国有部门的权力在这些变化过程中获得了越来越重要的话语权。这些变化显然与有关新自由经济理论的基本假设(见本书第十章),以及与过去几十年间发生在西方发达国家的经济政策和国家政策的变化相一致。然而,在一定程度上,这与受到广泛批评的经济自由化以及结构调整计划相呼应,这些经济调整计划在发展中国家造成了广泛的贫困和福利的减少,一些多边机构和支持它们政策的学术研究机构已经逐渐开始认识到,制度缺陷或者管理不力应该对这些计划的失败负责。它们意识到有必要在管理中加强透明度和行政问责,原因在于被世界银行官员委婉地称之为"政府俘获"的并由精英提出的经济和发展的举措。从这一点来看,导致多边基金滥用的普遍性腐败也被看作是阻碍经济(市场)改革成功的主要问题。尽管制度、法律和财政的管理改革可以因此被清楚地与经济自由化的过程联系在一起,并且被清楚地表述为"政治性"的条件限制因素,但是注意到以下这一点也很重要:为实现高效管理提出的大部分提议来自于西方的机构和学者,他们假定在(总是西方式的)民主和(总是用经济增长和效率来表述的)发展之间有着直接的关系。同样也存在大量的学术和研究机构、咨询公司、国际和地区组织以及其他一些机构,为将发展中国家社会转变成西方式的民主社会而提供免费或有偿的建议与服务,并且在机构和法制改革方面提供帮助。

例如,一家致力于管理和道德研究的澳大利亚大学研究中心提供了一个极好的"道德帝国主义"的例子,以及尝试在全球范围内

第四部分　新自由主义、全球化和文化帝国主义

将道德商品化的设想。[1] 该中心反对所有的非西方管理体系，但并没有认识到许多国家排斥西方式民主的原因主要在于该中心并不知晓的情况，即不可能强加一种道德体制，除非人们也认可该社会的特定法则。尽管实际情况是，来自于非法制社会领域的社会标准、道德准则、行为习惯、民俗传统影响着人们认为什么是在道德上可以接受的。在许多发展中国家，法律还是一种重要的社会运转机制，法律在很大程度上规范和限定了道德和伦理的标准，即什么行为是犯罪，什么行为不是犯罪。这样，遵守法律只是因为法律在社会中处于不可挑战的显赫位置，即使人们的心智和头脑中并没有法律观念。法律遵守的标准是由统治阶级依据法律体系而设的道德和行为标准来决定的。因此，法律和道德之间就存在着不可分离的复杂关系。它按照一种商品化的方式将法律和道德纳入一个整体，并且将其中之一或者两者都强加于另一个社会中，迫使民众接受，但不考虑其社会、文化和经济背景，这对于其目标来说是不可行的，也是不可能成功的，所以遭到受其影响的民众的反对。

这些方式和被干预的道德与文化帝国主义的本质在澳大利亚法律资源国际协会（Australian Legal Resources International/ALRI）的工作中甚至表现得更为明显。这个组织是一个非营利性的非政府组织，"致力于支持发展中国家的民主进程、人权和法律制度"。[2] 该协会给治理下了这样的定义："为实现共同利益的国家权力的运作所依赖的传统和制度"，这是一个极为广义层面上的定义。这在很大程度上体现了其在亚太和东南亚地区的土著人和当地人的工作特点。

1　该研究中心为格里菲斯大学的"伦理、法律、公正和管理中心"。下面的评论是以与该中心重要成员的交流为基础的。

2　下面的观点部分出自与澳大利亚法律资源国际协会的一位核心成员的私人交流，还有一部分是根据从它们的网页上获得的资料。

第十二章 从白人的负担到良善治理：经济自由化和法律与道德的商品化

这一定义不仅包含"权力选择、权力监督和权力更替的过程"，而且还包含了"对公民和政府的尊重与治理二者之间的经济和社会交流的制度"。然而，澳大利亚法律资源国际协会在法律的普及、法律能力的培养以及制度加强方面的工作，却违背了一种本可以视其无用而摒弃的西方种族中心主义模式。除非它对那些受其影响的人群没有产生严重影响。在印度尼西亚，澳大利亚法律资源国际协会在苏哈托政权垮台后提供了这样的帮助，尽管有"预先的可行性研究"、"主要参与人参加的广泛质询"以及"对法律改革进程予以帮助的迫切程度的初步评价"，但在立法和司法过程中既没有考虑传统的法律也没有考虑在荷兰殖民主义统治下出现的法律（the Adat）。有一条关于印度尼西亚的法律改革和制度巩固的所谓"设计使命"的有趣说法，即他们得到了澳大利亚商界人士的支持。为了让印度尼西亚人得到更好的法律培训，他们同时提供了大量的英语语言培训。对这些培训计划的主题的回顾表明，他们主要聚焦于澳大利亚的司法体系、各种法律以及司法程序。

世界银行早期给治理下的一个有重要影响的定义出现在1992年发表的一份名叫《治理与发展》的报告中。在该报告中，治理被定义为"在国家经济和社会资源管理中的权力运作方式"。此后的一份报告（1994年度报告《治理：世界银行的经验》）又阐述了治理的重要性，尤其强调了"有效治理"的重要性。报告认为"'有效治理'体现在：一个可预测的、开放的和启蒙的政策制定方式（即过程的透明）；一个充满了专业精神的官方机构；一个对其行为负责的行政部门；社会民众充分参与公共事务；以及一切以法律为准绳"。

聂佳亚·高帕尔·扎亚尔（Nirja Gopal Jayal）在评论这种治理模式时指出，对世界银行而言，"高效治理"从本质上讲是一种技术

第四部分 新自由主义、全球化和文化帝国主义

层面的工具（Jayal 1997）。它的焦点在于作为先进管理目标的合理发展的管理，虽然包括了诸如透明、参与等要素，但是从本质上讲，这是对国家角色持有的一种简单化的观点。这一点在它所采纳的用以支持有效治理的技术上得到了最好的体现。例如，可以通过将准许贷款作为支持高效治理的政治前提条件。通过估量治理内容中借贷业务的比例，通过实实在在地将货币价值与高效治理结合起来而不是评估它的质量与结果，这样可以为治理的商品化提供便利。

万德纳·德赛（Vandana Desai, 1998 年）持有类似的观点，她认为治理改革从本质上讲与政府的管理化模式有关。这种新的管理主义涉及之前所提到的合理发展的管理，因而主要集中在经济层面。联合国教科文组织在描述中特别强调了现代社会中公民社会或平民社会更加突出的重要性，并且指出这可以"被描述为一种'由供应方'的发展策略向'需求方'的发展策略的转变"（联合国教科文组织，2002 年）。强调参与可以同样被看作是停留在技术性术语的层面而没有阐明其内在的价值。

亚洲开发银行在确认表现优越的经济体的共同特征的同时，将"应对市场信号的灵活性"作为高效治理的一个显著特点。除此之外，它特别说明了建立"可实现私人部门发展的良好环境"是政府的一个主要功能（亚洲开发银行，1995 年）。亚洲开发银行和英国国际发展署都特别强调了正式的法律法规的预见性的首要作用。事实上，很显然，这远远不止是为了保证经济自由化的成功，很有必要让法律法规来确保预见性和透明性，从而为外来公司进入本国经济提供更多的便利。其重要性在诸如公共或私人的接合点、私有化以及公司化"作为公共治理主题的重中之重"等问题上变得更为显著（亚洲开发银行，2004 年）。尽管有着小政府、大市场等冠冕堂

第十二章 从白人的负担到良善治理：经济自由化和法律与道德的商品化

皇的话，并通过可预见性加以强调，并在"法律、规章和政策"上给出定义，但（实际上），其目的在于试图确保"公民和体制的有序存在"的制度，即预防针对一些不受欢迎政策的反对意见以及创造一种"以公正的方式解决争议"的运行机制。因此，保护外国资本的利益并创造一个"经济的参与者可以规划并做出投资决定的环境"是治理改革的主要目标（亚洲开发银行，1995 年）。

推动问责制和透明度是必要的，因为外资（在某些领域）不能参与竞争并有效地发挥作用，而当地资本却能这样做，因为它们深知竞争的规则和它们在包括政治和官僚的上层集团关系网中的身份。正如在引言部分提到的，这就是为什么要将行政机构和国家实体与公民社会和市场机制重新联系起来的一个原因。从韦伯的角度来看，这些出现的联系已经受到批评，他是基于这样一种观点，那就是，国家与公民社会界限的模糊性减少了"民主包容的范围"，因此也就是说，"在需要集体做决定的情况下责任的界定变得困难"（约瑟夫，2001 年）。这是一种明显的东方主义观点，因为它迷信政府的高效，刻意划分国家与公民社会的界限，[1] 而同时完全抹杀了社区机构的历史作用，这种机构已经成功地融合了各种不同职能但并没有牺牲问责制度。

让人难以理解的是，为什么不能设计一套程序来界定当出现集体决定情况时的责任。这些观点在理解权力运行机制的动态性，以及理解小组、社区与那些经济、社会和政治功能在共同的常态活动和传统机构中被融合在一起的社会结构中权力被约束和限制的方式上是说不通的。这种观点也反映在对强调未能在管理模式中给公私

---

[1] 这一分离源自西方，并且在那里达到了顶峰。

第四部分　新自由主义、全球化和文化帝国主义

管理之间划清界限的先进管理模式的批评中。尽管对它们分离的优势存在争议，并且这种分离取决于一个积极的公民社会和低程度的社会分层和不平等，这些观点未能把握在本质上不断变化的公共领域，甚至当它以新的方式表达国家与公民社会，并且将公共团体与私有团体区分开来的时候。这种正在发生的细微变化在联合国教科文组织的一份文件分析中表述得非常清楚。[1]

各种新的综合策略、集体行为、社会资本发展和联营策略正在出现，尽管作为自上而下发展方案的一部分而具有其局限性和扭曲的地方，但是它们未被采纳的内在原因是：它们强调国家是实现发展的首要机构，并且它们处于责任承担的考虑而划分了严格的公私界限。具有讽刺意味的是，那些对社会运行方法不满的自由学者对支持从外部强加治理机构的做法没有丝毫忧虑。正如多边援助机构和金融机构将规范、制度以及在特定历史条件下产生的法律体系视为商品的同时，也有自由主义者、新自由主义派和一些激进的文人迷恋于特定的价值观，他们将相关的具有历史偶然性的标准、实践活动和制度，包括问责、透明、公私分离等现象普遍化。

关于"参与"这一主题，从表面上看，似乎在多边金融和发展机构的方式中出现了可喜的变化。然而，正如詹森（Jensen 2000：4）指出的，"良善治理"、"制度建设"、"许可授权"、"参与"、"性别"等主题都是当前流行的促进理想社会和政治变革的西方概念，并与特殊的西方认识论联系在一起。尽管参与的定义大致描述了利益相关者影响和控制"影响他们的发展的倡议、决策以及资

---

[1] UNESCO,"治理、新公共领域与公民社会组织（Governance, New Public Realm, and Civil Society Organization）"，这份联合国教科文组织的声明可以在以下网址找到：http://www.unesco.org/globalization/Governance.htm (2002)。

第十二章　从白人的负担到良善治理：经济自由化和法律与道德的商品化

源"，詹森评论说：实际上，发展程序的日程仍然采取非参与性的方式。项目"受益者"只是作为一个项目法人发挥作用，已经有力量强大的局外人进行计划安排了。科里施纳·雷迪（Krishna Reddy, 2002 年）在印度安德拉邦治理改革的背景下也提出了这样的观点，他说，民粹主义计划是用来为新自由主义计划和国家从经济领域退出的过程提供合法依据的。

"参与"的提法也遭到批评，因为它通常被用于这样的理念中："让民众参与；帮助他们得到授权；提高他们的意识，隐约地暗示他们自己没有任何行动权力，需要外人帮助他们达到一些目标"（詹森 2000：10）。詹森援引马吉德·拉纳玛（Majid Rahnema, 1992 年）的话说："当甲方认为对乙方来说获得授权非常重要的话，那么甲方就不仅认为乙方没有权力——或者说没有拥有合适的权利类别——而且还认为甲方拥有一套秘密的权力模式，而这对乙方来说则是不得不开创的（詹森 2000：13）。詹森同时也指出，"无论你的好意表现得有多么坚定和忠诚，这种'力量强大的局外人'帮助'无权的内部人'的观点会通常于不经意间出现在脑海中"（詹森 2000：10）。

最近的文献中也提到了"参与性暴政"。例如，乌特·布勒（Ute Bühler 2002：2）讨论了伴随着个人、地方和社区稳定的"参与行为的去政治化"，这种"参与行为的去政治化"是以分析和挑战充满于地方以及更广背景中的权力结构为代价的，而这种权力结构是根植于此背景中的。在印度社会背景下，参与性的发展理念与选举出的当地政府机构完全没有联系，只是最近在选举地方政府机构时，已经通过提前为妇女、地位较低的人群和部落人群在当地政府机构中预留相当比例的位置而使其更具有包容性（见雷迪，2002

第四部分 新自由主义、全球化和文化帝国主义

年，关于在安德拉邦的这一过程的描述）。强调良善治理模式中的正式程序和方法已经导致了一些隐性的和无形的对于公众参与的忽视，以及对由于社会结构与权力、地位和资产分配导致的社会排斥的忽视。当然，去行政化对于良善治理有更大的影响，它给正式制度施加了巨大压力。尽管发扬民主，但是随着发展举措逐渐取道于发展官僚政治和不可问责的非政府组织（同见 Goonatilake，在本书中的第三章），公民越来越不能就发展中的问题向被选出的领导人施加压力，也无法约束他们对公民负责。例如，沙丽妮·兰德瑞（Shalini Randeria，2001 年）指出，不仅是作为结构调整计划的一部分而得以实施的法律和法制的变化造成了这种状况，而且成为世界贸易组织和其他国际条约和协定的成员也造成了这种状况，那是由于政府已经签署了各种协议、合同和条约而无力实施自己的法律。

禁止越来越多的公民的政治举动，或者采用一种暴力方式来处理，已经成为政府的选择，政府只认可通过正式渠道实施的行为。对于许多团体来说，鉴于对法规的无知、权力的缺乏等因素，实施这种行动是不可能的。对许多团体来说，正如被那些针对畸形发展的团体的斗争经验所证实了的，通过制度来获得正义的希望是十分渺茫的，法律和制度法规就是这样一种方式。在印度中央邦正在出现一种良善治理模式，在那里，一个有利于民众的项目被大坝工程取代，它不透明且效率低下，正义的运动也已经被武力镇压。在印度的安得拉邦，在那里实施的是一种流行的"良善治理"模式，[1]在那里，因为反对政府的政策而被非法处死已是常事，并且针对主

---

[1] 新闻、媒体还有部分知识分子常常将安得拉邦视为良善治理的典型，因为它实施了有利于经济自由化的行政改革。

第十二章　从白人的负担到良善治理：经济自由化和法律与道德的商品化

要权力部门的抗议活动也被政府暴力镇压，即使一整套参与发展的开创性计划在当地选举的政府机构和司法机构之外正在实施。事实上，该州的州长将政治看作发展的一个障碍物。伴随着当地民主机构权力的解散，一种集权化的治理模式已经出现，这种治理模式没有遭到很多批评，因为它是一种良善的治理模式！因此，尽管有各种关于公众参与和人权的辞令，但实际上，人权问题很少会成为实际的良善治理的一部分，并且基金机构也很少会将人权强加为前提条件，或者因为实施了良善治理的其他程序导致没有实施人权程序而提出批评。

曼彻斯特发展政策和管理机构的工作（Cooke and Kothari, 2001年）也表明参与发展是如何经常忽视它所处的政治和文化背景的，这主要因为参与过程是被当作那些实际的政治和经济问题的技术性或者管理性的解决方法来看待和处理的。

就像公众参与一样，公民社会这个术语，除了成为了一个发展中的流行语之外，已经获取了一个程式化的特征，并且以有限的方式在良善治理模式中被定义。例如，就像大多数的其他模式一样，联合国开发计划署的模式赋予了政府、市场和公民社会清晰而独立的角色。"政府创造有助益的增值和法律环境。私人部门产出工作机会和收入。而民间组织则推动政治和社会互动——鼓励组织去参与经济、社会和政治活动"（联合国开发计划署 1997：1）。尽管承认促进这三者互动的必要性，但是由公民社会组织或者社区习惯和实践所发挥的不同功能的重叠部分及其绩效却是被忽视的。这些对于个人和团体的福利具有重要的启示，因为在许多情况下，如果他们通过根植于社区机构的非正式团体而不是通过正式的、专业性的和专门的政府或私人部门，就更容易和更有效地

第四部分 新自由主义、全球化和文化帝国主义

获得特定的功能、设施和服务。关于社区团体可以拥有它们自己的权力机构这一点甚至是不被考虑的。只有经济、政治和行政权力才被给予正式认可。即使社区机构可能是权力独裁和非权力平等的,对它们进行改革或者将它们纳入正式的政治和行政机构的可行性是没有被考虑的。

关于这些问题的一个重要例子,可以在斐济政变时地方的反应与国际团体的反应之间的差别中发现。马克思主义者和自由学者都联合起来谴责政变推翻斐济民选政府。然而,这种观点完全没有理解民主选举和民众支持的政府,是根植于以"土生土长的"斐济人民的土地转让和贫困为基础的利润以及出口导向的经济之上的。所以,政变赢得了广泛支持,因为它们承诺回到不同的(非资本主义的)经济上来,[1] 在这种经济体制内,权力依赖于传统的首领和生产体制,而且交换是非剥削、非破坏性的,更适合于地方的需要和技能的提高。正如我们将在下面更多细节中所看到的,与责任性和公私分离的早期推论的脉络相关,不论是经济自主权还是民主随后都没有成为源于政治或选举民主的逻辑进展。现代官僚体制和机构的逻辑以这样的方式发挥作用,那就是在通常情况下拥有完全的政治自由,公民不能参与经济决策,通常由选举出的以及官方任命的精英实施决策,而这些精英是受经济精英影响的。在经济自由化和结构调整计划中,事实上,决策是由采纳了国际专家和金融机构建议的少数精英集团做出的。许多发展中国家对于独裁政府的广泛支持或者大规模反对力量的缺失,则必然出现在政治民主中所无法获得的其他自治形式。

---

1 感谢克里斯廷·莫里斯(Christine Morris)为我提供了这个独特的见解。

第十二章　从白人的负担到良善治理：经济自由化和法律与道德的商品化

同样，政府的作用在一个狭隘的框架内被界定为私人部门发展的促进者，其作用体现在"创造稳定的宏观经济环境，保持市场竞争，确保贫困人口（尤其是妇女）获得信贷的便利，扶持企业提供更多岗位和就业机会，吸引投资，帮助传授知识和技术，特别是向贫困人口传授知识和技术，落实法治，为人力资源开发提供激励措施，以及保护环境和自然资源"（联合国开发计划署，1997 年）。一项社会科学文献的分析将表明，这些功能中的许多在没有国家干预的条件下在社区层面得到了落实，并且如果它们被允许实施这些功能的话，那么国家的作用实际上就几乎没有了，尤其是在实施前两项功能方面。

尽管这种"共产主义社会者（communitarian）"的发展建议存在一些问题，同时也承认所有的社区机构都绝对不是民主的和鼓励选择的，但此争论需要拓展到普世主义和相对主义或者社群主义和个人主义之外。正如彭娜和坎贝尔（Penna and Campbell，1998 年）在一篇有趣的文章中指出的那样，文化因素、社会标准和社会实践活动以及本土机构，在非西方社会的人们的日常生活中具有非常重要的意义。很有必要使非西方的文化与现有的机构和活动进行衔接并发挥作用，以促进发展同时提升个人和团体的选择权和自由，而不是将其作为反民主的和独裁的文化予以摒弃。在这一背景下，亚洲的价值观辩论并没有阐释得更清楚一些，反而产生了诸多噪音。尽管像政治家马哈蒂尔·穆罕默德和李光耀已经表示赞成秩序和纪律对于发展前景和经济增长有利，但是像阿马蒂亚·森这样的亚洲价值观的批评者，甚至尽管揭示了亚洲社会自由和宽容的传统，但是并没有从总体上得以超越，也仅仅指出普遍意义上的自由和民主的适用性而已。森（1997 年）的分析并不是根源于对制度和准则的理

第四部分 新自由主义、全球化和文化帝国主义

解。他对民主和自由的支持基于以西方政治历史与文化为基础的人权话语。发展中国家和西方发达国家的争论都集中于诸如积极歧视（positive discrimination）、权利、性别以及民族的/公共的/种族的暴力等复杂问题。因此，在处理这些问题时需要超越政府职能和市场而聚焦于社会关系、文化和实践活动。总体而言，森关于这个问题以及有关自由和发展的讨论似乎与他关于权利和合作行为的工作完全脱离。这很可能因为他不能想象关于超越市场和国家的调控过程的发展和发展过程的另一种观点。对于像森这样的良善治理的倡导者来说，普遍没有提出以下问题："是否文化的具体性也要求不同的概念化的发展方式"（Jayal 1997：412）。

即使只是简单地讨论政府在发展中的角色，也不能将政府的角色看作是一个单纯的推动者，这个单纯的推动者似乎是大多数多边机构所设计的。联合国开发计划署确定私人部门为生产性就业机会的主要来源，政府的角色是使得这一过程便利化。在这里，私人部门仅仅被看作私人企业部门。独立自主的工人社区完全在此定义之外。政府因此几乎没有看出在促进私人部门发展中所存在的矛盾，即使它严重破坏了大量非正式部门，在像印度这样的国家，这些部门为成千上万的人提供就业岗位和生计来源。通过圈占土地、迁移以及不参与自然资源合约签订的方式剥夺了大量人口的生计来源的政策，也因此破坏了就业来源，这些政策是与将私人部门作为主要就业来源的政策相矛盾的。

这些问题产生于对政府和公民社会的本质范畴不充分的定义，它排斥了拥有自身组织机构、法规、社会安全机制的半自治和完全自治的自我管理的社区团体。此外，正如早些时候提到的，有一种倾向将政治、参与、治理和经济视为社会自治领域。大多数治理模

第十二章　从白人的负担到良善治理：经济自由化和法律与道德的商品化

式都遵循这一路径，如果一种治理模式与市场经济不相一致的话，那么它就需要改革。如果一种经济模式不能很好地与治理模式相吻合而导致市场失败的话，那么就需要通过改革使两者融合。在涉及参与的情况下，治理的改革通常发生在由发展机构和非政府组织参与的现有的民主结构之外；在对这些领域的更大的经济结构、治理结构以及改革的决定中，本地参与是几乎不被允许的。这些参与是在国家和国际层面被赋予和决定的，并且参与仅仅局限于地方层面业已决定的项目中，通常是在项目的实施阶段。范达娜·席娃（Vandana Shiva，2002 年）批评了森的观点，质疑其有关民主和经济增长的观点，认为"贸易自由化和全球化政策使经济内容的民主变得空洞，并且从一国人民的民主影响中将基本决定权移除"。良善治理计划实际上将政治民主与经济民主分离开来。

在如此情形之下，在不平等和社会分层的条件下，正如有关发展的作者 P. 赛纳斯（P. Sainath，1996 年）以及其他研究所记录的那样，参与导致了对当地精英提出的发展计划的控制、领导并从中获益。在印度的安德拉邦，什兰姆丹（Shramdan）计划——一项支持农村基础设施的劳力捐助计划——已经退化成为由富人提议并从中获益而由穷人提供义务劳动的基础设施建设计划。具有讽刺意味的是，那些认可这些影响和批判这些方法的人最后却支持政府发挥更大的作用，尽管在经济和政治改革前后精英们出示了"政府俘获"（"state capture"）的证据（关于这类分析的实例，见哈里斯 2001 年和加雅尔 1997 年）。这些观点以政府推动的再分配逻辑为基础。且先不说这样一个事实：再分配系统出现在许多社区，重要的是这些观点从一种运动转为向穷人捐赠生产性资产来作为解决穷困的长期办法。世界银行从本质上提供了在促进平等方面政府角色的简化观

第四部分　新自由主义、全球化和文化帝国主义

点。在它的一份报告中提到资产再分配是政府一种可能的行动重点，但是产生这一结果的措施只是处理运行机制，例如，"更好地分配公共支出的部门"，"在卫生和教育上的投资"以及"脱贫计划"（世界银行 1997：54—59）。报告中不仅很少谈及诸如土地改革等问题，而且只字未提"为全体公民提供广泛平等的经济机会"的必要性。这不仅可以通过"资产再分配，增加市场准入，提高就业技能和信誉"来实现，而且还可以通过"去除那些在生产和交换过程中排斥了大量公民的文化偏见（包括性别偏见）"来实现（Cornia 1998：35）。

因此，参与不得不在政治方面被概念化，而不是否定现有的制度并使民主机构被边缘化。同样地，治理必须远离使政治非法化和被消除的做法，必须远离那种强调规则和正式机构的强硬的韦伯式的做法。再一次指出，像种族学者约翰·哈里斯（John Harriss，2002年）那样的激进学者，批评在发展模式中所涉及的去政治化，这种发展模式使用诸如社会资本、授权以及公民社会等流行语，最终支持在社会不平等的条件下政府在推动发展中将发挥更加重要的作用的观点。这种方式忽视了两个事实，一方面，国家往往与帝国主义、封建主义以及资本家利益串通在一起；另一方面，许多真正的参与实验不得不与政府壁垒作斗争。

然而，对治理的非政治化态度并不一定直接来源于对机构和体制改革的重视。诸如经济学家道格拉斯·诺斯（Douglass North，2000年，n.d.）等在新的制度经济学领域所做的重要工作已经表明了经济过程中政治的作用，这种作用通过对"游戏规则"进行定义和强行实施得以展现。然而，并非所有新的制度经济学的支持者们都重视政治。张夏准（Ha-Joon Chang，2002年）在其历史研究

第十二章 从白人的负担到良善治理：经济自由化和法律与道德的商品化

中试图表明，事实上，发达国家的制度建设空间非常有限而发展中国家却正处在制度建设中，相比之下，当代发展中国家实际上比处于同样发展阶段的发达国家有更高层次的制度建设（张 2002：111）。然而，仔细阅读会发现，他的文章对治理、机构和发展做了一种非常狭隘且流于形式的解释——是经济主义的定义。尽管张没有提到社会福利和劳动问题的重要性，但是他关于财产权的讨论从经济增长和发展的角度出发，实际上证明了侵犯公共财产权的合理性。另外，尽管人们认可制度的形式和性质，但是却并不认可一种特殊团体固有的并可能适合它们的不同类型的制度。这种拓宽制度范围的失败源自于交易成本的方法，这对于新制度经济学是不可或缺的。

结 论

正如发展制度所指出的那样，良善治理通常与市场形式的演变联系在一起。这些方法通过它们没有能力考虑非市场经济模式以及对经济自由化不加质疑的态度体现出来。不区分形式和内容，一些治理形式被谴责为不道德的和不民主的，而同时经济主权的诉求却被拒绝。与特定制度和经济背景联系在一起的道德和法制观念，以一种统一的模式被推崇并强加给发展中国家。道德和法律被商品化，被冠以品牌，然后打包出售给那些处于治理危机中的国家。

20 世纪 90 年代以及之后的关于良善治理的辩论，同时回应了 20 世纪 60 年代关于现代化的辩论以及概括为"白人的责任"的措辞中的 19 世纪殖民者的文明使命（见本书第三、第四和第十七章）。正如更早些时候优越性的基础是欧洲与新发现地区之间在科学和技

第四部分　新自由主义、全球化和文化帝国主义

术上的悬殊（Adas 1989），近期关于解释欧洲以外的社会缺乏进步的努力已经认定是缺乏良善治理，并且将从事"良善治理"作为一项"文明使命"。正如扎亚尔（Jayal 1997：407）和马哈詹（Mahajan，1999 年）所主张的那样，大多数良善治理计划"都是以慈善的名义而不是源于对权利的诉求"。对效率的考虑偏离了对标准的顾及，甚至作为民主固有的倡议在良善治理的名义下遭到压制。与许多自由派和新自由派的观点相反，它是民主社会制度的加强，并不是导致"报应和复仇政治"以及"对政治歧见空间缩小"的一种腐蚀（譬如像 Guha 等学者所力主的那样，2001：4670）。在一定程度上，政治行为的非法律化以及经济和政治发展的通道向许多国家的公民关闭加剧了这种腐蚀。"不偏不倚的规则基础上的程序"已经将那些由于不识字和没有权力而无法获得它们的人排除在外，或者这些人只是因为他们的社会结构、文化实践和生活状态没有能力去看到一个"合适的制度"。

在许多后殖民主义发展中国家，几乎不容忍对治理改革的必要性持任何歧见。尽管关于现代化的辩论从几种观点出发都是有问题的，但是它的主要价值在于它对严肃学术观点的发展做出了贡献，再加上它们在后殖民主义社会实际上普遍存在的条件下拥有基础。然而，"新变革日程"（约瑟夫，2001 年）似乎是在经济的要求下以及在持怀疑态度的学界的指导下推动起来的。学者们需要做的是发展一种由多元世界观指导的、新的良善治理认识论。

参考文献

Adas, Michael. 1989. Machines as the Measure of Men: Science, Technology and Ideologies of Western Dominance. Ithaca, NY: Cornell

第十二章 从白人的负担到良善治理：经济自由化和法律与道德的商品化

University Press.

ADB [Asian Development Bank]. 1995. Governance: Sound Development Management. Asian Development Bank Policy Papers, WP1—95. Manila: ADB.

ADB. 1999. Governance in Asia: From Crisis to Opportunity. Reprinted from the Asian Development Bank Annual Report 1998. 22 pages. Office of External Relations. Manila: ADB. ADB. 2004. "Governance Initiatives." Available at: < http://www.adb.org/Governance/gov_initiatives.asp >.

British High Commission in India. 2002. "Education and Governance Reforms Key to Poverty Elimination." Available at: < http://www.ukinindia.org/visits/general/genpress_05.asp >.

Bühler, Ute. 2002. "Participation with Justice and Dignity: Beyond 'the New Tyranny.'" Peace, Conflict and Development (online open access journal) 1: 1—16.

Chang, Ha-Joon. 2002. Kicking Away the Ladder: Development Strategy in Historical Perspective. London: Anthem Press.

Cooke, B., and Uma Kothari (Eds.). 2001. Participation: The New Tyranny? London: Zed Books.

Cornia, G. A. 1998. "Convergence on Governance Issues, Dissent on Economic Policies." Institute of Development Studies (IDS) Bulletin 29: 32—38.

Desai, Vandana. 1998. "The New Managerialism in Local Governance: North-South Dimensions." Third World Quarterly 19: 635—50.

DFID [Department for International Development]. 2001. "Making

Government Work for Poor People: Building State Capability, A DFID Strategy Paper." Strategies for Achieving the International Development Targets Series. London: Department for International Development.

Freire, Paulo. 1998. Pedagogy of Hope. New York: Continuum.

Friedman, Thomas L. 2002. "Globalization, Alive and Well." The New York Times, 22 September.

Guha, Ramachandra. 2001. "The Absent Liberal: An Essay on Political and Intellectual Life." Economic and Political Weekly 36 (50): 4663—70.

Harriss, John. 2001. Depoliticising Development: The World Bank and Social Capital. New Delhi: LeftWord Books.

Jayal, Neerja Gopal. 1997. "The Governance Agenda: Making Democratic Development Dispensable." Economic and Political Weekly 32 (8): 407—12.

Jensen, Majken Juhl. 2000. "Participation and Empowerment: Rational Realities: Whose Knowledge Counts? The Importance of Anthropology as Anthropology in Development." Unpublished Paper, University of Aarhus, Denmark.

Joseph, Sarah. 2001. "Democratic Good Governance: New Agenda for Change." Economic and Political Weekly 36 (12): 1011—14.

Mahajan, Gurpreet. 1999. "Civil Society, State, and Democracy." Economic and Political Weekly 34 (49): 3471—72.

North, Douglass. 1993. "Douglass C. North—Autobiography." Available at: < http: //www. nobel. se/economics/laureates/1993/north − autobio. html >.

第十二章　从白人的负担到良善治理：经济自由化和法律与道德的商品化

North, Douglass. 2000. "Institutions and the Performance of Economies over Time." Plenary address at the conference "Beyond Economics: Multidisciplinary Approaches to Development." GDN 2000: Tokyo, Japan, 11—13 December.

North, Douglass. n. d. The New Institutional Economics and Development. Economics Working Paper Archive at WUSTL (RePEc: wpa: wuwpeh: 9309002). Available at: < http://netec.mcc.ac.uk/WoPEc/data/Papers/wpawuwpeh9309002.html >.

Penna, David, and Patricia Campbell. 1998. "Human Rights and Culture: Beyond Universality and Relativism." Third World Quarterly 19: 7—27.

Rahnema, Majid. 1992: "Participation." In The Development Dictionary. A Guide to Knowledge as Power, ed. W. Sachs. London: Zed Books. 116—31.

Randeria, Shalini. 2003. "Cunning States and Unaccountable International Institutions: Legal Plurality, Social Movements, and the Rights of Local Communities to Common Property Resources." European Journal of Sociology 44: 27—60.

Reddy, Krishna. 2002. "New Populism and Liberalization: Regime Shift under Chandrababu Naidu in AP." Economic and Political Weekly 37 (9): 871—83.

Said, Edward. 1978. Orientalism. New York: Pantheon Books.

Sainath, P. 1996. Everybody Loves a Good Drought: Stories from India's Poorest Districts. New Delhi: Penguin India.

Sen, Amartya. 1997. "Human Rights and Asian Values: What Lee

Kuan Yew and Le Peng don't Understand about Asia. " The New Republic 217 (2—3): 33—40.

Shiva, Vandana. 2002. "The Real Reasons for Hunger. " Guardian Unlimited, 23 June. Available at: < http://www. observer. co. uk/worldview/ story/ 0, 11581, 742148, 00. html >.

Twain, Mark. 1901a. "The Stupendous Procession. " In Fables of Man, ed. John S. Tuckey. Berkeley, CA: University of California Press, 1972. 415.

Twain, Mark. 1901b "To the Person Sitting in Darkness. " In Mark Twain's Weapons of Satire: Anti – Imperialist Writings on the Philippine – American War, ed. J. Zwick. Syracuse: Syracuse University Press, 1992. Available at: < http://www. boondocksnet. com/ai/twain/persit. html >.

UNDP. 1995. Reconceptualizing Governance. Discussion Paper 2, Management Development and Governance Division, Bureau for Policy and Program Support.

UNDP. 1997. "Governance for Sustainable Human Development: A UNDP Policy Document. " Available at: < http://magnet. undp. org/policy/default. htm >.

UNDP. 2002. Human Development Report, 2002: Deepening Democracy in a Fragmented World. New York: UNDP and Oxford University Press.

UNESCO. 2002. "Governance, the New Public Realm and Civil Society Organizations. " Paper prepared for the Management of Social Transformations (MOST) Programme of the United Nations. Available at: http://www. unesco. org/most/globalisation/Governance. htm >.

第十二章 从白人的负担到良善治理：经济自由化和法律与道德的商品化

World Bank. 1997. World Development Report 1997: The State in a Changing World. New York: Oxford University Press and World Bank.

World Bank. 2000. Reforming Public Institutions and Strengthening Governance: A World Bank Strategy. Public Sector Group, Poverty Reduction and Economic Management (PREM) Network.

第十三章
女权主义运动的非激进化和失败：以菲律宾为例

希拉法·B. 阿勒杰敏图

以往的范式将激进政治与发动以阶级为基础的、彻底的武装革命联系在一起。在菲律宾，过去几十年中由菲律宾共产党（CPP）领导的国家民主解放运动便是其中代表之一。20世纪90年代早期，在社会主义政权瓦解、当地左翼运动分裂之后，"激进政治"成为每个人都可以自我声称的一个名号。比如，民族民主分子被他们的批评者说成是身陷在过去的、从急先锋堕落为断后的残兵（Weekley 2001, 259）。这个观点很符合当下的公民社会运动，该运动批判了中央集权主义和阶级斗争。另一方面，革命变革的坚定支持者将公民社会事业看成是改良性的，是拉拢新自由主义的。

如今，探讨女权主义更加困难。尽管许多女性同意女权主义思想，在自己的私人生活中践行可以被视作女权主义行为的理念，但仍然有许多妇女不愿意被认为是女权主义。还有一些女性甚至断然拒绝被贴上这个标签。这要归因于有妇女支持的和关乎妇女利益的具有凝聚力的大众运动的缺失，同时也因为缺乏渗透进日常政治中的对女权主义的理论阐述。

在讨论菲律宾的女权主义政治时，有一个难题要问，那就是，在20世纪80年代至20世纪90年代早期的女权主义者是作为女权主义者进行战斗继而被打败的，还是作为民族主义民主队伍中的女性分队进行战斗而被打败的。本章支持后一种观点，并且再次声称菲律宾如今再也没有女权主义运动。20世纪80年代的女权主义者和早

第十三章 女权主义运动的非激进化和失败：以菲律宾为例

期的女权主义意识，为 20 世纪 90 年代政治动荡后侵入的其他具有竞争性的文化和意识形态所代替。谁要是再选择坚持激进的立场，谁就有被消灭的危险。

女权主义和民族主义民主斗争

在国家民主革命中，负责组织女性参加斗争的是"新女性独立运动"（Malayang Kilusan ng Bagong Kababaihan）。民族主义民主组织的女性运动机构从 1969 年的"爱国青年（Kabataang Makabayan）妇女局"发展成为 1970 年的"新女性独立运动"组织，随后，该组织的规模遍及全国，年轻女性和女学生是该组织的主要成员。1972 年，该组织更名为"新女性爱国运动"（Makabayang Kilusan ng Bagong Kababaihan），以突出该组织实现"国民民主"的初衷。在菲律宾政府实施军事管制期间，"新女性爱国运动"的成员被派往全国各地，在各个社会阶层尤其是在工人、农民和下层的小资产阶级中建立基本的妇女联盟以支持革命的目标。"新女性爱国运动"成员成了国民民主女权主义的先驱，是她们强调了"团结"的重要性。这一传统中最早的号召之一就是要和阻碍与被压迫阶级团结起来的错误观念作斗争。

许多女性作家将菲律宾女性运动的起源追溯到 19 世纪 90 年代的反殖民斗争时期，当时卡提普南（Katipunan）这样的革命运动产生了一批英雄人物，诸如格雷戈利亚·德·吉泽斯（Gregoria de Jesus）、特蕾莎·马格巴努阿（Teresa Magbanua）、梅尔乔拉·阿基诺（Melchora Aquino）和加布里埃拉·斯朗（Gabriela Silang）等（Pagaduan 1993：106）。1891 年，中产阶级女性首次发起争取投票权的运动。此后，菲律宾国内掀起了一系列推动妇女权利斗争的运动。

第四部分　新自由主义、全球化和文化帝国主义

然而，女性主义的最高峰是从20世纪80年代中期开始的，一直持续到20世纪90年代初期。女性主义批评家迪莉娅·阿圭勒（Delia Aguilar, 1993: 94）将这种现象归结为受到左派势力衰落的影响，以及革命运动中达到最强势状态的男性阵营。在这一时期，自治性女权组织兴盛起来，[1] 咖布里拉（GABRIELA）是一个拥有100名成员的全国性妇联组织，它领导动员草根女性，并且将女性问题从诸如美国在菲建立军事基地的问题、人权问题、外债问题、国际货币组织和世界银行的债务问题等国家议题中摆脱出来。咖布里拉有一个唯一的坚持，那就是追求"第三世界女权主义"，它将性别压迫问题归结为贫穷与欠发达所致。如同在国家民主计划的指导下，咖布里拉努力将女性所关心的独特问题与迫在眉睫的国家利益之间内在的紧张关系正面对接起来。

作为一个妇女组织联盟，咖布里拉总是被指责为主要是一个民族主义民主阵营，而不是一个女权主义组织。作为运动，它并没有自主的日程，而是附属于民族民主人士的计划。随着1993年民族主义民主运动的终结，咖布里拉组织纷纷解散，该现象进一步证明了上述批评。尽管20世纪80年代出现了一些独立的女性运动，但都不具备咖布里拉的规模和群众性特点。这些组织很容易被民族主义民主人士斥为西方影响下的资产阶级女权主义阵营。

在菲律宾，妇女在政治斗争方面的训练总是支持寻求自由和民主的更加广泛的运动。最细致和最浮泛的训练发生在20世纪70年代至20世纪80年代之间的民族主义民主斗争期间。这一事业的参加者首先要致力于推动革命进程。正如阿圭勒所声称的那样："尽管

---

[1] "自治性"在这里指的是那些在专制民族主义民主阵线的势力范围之外形成的女权主义组织。

第十三章 女权主义运动的非激进化和失败：以菲律宾为例

女权主义捆绑在指引党的实践的正统马克思主义身上，它仍然无法栖身于民族主义民主革命之中并受到友善的对待，在独立新女性运动中这一状况尤其突出"（阿圭勒1993：92），因为它将（性别的、民族的和环境的）等所有其他形式的压迫都从属于阶级斗争。如果女权主义意识没有在女权运动中得到充分发展，那么在很大程度上就要归咎于和以男性为主导的民族主义民主运动领导权的持续结盟。（Angeles，引自Poethig 1993：133）。

尽管由民族主义民主革命挑起的激进主义文化敌视女权主义，但还是给参与其中斗争的人民的生活带来了巨大的变化。由于革命需要被排在第一位，所以人际关系得到了重新调整。同志情谊取代了原先在资本主义制度下所建立的人际关系；父权制核心家庭尽管仍被甚至是革命者视为延续后代的地方（女人被视为儿子的生养者，儿子将革命继续下去），但正在被更大的家庭——集体——所补充。[1] 无产阶级的世界观正在形成，包括诋毁中产阶级价值观和制度、谴责资产阶级消费主义等其他对跨国公司友好的倾向。

阵营的衰弱：从女权主义到性别主义

20世纪90年代民族主义民主计划失败之后的后革命时期，是一个积极寻找代替旧范式的新途径的时期。革命积极分子"在政治制度中寻找空隙和空间以推动民主进程"（FOPA，1993：7），与此同时，拉莫斯（Ramos）政府加快推动国家融入日益激烈的新自由主义世界市场。发展援助涌入，其中很大部分经由非政府组织的渠道

---

[1] 在大多数情形中，家庭发挥着地下运动的支持性作用。妻子、母亲和姐妹虽然并不参加秘密斗争，但是在逮捕、死亡和失踪的大多数情况下尤为有用，因为同志无法暴露身份予以帮助。当然，在地下运动开展得轰轰烈烈的地方，家庭网络总是掩护反叛活动家的踪迹，实际上也是参加了革命活动。

第四部分　新自由主义、全球化和文化帝国主义

流入。革命活跃分子还在为发展计划筹款，一套全新的非政府组织术语与新的阵营和关系一同发展起来。[1] 性别计划也一样增多起来，女权主义的能量接受了新的部署，分配到了新的计划中去。这标志着女权主义活跃分子被吸收进援助机构中了。

有了国外基金机构的充分支持，女性活跃分子的工作分成了几个方向：倡导和平（后来被称作"性别与和平"）、生态女性主义（性别平等和环境保护）、儿童问题、女性精神性、性别和小企业发展、针对妇女的暴力等等。视角的拓宽从两个方面发挥了作用：在重要的社会问题上打开了更多与其他组织合作的渠道，以及进一步分散了未巩固的女权主义计划，如果不是终结的话。

政治实践中的这一转变与改革和复兴计划一致，而这些计划是为更广泛的进步运动所追寻的。这一运动通过发展实践中的参与性政治、立法、社区自助计划、发展小型企业等手段，鼓励政治的异质性和多元化——从而取代强权式的社会转型计划。这个计划得到了充足的财力支持，因为传统的基金组织意识到了过去的错误，[2] 并且开始对其加以修正：支持那些让政府不得安宁的组织，同时又无法回应大众的不满情绪，并且不直接满足穷人的社会经济需求。

没有了高高在上的民族或阶级斗争的限制，女性的计划得以进一步扩展，从女性研究延伸至社会经济领域的构想。与此同时，基础服务也同样得到了改善，出现了更多的保健中心、生育卫生诊所和危机处理中心。无论是政府内部还是非政府部门，都为女性提供

1　可以对比参见 Goonatilake 和 Parthasarathy 在本书中的章节（分别是第三章和第十二章）对非政府组织角色的讨论。

2　这些组织包括国外的以教会为基础的组织和网络，它们支持前几十年反对马科斯（Marcos）的斗争。

第十三章 女权主义运动的非激进化和失败：以菲律宾为例

了专门的窗口，设置了女性委员会，建立了"性别与发展"协调中心。[1] 这是女性运动领域的一个里程碑，受到了许多人的欢迎但同时也让一些人感到烦恼。女权主义社会理论家阿圭勒表达了自己的关切（Aguilar，1993：94），认为这样在有利于女性运动的同时也可能带来恶性转向，产生依赖国外的一点点施舍而发展起来的（女权主义）官僚作风。

作为其发展策略的一部分，性别与发展协调中心从质疑当前社会关系（其中一个就是性别不平等）的女权主义观点摆脱出来，转向折中的性别路线，试图与既定的社会秩序相安无事。女权主义的路线基本上是一种政治诉求，而性别与发展协调中心则主要为经济策略，试图在20世纪90年代及其以后新自由主义时代的经济发展体制中寻找相关性。换言之，性别发展协调中心在占据主导地位的资本主义制度的空隙中运作，服务于对西方文化帝国主义的支持。

现如今在菲律宾我们所拥有的不是女权主义运动，而是分散的女性事业和计划，旨在服务妇女福利，同时一方面不会真正影响到自由市场和新自由主义体制，另一方面也不会影响男性的霸权地位。一个实际的危害是，许多基金充足的性别计划挪走了妇女运动的政治能量和资源，带来一种麻木不仁的文化氛围，这种氛围与激进政治是敌对的。[2] 随着各种性别利益的出现，女权主义成了一种较为老派的政治运动，不需要再坚持下去了。现在有许多妇女活动家对被

---

[1] GAD，或"性别和发展框架"，是一种发展政策框架，旨在促使发展过程能更敏感地体现女性的需要和她们所处的具体环境。

[2] 加尔布雷斯（Galbraith）[转引自爱泼斯坦（Epstein）2002：32] 称之为"适恰的文化"，用来指20世纪八九十年代的美国。在菲律宾，类似的适恰文化出现在中产阶层妇女活动家当中。她们在20世纪90年代的新政治氛围中找到了许多机会，和平地追求赋权计划，这些计划并不一定会威胁到她们的生活。

第四部分　新自由主义、全球化和文化帝国主义

称作女权主义者表现得很反感，另一些人甚至宁愿自称为"性别主义者"。这并不令人惊讶。女性主义与20世纪80年代冲突式的政治联系过于紧密。被看作是公然反男性的。所以，在20世纪90年代至21世纪10年代据称是强调包容、启蒙和性别敏感的公民社会运动中，女权主义不再被认为占有一席之地。

在家庭大后方变得富裕起来？

20世纪90年代，随着精英政治甚嚣尘上，先前几十年的阶级斗争土崩瓦解，再加上公民社会运动的兴起，改变了以往的无产阶级实践者的生活方式。一方面，旧式资产阶级制度（小家庭、保守教派、政府）在先前反叛活跃分子那里取得了新的优势，集体生活衰落。另一方面，大量发展基金的流入形成了靠发展援助养活的非政府组织官僚体制，从而促使新兴中产阶层出现，这一阶层包括先前接受过简朴生活和艰苦斗争的思想灌输的活跃分子。加入其中的还有一些年轻的大学毕业生，（他们）有着各式各样的政治信念和关于先前社会变革计划的模糊观念。

20世纪90年代是一个人们试图抹去对过去十年动荡岁月记忆的一个时代。反法西斯斗争夺取了家人和朋友的生命，还有对大清洗的反思——革命失败后的所有这一切给人们一种幻灭感，使他们一心想摆脱政治活动。那些被看作以前变革计划所缺失的自我转变计划和精神追求吸引了一些过去的活跃分子。此外，许多人都感觉后冲突氛围（后敌对政治）或许是他们的一个可以弥补"失落的时间"的机会，回头重拾自己曾经放弃的事业，或者回到孩子和家人身旁。由于过去忽视了孩子和父母，女性们颇为自责，现在她们重新认识到了家庭的重要性。在家庭生活回归正轨的同时，涉及住房、

第十三章 女权主义运动的非激进化和失败：以菲律宾为例

教育、卫生和交通工具的计划成了最基本的问题。在完全可以说是一个更为和平、更为富足的政权统治之下，一个新的（政治）态度形成了：接纳甚至欢迎资本主义的新自由主义现代化的态度。无产阶级的简朴作风遭到驱逐，取而代之的是中产阶级的消费主义。

快乐家庭的霸权和女性政治

在菲律宾，家庭毫无疑问是一个非常有权力的机构。它还是天主教右派人士用来反对女权主义政治的最有力的工具。比如，在反对女性有选择权的观点时，天主教右派人士会将刚刚通过的第4110号家庭法案（即《生育健康法案》，它将一切避孕方式合法化，包括安全流产）描述为对现代菲律宾家庭神圣性的最严重的威胁。尽管第三世界女权主义一直都在关注家庭福利和生育权利，性权利仍然是一个棘手的领域，使其直接与天主教教义发生冲突。尤其是天主教右派，对借助通信技术侵入的西方产品和信息所带来的所谓的性革命表现出了强烈的反感。

具有讽刺意味的是，在过去，天主教堂曾与咖布里拉组织处于同一个道德阵营，尤其是在反对针对妇女进行性剥削的运动之中。尽管各自使用不同的语言，[1] 女性团体和天主教堂均支持取缔卖淫。[2] 天主教右派和保守派认为，女权主义观点和女性独立的观念均

---

1 教会披着"违背教规"和"道德堕落"的外衣；咖布里拉则陷于贫困和求生的问题。

2 在20世纪80年代的激进政治中，女性主义强烈要求卖淫合法化，并且要求承认性工作者建立工会组织，以避免受到虐待。如今，官方以及普遍持有的观点（这一观点至少为达沃市咖布里拉的下属组织的妇女所持有）是：卖淫绝不能被视作一种职业，性工作者自己也不能视其为一种职业，因为它是对妇女的剥削。当然，没有被注意到的是：在其他产业里的工人也同样受到剥削，于是不妨这样说，对妓女的性剥削相当于资本家对工人的剥削。

第四部分 新自由主义、全球化和文化帝国主义

是从西方来的毒物。这一观点在现如今占据着主导地位,与女权运动前线的败退和否定有很大关系:再也没有一个凝聚的强大的声音——也没有大规模的运动——能够挑战对女性的歧视和父权思想了。此外,日益壮大的公民社会运动从多元阶级和群体(包括以中产阶级为主的宗教团体和保守派公民团体)的声音中汲取了力量。如果想取得有同等价值的事业的全面进步(如不合作运动、反全球化运动、维护和平、环境保护等),在利用联盟时必须小心。由于女权主义并不是吸引人的斗争(因为它还在家里作战,还与男人和教堂作战),女权主义的践行者们必须使用某种程度的迂回和些微的屈从战术。

结 论

随着曾经一度控制和定义社会转型计划的顽固左派的瓦解,在菲律宾,人们的创新计划和独立组织方兴未艾。在政府实施的一系列政治改革的带动下(如伴随着《地方政府条例》的制定以及容忍国会中旧时的国家反对派和批评者的代表制度的建立,出现了非中央集权化;在内阁和战略性政府机构中吸收左派人士;大量拨款给官方发展援助金,使得几十亿美元的发展基金转入了非政府组织的手中),持不同政见的形象转变为笔者如今所称的非激进化:敌对政治消失,取而代之的是折中主义,甚至是包容性的改良政治。在不断扩大的就业市场和愈加便宜的消费品流通这一背景下(均得益于贸易自由化),再加上和平的环境和更大的政治自由(除阶级政治以外),更美好的生活似乎在"热卖"。许多昔日的活跃分子——毕竟不在少数——已经离开了左派阶级政治和阵地,加入了中产阶级行列,在所难免地重复着维护中产阶级的生活方式。毋庸置疑,他们

第十三章 女权主义运动的非激进化和失败：以菲律宾为例

促进了新自由主义和新保守主义政治气候的产生。[1]

对于总是在民族民主事业背后集结的女权主义运动而言，20 世纪 90 年代曾是顽固左翼的失败导致了政治噤声，这一度瓦解了它们的力量，解散了它们的组织。随着左翼强权的丧失和多元政治的出现（该政治势力得到了国家的鼓励，接受了国外教堂和政府的充足基金支持，它们急于资助这个国家的政治民主化和经济发展），女权主义者有了新的机会使自己的声音被听到。然而，发展组织对性别主义运动的资助（还有同步配给它的资源），加上政府（和旨在支持它而设定的政策和法律）的接纳，也给了它们一席之地，与此同时也促使妇女有更多被融入男性架构的发展话语和进程中的机会。女权主义的不同政见受到了限制——受到惩戒和安抚，被法律和机构转变成为自满和顺从，而首先就是由这些法律和制度对它们的招安负责。于是，即使当这些女性阵营进行斗争去推进它们的性别利益的时候，它们自己的（女权主义）能量也在所谓的更加无所不包的计划中耗散：在反合作和反全球化的运动中；在更具"同情心"的（被解读为不是反男性的）计划中，比如和平运动；在性别和环境运动中；在儿童权利中；在不包含具体女权主义计划的福利计划和社会经济的努力中。这一切都有助于让妇女与意味着压迫的传统角色同属一类，而不是去质疑和挑战。在女权主义事业被制度化以及妇女运动重新被置于学术圈、政府办公室和其他安全地方的同时，它试图实施的敌对性政治以及平等计划被拆解。谁要是坚持站在这一对立政治的一边谁就会被孤立。

---

[1] 这不是贬低他们所取得的成就，尤其是他们将自己的计划带到"核心位置"，并且使这一计划成为大众语言和意识的一部分。

第四部分　新自由主义、全球化和文化帝国主义

参考文献

Aguilar, D. 1993. "Feminism in the 'New World Order.'" In Reexamining and Renewing the Philippine Progressive Vision, ed. J. Gershman and W. Bello. Quezon City: Forum for Philippine Alternatives. 89—105.

Epstein, Barbara. 2002. "Feminist Consciousness after the Women's Movement." Monthly Review 54: 31—37.

FOPA (Forum for Philippine Alternatives). 1993. "The Dual Crisis of the Philippine Progressive Movement." In Reexamining and Renewing the Philippine Progressive Vision, ed. J. Gershman and W. Bello. Quezon City: Forum for Philippine Alternatives.

Pagaduan, M. 1993. "The Feminist Movement in the Philippines: A History of Searching." In Reexamining and Renewing the Philippine Progressive Vision, ed. J. Gershman and W. Bello. Quezon City: Forum for Philippine Alternatives. 106—11.

Poethig, K. 1993. "Sisters in the Struggle: Philippine Prostitution and Two Feminist Theologies in the 1980s." In Reexamining and Renewing the Philippine Progressive Vision, ed. J. Gershman and W. Bello. Quezon City: Forum for Philippine Alternatives. 126—40.

Weekley, K. 2001. The Communist Party of the Philippines 1968—1993: A Story of Its Theory and Practice. Quezon City: Ateneo de Manila Press.

第五部分
语言与生态帝国主义

引 言

作为文化帝国主义的一部分，英语的全球主导地位是本书部分章节的讨论重点，特别是杰曼撰写的第七章和谢勒撰写的第十一章，这些之前已经进行了讨论。对语言保护的关注和相关问题也将在本书的最后一章，比亚特·特里巴蒂撰写的第十九章中进行探讨，讨论印度奥里萨族的命运，他们的语言和文化正遭受外来者的威胁。上述章节都是从文化多样性、教育和后殖民土著人的视角对语言问题进行探讨的，而第五部分所含章节则能帮助我们更好地从历史视角理解语言帝国主义，并帮助我们更清楚地认识到作为保护文化多样性的一种尝试，语言保护对人类社会的生存极为重要，就如同保护生物多样性对于人类生存那样重要。

弗里茨·威尔玛，德国社会学家，"德国语言协会/文化多样性公民组织"成员，他从历史的视角研究了欧洲关于语言帝国主义的辩论。威尔玛认为，过去500年来的欧洲发展史表明，民族语言已经越来越成为各国在各自不断扩大的疆域向不同民族施加政治权力的重要手段。在此期间，被征服的族群经常被限制使用他们自己的语言。17世纪以降，法语成为欧洲上层阶级使用的主要语言，以显示他们高贵的社会地位。20世纪，英语取代法语成为身份的象征。然而，学习并使用各自的民族语言成为接受高等教育的基本条件，并拥有更多机会在公民社会中赢得显赫的地位。遗憾的是，威尔玛指出，近年来由于美国在世界经济，特别是在文化产业中的绝对主导地位，在工作场合以及德国社会，简单的基础英语（Basic Simple English）越来越多地取代了非英语语言。威尔玛强调说，在法国、芬兰、波兰、匈牙利以及葡萄牙，人们已经组织起来抵制英语取代本国语言（举措之一就是语言立法），但是德国对美国的语言帝国主义仍然表现出极度的服从或是自由放任的态度。威尔玛以德国为例，强调了认识并讨论语言帝国主义相关问题的复杂本质。尽管现在已经开始出现抵制，但是威尔玛推测，最大的可能性是，这种抵制长期发展下去导致德国与其他国家以及全球性的努力一起，共同阻挡当前美国文化帝国主义势不可挡的浪潮。

赫尔曼·迪特尔是一位居住在柏林的毒理学家和生化学家，也是"德国语言协会/文化多样性公民组织"成员。他提出一个观点，认为保护语言/文化多样性与保护生态多样性同样重要。尽管迪特尔与威尔玛一样，以德国为例，说明越来越多地使用英语正在对一个国家的语言产生威胁，但是他提出需要将保护世界语言多样性与保护生态多样性放在同等重要的位置，这有着更广泛的含义。问题最严重的是，迪特尔指出，"从全球视角来看，某个'单一'的文化及其语言——对全世界语言和文化多样性施加的压力似乎已经被接受，就像达尔文的进化论那样，尽管这不是一个自然过程，而是一个语言—文化过程。"但是迪特尔又认为，词汇和语言"并不仅仅是人类声音自然的声学产物"，但是"任何一种语言中的每一个单独的词都是一座文化纪念碑，或是以口袋本形式出现的见证物"，因此，

第五部分 语言与生态帝国主义

"世界的语言多样性与生物多样性之间明显的并列关系并非类推,而是内容相关的"。迪特尔还认为,"减少人类感知自然的多样性并使之不复存在,就相当于摧毁自然的多样性(这些多样性已经被感知到),并将我们未来理解和保护自然宇宙的能力贱卖了。"

伯尔尼德·哈姆与德国核物理学家,联邦环境、自然保护和核安全部部长下属的德国重大危险委员会委员古斯塔·萨奥尔,批判了全球新自由主义经济政策对生态带来的灾难性后果。就这一点而言,本章与本书第四部分所含章节有诸多共同之处。萨奥尔和哈姆认为,尽管新自由主义理论体系并不一定是引发当前全球问题(罗马俱乐部对全球生态、经济和社会危机的综合症状的称呼,global problématique)的罪魁祸首,但当前它的确是全球问题的主要和最强大的推动力。两位作者在本章简要总结了大量关于当前全球问题的研究文献中所表达的观点,其中包括人口、超级大城市、移民和难民、债务危机和贫困、气候变化、水资源短缺和水冲突、土壤退化和沙漠化、营养和饥荒、生物多样性和经常性爆发的传染病问题。在这一过程中,他们展示了大量证据,说明世界生态多样性、全世界大量人口,特别是"第三世界"国家人民,正在遭受可能无法弥补的危机。两人认为,这场危机主要归咎于全球普遍采用的新自由主义经济和社会政策,至少在过去几十年里这一原因在增强;即通过煽动性支持"市场"来调控所有的社会领域,新自由主义者掩盖了以下事实:这个市场的运作就像狐狸进入鸡舍,而且政府在这项大型事业中是同谋。因此,萨奥尔和哈姆得出结论,应对作为文化帝国主义一个方面的生态帝国主义,方法之一是致力于更自觉更直接地抵制新自由主义的全球运动。

第十四章
剖析并抵制语言帝国主义

弗里茨·威尔玛

本章从历史视角探讨发生于欧洲的关于语言帝国主义的辩论。过去500年来的欧洲发展史表明，民族语言已经越来越成为各国在各自不断扩大的疆域向不同民族施加政治权力的重要手段。在此期间，被征服的族群经常被限制使用他们自己的语言。17世纪以降，法语成为上层阶级使用的主要语言，以显示他们高贵的社会地位。20世纪，英语取代法语成为身份的象征。然而，学习并使用各自的民族语言成了接受高等教育的基本条件，并拥有更多机会以在公民社会中赢得显赫的地位。20世纪末，由于美国在世界经济，特别是在文化产业中的绝对主导地位，简单的基础英语越来越多地取代了非英语语言。在法国、芬兰、波兰、匈牙利以及葡萄牙，人们已经组织起来抵制英语取代本国语言（举措之一就是语言立法）。但是德国对美国的语言帝国主义仍然表现出极度的服从或是自由放任的态度。本章中，笔者将总结目前正在公共领域推进的保护德语的倡议，尽管这些倡议目前还处于十分边缘的地位。这个分析表明当前语言服从与自我意识之间的争论，是处于欧盟领导地位的官僚和机构针对英语是否应该成为欧盟唯一的官方语言的持续斗争的一部分。

一些历史背景

目前德国关于德语美国化的讨论是天真的，因为大家认为语言是脱离社会主导结构的——似乎语言是在真空中进化的。实际上，

第十四章 剖析并抵制语言帝国主义

语言很大程度上是社会组织的一种工具,以多种不同方式被使用。第一,在历史上,语言就是作为经济与行政统一的一个工具而发展起来的。第二,与此同时,语言还被用作向其他族群和民族施加权力的工具,因而语言是一种将各个族群融入同一国家团体的有力手段。语言被强迫用来压制本土语言,其本身成了一副枷锁,成了将不同民族连接成一个帝国的手段。经典的案例就是殖民者的语言在殖民地的统治地位。第三,在阶级分化的国家,语言被用以稳固社会等级秩序,即保持对"普通人民"的优越性和至高无上的地位。只有当人类社会发展到民主化阶段——至少在知识分子层面已达到民主化——语言才能成为一个文化国家公民自我发展的媒介。在标准的民族语言中,一个国家将自己视为一个民族或者一种文化。

现状分析:美国化与屈从

语言权力斗争转移到了欧盟

英美语言帝国主义并非是德国独有的问题。该问题在全世界都有显现,其在欧盟的表现也并非最轻。为日益确立英语在欧盟交流语言中的绝对主导地位所做的种种努力,法国为维持法语的地位,使法语至少保持与英语同等地位的种种尝试,都是语言作为权力工具在当代的最佳例证。那些坚决支持英美世界主导地位的人与紧抓"大国(Grande nation)"观念不放的法国人之间,为获得社会文化主导权正在心照不宣地互相斗争,他们希望掌控欧盟的工作语言从而统治整个欧洲。因此,德国比以前斗争得更为激烈,不愿意自己在这场欧盟语言战争中被彻底击败。德国《明镜周刊》(*Der Spiegel*) 2001年8月13日报道说:"巴黎与柏林之间正在酝酿一场激烈的语言战争。德国政府下定决心反对法国将德语从欧盟理事会,即欧盟

第五部分 语言与生态帝国主义

成员国代表委员会的官方工作语言中剔除出去的种种行动。"在巴黎，外长赫伯特·韦德里纳（Herbert Védrine）提倡只使用法语和英语，因为这两种语言是目前使用最多的语言。另一方面，在柏林，约施卡·费舍尔（Joschka Fischer）领导下的德国外交部却争辩说使用德语的欧盟公民比使用法语的要多得多。不过，德国已经表示愿意将欧盟理事会的官方语言增加到五种，将意大利语和西班牙语也包括在内。但是如果法方坚持两种语言的规则，那么德国就支持英语成为唯一的官方语言——这个要求对那个"大国"而言是无法接受的。《明镜周刊》（2001年）进一步报道，德国就使用多种语言产生的费用支付问题予以回答时特别提到：

> 就如何应对欧盟东扩预计可能产生的语言服务费用大幅度增加的问题，德国已经有了相应的办法。目前欧盟成员国共使用15种语言，每年的语言服务费用已经超过了13亿德国马克。而不久的将来欧盟成员国数量将达到27个——成员国联席会议使用的官方语言将达到21种，译员将面对210个语言配对——费用预计会翻倍。为了阻止这种语言的巴比伦式的纠结所导致的费用增加问题，德国政府提议各国政府为将各自的语言翻译成其他语言承担费用。然而，布鲁塞尔将继续支付将欧盟官方文件翻译成其他成员国语言所产生的费用。

与此同时，英国人希望法国人逐步承认由于英美在世界范围内的主导地位所导致的英语语言优势。《经济学家》杂志［法国《世界报》（*Le Monde*）1999年6月29日报道］热烈称赞法国的美国化进程，同时也建议英美应持谨慎态度以免干扰这一令人愉快的发展。

这就是语言屈从在欧洲,特别是在西德发生的过程。

美国霸权:经济的、语言的以及文化的

目前要进入德国各个领导圈或者精英圈,能够使用完美的德语已经变得不那么重要,大量使用英语更多地成为进入这些圈子的必要条件,就像两三个世纪之前使用法语一样。在一些公司,管理层已经完全脱离国内层面而只在"全球"层面进行交流——说美国英语,这是一个新的阶级社会的一种表征。

这将我们带入二战结束以后,特别是最近二三十年不断取代德语的语言帝国主义的进程当中。这个复杂过程此处无法详述。但是,从根本上来说,我们可以指出,纳粹的灾难性统治结束后德国人那种自我忘却行为是完全可以理解的:许多德国人想要有所"归属",想要成为有一定地位的人,因而逃避德语。这种大范围的逃避行为不仅是由美国在社会经济方面的主导地位所致,而且也是德国人于纳粹统治在欧洲犯下罪恶暴行之后背负的罪恶感与劣势情结所致,尽管德国人很少公开承认这一点。

在他们逃避自己身份的过程中,德国人就转变成了胜利方国家即美国的臣民,在政治、经济和文化上臣服于美国。他们这样做有充分的理由,尤其是在年轻一代的德国人中,以前是这样,现在也是这样,理由就是美国自由的消费主义的生活方式、美国在全世界的声望,以及美国的经济力量及其在科学技术方面的优势。

在德国可以明显看出美国文化乃至语言主导地位发展的三个阶段,或者三种特质。首先是1945年之后,人们,特别是大部分年轻人,迫切想要吸收民主再教育的因素以及令人振奋的时装、文学、活泼享受的舞蹈方式,这提供了一种国际型的反文化,一种世俗的

第五部分　语言与生态帝国主义

和自由的氛围，所有这些都与纳粹"文化"提倡的死板的权威式的国家主义形成对比。第二是如洪水般涌入的美国商品、电影以及其他娱乐产品；通过在美国的各种研究，美国科学越来越强的影响力。然而最重要的是美国公司对西德经济的日益渗透——这要归功于长期保持不变的四马克对一美元的汇率——维持了"美国式的生活方式"以及美国在西德学术和经济领域至高无上的地位，并在语言方面带来了严重后果。第三是从几十年的美国化进程变成在广泛层面上，在广告、数据处理、商业管理和娱乐领域，德语系统性的美国化的新特质，整体而言，主要通过全球化过程，特别是通过计算机化和互联网。

德国商业杂志《经济周刊》（*Wirtschaftswoche*，1999 年 5 月 20 日）是这样总结美国化的程度的：

> 英语能够在全世界范围内取得成功得益于美国崛起成为世界超级大国。美国在商业、科学、文化以及政治方面至高无上的地位使原本仅在英联邦使用的这种语言在 20 世纪后半叶成为一种世界性语言——因此产生了深远的影响：约 85% 的国际组织将英语作为工作语言。在欧洲的比例则高达 99%。而且，互联网正在进一步推进这种世界语言的主导地位。这同时影响了我们的商业、消费以及休闲社会。

德式英语：精英阶层的语言

语言统治的这种新特质发展到极致以后，美国（跨国）公司就不愿意费时费力地将内部函件、产品介绍（包括电影片名）、与德国合作伙伴和顾客以及分支机构之间的往来信件翻译成德语。程度如此之深的殖民化并非不可避免。跨国公司的广告部门在面向西班牙和法国顾客时，往往使用它们各自的语言，然而，在德国却坚持使用英语广告语。一个显见的例子就是荷兰的飞利浦公司，同一句标语"让我们做得更好"，在意大利该公司用"Miglioriamo il tuo mondo"（提高你的世界），在西班牙用"Juntos hacemos tu vida major"（我们一起让您的生活更美好），在法国用"Faisons toujours mieux"（总是做得更好），只有在德国他们用的是"Let's make things better"。

德国《世界报》（*Die Welt*，1999年12月21日）的一份报告以高度概括的形式描述了这一趋势："赫尔曼·西蒙是一家广告机构的负责人，他带领他的员工们进入一个崭新的世界：他的公司与越来越多的其他大型公司一样，文本首先都是用英语写的。'英语是新的模板语言'。"

过去，赫斯特公司（Hoechst）的员工接受德国同事用蹩脚的英语发出的指示。在贝塔斯曼（Bertelsmann）和安联（Allianz），英语已经是公司在某些地区使用的官方语言。西蒙先生宣称："一切面向所有人的文本必须是用英语写的。"对大公司来说，国内市场的重要性已经越来越低。重要的是国际市场份额。"互联网是一个全球分配系统，要求使用全球语言，即英语。"西蒙先生持一种流行观点："英语用于商业活动，德语用于个人事务"（《世界报》，1999年12月21日）。西蒙先生引用了德国外贸协会主席迈克尔·福克斯（Michael Fuchs）的话。福克斯的观点更进了一步：他想要完全的双语化并认为："德国应该在2010年之前将英语定为第二官方语言。"从无数德国科学出版物和研讨会也能觉察到同样的趋势。德国《经济周刊》(*wristchafswoche*,1999年5月29日)指出:"科学文献中约有90%是用现代学术语言——英语撰写的。据杜伊斯堡语言学家乌尔里希·阿蒙(Ulrich Ammon)所说:'德语在本世纪前三分之一的时间毫无疑问是科研领域最重要的语言,今天其状况却极为窘迫'。"

不久前,德意志银行董事会主席罗尔夫·布鲁尔(Rolf Breuer)就在德国电视节目上提供了一位精英人士如何使用语言的样本。他在"夜间咖啡馆"(*Nachtcafé*)节目(SDR,2001年4月21日)中用极其蹩脚的德式英语说:"只要我们从监事会拿到标识,就可以将商人(Businesse)召集起来,这样就可以制订一个共同的商业计划(BusinessPlan),提炼一个工作规划,然后来决定:谁做这个工作?"("Sobald wir das Logo von den Aufsichtsräten bekommen haben, werden die Businesse zusammengebracht, dann wird ein gemeinsamer Business Plan entwickelt, ein Jobprofile verabschiedet, und dann wird entschieden: wer macht den Job.")

广告牌以及百货公司的商品目录的英语化越来越彻底。(德国高端服装连锁商场)皮克·克洛彭堡(Peek & Cloppenburg)的广告中出现了羊毛衫(Troyer)、经典卡本尼(Classic-Cabane)、百家好(Basic)、涂胶类防撕螺纹尼龙布(Gum-Rib-Stop-Nylon)、工作裤(Worker-Pants)、混搭(composé-look)、上拉式结构(Pull-up-Struktur)、由专门设计师设计的毛衣(Designer-Sweats)、色块搭配风格(Color-Blocking-Look)、石蓝(Stone-Blue)、漂白蓝(Bleached-Blue),还有几十个类似的让人无法理解的用法。化妆品行业同样也使用德式英语。一直以来都善于宣传的拜尔斯道夫公司(Beiersdorf)的广告中出现了如下的语句:千禧年派对(Millennium Party)、妮维雅促销(Promotion by NIVEA)、如银河般的(einfach galaktisch)、使容貌迷人（Machen den Look Spacig）、美甲（Nail-Design）、眼影（Eyeshadows）、欧莱尔风格（Orion Styling）、极其闪亮（Cosmic Shine）、魅影不羁夜香水（Deep Night）、斯派西式的眼睛（Spacy Eyes）、虽然不够闪烁但性感优雅的头发却是必须的（nicht shiny genug, and sexy gepflegte Haare sind ein Must）。

在整个娱乐行业，德语也正在崩溃。在高度美国化的电影产业中，制片人几乎从不费心去翻译片名：德国观众大部分都应该理解美国片名，也有人可能不理解。在体育节目中，记者们越来越觉得只使用英美术语会很"酷"。而且不仅露天活动（Open-air-Veranstaltungen）的广告主要使用德式英语：除了少量摇滚乐（Deutschrock）之外，所有流行音乐都配有英文歌词；无论如何娱乐业已经没人再使用"Veranstaltungen"而只有"events"（Veranstaltungen 和 events 都表示"事件"的意思）。

"语言帝国主义"：英语全球传播的政策

近年来，英国社会语言学家罗伯特·菲利普森（Robert Phillipson）一直在研究使英语在世界范围内享有高度语言与文化统治地位的所有政策——主要是英国的政策，并且连续发表相关研究成果（菲利普森，1992 年，1997 年，1998 年；Phillipson and Skutnabb-Kangas, 1996 年）。菲利普森（1992：47）将"语言帝国主义"定义为"通过建立并不断重构英语与其他语言之间结构和文化上的不平等，宣布并维持英语的主导地位"。结构不平等是物质性的，尤其是在金融方面。文化不平等则指英美语言在意识形态和教育方面的相对主导地位。菲利普森认为（1992：109）英语的盛行主要归功于"殖民地的语言继承"。16 世纪以来，英美两国侵略了世界上面积

第五部分 语言与生态帝国主义

广阔的地区,使当地居民经历了大幅度的语言转换,因而殖民地原有的语言和文明被极大地边缘化,而英语以及后来英美两国的语言和生活方式成了人人遵守的标准。英语主导地位的增强,其原因至少可以部分地归功于全球英语语言教学策略(ELT)。这些策略在殖民过程中同时得到了发展,在组织方面花费巨大——主要由英国文化协会(British Council)资助和协调——并且一直持续到现在。结果是:400年前约有500万到700万人讲英语,到现在以英语为母语的人数相对保持在3.15亿,以英语为第二语言的人数则估计高达15亿(菲利普森,1992:24)。

当然,这些极为重要的研究及其将语言政策视为帝国主义的一种形式的观点必须与经济帝国主义的相关文献放在一起考察,而且如同前文提到的那样,应该主要站在二战之后的美国的立场来考察。这种经济帝国主义导致英语(或者说"德式英语")被大范围地使用,主要通过美国产品极高的市场占有率,尤其是文化和科学产品,同时正如我们看到的那样,也通过全球范围内英语化的"公司文化"。尽管菲利普森的关注点并不在此,但他完全意识到这一点:"英语随着美国在科学、军事以及政治上的霸权地位的建立而盛行,这是不可避免的,而且是在诸如联合国、世界银行之类的国际组织的掩饰之下。"(菲利普森,1992:49)

德国语言脱离(linguistic disengagement)政策
反对语言保护法的华而不实的论点

许多不负责任的商界与政界的决策者无视保护德语的请求,漠视那些警告他们德语有衰落之虞的有识之士,这样做是欠考虑的。不幸的是在广大的语言学界,情况也是如此。

第十四章 剖析并抵制语言帝国主义

甚至连德国文化部部长犹利安·尼达·诺姆林（Julian Nida-Rumelin）在谈到"伟大的事件"（grosse Events）时，也很时髦地表示拒绝为此提供补贴（Frankfurter Rundschau，2001年5月30日）。他将自己降低到街头芸芸众生的层面，持平民主义的态度反对为保护德语进行立法的观点："我们不需要语言警察"（"Wir brauchen kein Sprachpolizei"；Wel am Sonntag，2001年2月11日报道）。尼达·诺姆林很清楚语言保护立法的支持者们的脑海中并没有任何明确的警察概念。大家也很可能谴责贸易监管官员开展商业间谍活动。

事实上，这场讨论大多数到了代表普通百姓的煽动性言语的层面就停滞不前了。这个分析表明了下一步的计划，去消除最常见的伪论点。这些伪论点作为一个整体通常反映出对提倡保护语言者的歧视。这种歧视长久不变，一直重复。下文我将进一步具体分析大家的老生常谈中的最重要的一句，即"活的语言"不需要保护。

德国语言协会（Verein Deutsche Sprache，VDS）在过去一些年里一直墨守成规，不过其成员还是发展到了14,000多人。该协会被谴责提倡德意志至上的语言纯粹主义。"没人会建议用'Volksherrschaft'（people domination，人民主宰）一词来代替'Demokratie'（democracy，民主）……或是用'Gesichtserker'（face oriel，面部凸出体）来代替'Nase'（nose，鼻子）。"（尼达·诺姆林再次在给德语语言协会的一封信中写道）。这样的言辞表明尼达·诺姆林是在谴责那些没有任何一位严肃的语言保护主义者意欲采取的措施。同样，谴责德语语言协会以及其他类似的组织试图对错误使用德语的市民处以罚款的行为也是肤浅的。"这太荒谬，这极为荒谬。这样的事情不能用钱来解决。"德语教授露丝·瑞赫（Ruth Reiher）在柏

第五部分　语言与生态帝国主义

林文化广播电台（Radio Kultur）斩钉截铁地指出这一点。很显然，她从未听说过被称为《杜蓬法》（Loi Toubon）的保护法语的法律。根据该法，个人不会受到处罚，但是比如像化妆品供应商，在营销自己的产品时如果标签上只用英文标明成分，就会被处以高额罚款。其他似是而非的观点还有"这只是年轻人使用的语言；让孩子们寻求自己的快乐；英语更简洁更酷；我们生活在全球化时代，英语是一种全球性语言，不管我们是否喜欢"。而且，对德语美国化进行批判被归类为政治上的右翼势力。一个不知名的"反法西斯"团体"勇敢"地发起行动，试图阻止在柏林自由大学召开的一个相关的研讨会。他们在政治学系的墙上喷涂上自己的观点：Fuck deutsche Sprache（去他妈的德语）；Deutsch nix wichtig（德语不重要）。

不过大街上（以及脱口秀节目中）最要命的口号是：德语不需要保护——更不用说语言保护法了——因为德语是一个活的有机体，英语只是一时流行，是多余的，英语热会自然消失，就像过去德语去除法语借用词一样，"因为德语的确可以自我调控。是的，实际上我对德语充满信心……"（露丝·瑞赫教授2001年5月26日在绝大多数语言学家发表自己观点的柏林文化广播电台说道）。这是在模仿"市场具有自我调控能力"的说法，完全是在替不作为进行不合适的"自由主义"的辩护。正如我们所知，市场只有在严格的范围内才具有自我调控能力。实际上，在法语主宰德国的两百多年里出现的法语浪潮以及德语地位的降低，后来都并非自动消失的，而是因为德国古典文学作品中充满自信的艺术价值，通过各个语言协会的努力，最后通过清楚意识到语言问题的政府官员制定的法规才消失的。比如，梅斯内尔（Meissner, 2002）描述了17世纪以来德国在翻译上取得的成绩。德国化的成功案例中有许多都是约阿希姆·海因里希·坎普（Joanchim Heinrich Campe，1746—1818年）的功劳。歌德曾不公正地讽刺过他，但威兰德（Weiland）却对他推崇备至。

但是影响了主要德语区的美国主义要自动消失的可能性则小得多。在这一点上，持机会主义态度的乐观主义者，首当其冲的是德语协会（Gesellschaft für deutsche Sprache，Gfds），其拒绝承认这个现象背后巨大的经济力量。该协会虽然受到国家大量的资助，但是在语言政策问题上总体而言还是不活跃的。

政府的态度：官方忽视与弃权

不同于法国以及最近波兰的做法，德国基本上没有采取任何政治手段来应对美国化的危险。社会民主党和绿党组成的联合政府对基督教民主联盟与巴伐利亚州的基督教社会联盟组成的议会联盟所提问题的回答真的就是一个令人反感的不作为的例子（Bundestag publication，14/0，2001年3月1日）。基督教民主联盟与基督教社会联盟联合体具体提出了至少75个问题，简单勾勒出了积极应对语言政策的举措。不出意料，基督教民主联盟被要求解释为什么在其执政的16年间未完成自己在文件中所描述的任务。实际上在该党执政期间，歌德学院已经开始解散了，这是不负责任的。而社会民主党和绿党同样也提出了一份自己的议会质询书，不过精确度要小得多。

接下来的讨论将限定于英语化趋势不断提高这一核心问题。该问题是基督教民主联盟任务表中的一项。德国政府于2001年10月3日做出了书面回答（Bundestag publication，14/7250），2002年1月做出了口头答复。上述回应都反映出政府前所未有地希望从这些重

第五部分 语言与生态帝国主义

要问题中解脱出来。从"红绿阵营"政府*面对基督教民主联盟与基督教社会联盟联合体提出的重要而又受人欢迎的问题时极力淡化事情、模棱两可的答复中，明显可以看出在德语逐渐被边缘化的过程中政府不负责任的程度之高。特别是政府对德语英语化问题的答复与各半官方的语言协会将重要问题琐碎化的政策完全一致。政府否定所有的主动性行为，甚至拒绝承认存在危险（Bundestag publication, 14/7250, 2001年1月31日）。有些人警告说"过度使用英语会导致民众感情中的某些部分被排除在公共交流之外"，会使德语扭曲变异，政府的回答是："我们必须考虑这样的事实，德语从来就不是一种'纯粹'的语言。在德语发展的过程中，一直都从众多其他语言借用词语，主要是拉丁语、希腊语、法语，现在主要是英语。我们的语言与其他任何一种活的语言一样都在不断变化。它必须要变化，以便确切地表达不断变化的现实。"

政府不断重复以往的论调，尽管这种说法长期以来一直受到反驳，因为这样做对于他们来说最方便不过了。他们认为语言发展有其天然的"活力"，他们根本不承认当前德语发生的变化从整体而言是由英美在公司政策领域的主宰地位导致的，具体而言是由英美在传媒、计算机以及娱乐行业的主宰地位导致的，因为英语被跨国公司设立于德国的子公司以及一些广告公司，乃至正在全球化的德国竞争者们毫无抵触地采纳了。我们被告知没有必要去警觉，因为49%的西德居民（71%的东德居民）不懂英语，但他们只要跳过其中的英语表述就行了。而且我们被告知：因为缺乏英语语言技能而

---

* 德国人把四个党分成四种颜色：红色代表中间偏左的社会民主党，黑色代表保守的基督教联盟，黄色为两边摇摆的代表小企业主利益的自由民主党，绿色则为环保的绿党。——译者注

第十四章 剖析并抵制语言帝国主义

担心这些人可能被排除在公众生活之外是毫无根据的。要理解在某些事实和语境中重复出现的个别借用词,通常并不需要完全掌握一门外语。简而言之,就是不作为。"因此,联邦政府认为……以类似法国、波兰这样的语言保护法来保护德语的条例是不必要的。一种活的语言往往会不断发生变化,这是不受政府行为影响的。"即使对于语言管理,国家的政策也是不作为:"根据上述理由,联邦内务部不打算指示联邦政府各机构用德语词代替借用词。"

政府在语言政策问题方面的不作为和逃避行为,很自然地与同样持逃避态度的德国学术性语言协会极为一致,尤其是德语语言与诗歌研究所(Institut für Deutsche Sprache und Dichtung,IDS)和德语协会(GfdS)。或许,这些协会所持的不关心政治的立场过去和现在都对政府以及执政党明显的消极态度产生了影响。从政府关于这些学术性语言协会的完全放任自由的立场的表述中能够清楚地看出这一点(Bundestag publication,14/7250,2001年1月31日)。

前面我提到了来自商业世界的众多事实,以作为政府和社会不作为背后隐藏的纯意识形态,并且运用这些事实以归谬法证伪了语言自然演化以及个人自由选择的观点。大部分德国人的语言行为并非取决于个人对语言的责任或者个人的自由选择,而是由占主导地位的社会经济结构决定的,即使是决定基调的精英人士亦如此。这一点德国政府不可能一无所知。然而,政府高举自由企业的旗帜以保护这些美国化的精英人士。同样,政府也巧妙地避免评价商品和广告界"外来词使用增加"的问题:"在描述商品和服务时以及在广告中使用外来语,用外语作解释是……企业以销售为导向的传播过程的一个组成部分,完全属于企业自身的自由。使用外语名称……是允许的,只要这样做不会就所提供商品和服务的来源与质量问题欺骗目标客户。"（Ebenfalls aus der Regierungsantwort auf die "Grosse Anfrage": Bundestag publication, 14/7250）

因此，德国政府通过中伤法国的语言保护政策来结束关于自己不作为的政策的辩论也就不足为奇了。政府未提供任何证据就暗示"政府可能对语言产生积极影响"，这是一种过高的评价。政府带着诽谤性的意图进一步在没有丝毫实际证据的情况下宣称，"语言保护法的效果越广泛，其导致的危险就越大。如果这样的法规企图定义某一词语，并大力推动正确使用该词语，那么同时带来的还有支持用法停滞的危险"。这些说法与针对法国的行为的威胁是一致的："无论如何，语言保护法受到欧盟法的限制。"（Bundestag publication, 14/7250）

德国语言协会（VDS）的活动

因此，德语不要期待能从德国政治家那里得到帮助，除非将来的公民听到了确切的警报。不过这样的警示现在已经有所耳闻。德国语言协会（VDS）孜孜不倦的教育工作在一定程度上发挥了作用，民意调查中有70%—80%的德国人投票反对使用德式英语以及德式英语的快速传播（Gawlitta and Vilmar 2002）。《科隆快报》（*Cologne-Express*, 2001年7月31日至8月4日）关于大量使用英语的政治讨论就是一个典型例子，并在马塞尔·赖希—拉尼茨基（Marcel Reich-Ranicki）提出反对英语化的强烈要求中达到了高潮。在一次读者调查中，87%的调查者支持并呼吁为保护语言而立法。

德国语言协会自1997年成立以来开展了大量活动与宣传。主要活动包括上百次信息性事件和反抗；一份反对使用英语的请愿书，上面有超过10万人的签名，于2002年秋提交给德国总统以及其他政治领导人；在许多主要媒体和电视讨论节目中做宣传；一次大型的摄影展，题为"德语过时了"（Deutsch ist out）；将一种可为大众基本接受的语言法草案引入公众讨论视野的种种努力，当然这只是该组织所做努力的一小部分（Gawlitta and Vilmar，2002 年）。产生的影响是，德国语言协会的这些活动作用巨大，公众开始注意到在德国、欧洲乃至全世界语言使用的可怕现状，政府不作为的社会政策和文化丑行被揭露了出来。

结 论

本章以德国为例，强调了认识和讨论关于语言帝国主义的各种问题的复杂本质。可以看出，不关注历史、经济以及当前国内与全球的文化政治是无法理解语言帝国主义的。本章还特别指出美国语言帝国主义在德国及欧洲产生的影响，以及在面临语言帝国主义时德国的领导阶层和政治演员们是如何屈服让步的。在法国，语言保护已经是一项长期的事业，而在德国，对美国语言帝国主义的强烈抵制近期才刚刚开始发展。最大的可能性是，这种抵制长期发展下去的结果是德国与其他国家和全球性的努力一起，共同阻挡当前美国文化帝国主义势不可挡的浪潮。

参考文献

Gawlitta, K., and F. Vilmar (Eds.). 2002. *"Deutsch nix wichtig"？Engagement für die deutsche Sprache.* Paderborn：IFB – Verlag.

German Academy for Language and Literature. 2002. *Stellungnahme zur Debatte ü (fi) ber den zunehmenden Einfluss des Englischen auf die deutsche Sprache.* Darmstadt：Memorandum of the Academy.

Meissner, Gernot. 2002. "Wortsch? pferisches Engagement in der deutschen Sprachgeschichte seit dem Barock." In "*Deutsch nix wichtig*"? *Engagement für die deutsche Sprache*, ed. G. Gawlitta and F. Vilmar. Paderborn: IFB Verlag. 35—64.

Phillipson, Robert. 1992. *Linguistic Imperialism*. New York: Oxford University Press.

Phillipson, Robert. 1997. "Sprachenpolitik in Europa—für Europa." In *Materialien zum Internationalen Kulturaustausch* 36. Stuttgart: Institut fuer Auslandsbeziehungen. 46—51.

Phillipson, Robert. 1998. "Globalizing English: Are Linguistic Human Rights an Alternative to Linguistic Imperialism?" *Language Science* 20: 101—12.

Phillipson, Robert, and Tove Skutnabb - Kangas. 1996. "English Only Worldwide or Language Ecology?" *Tesol Quarterly* 30: 429—552.

第十五章
保护世界语言与生态多样性：一枚硬币的两面[1]

赫尔曼·H. 迪特尔

一种语言的词汇是创造并使用这种语言文化的种族文化语码。短时间内过多的"语码异变"（code mutations）可能会摧毁一种语言的表现型。在许多讲德语的重要人物的嘴里，德语正在经历上述转变，成为一种德语和英语的混杂体。这种混杂体通常被称为"德式英语"，不加区分地交叉使用德语和英语词语。

那些已经融入德语体系并被长期广泛使用的本土词语和外来词语不断地被排挤出这个国家。德语新词很少被创造出来，引进的词语非但无助于形成区别性短语，反而只是以僵硬的碎片的形式出现。

从全球视角来看，某个"单一"的文化及其语言——美式英语和英式英语——对全世界语言和文化多样性施加的压力似乎已经被接受，似乎这就是一种达尔文法则（实际上，这种情况已经存在一个多世纪了，见 Schleicher，1873 年），尽管这不是一个自然过程，而是一个语言—文化过程。然而，词汇和语言并不仅仅是人类自然的声音学产物。任何一种语言中的每一个单独的词都是一座文化纪念碑，或是以口袋本形式出现的见证物。对自然现象的表示和"培育"更是如此。世界语言和自然的多样性显然是并列的，这种明显的并列关系实际上不仅是一种通过类比产生的关系，而且也是通过内容产生的关系。

今天，我们不得不保护全世界成千上万种的种族文化语码免受

1　由克劳斯·斯迪克从德语翻译成英语，文本和设计（波恩）。

第五部分 语言与生态帝国主义

世界范围内单一语言主义（monolingualism）带来的语言压力。这不仅是一个人权问题，而且还是感知进而保护自然的遗传和现象多样性的重要前提。摧毁一种语言就相当于摧毁了感知自然或者人类生存环境的某些层面的一种特殊方式。减少人类感知自然的多样性并使之不复存在就相当于摧毁人类已经感知到的自然的多样性，并将我们未来理解和保护自然宇宙的能力贱卖了。

在全世界英语单一语言主义的压力下，自然、文明和语言之间形成的全球关系网面临着转型的威胁，而只为那些讲英语的经济力量的利益服务。

保护并关注全世界的语言多样性不仅应该是文化政策和语言教育的中心原则，而且还应该是环境保护的中心原则。世界自然基金会（WWF）与绿色和平组织等全球性机构应该得到强烈建议，不要使用它们的经济对手、跨国公司的单一语言，而是尊重本土文化和语言，准确使用本土语言。它们不应该将英语词汇夹杂进其他语言，产生像在德国使用的德式英语这样的混杂体，或者产生正在其他国家和地区出现的英语语言帝国主义的相似案例。在本章，作者将批判性地讨论全球语言和生态帝国主义中的一些互相关联的全球性问题，并以德国为例，分析当前正在经历的语言和文化帝国主义产生的影响。

环境破坏与文化违约（cultural breach）

"环境破坏和文化违约之间关系紧密"。《德国环境与自然保护联合会会刊》（*BUNDmagazin*）前主编于尔根·劳尔谢（Jurgen Rauschel）于2000年做出这一论断（Rauschel 2000：5）。该刊物为关于自然保护的讨论提供了重要场所，并且能够有效激发大家进行自然

第十五章　保护世界语言与生态多样性：一枚硬币的两面

保护。这与下列观点正好一致："这样的非特定感受，尽管经济在快速发展，全球民主正在推进，然而事情还是在发生。而且这件事本质上是错误的……，从全球污染程度的加剧（到）有时候全球化给土著居民及其文化带来的毁灭性后果（以及）西方无营销的生活环境的缺失……每一种人与人之间的感情，每一个地方都转化成了商品。在许多人看来，这一点足以引起恐慌"（Klein，2001 年）。不幸的是，只有声称能将世界从上述问题中解救出来的恐怖主义行为才被认为更容易引起恐慌。

新资本主义或者涡轮式资本主义（turbo-capitalism）[1] 不受限制地发展，会给环境带来毁灭性后果。新资本主义与那种涡轮式语言（turbo-language）——实际上是"单一"的语言——耦合，则会在文化上带来毁灭性的后果。全球营销且狂热使用的语言并非一定是英语，而只是蹩脚的简单基础英语。不仅在欧洲，而且在世界各地，这都代表着文化的侵蚀。难道这些文化只有通过犯罪行为才能得以保护？

将英语讽刺性地比作涡轮式资本主义的语言其实并不公平，但是自由资本主义的辩护者只宣扬"他们的"英语，在德国则只宣扬他们的"德式英语"，这一事实不容争辩。对他们而言，保持语言多样性不是要付出昂贵的代价，而是代价过于昂贵。

今天约有 5,000—7,000 种语言仍在世界上使用。其中 2,500 种面临灭绝的危险，截至 2025 年超过一半的语言可能会消失。这些语言将不会有机会将自身承载的文化遗产传递给后代。从促进文化多

---

[1] 根据 Edward Luttwak 的解释，涡轮式资本主义，不同于 1945 年到 20 世纪 80 年代之间兴盛的受控制的资本主义（controlled capitalism），主要指私营企业从政府调控中解放出来，不受有效的公会的检查，不受雇员的限制，不受税收或投资限制的阻碍。在这种情况下，富者更富，穷者更穷。

第五部分　语言与生态帝国主义

样性的角度来看，这绝不是积极发展的征兆。

在不同辈之间签订一个语言—文化合约是否有帮助？"如果这些人消失了，那么他们以及他们与自然之间的密切关系也会永远消失。我们必须尽己所能保护这些人，"联合国环境规划署（UNEP）执行董事克劳斯·特普弗（Klaus Toepfer）在第 21 届理事会（Governing Council）上说。这次会议于 2001 年 2 月初在内罗毕召开。

根据功能和发展潜能，词汇集（lexicon），或者一种口头语言和书面语言的词汇，可以"被描述成使用这种语言的……文化的（种族文化）语码"（Kerckhove 1994：158）。简而言之，一个根词相当于一种基因。从语言/历史角度而言，相关语言的语音、语法和句法规则体系有着不同的发展，词语的解码、连接、管理、内容上的阐释和言辞的修改随着上述规则的发展而发展。短时间内过多的变异，尤其是当变异随意发生且不顺应各自的规则体系时，就会摧毁表现型。当前对语言规则的违反是这样产生的。

尽管许多语言面临灭绝，但往往还是存在一些更加积极的委婉语，用以描述英语在世界范围内不断增强的优势地位。其中包括语言混合（language-blending）促进"文化交流"，以及语言混合是"全球化"发展过程中不可避免的层面等流行观点。有人认为语言混合有助于克服政治上的"大国沙文主义和地方主义"。有人贬低语言混合的历史重要性，认为"所有这些我们都曾见识过"。还有人给它穿上科学事实的外衣，重复"语言是不断进化"的陈词滥调。另外还有人将它琐碎化，认为"语言是极具活力的"。但是如果一种文化所使用的语言已经死亡，那么这样的文化之间的交流就是没有生命力的，正如那种全球一致的语言是没有区别性的一样。如果一个民族的语言和文化身份被轻视，或者有人将不属于他们自己的身份强

第十五章　保护世界语言与生态多样性：一枚硬币的两面

加于他们，那么在这些地方，大国沙文主义和地方主义受到的抵制则最弱，发展则最迅速。从历史上来看，当前状况的主要特点是在那个"唯一"的事实上受到保护的通用语言的压力下，文化和语言发生了全球性位移（displacement）。其他语言则被抛弃，不受任何保护，失去任何进化的机会。

物种保护和语言多样性

当前，语言保护被认为是落后的，而自然保护则是具有远见卓识、促进发展且有趣的。1992 年里约热内卢的地球高峰会议（The Earth Summit）带来了一种对于人人参与的友好的环境保护方式益处的积极认识（参见本书第十六章）。物种保护与自然多样性之间的关联至少已经被决策者们所认识。比较而言，语言保护与自然多样性之间的关联仍未被他们了解，因而还需要继续努力。

词语不仅仅是声学意义上的一个个声音。词语还是小型的文化纪念碑。它们通过语言规则组织起来，是复杂的文化和"社会"产品。从文化意义出发，德国总统约翰内斯·劳（Johannes Rau）在 2000 年 11 月 23 日的美因茨的"古腾堡演讲"（Gutenberg speech）中，希望大家能对自己的母语——德语更加忠诚（Rau，2003 年）。内务部部长爱卡·维特巴赫（Eckart Werthebach）则强调在德国使用德语的社会综合功能，并认为有必要通过立法保护德语（Werthebach，2000 年）。此外，2001 年由欧洲委员会和斯特拉斯堡议会[1]发起的欧洲语言年，旨在提高大家对多元语言主义优点的认识，因为多元语言主义允许我们转换视角，有无穷的变化。

1　斯特拉斯堡议会（Strasbourg Parliament）即欧洲议会，斯特拉斯堡是欧洲议会所在地之一。

第五部分　语言与生态帝国主义

因此，语言保护与文化多样性之间的关联不仅仅是与物种保护的一种类比。它是自然多样性、自然保护和利用以及自然之乐的一个直接元素。因此，"文化"的意义不仅在于耕耘土地，还在于发展教育、语言、审美和人际关系："花园……是人类最纯洁的欢愉。"（Francis Bacon，1625 年）花园的说法将赋予人类控制自然权力的圣谕与开发自然的愉悦联系起来，而不是与劳作、担忧和瘟疫联系起来（Makowski and Buderath，1983 年）。

几个世纪以来，自然一直被欧洲人通过野蛮的——譬如"随意的"——对自然资源掠夺的方式进行开发。今天当我们谈及预防措施时，我们想说的是只有谨慎科学地利用荒野［这相当于未开发的自然或者"未培育的自然"（non-culture）］，自然才能永远保持可开发状态，比如谨慎地诉诸化学或者基因资源。

去差异化和语言缺失

在未培育的自然和已培育的自然之间的过渡阶段，我们将现实中无法言说的复杂因素打碎并解剖成特定的文化感知或者概念。为了沟通交流，这些破碎的概念成为被词语描述的、然后用语言表达出来的观点。但是一个词语只能表达所描述概念中极少的，有时甚至只是一个层面的事实，它永远无法完整描述一个概念。因此，思想与世界、世界与语言在结构上永远无法达成一致。

文化的语言手段极为复杂，因此其词汇集（词汇）和结构（语法）也极为复杂。说这种语言的人通过这种语言手段针对被打碎成概念的现实世界进行内部交流。语言因而就成为他们看待现实的一种区分手段。语言感知能力越强，与自然之间的关系就越连贯，过渡也就越连贯。譬如，我们关于环境、自然和荒野的概念越详尽，

第十五章 保护世界语言与生态多样性：一枚硬币的两面

当我们通过具有既定目标的干预手段打造环境，并利用荒野（见前文）而非将荒野永久羁押以对自然进行永久性开发时，我们考虑问题就会越仔细。

譬如，在南美洲的安第斯山区，一种古老的、与现在完全不同但却同样有效的土地耕作方法已经沿用了3,000多年，在海拔4,000英尺的地方利用运河、梯田和田地进行耕作。在非洲中部，阿卡俾格米人（Aka pygmies）对某些植物的药用功能有着与我们非常不同的了解。几个世纪以来，生活在中国云南省的傣族人一直居住在"神山"上，与从遗传学意义而言种类极为繁多的动植物和谐共处。居住在美国西北部的特林吉特人（Tlingit）编织篮子的工艺无人能比。他们用杉木皮纤维编织的篮子甚至可以装水（UNEP，2001年）。当然，这种自然和人类之间独特的文化交流在他们各自的"文化"语言中都有所反映，因此，如果这些语言消失，这种文化交流也将消失。

联合国环境保护署1999年的一份报告中收纳了更多关于以非工业化方式思考并谈论自然的例子（Posey 1999）。比如，报告称语言、言说和知识最大程度上决定了种族文化"语码"（Kerckhove，1994年），从而决定了所谓的原始部落群体的知识结构和内容。尽可能多地保护语言及其使用者，对于保护生物多样性，实际上是对开发生物多样性极为重要。（其他话题包括了语言和自然生物多样性联合的社会、健康和智力层面。）

下面让我们来欣赏勒内·马格利特（Rene Magritte）[1] 的画作

---

[1] 勒内·马格利特，比利时重要的超现实主义画家，生于1898年，卒于1967年。"人类的状况"的电子版可在 http://www.mcs.csuhayward.edu/~malek/Magrit6.html 上看到。

第五部分 语言与生态帝国主义

"人类的状况"（La condition humaine）*（见 Makowski 和 Buderath 1983 年的翻印）中所表现的"我们思考和感知方式的图画"。这很好地说明了存在各种语言的词汇集和结构的不同本质的评价背后的东西。就这幅画而言，除了我们能够在他的画架上看到的东西之外，在这个画架背后就没有其他东西了吗？因而，在马格利特的个人目镜前面，在他关于风景和自然的（有区别的和区别不大的）概念的投射领域前面就没有其他东西了吗？这扇窗，甚至这幅画本身只是一个画架，一件附属品吗？它背后会隐藏着什么？我们无从知晓，因为在这里，我们看待一切都"只"通过一个特别的视角，就是马格利特的目镜。

任何一种语言都拥有自己独特的现实观，用自己的视角去分析现实，描述现实。有许多语言是我们生来从未使用过的。但描述、聚焦并折射事实的"文字"能力是所有这些语言的内在属性。它们代表了关于"世界"的众多可替代概念。只有如此多样的语言折射，个体才有可能通过推理、感性认知和潜意识在自己文化内部进行体验、了解并沟通。马格利特的画就是关于此的一个寓言。

语言折射并打破现实：这不仅无法逃避而且还是文化史和文化多样性的开始。每一种语言都通过意义之间的细微差别，通过不同的重音，从不同的光线角度来折射现实。因此，自然与文化之间的过渡区域的语言—概念折射和感知的破裂是无法逃避的，也必然是复杂的。

---

* 勒内·马格利特最常用的一种艺术手法是在画中用一个物体遮挡另一个物体。在"人类的状况"中，他使用的就是画中画的手法。站在房间里，从窗户向外眺望。窗前放着一副画架，画架上有一幅画。这幅画的内容就是窗外的风景。这幅画中的一棵树正好挡住了窗外景物中的那棵树。因此从欣赏者的角度看，这棵树同时存在于房间里的这幅画中和窗外的风景中。——译者注

第十五章　保护世界语言与生态多样性：一枚硬币的两面

今天，这种复杂的折射可能退化成为物种保护和自然多样性之间关联的一个简单的"预先确定的断裂点"。如果语言保护和文化多样性之间的关联最后并未如同 2001 年 2 月联合国环境保护署（UNEP 2001）和 2001 年 11 月联合国教科文组织（UNESCO 2001）所要求的那样，在全球环境政策方面获得与物种保护同等的重视，那么这种断裂就会出现。

因此，得出下列结论完全合理：当未聚焦的、贬值的语言目镜最后被表面看来聚焦程度更高的语言目镜所取代，我们就会失去关于对待自然的不同方式、对自然的不同感知和使用自然的不同方式的具有文化特殊性的知识，这一点是无法扭转的。因而，在更受欢迎的那种语言（英语）的压力下，语言的去差异化导致我们感知"自然"方式的去差异化，也导致我们可持续地保护和开发自然的机会的去差异化。

个案分析：德语、德式英语和蹩脚的简单基础英语

与此同时，德国人已经开始轻易地脱离他们的母语。造成的后果甚至比违反诺言还要糟糕——这是与我们独特的文化和对现实的感知的决裂。面对"单一的"他种语言中"预先捏造的词语"（prefabricated words）带来的压力，我们的语言目镜的聚焦程度变得越来越低，越来越模糊不清。用于表达源自德语的概念的词语和长期以来已经融入德语体系的词语正在从德国被整体驱逐。几乎没有新词形成，允许进入德语体系作为替代的词语则往往只以破碎的词语的形式出现，而不是在完整的句子中以词语串的形式出现。简而言之，在德国的音乐、体育、时尚、日常计算以及其他许多领域，德国的"文化语言"转型成为德式英语，而且发展进程很快。

第五部分 语言与生态帝国主义

是否甚至连关于自然保护的语言也会受到这种去差异化的威胁？列举三例以助问题的解答。

第一，2000 夏天，联邦自然保护署——*Bundesamt für Naturschutz*，或者 BfN——为自己的缩写词发明了为自然忙碌（*Busy for Nature*）的英文解释。"Begeistert fur Natur"（热心于自然）也同样合适。但是我们的母语反而被搁置一边，因为它实际上已经过于老套，尚未为明天做好准备，落后和过时了，蹩脚的英语或者德式英语却获得了青睐（Doppelpunkt，2000 年）。但是与这个英语短句相比，德语不仅表达出为了自然忙碌，而且还反映出与"感性"（"心灵"或"精神"）相关的巨大的语义场。"感性"（Geist）一词负载着大量联想意义，狭义而言，还与文化相关联。

因此，这个德语短句——本章的核心精神——可以极为轻松地指向"自然"和"文化"两个术语相互之间的语境依赖关系。广告目的虽然更为重要，但却是愚蠢的，真的应该为此而丢弃这种语境吗？

联邦环境保护署的新闻办公室声明，创造这个（德式）英语短句只是为目标群体中的"年轻"一代考虑——这句话只有三个词！但是，是否我们真的必须向联邦环境保护署这样的一个组织解释，今天的年轻人是明天的语言及其语义场的创造者，"积少成多"（many a mickle makes a muckle）也类似地适用于对一种语言的大量词语扩散性的过度使用的情况，这些词语在语义场中既无法得以增加也无法得以补充？

不幸的是，联邦环境保护署以这种随意的态度对待德国最重要的文化财产具有系统的背景。环境保护署将自己赞助的于 2002 年举办的电影节命名为"自然之景"（spots for nature）就

第十五章　保护世界语言与生态多样性：一枚硬币的两面

反映了这一点。该电影节意在展示关于自然的特别出色的照片和电影。

第二个案例是 2000 年 10 月，位于柏林的德国环境与自然保护联合会（BUND, German Association for the Protection of Environment and Nature）成立 20 周年之际，联合会在精心设计的请柬上印上了一句在语言上极为随意的句子：让我们孩子的未来充满绿色（*Greening our children's future*）。但是，如果这份请柬使用德语，利用 *begrünen*（变绿）和 *begrüssen*（欢迎）做个文字游戏，用 *Die Zukunft begrunen—für unsere Kinder*（让未来变成绿色——为了我们的孩子），那么这句话会更加生动。

第三个案例出现在德国自然保护联盟（NABU, German Association for the Conservation of Natural Wildlife）于 2000 年出版的一本讨论 "Birding for Kids"（儿童观鸟）和 "Fit for Birding"（适合观鸟）等两个与观鸟有关的问题手册上。有一位年轻人问他所在的当地团体 *birding* 是什么意思。回答是："既然 bird 是 *Vogel*（鸟类），那么 birding 的意思肯定就是 *vögeln*（德语中性交的俚语）。"这就是为了孩子？

谁打算将这种德式英语词语填入按照德语规则架构的句子中？这甚至也许不是大家所希望的？"busy"一词如何被拒绝的？什么是它在德语中的语义场——拥有对于一种简洁、富有表现力并且详尽的（该词意义上的细微差别）表述方式如此重要的内涵。动词"to green"实际代表什么意思？此处该词想要表达的意思〔"to make green"（"使……变绿"）作为及物动词〕在正式英语中是不存在的。因此，此类表达的"创造者们"迫使我们进入一种德语化的、错误的、充满情感的英语之中（Doppelpunkt，2000 年），除非我们能够

第五部分　语言与生态帝国主义

耐心地忽略使用这种英语所带来的问题。

联邦环境保护署使用"spots"和"Busy for Nature",位于柏林的德国环境与自然保护联合会使用关于充满绿色的口号,以及德国自然保护联盟的口号"birding for kids"中无戒备的性含义,皆为了达到短期效果而共同创建了一朵模糊的概念星云。它们的目标"粗略地精确地"指向使用"忙碌的主流德式英语"的追求快速获得利益者和潮流设定者们长期以来一直畅游之所在——从快餐连锁店到大型旅游公司直至真正的全球(赌博)玩家们。从他们所有人的视角来看,语言多样性的文化财产已经开始迈步进入博物馆,犹如进入文化大冷冻箱中。

因此,地球村的愿景面临着堕落成世界商品村的威胁。在其中一些地区这已经成为一场噩梦。村子里唯一的"文明"语言就是蹩脚的简单基础英语,它在世界范围内的各种变体几乎没有差别,就像在一个文化上并不复杂的村子里,在村民的花园里繁殖出艾尔谷小猎犬和约克夏犬的种狗一样。也许有一段时间某种非英语的语言可能作为下班后在家对话的语言而被保留。

未来:头脑简单的多样性?

多么头脑简单的多样性啊!以强大的全德汽车俱乐部(ADAC)为例,它不仅反对自然保持和环境保护,而且还长期在会刊中大量使用德式英语。如果它的反对者——比如德国环境与自然保护联合会(BUND)、注重生态的德国交通俱乐部(VCD)、绿色和平组织以及致力于环境保护和自然保持的政府机构等——也受其影响使用这种拙劣的语言风格(联邦环境保护署的情况就是如此),那么作为从环境保护和社会意义上正确使用"可持续性"一词的支持者,它

第十五章　保护世界语言与生态多样性：一枚硬币的两面

们会失去自己在语言使用上的良好形象和信用度。这个词不仅具有生态和经济因素，而且还具有社会—文化因素。只有考虑到上面这一点，才能期望在全球范围内动员大家持久地为"可持续性"模式而努力。

对于我们民族语言和母语语言的创造性使用不仅需要文化想象，而且也为未来创造文化想象。只有军事或者国际航空等机构才能（而且必须）不进行想象而正常运作。通过创造内容上的附加值，想象付出智力和概念上的代价。但想象无法通过盲目采纳并克隆来自其他语言"物种"的预先捏造的词语而产生。

本杰明·沃尔夫（Benjamin Whorf）认为这一点同样也适用于关于自然概念的语言。与威廉·冯·洪堡（W. von Humboldt）一样，他认为这按照"各自语言中设定的轨道网络"而发展。他指出，在美洲土著霍皮人的文化中，没有我们所知的印欧语系中关于"时间"的表述。但是即使没有时间因素，他们也能形成关于世界的物质性概念。这个概念对他们而言同样具有解释作用，如同牛顿关于时间因素发挥构成性作用的世界的概念对我们具有解释作用一样。因此，即使在自然科学中，语言传递的也不仅仅是单一的观点。一面"单一的"全球语言目镜即使被高度赞扬为"科学上至关重要的"，也只能让我们感知一个单一的、理性化的现实。除此之外，所有其他语言都会很快过时。这是什么前景！

如果我们无法以生态化的眼光对待语言——譬如谨慎——我们就无法期望自己理解如何谨慎对待自然（Dieter，1994年）。语言一旦死亡，思维方式、视角、感知模式、现实的概念范畴以及它们各自不同的表达和内容权重都随之死去。比较一下几种语言中仅仅表示一个昆虫家族（比如"蝴蝶"）或者一个植物物种（比如"空谷

第五部分　语言与生态帝国主义

百合")[1]的"微不足道"的名字的内容。每一种语言都展示我们感知到的那种昆虫或者植物的完全不同的层面，并使那种昆虫或者植物在人类的文化和科学记忆中一直保持鲜活的形象。

因此，通过"应用理性"，让我们回到对马格利特画作的阐释，"世界只能通过现实的不同层面而得到澄清，而且这种清晰只是表面上的"（Makowski und Buderath 1983：40）。今天，在一种占据统治地位的经济推理模式及其占据统治地位的一维语言（英语）的压力之下，人类、自然和环境之间错综复杂的关系正受到那个太过急切地使用这种语言的力量在经济方面的权宜性的限制。这不能等同于以内容多样化的方式将可持续性的概念具体化，既不是从生态的视角也不是从经济的视角，更不是从社会—文化或者政治的视角。

因此，语言保护和文化多样性之间的关联不仅可与物种保护和生物多样性之间的关联相比拟，即这种关联并不仅仅是与物种保护和生物多样性之间形成间接比例的关联。另外，语言保护和自然多样性之间、物种保护和文化多样性之间都有直接的关系，因为物种灭绝往往也意味着人类文化（文化史）的毁灭，开发自然能力的灭绝。而一种语言的灭绝在广义上也意味着感知自然的能力的灭绝，从狭义而言，则意味着人类生存环境的毁灭。

语言的灭绝不仅导致文化功能潜力的破坏，同时也导致自然功能潜力的破坏。这是未来生存和构建生活的可能性的破坏，如同自然资源的破坏一样，从而废止了不同辈人之间的契约。因此，培养

---

[1] 蝴蝶（butterfly）：法语是 papillon，德语是 Schmetterling。德语"Schmetter"源自斯拉夫语中表示"黄油"的词 smetana。因此德语 Schmetterling 与英语单词 butterfly 非常类似。在中世纪，这个词还被用来表示晚间飞来偷黄油的女巫。空谷百合（lily of the valley）：法语是 le muguet，源自拉丁词 muscus，意思为气味，味道。德语是 Maiglockchen，字面意思是"五月的铃铛"。

第十五章　保护世界语言与生态多样性：一枚硬币的两面

语言不仅事关文化政策，而且也事关环境保护和自然保护政策。可以认为对全球单一"文化"的语言整平（linguistic levelling）的反应应该是多方面的，在理想状态下，应该包括以下四个基本组成部分：

1. 忠于自己的语言，开放对待其他语言，在大量发展术语的基础上在所有语言之间进行交流；

2. 对那些不属于本国语言代码的词语，要批判性地使用，使用其功能要谨慎，而不是无论专家还是普通人都使用英语。因而，应该使用 *grünen* 而不是"greening"，使用 *Begeistert für Natur* 而不是"Busy for Nature"，使用 *Vögel Schauen*（鸟类观察）而不是"birding"；

3. 优先使用并进一步发展与你关系最近的语言的语言资源，即优先使用并进一步发展民族语言或者母语；

4. 积极使用至少两种外语，其中一种是邻国的语言，同时理解其他语言，从而使更大范围内通畅的国际交流成为可能，甚至可能很快就能使用声学语言识别软件，通过电子手段进行国际交流（Hilberg，2000 年）。

全球性思考，使用本土语言（*Think Global*, *speak local*）：这句格言简洁明了地概括了上述四个反应。德国环境与自然保护联合会、绿色和平组织和其他类似的机构，以及从联合国环境规划署（2001年）的角度来看那些为可持续的物种保护和自然保护而努力的其他公共机构都应该坚持这句格言的理念。为了孩子们将来语言和文化的可持续性，他们应该这样做。

第五部分 语言与生态帝国主义

参考文献

Bacon, Francis. 1625. Cited in German in Makowski und Buderath 1983, 9.

Dieter, H. H. 1994. "Okologie als Sprachkritik" (Ecology as criticism of language use). *UWSF – Z. Umweltchem* 6: 121—122

Dieter, H. H. 2000. "Fertigwörter – Fertigkost" (Fast words – fast fooderman). *ERNOZ. Ernährungsäkol* 1: 125—127. Available at: < http://www.scientificjoumals.com/erno >.

Doppelpunkt. 2000. "Deutsch – Jahresthema: Es gibt kein richtiges Deutsch im falschen Englisch" (There is no correct German within a wrong English). *Doppelpunkt* (Magazin fur den Deutschunterricht) II.

Hilberg, W. 2000. "Hat Deutsch als Wissenschaftssprache wirklich keine Zukunft?" (Is there a real future for German as a language of science). *Forschung & Lehre/Zeitschrift des deutschen Hochschulverbandes* 12: 628—630.

Kerckhove, D. de. 1994. "'Kunst und Natur': Ökologische ? sthetik" ('Art and nature': ecological esthetics). In *Ethik derÄsthetik*, ed. C. Wulf, D. Kamper, and H. U. Gumbrecht. Berlin: Akademie – Verlag GmbH. 153—172.

Klein, N. 2001. "Hier läuft etwas falsch" (Something is going wrong here). Interview with R. Honigstein in *Greenpeace Magazin* (German edition) 2: 18.

Makowski, H., and B. Buderath. 1983. *Die Natur dem Menschen untertan: Ökologie im Spiegel der Landschaftsmalerei* (Nature subjected to man: Ecology in the mirror of landscape painting). München: Kindler.

Posey, D. A. (Ed.). 1999. *Cultural and Spiritual Values of Biodiversity: A Complementary Contribution to the Global Biodiversity Assessment*. Earth Print. Available from UNEP Publications at: < http://www. earthprint. com > .

Rau, Johannes. 2003. "Gutenbergs Folgen. Von der ersten Medienrevolution zur Wissensgesellschaft" ("Gutenberg's consequences: From the first medial revolution to the society of knowledge). Available at: < http://www. bundespraesident. de/frameset/index. jsp > .

Räuschel, J. 2000. "Korrespondenz in Sachen Rechtschreibung." *BUNDmagazin* (Magazine for the members of the Bund für Natur und Umweltschutz Deutschland) 4: 5

Schleicher, August. 1873. Die Darwinsche Theorie und die Sprachwissenschaft. Offens sendschreiben an herrn Ernst Häckel, von Aug. Schleic-her. Weimar: Böhlau.

UNEP (United Nations Environment Program). 2001. Press release on the 21st session of the UNEP Council. Available at: < http://www. unep. org/ Documents. Multilingual/ Default. asp? DocumentID = 192&ArticleID = 2765&l = en > 8 February.

UNESCO. 2001. Universal Declaration on Cultural Diversity. *A Resolution Adopted on the Report of Commission IV at the 20th Plenary Meeting, on 2nd of November*. Records of the General Conference, 31st session, Paris, 15October to 3November. Available at: < http://unesdoc. unesco. org/images/0012/001246/124687e. pdf > .

Werthebach, E. 2000. "Die deutsche Sprache braucht gesetzlichen

Schutz!" (The German language needs legal protection!) *Berliner Morgenpost* 31December: 6.

Whorf, B. L. 1971. *Sprache*, *Denken*, *Wirklichkeit* (Language, thinking, reality). Reinbek bei Hamburg: Rowohlt.

第十六章
生态帝国主义作为文化帝国主义的一个层面

古斯塔·W. 萨奥尔和伯尔尼德·哈姆

如果将所有人类行动都视为文化，那么文化帝国主义也包含生态帝国主义。文化帝国主义是19世纪以及之前出现的殖民帝国主义在现代的延续。按照帝国主义的这种历史发展，"旧世界"变成了第一世界（World-Ⅰ），剩余的部分则变成了第二世界（World-Ⅱ）和第三世界（World-Ⅲ）而被抛在后面。与"发达"国家和"发展中"国家的高贵定义相比，这些词语反映了现实，因为这些词语隐含着从第三世界国家发展成第一世界国家的可能性。生态帝国主义同样也是"全世界内在的"，因为社会—经济和传统的枷锁会阻止理性的国民行为的发生。21世纪的今天，第一世界国家陷入了其自身的生态、社会和经济周期，复杂性越来越强。这些问题越是逼近，解决方案似乎越是遥远。

生态帝国主义以现代卡珊德拉预言的形式出现，她再次预警了灾难，但仍然无济于事。与阿波罗诅咒类似的是，尽管她说的是事实，但没人会相信她，文化帝国主义掩盖了所有威胁。与此同时，当我们生活在第一世界的人正在"拼命取悦自己"（Postman，1985年）的时候，第三世界每天都通过实时通信观察第一世界的成功事业。因此，第一世界可失去的东西越来越多，而第三世界可失去的则越来越少。

因此，这个"整体世界"（One World，也就是全人类）就可能

第五部分　语言与生态帝国主义

面临两种选择，要么是冷漠，要么是暴力，选择其中任何一种都是邪恶的。因此，1992年在里约热内卢的地球高峰会议上提出的应对生态帝国主义的"21世纪议程"（Agenda-21），十年之后被它的近亲"启示录第21章"（Apocalypse-21）所取代。我们在此区分两者意在使大家关注以下的事实：地球高峰会议的首要目标是引导第三世界，将其提升到第一世界的水平，但是这个目标尚未实现。带来的后果是第三世界的超级大城市正在快速发展；能源、水、教育和医疗保健的获得情况在恶化，而文盲率、营养不良、饥饿和土壤侵蚀则大幅加剧。20世纪80年代，人们期待在冷战结束后出现一个和平美好的新世纪，但是他们的理想愿景被恐怖主义、区域性战争和次大陆争端所破坏。

　　本章意在展示全球新自由主义经济政策造成的灾难性的生态后果。从这个角度来看，本章与本书第四部分的各个章节有诸多共同之处。新自由主义思想体系并不一定是引发当前全球问题（罗马俱乐部对全球生态、经济和社会危机的综合症状的称呼）的罪魁祸首，但它肯定是当前全球问题的最主要和最强大的推动力。[1] 苏珊·乔治（Susan George，1997年）强调，作为一种思想流派，新自由主义的起源可追溯到"二战"后期，但它获得发展的动能则要到20世纪80年代初期"华盛顿共识"（Washington Consensus）颁布之际。"华盛顿共识"是国际货币基金组织为进行"结构性调整"而强加给负债国的标准化解决方案。新自由主义还代表着在一些重要的西方国家的新保守派开始掌权，资本市场开始自由化（哈姆，

---

[1] "罗马俱乐部"是一个非营利性的非政府组织，是处理全球问题的智囊团。该组织的网页上登载了它们的使命宣言，"本组织汇集来自五大洲的科学家、经济学家、商业人士、国际组织高级官员、国家元首以及前国家元首。这些人深信人类的未来并非一旦决定就再也无法改变，每个人都能为社会的发展贡献一份力量。"见http://www.clubofrome.org/。

第十六章 生态帝国主义作为文化帝国主义的一个层面

2005年,导言)。用最通俗的话来讲,新自由主义思想体系呼吁解除国家调控,实行纯粹的市场规则,不仅在经济领域如此,在社会组织的所有领域都如此。正如舒伊在本书第十章所说,新自由主义并非完全基于严格的经济理论研究或者合理的实证研究,它更多的是一种与庸俗的社会达尔文主义相关的思想体系,为当权者的利益服务。

我们的论证采取以下形式:首先列举全球问题中的十个主要方面,并简短描述世界生态和社会境况。然后我们展示这种综合症状是如何与西方霸权国家的新自由主义公司和政府政策建立关联的。通过上述分析,我们得出结论,罗马俱乐部预言将在2100年之前出现的全球危机目前正在发展。贫困、疾病和战争就是其最起码的征兆。然而到目前为止,第一世界相对而言已经比较成功地将自己那部分危机转嫁给了第二世界和第三世界。不过有明确的迹象表明这种情况正在改变。原因并非我们不知道如何阻止危机的发生,也不是我们缺乏阻止危机发生的手段。所有必需的科学、技术和社会科学知识都已经准备好了。事实上,要设计一个能够可持续地容纳约90亿或者100亿人口的世界,或者勾勒出人类在不同地区流动的过程并不困难。真正的障碍是全球力量分配以及我们的机构做出必要决策的方式。也就是说,自20世纪70年代末以来,这些机构越来越多地受到新自由主义的影响,得到西方国家政府的实质性支持,特别是在20世纪80年代和90年代,撒切尔、里根和科尔(Kohl)的统治时期。

全球问题

1989年,在多伦多召开的未来学会议(Futurology Congress)创

第五部分 语言与生态帝国主义

造了一句令人印象深刻的标语,"全球性思考,地方性行动"(think globally, act locally)。现在这句话已经转向其对立面,成为"全球性行动,地方性分裂!"(Act globally, split locally)——众所周知的全球化的后果。由此导致的第三世界的苦难境况可以从联合国人口基金会(UNFPA 1999)提出的 36 个相关指标看出。下面我们只涉及其中最重要的指标。

- 五分之四以上的自然资源是第一世界消耗的,尽管第一世界只拥有全世界六分之一的人口。而这些资源中有四分之三是属于第三世界的。由此带来的生态上的代价要么在全球范围内分配,要么就强加给第三世界单独承担。

- 生存经济的毁灭,加上农产品加工业的生产能力不断提高,迫使人们从农村地区迁移到超级大城市,从第三世界迁移到第一世界。

- 第三世界人口高速增长,从而导致劳动力的快速增加,因而导致失业率提高,向外移民人数增加。产妇死亡率以及婴儿和五周岁以下儿童死亡率为历史最高。无法移民至其他国家的人正面临不断蔓延的疾病的威胁。

- 第三世界的债务危机迫使它们将大部分国民生产总值(GNP),特别是出口收入用于偿债。结构性调整是导致环境恶化、贫困和社会动荡的主要原因。

- 大部分第三世界居民每天必须为获取足够的营养而奋战。饥饿综合征已经成为发展的主要障碍。营养不良和缺乏安全的饮用水导致出现了大范围的疾病。

- 大部分第三世界国家不具备"良善治理"(良善治理被定义为包括议会主义、反腐政府、独立的司法体系、人权、社会公正以

第十六章　生态帝国主义作为文化帝国主义的一个层面

及公民公开参与和非政府组织）。[1]

● 第三世界用于教育和卫生的公共费用被军事费用超越。文盲率通常超过50%，特别是妇女。教育、卫生和经济上的这些赤字导致为了解决饥荒问题对土地的过度压榨，随之产生的是土壤侵蚀、沙漠化和水资源短缺。

鉴于上述情况，我们认为生态和社会—经济状况极为严重。《新科学家》杂志中的一篇文章的标题——"是重新思考所有事情的时候了！"非常确切（*New Scientist* 2002：31）。某些指标的各自发展趋势将在下文具体阐释。

人口、超级大城市、移民和难民

2000年12月，随着萨拉加瓦一名男孩的出生，世界人口跨越了60亿（=10）[2] 大关。这个男孩很荣幸地成为时任联合国秘书长的教子。现在，世界人口以每年约8,000万的速度增长（年增长1.35%）。这意味着在100个新生儿中，有12人出生在经济合作与发展组织（OECD）成员国（第一世界），52人出生在亚洲，12人出生在非洲，7人出生在拉丁美洲，还有3人出生在中东。根据国别来看，有21人出生在中国，18人出生在印度，4人出生在美国，1人出生在德国，5人出生在独联体（CIS，即苏联）。截至2050年，总人口大约为100亿，但是出生在经济合作和发展组织成员国的将会是13人，出生在非洲的16人，亚洲48人，[2] 拉丁美洲10人，中东4人。根据国别来看，中国18人，印度16人，美国少于4人，德

---

[1] 然而，参见帕塔萨拉蒂（本书第十二章）围绕第三世界国家"良善治理"倡议问题的分析。良善治理的严重欠缺在第一世界国家也可以观察到，强调这一点极为重要。

[2] 比如，在公元2000年，100个新生儿中亚洲占52，就意味着约30亿人口。而到公元2050年，如果亚洲占48则意味着48亿人口。

第五部分　语言与生态帝国主义

国少于1人，独联体6人。

人口增长主要集中在非洲、亚洲和拉丁美洲。其中20个超级大城市的居民人数已经超过1,200万，另外还有100个城市已经拥有500万居民。这些超级大城市——无法与相应的"西方"城市相比，如纽约、洛杉矶、伦敦、巴黎、莫斯科、东京和大阪等——无法再进行管理。通过委婉的语言，文化帝国主义已经不言自明。那些超级大城市中的"贫民窟"在"城市21"大会上（URBAN 21，2000年）被重新命名为"非正式城市"（informal cities）——因此，现在"非正式公民"居住在"非正式自治市"（informal municipalities），拥有"非正式市长"和"非正式经济"。这些词在语义上掩盖了苦苦挣扎于泥泞和垃圾堆中的人民的苦痛和凄凉。

在第一世界，每位母亲（15—49岁）的生育率为1.57。在第二世界和第三世界，生育率则达到3.0和5.05。因此，长期而言，第一世界将无法复制自己，尽管男女出生时的预期寿命比为71∶79，而在第二世界和第三世界国家则分别为62∶65和50∶52。与此同时，五周岁以下儿童死亡率（每年每1,000名存活的新生儿中）在第一世界、第二世界和第三世界分别为13、87和160（UNFPA，1999年）。第三世界因为生育率高，年轻人所占比重就比其他地区高，但是却没有足够数量的工作岗位。这种工作岗位的不足在农村地区最为严重，导致人口向城市群迁移。但是在那里人们的期待并没有得到满足，因此，他们继续向西欧和北美的一些理想之地迁移。第二世界国家为发展资本主义施行的休克疗法也具有同样的功效。

除此之外，由于环境恶化和各种灾难、战争与驱逐（有一种趋势，驱逐不再是战争带来的后果，而是战争的真正目的）、饥馑以及

第十六章 生态帝国主义作为文化帝国主义的一个层面

经济危机，难民的流动在增加。截至 2001 年，作为难民登记的人数高达 2,000 万。其中一半跨越了国界，其他人则是所谓的境内流离失所者、返家或者未登记的难民（UNHCR，2002 年）。此外，全世界还有 1 亿人没有护照。

债务危机和贫穷

今天，有 13 亿人每天生活费不超过 1 美元——如果不考虑商品价格，这个数字不能说明任何问题，而商品价格则往往非常接近第一世界的标准。包括这些人在内，每天生活费低于 2 美元的人数也在增加，达到了 25 亿人。贫富差异日益加大。1960 年，20% 最贫穷的国家与 20% 最富有的国家之间的收入分配比为 1∶30。现在这个比例大概已经达到在 1∶90。与此同时，今天我们仍然能够在第一世界发现有些伪善者因为第三世界的糟糕境遇而谴责第三世界，认为"在许多情况下，第三世界越来越贫穷是因为这些国家没有加入全球化进程"（Mosdorf 2001:7）。但这真的是第三世界的过错吗？

今天，第三世界国家的外债总额达到约 2.5 万亿美元。外债数额还在增加，而且与美元热和美元投机、原材料价格的下跌以及不平等贸易条件高度相关。全世界 40 个最贫穷的国家——即严重负债的低收入国家（SILIC，2000 年）——负债约 2,500 亿美元。它们的偿债率占到国民生产总值的 80%，在人均国民生产总值低于 200 美元的国家则达到出口收入的 220%。情况稍好一点的国家——被称为高度负债的贫穷国家（HIPC）——也有 2,000 亿外债。

由于世界股票市场的日资金流由 1980 年的 800 亿上升到 2000 年的约 1.5 万亿美元（$=10^{12}$），其中 97% 是投机性股票，这使得全球财富差异进一步加剧。同时统计发现，约 400 个家庭以及个人拥有的财富相当于 250 亿人拥有的财富（Forbes，2000 年）。此外，军事支出正在增加，即使在冷战结束后的 20 世纪 90 年代军队被大量解散之后。1997 年，世界防御支出的总值达到 6,810 亿美元，其中仅第一世界就占了 5,170 亿美元；欧洲国家占 2,030 亿美元，美国占 2,620 亿美元（BICC，1999 年）。截至 2004 年，美国的军费预算上升到 4,010 亿美元。

全球债务危机的根源可以追溯到 20 世纪 70 年代。当时，许多第二世界和第三世界国家以优惠条件从第一世界国家获得了贷款，因而吸收了战争激烈年代所积累的大量资金。两次石油价格冲击（1973 年和 1979 年）不仅使它们无力支付能源进口的账单，同时还导致了利率的快速上升。因为它们无法偿还债务，第三世界国家只好再次举债，直到 20 世纪 80 年代初，一些拉丁美洲国家宣布破产。它们请求国际货币基金组织的帮助。国际货币基金组织与世界银行作为美国外交政策的一项工具（Brzezinski 1997：49），同意有条件地提供帮助，其中最重要的一项条件是接受结构性调整计划。因此负债国别无选择，因为国际货币基金组织被视为其他资金市场的守门人。

虽然结构性调整的总计划在各国都是根据各自情况秘密协商决定的，但它拥有一整套基于新自由主义理论体系的标准的组成部分：货币贬值、公共支出锐减（军事支出除外）、出口市场产量增加、国有经济和国有财产向跨国公司开放、解除管制和私有化。20 世纪 80 年代初以来，这杯爆炸性鸡尾酒不得不由约 90 个国家吞下。在众多不得不这样做的国家中，最后几个是阿根廷、委内瑞拉和玻利维亚。物质和社会基础设施中的重要组成部分被私有化，如能源和供水，还有医疗保健、养老金制度和教育。因此，随着国有经济

第十六章　生态帝国主义作为文化帝国主义的一个层面

被跨国公司收购，结构性调整导致失业率快速提高，贫穷程度快速增加，同时还导致环境恶化。大部分在第二世界和第三世界国家的外国直接投资属于证券投资（portfolio investment），不仅无法增加就业反而会减少就业。不解决债务问题贸易条件就会恶化，就会对贸易平衡产生负面影响，负债国就会在不知不觉中陷入恶性循环［世界银行前首席经济学家、诺贝尔经济学奖获得者约瑟夫·斯蒂格利茨（Joseph Stiglitz）在他 2002 年的一本书中描述了这个体系；另外参见 Chossudovsky，2001 年］。因此，结构性调整显然别无其他，就是为了少部分国际股东的利益，迫使上百万人的沉重工作负担重新分配。当然，在很多情况下，这种将多数人手中的财富重新分配而集中到少数人手中的情况，只有当负债国国内的精英人士和国际金融机构之间进行公开或者隐密的勾结时才会发生，才能得到充分解释。

第三世界国家的贫穷抑制了健康和教育的发展——领导集团或者重要家族除外。因此，独裁政权得以稳定存在。产生的后果在全世界关于 15 周岁以下儿童文盲率以及根据性别（男性与女性的比例）记录的文盲率数据中清楚可见。就大陆而言，数据如下：北美洲 7∶8；南美洲 12∶11；欧洲 1∶2；亚洲 17∶33；非洲 31∶49。以国家为单位，在特别选定的一些非西方国家，数据如下：印度 35∶62；沙特阿拉伯 20∶41；也门 38∶82；阿尔及利亚 29∶55；埃及 37∶62；莫桑比克 46∶77；埃塞俄比亚 60∶74。高文盲率还与 15—49 岁之间的妇女不懂避孕有关。因此，贫穷和文盲——换言之，第一世界创造了世界上各种形式的苦难——主要由妇女承受，男女之间承受的比例是失衡的。

在此情况下，第一世界必须提出一个整体的缓解债务的策略，

第五部分　语言与生态帝国主义

将38—40个严重负债的低收入国家从大约2,500亿美元的债务中解脱出来。就这一举措大概会花费经济合作与发展组织成员国24万亿美元的年国民生产总值中略多于1%的费用，或是这些国家500亿美元年国防支出的仅仅一半。然而针对这个目标，各国都只是在口头上表示支持并无实质性行动，因而负债国别无他法，只能将至少部分失业人口转移到第一世界国家。

气候变化

在33开氏度*的自然温室效应下，生物就能在全球平均气温高于10摄氏度的环境下存活。因此，全球对气候变化的关注主要集中在增强的温室效应（additional greenhouse effect）上，即由于燃烧矿物能源引发的温室效应。

19世纪以来西方的工业化进程使第一世界国家对能源的需求不断增加，同时能源的排放也影响了全球。结果是，截至20世纪，地球温度上升了1开氏度，达到了15.3摄氏度，而从公元1000年到1900年，全球平均气温下降了0.3开氏度，剩下了0.7开氏度的余额。[1]20世纪的温度上升具有重要意义，因为1850年的大气中二氧化碳浓度为280ppm（百万分率，part per million），到20世纪已经超过了370ppm。造成这种增强的温室效应的还包括其他四种温室气体：天然气和农业（畜牧业、水稻种植）生产过程中排放的甲烷、使用氮肥释放的"笑气"（一氢化二氮，CFCs），以及由于工业使用释放的人造氯氟烃（CFCs）和六氟化硫（SF6）。

---

*　开氏度（K）是热力学上的温度单位，相当于摄氏度加273.15度。——译者注
[1]　众所周知，全球最高气温16.1摄氏度出现在12万年前的埃姆斯间冰期，现在只比那时少0.8开氏度。

第十六章 生态帝国主义作为文化帝国主义的一个层面

这五种气体的红外吸收光谱以及它们在距地球表面十多公里范围内的大气层中存在的时长各不相同，因此每种都可能产生不同程度的温室效应。因此，比如一次交通事故可能导致一辆西方 S 级轿车的空调系统释放 1 公斤氯氟烃，相当于排放了 1.3 万公斤二氧化碳。或者燃烧 1 公斤甲烷（如天然气）产生约 2.3 公斤二氧化碳，其产生的温室效应相当于 35 公斤二氧化碳产生的温室效应。

与那些自大的国内政策一样，气候政治的问题也在于总是有输家和赢家。如果只有输家，那么我们可能已经拥有全球有效的公约和谈判，但是由于能源预测自身就存在矛盾，而且与气候预测不一致，所以我们面对的是停滞。而且双方都有自己的充分理由。

• 能源分析家——作为第三世界发展和民主化的一个条件——预测动力需求将会翻倍。

• 然而政府间气候变化专门委员会（IPCC，International Panel for Climate Change，2001 年）却将五种温室气体进行排序，根据 1990—2000 年的数据，力争到 2050 年将二氧化碳的释放减半。

• 这就是著名的"因子 4 计划"（Factor 4）：排放量减半，同时人类的幸福翻倍。这都是"生态现代化"的标准工具箱中的一部分。

今天约有 240 亿吨"被排序的"二氧化碳被排放。因此，根据 100 的标准排放量，经济合作与发展组织成员国占排放量的 50，亚洲（不包括中国）占 10，非洲和拉丁美洲占 3。按国别计算，美国占 24，中国占 13，日本占 5，独联体占 12，德国占 4。转换成人均年排放量，美国公民每人每年排放 20 吨，经济合作与发展组织成员国 11 吨，非洲少于 1 吨，亚洲 1.2 吨。按国别计算，每个中国公民

第五部分　语言与生态帝国主义

排放约 2.4 吨，法国公民 6 吨，相比较，德国公民排放 10 吨。另一方面，美国人口较少——全世界每 25 人中仅有 1 人生活在美国——但排放量却极高。这表明美国人大量浪费能源。比较而言，欧洲的能源效率是美国的两倍，尽管欧洲的能源需求仍然比第三世界的平均水平高出 100 倍。比如厄立特里亚年人均排放的二氧化碳尚不到 0.1 吨。

然而，到 2050 年，二氧化碳的平均排放量必须降低到 120 亿吨，这个排放水平必须绝对遵守。这意味着年人均排放量为 1 吨。

因此，美国的二氧化碳排放量需要减少 20 倍（— 95%），许多经济合作与发展组织成员国，包括德国，需减少 10 倍（— 90%），而法国因为大量使用核能源只需减少 5 倍（— 80%）。只有非洲和亚洲可能被允许增加排放，分别增加 2.5 倍（＋ 150%）和 1.8 倍（＋ 80%）。到 2050 年，中国将不得不减少 0.7 倍（— 30%）。到那时，也只有到那时，"地球才可以得到软着陆"（Grassl 1996：3）。

显然，这将是一个前所未见的政治、技术和技能上的挑战，特别是当我们考虑到涉及的人口数以及不同国家之间的历史和心态问题。因此，也就不必大惊小怪为何美国在达成气候合约问题上扮演了一个强硬的反对派角色，尽管人人都明白气候正在发生变化。美国正在与这个"整体的世界"赌博，忘记了由于中国和印度的人口增长以及经济发展，它自身不可避免也是赌博的一部分。美国从联合国气候变化框架公约（UN Framework Convention for Climate Change）的谈判中退出当然是灾难性的。然而，甚至在此之前，美国就已经将可交易的温室气体排放权利写入《京都议定书》（Kyoto Protocol），从而为一个永远无法实现目标的公约奠定了基础。当前

第十六章 生态帝国主义作为文化帝国主义的一个层面

版本的议定书已经被认为毫无效用，但它仍然还在支持巨大的官僚体系。

然而，许多来自第一世界的个人甚至一些国家都开始拒绝接受这种状况，因为气候指标已经开始渐变。因此，很可能出现气候稳定的对立面，即气候变化加速，预计到公元2100年，碳排放量达到20.4亿吨（将近50亿吨二氧化碳），[1] 按年人均二氧化碳排放量计算，就超出了700ppm，达到5吨，而最高排放量应该是550ppm，年人均1吨。即使在这种情况下，45%的排放将来自中国和东南亚地区（Marlay，2000年）。因此，为了第一世界自身的利益，向印度和中国——实际上向整个第二世界——提供最先进的能源技术，即太阳能技术一直以来都是必要的。

同时，气候变化不可避免会导致海平面上升并带来暴风雨的威胁，暴风雨的频率和破坏性都会增强。

因此，历史上第一次，经济合作与发展组织成员国长期积累的平均财产和财富，无论是工业方面的还是个人的都面临巨大的风险。事实上，我们又想起另一个卡珊德拉：罗马俱乐部（1971年）。它曾经指出如果我们不改变自己的行为，地球就会将自身毁灭。此言令人印象深刻。31年后的今天，保险公司正因为洪水和龙卷风等"自然"灾害带来的财产损失的不断增加而担忧（Munich Re Group，1999年）。最近极少数思想狭隘的气象学家对政府间气候变化专门委员会百般挑剔。他们指出历史上由于天气的自然循环也曾出现过类似事件。他们拒绝承认全球平均气温正在不断上升。温度上升会将水分不断注入大气，水分冷凝释放的能量更加集中并且导致更频

---

[1] 按二氧化碳的总吨数计算是按碳计算的3.66倍。衡量所有五种温室气体，大概是2.5倍。

第五部分　语言与生态帝国主义

繁的严重损失（舒伊 2001：78）。[1]

水资源短缺与水争端

　　地球表面共有水资源 13.6 兆立方千米，其中只有 3,700 万立方千米是淡水，2,900 万立方千米以冰川和地下水的形式存在，而只有 13 万立方千米存在于湖泊。每年全球有 42.5 万立方千米的水通过蒸发和降水进行循环。因此，实际上每个人都有足够的水可用；从物理上来说，水不会消失，但水会被污染，变脏。"年基本淡水量"——根据最低降水量决定——约 14 万立方千米。2000 年消耗了 18 万立方千米水（世界银行 1999：206），地下水资源被过度使用，且无法挽回。

　　100 个单位用水量中，生活用水达到 7 个单位，工业用水占 24 个单位，堤坝（水力发电）占 4 个单位，农业占 65 个单位。巨大的农业用水需求要归咎于灌溉系统和理念的低效和不切合当地的实际。通常只有 40% 的水到达作物根部或者满足了畜牧的需要。第一世界从以色列每进口一只橘子就要消耗 300 升水，从阿根廷每进口 1 公斤牛排要消耗 5 万升水，做一套正装需要 1.4 公斤棉花，消耗 68.5 万升水（Pearce 2002：18）。如果节约 10% 的农业用水，整个生活用水量就可以翻倍。在此，我们又可看出第一世界与第三世界的差异，这种差异是众所周知的：在印度，每天人均耗水量为 25 升，欧洲为 150 升，美国为 300 升。美国人将其中的四分之三用于个人卫生，剩下的绝大部分用于灌溉花园和洗车。相比较只有 3—5 升用于食物方

---

[1] 大气中所蕴藏的冷凝释放的能量相当于 1.7 公斤 TNT 在 1 立方千米空间内 1 秒钟之内所释放的能量。如果一周内都天气晴朗，那么在 1 平方千米（相当于 0.386 平方英里）大小的面积上，距地面 10 千米的范围内就会积累 10 千吨 TNT（相当于在广岛爆炸的原子弹）。

第十六章 生态帝国主义作为文化帝国主义的一个层面

面。与 1950 年相比,到 1990 年,第一世界国家的家庭用水需求上升了六倍,每年达到 300 立方千米。

所谓的"咸海综合征"(Aral Sea Syndrome)就是这种过度开采水资源的代名词(Vieser 1997;Klotzli 1997:209)。咸海原本占地面积 7 万平方千米,然而 20 世纪 50 年代,斯大林要求该地区单一种植棉花。今天,水面已经减退三分之一,蓄水量降低了五分之一,海平面降到了 20 米,海岸线平均后退达到 6.6 万米,有些地方甚至达到 10 万米。咸海海水一直以来都含有一定的盐分(1%),今天咸海的含盐量已经达到 3.4%,相当于北大西洋的含盐量。而且今天咸海被分成两半,中间露出一条狭长的海床,这更加速了海水的蒸发。此外,咸海的两条支流锡尔河(Syr Darja)与阿姆河(Amu Darja)都被完全截流,用于灌溉棉花地。在阿姆河上,每年另外还有 20 立方千米的水被截走,因为土库曼斯坦修建的卡拉库姆运河(Kara Kum Channel)直接通往里海(Caspian Sea),用以灌溉更多的棉花地。单一种植棉花需要的灌溉用水是所有作物中最大的。对灌溉用地来说,如果每年每英亩地平均出产 1 吨棉花,那么每年每平方米土地上仅被蒸发的水分就达到 1.25 立方米。换言之,这些地每年都被漫灌,深度达到地面以下 1.25 米。此外,尽管棉花用水量大,但是采用滴灌技术就可以至少将用水量降低到每年每平方米土地 0.5 立方米(Dargie 2000)。

蒸发加速了表层土壤和地下蓄水层的盐碱化。该地区每平方米土壤中盐的含量为 2 千克,尽管风的传播范围很广,但是在约 20 万米远的地方以及近处的帕米尔冰川(Pamir glaciers),每平方米盐的含量仍然有 300 克。众所周知,盐有吸湿性,因此一些冰川融化的速度表现出加快的趋势,从以往每年的 1 米增加到 12 米。对土库曼

第五部分　语言与生态帝国主义

斯坦而言，阿姆河额外获得的水流量似乎带来了好运。这一点从该国于1997年决定将卡拉库姆运河向前延伸30万米的举措就可以看出，目的当然是为了灌溉新开垦的棉花地。该地区的气候已经发生变化。每年的无霜日减少了一个月，只有180天，阻碍了棉花种植。继而，为了满足出口目标需要更多的水、更多地使用肥料并开发新的土地。这种恶性循环因此正在加剧。

联合国环境规划署（UNEP）宣布，咸海沿岸的乌兹别克斯坦、土库曼斯坦和卡扎克斯坦三个国家，拥有400万人口，占地共43万平方公里的地区为危机地区。总之，咸海综合征主要是由于国内的生态帝国主义造成的，但它同时也是国际的，因为即使是今天，每三件棉制品中就有一件是由该地区生产的。因此，"白色的金子"的生产导致了"白色死亡"，也被称为"无声的切尔诺贝利"（dumb Chernobyl）（Reller and Gerstenberg, 1997年）。

2000年，26个国家宣布国内用水紧张。预测到2025年这个数字将翻倍（Edinger 1997：52）。造成水资源短缺的主要原因之一是实行单一农业作物种植，用水不当。这直接导致当地出现饥馑，同时又启动了因过度开采水资源导致的不可扭转的螺旋形发展（舒伊2001：91）。应对这种螺旋形发展的一个短期举措是将农村居民迁移到超级大城市，或者由于水资源短缺造成当地的高死亡率。然而，总体来说，水资源短缺问题可以解决，这点并非无法想象。例如，解决这个问题可使用"虚拟水"（virtual water）的概念：在有水的地方种植谷物，然后以合理的方式出口，利润共享。不幸的是，世界发展的趋势却是国际水争端。

获取水资源也存在安全风险（EcoSec，2000年），特别是在典型的水道汇集的地区（upper–lower course constellation）。这从土耳

第十六章 生态帝国主义作为文化帝国主义的一个层面

其、叙利亚和伊拉克之间暗流涌动的幼发拉底河—底格里斯河冲突就可见一斑。以下是关于此冲突的简要介绍。

- 土耳其正在寻求发展东南安纳托利亚项目（Southeast Anatolia Project，GAP）。该国遵从首相苏莱曼·德米雷尔（Sueleyman Demirel）的指示[1]："我们有权自由支配我国的水资源。落在我国山脉上的雪不属于阿拉伯人。这水是我们的水。石油属于拥有石油的人，水属于拥有水的人"（Barandat 1997a：158；Barandat 1997b：108）。根据东南安纳托利亚项目，在幼发拉底河上计划修建21座大坝，17座水力发电站，1,000千米水渠，约10万平方千米灌溉区；在底格里斯河上计划修建8座大坝，灌溉区域达到6,000平方千米。因此截至20世纪70年代，幼发拉底河流量从每秒1,200立方米降低到每秒350立方米。1978年，达成协议保持每秒约500立方米的流量。然而1991年，流量被土耳其单方面以"技术原因"为借口减少到每秒300立方米，猜测这样做大概是为了避免土耳其政府不得不为自己在东南安纳托利亚项目中的一些延误进行解释。

- 叙利亚用水的90%依靠幼发拉底河。1975年因为修建阿萨德大坝（Assad Dam），叙利亚和伊拉克差点开战。

- 因此最后流到伊拉克的水已经严重超负，一方面由于这水已经几次被用于农田灌溉，排放出的水已经盐化，另一方面由于工业和粪便。此外，每次只要流量被削减，河口三角洲应对波斯湾的抗压能力都会降低，导致海水倒灌，咸水渗透到河口三角洲传统的农业区。

---

[1] 苏莱曼·德米雷尔，土耳其首相（1965—1971，1975—1980），1924年发表此言论。

第五部分　语言与生态帝国主义

不过目前此争端尚未过度升级，可能是由于解决方案已经授予区域和当地水资源委员会。从空间上脱离阿卡拉、大马士革和巴格达的政治权力以及它们各自的鹰派，从形式上抛开了统治权。

就水资源获取问题，全世界共有约 200 个类似幼发拉底河和底格里斯河流域这样的水道汇集的地区。20 世纪 60 年代和 70 年代爆发的尼罗河冲突牵涉到 10 个国家，目前看似已经降级（曼德尔，1992 年）；在欧洲的多瑙河流域，同样也牵涉到 10 个国家。因此，欧洲也并非完全没有水冲突之忧。例如，匈牙利在多瑙河上修建大坝就遭到斯洛伐克的强烈反对。

因此，联合国前秘书长布罗特斯·加利在离任时曾预言，"未来近东地区要应对的是获取水资源之战，而非政策之战"。他的预言能否成真还留待观望。至少到目前为止，他的预言仍然是错误的。1998 签署的《联合国水公约》（UN Water Convention）也许能在国际法的框架下使这些冲突降级。然而令人吃惊的是，一些欧洲国家，特别是法国和瑞士拼命削弱公约的效力。[1] 至于有多少其他国家将采取同样的手段对付上述国家就不得而知了。

土壤退化和沙漠化

针对空气、气候和水资源的生态帝国主义不可避免也延伸到了土壤。对生物而言，生命要延续，土壤是生物链中最重要同时也是最脆弱的部分，因为土壤在整个矿质营养和水循环的转化周期中，

---

[1] 法国反对《联合国水公约》原因可能有二。第一，摩泽尔河（Mosel River）上游没有洪水管理机制，因此位于德国的下游河谷每年都要遭受严重的洪涝灾害。第二个原因可能更具投机性。法国银行与土耳其的东南安纳托利亚项目有大量资金往来，而且在埃塞俄比亚蓝尼罗河的另一个类似的项目中他们也参与了前期工作。因此，法国希望脱离任何公约的制约。而瑞士在反对国际公约方面的自我主义是众所周知的。

第十六章 生态帝国主义作为文化帝国主义的一个层面

不仅充当了有机和非有机过程的缓冲层,而且还是临时的贮存场所。以平均温度、降水和地下水网络为评判标准,极端地貌包括苔原和冷热沙漠。

水资源被过度开采、土壤被侵蚀之后,想要土壤再生通常是不可能的。土壤侵蚀主要发生在热带雨林被大量砍伐的地区,薄薄的腐殖质层变得干燥并被雨水冲走。而且"酸雨"(二氧化硫、氧化氮)过多,土壤不堪重负,影响尤其严重的是美国、欧洲和中国的大片地区。

地球表面的陆地中没有湖泊的面积达到 1.36 亿平方千米。其中,约 2,000 万平方千米是热沙漠,3,000 万平方千米是冷沙漠。另外有 2,000 万平方千米的土壤已经退化,或者由于侵蚀(水、风),或者由于物理性或化学性退化。物理性退化是集约型农业大量使用能源、重型机械,以及由于深耕及土壤板结导致的土壤侵蚀所致。化学性退化是由于过度使用化肥以及化学杀虫剂。例如,继续过度使用化肥或化学杀虫剂,农田中的化学残留流入湖泊和海洋,导致藻类疯长、水面缺氧,并导致鱼类和生物系统的死亡。

在美国小麦带的密苏里河和密西西比河流域东部地区也存在发生土壤退化的危险。该地区有 5% 的土地已经被称为"贫瘠的土地"。在该地区,深耕再也无法进行,因为从哈德森湾到墨西哥湾之间的"龙卷风走廊"(tornado channel)上,风侵蚀和水侵蚀将加速。由于温室效应引发的这些生态恶果,美国可能丧失在粮食贸易中的领导地位。而在中西伯利亚地区,全球冬粮种植又增加了 10%(Schedrowa,2000 年)。因此,冷战期间由粮食最惠国条款导致的典型状况可能发生逆转。对普通美国农民而言这是一场灾难,尽管它已经被视为一个国家的安全问题〔从而重新引发了俄罗斯人的"旧

第五部分　语言与生态帝国主义

日的恐惧"（good old fear）]。

而且，许多土地有沙漠化之虞。今天，2.5亿人直接受到沙漠扩大的威胁；在今后的20年内，这个数字将增加并超过10亿。今天，在亚洲有8.5亿人生活在约90万平方公里的干旱地区；而在非洲有4亿多人生活在干旱地区65%的土地上。

营养和饥荒

长期以来，饥荒一直都是一种常见的历史现象。据史料记载，世界上第一次饥荒发生在公元前2500年的埃及。从公元1000年到现在，因饥荒死去的人数达到了几个亿。

全世界约有3,200万平方千米耕地，其中第一世界拥有600万平方千米，第三世界拥有900万平方千米，另外1,700万平方千米是未开垦的原野，包括牧场、森林和丛林地。但是已开垦地区正面临停滞状态，土质在下降。第一世界人均耕地面积0.2英亩。但在第三世界，人均耕地面积正在持续下降。到2025年，可能会降到人均0.07英亩。

开始于20世纪60年代的"绿色革命"推广高产作物，使用技术化栽培和各种灌溉技术，并使用化肥，但也只能相对减缓第三世界的饥饿状况，而且还付出了代价，土壤流失，水资源过度利用、盐化并被污染，生物多样化被减小。而且生存型农业的毁灭，农业种植的被迫商业化，使农村居民不得不逃离农村。

因此，我们的整体世界面临着第三世界广泛的营养不良。1990年约有8.4亿人营养不良，其中1.8亿是儿童。今天也是如此。就人均日卡路里摄入量来看，第一世界人均每天摄入3,350千卡（kcal/day），第二世界人均每天摄入2,520千卡；第三世界人均每天摄入2,040千卡。因此，在第三世界人们每天都少吃一餐半（von

第十六章　生态帝国主义作为文化帝国主义的一个层面

Braun 1996a）。每天摄入卡里路少于 1,500 千卡就会饿死。

上述情况导致下列等式的成立：饥饿 = 贫穷。甚至在今天，每两秒钟在世界的某个角落就会有一名儿童死于饥饿或者相关疾病，每年累计人数达到 1,700 万。而如果他们还能活下来，将来也只能流落街头，辛苦劳作，或者成为娼妓（Schaper，1994 年；World Nourishing Day，1998 年）。

卡路里摄入不足是导致饥饿的主要原因。此外，所谓的"隐形饥饿"——饮食中维生素、矿物质和微量元素摄入不足——也是重要因素（von Braun 1996b）。由于维生素 A 摄入不足，全世界有 4,000 万儿童面临失明的危险，12 亿人缺碘，20 亿人（多数是妇女）缺铁。

然而，20 世纪 70 年代以来，第三世界的绝对贫穷程度已有所下降，比如印度从 40% 下降到了 19%，加尔各答从 65% 下降到了 38%。不过绝对贫穷程度的下降主要是因为一些国家传统上就有大量农村人口自己为自己提供食物，或者是因为大量人口从农村地区迁移到拉丁美洲、印度和中国的超级大城市。

第一世界偏爱食肉，不喜蔬菜。如果这种饮食习惯导致第三世界国家更多地将粮食作物用于饲养动物，那么饿死的问题可能会更严重。对比非常明显：美国人平均每年最多消耗 112 公斤肉类，而印度人均只有 2 公斤；印度人用 97% 的粮食喂饱自己，而一个美国公民只用 30%。

位于华盛顿的国际食物政策研究所（International Food Policy Research Institute）在"2020 愿景倡议"（2020 Vision Initiative）中分析了两种可能发生的情况。即使第一世界为营养问题进行大量投资，饿死问题也不会就此根除；打个比方，儿童饿死的人数会下降到

第五部分　语言与生态帝国主义

1,080 万。相比之下，在停滞模式下，饿死的儿童为 2,050 万。到 2025 年，世界人口将达到 80—90 亿，年卡路里需求量将从 5 千卡上升到 11×10^{15} 千卡。在这种情况下，甚至"绿色"基因作物工程也被认为是不可避免的，其比例将上升到 25%。另外的 75% 则由传统的作物保护、灌溉压缩和施肥解决。同时，约 40 万平方千米的土地（相比较，德国种植了 33 万平方千米）种植了转基因作物。而且，到 2020 年，第三世界至少要从第一世界进口三分之一的粮食才能满足自身的需求（Rosegrant，1995 年）。

最后一点，但并非最不重要的一点，造成"饥饿 = 贫穷"的主要原因是被饿死的人大多没有自己的土地，也就没有机会进入世界市场或者获得增产技术。"贫穷因此是毒性最强的物质"（Topfer，2000 年）。然而，第一世界的外交家们在各种国际会议上闲逛，用他们的外交催眠曲来安抚第一世界的坏良心，或是傲慢地坐等会议的结束（Galbraith，1958 年）。饥饿使得饥饿和贫穷长期存在（von Braun 1996b）。在关于可持续发展的辩论中，重要的不是理论上最适合的是什么，而是直到 2030 年以及之后真正有效的是什么，否则相反的情况就会成为现实：发展停滞（DS，developed stagnation）。

生物多样性

生物多样性将所有活的有机体囊括在内。今天大概存在 10^{22} 种有机体。估计至少有 5,000 万个物种（有人怀疑有 2 亿个物种），尽管现在已经被描述的只有 170 万种。而且，物种的数量与它们具体的分布广度无关。比如，世界上蚂蚁的数量总共约为 10^{16} 只，分属于 9,500 个种类。而世界上总人口为 6×10^9，一共有 3,500 个种族。

第十六章　生态帝国主义作为文化帝国主义的一个层面

100年前，正常的进化带来的生物年灭绝率约为1:10,000，所谓的动植物群锐减除外，比如由陨石撞击地球引起的。而今天，工业化导致年灭绝率上升为1:400，在第一世界主要是脊椎动物的灭绝（鸟类），在第三世界主要是植物。

在当前气候变化的大环境下，森林的作用举足轻重。19世纪，森林面积仍有6,000万平方千米。到1980年已经减少到5,000万平方千米，到今天则减少到3,400万平方千米。在1980年至1995年之间，第三世界每年有65万平方千米热带雨林被砍伐，在第一世界则约有8,000平方千米被砍伐。如果第三世界的雨林继续以这种速度毁灭——大部分都用于增加对第一世界的出口，或者用于国内农业，甚至是投机性原因——那么到2050年全世界将会只剩下600万平方千米的热带雨林。

但是，所有类型的森林都面临危险。危险不仅来自树木砍伐，而且还来自气候变化。全球温度上升1开氏度，温度带就会北移40万米。如果温度带在50年内就北移，那么针叶林中的植物进行自身调整的速度就无法赶上这个速度。随着平均温度或极端温度的不断上升，考虑到这些树种的传播速度很低，每年仅以1,500米的速度传播（由松鼠忘记自己储存橡果的位置等原因引起），那些对气候要求比较高的树种就会死去或者消失。此外，全球温度越高就会滋生越多的寄生虫、细菌和微生物。在这种情况下，森林已经遭受巨大压力，植被自然就很容易成为牺牲品了（贝克曼，1990年）。

而且，当第一世界开始对第三世界物种和特性多样性的热点地区感兴趣时，生物多样性就会受到生态帝国主义的影响。发现"绿色药剂学"和亚非地区传统中草药已经成为大型医药公司的目标。这就是为什么各个生物勘探项目派出"基因侦查员"前往一些基因

第五部分　语言与生态帝国主义

丰富的地区，检测各种具有很高药用价值的物质（阿尔布雷克特，2000 年）。因为这些物种是野生的，所以往往需要采摘而不是种植。因此可以预见这类物种必然大量毁灭或者灭绝。

生物多样性公约（Convention on Biodiversity，CBD）——以及建立在该公约基础上的"卡塔赫纳生物安全议定书"（Cartagena Protocol for Biological Safety）——是否能够控制上述行为，能在多大程度上控制上述行为尚未可知，特别是自生物多样性公约意欲保护第三世界的基因池以来。然而，这一点在"卡塔赫纳议定书"中却并没有明确提及（CBD，2000 年）。

就这个基因池的所在地以及对基因的控制而言，这个经典的帝国主义组织一如既往地重复自己的观点：第三世界的生物多样性最大，第一世界的生物多样性最小，但是正是在第一世界，生物多样性才是最不可或缺、最需要的。第一世界的目标是战略性地获得第三世界的基因池，就像它们试图获取石油和战略金属那样，如果需要的话甚至使用军事支持吗？

传染病

发展政策中的基本公式"饥饿 = 贫穷"同时也导致了传染病的扩散。在此，艾滋病的大面积扩散充当了特别的角色。根据其混乱的特性，从简单的传染病等式——在七年的潜伏期内与五个感染者接触——可以轻松估算出每十年被感染人数就会以 210 倍的速度增加（Seifritz 1989：140）。这与 20 世纪 70 年代以来对该病的宣传极为一致。截至 2001 年底，艾滋病毒携带者约有 4,000 万，其中 500 万是新感染的（即每天 1.4 万人），300 万人已经死去。艾滋病毒已经夺走了 2,600 万个生命，其中有 500 万是 15 周岁以下的儿童

第十六章　生态帝国主义作为文化帝国主义的一个层面

(UNAIDS，2001年)。

1998年，一种前景较为广阔的多药物混合使用疗法在第一世界被发现。正如所料的是，文化帝国主义甚至减弱了人们进行艾滋病研究的兴趣。这种疗法不仅极为昂贵而且要求患者服用时要高度自律。因此，艾滋病政治使第一世界和第三世界人民之间的关系进一步恶化，第三世界人民别无选择只能坐以待毙。特别不能接受的是当前1,200万—1,300万名艾滋病孤儿的命运。他们被独裁者招募成为儿童兵。2002年，联合国儿童基金会统计全球约有30万儿童兵(UNICEF，2002年)。

在非洲的亚撒哈拉地区＊、南亚和东南亚地区分别有2,810万和610万名艾滋病毒携带者。这一情况影响了对2050年世界人口的预测。最近预测到2050年世界人口只有85亿。如果预测完全正确，就意味着在接下来的50年里将有10亿人因艾滋病而死亡。

与艾滋病相比，中世纪的传染病——当时大家确信是上帝的旨意，实际上仅仅由于不讲卫生引起的——就像区域性或者大陆性事件。其中有几次病情蔓延极为严重。爆发于公元1347年的瘟疫以及黑死病，在四年里夺走了2,500万条生命。今天，在难民营中不断爆发的霍乱、天花、伤寒和肺炎等疾病也都夺走了无数人的生命。然而这些疾病并不会带来世界末日，过去如此，现在也是如此。即使一些突然爆发的病毒，如淋巴细胞脉络丛脑膜炎（LCM）、埃博拉、马尔堡、汉坦、莱蒂罗氏、拉沙，以及会导致血管完全融化的出血热，来势都极为凶猛，而且通常会致命，但是它们的扩散期却很短。

＊ 即撒哈拉以南地区。——译者注

第五部分　语言与生态帝国主义

全世界有约40%的人每天都面临疟疾的危险。由于疟疾死亡的人数每年达到200万到300万。自公元前1600年记载世界上第一起疟疾感染病例以来，全世界可能有一半的人口死于疟疾。这就导致极为严重的负面反应，因为使用预防性化学药品越多，抗药性就越强。

最后，流感病毒也不是无害的。在西班牙爆发的大规模流感（1918—1920年）中有两千多万人死亡。下一次"世纪性流感"也已经隐约可见了。在中国香港和华南地区还出现了一种新型香港病毒。该病毒极为凶猛，用于培育抗病毒疫苗的鸡胚胎一旦感染马上就被杀死（库特，2002年）。

可以预见，温室效应将导致地球温度上升1开氏度多，多种热带病当然也会北移。因为病毒的突变周期比人类要快得多，所以人类无法及时发展抗病性（贝克曼，1990年）。也许——生物学总是极为残酷的——这些病毒也会给第一世界带来同样严重的问题，正如1492年以来，它们给第三世界带来的严重问题一样。

电视时代对死亡的理解：单个的被放大的死亡与遥远的大规模死亡之间的对比

西方媒体几乎每天都在提醒我们，在第三世界国家有上百万儿童死于饥饿。第三世界每天由于饥饿导致的死亡已经被第一世界普遍接受。但是在欧洲发生的死亡人数相对较少的大型事故——比如切尔诺贝利核泄漏（乌克兰，1986年）、爱沙尼亚号渡轮沉没于波罗的海海域（1994年）、艾雪德镇（Eschede）的城际高速列车出轨撞桥（德国，1999年）以及协和式超音速飞机在巴黎爆炸（2000年）——却在极大程度上引起了大家的关注。2001年9月11日，在

第十六章　生态帝国主义作为文化帝国主义的一个层面

遭受恐怖袭击后的 111 分钟时间之内，纽约和华盛顿两地有 2,995 人死亡。在此并非故意忽略这些由于恐怖袭击而导致的无辜生命的消亡，重要的是我们要认识到，这个数字少于同样在 111 分钟内第三世界饿死的儿童的数量：3,330 名。这两种情况还有另外一个极为明显的区别。"9·11"事件的受害者都是有名有姓、受到大家哀悼纪念的，那些因饥饿而死去的儿童则无名无姓，散落在亚洲、非洲或者南美洲 4,500 万平方千米的土地上，没有任何纪念牌，而且这个数字还在增加。

这让我们想起亚当·斯密写于 1759 年的一篇文章。假设中国毁灭于一场地震，他提问，一个富有人情味的欧洲人在一段时间的哀悼之后是否会将这些遇难者抛之脑后；如果不久之后他个人遭遇了一个小意外——比如断了一根手指，那么与那些他未曾亲眼目睹的遇难者相比，这个小意外是否更让他担心（FAZ - Feuilleton, 2002 年）。今天，斯密无法亲眼目睹的遗憾已经通过全球实时通信得到了解决，甚至当电视镜头已经将第一世界某个人不同寻常的死亡"放大"时，西方观众也会用遥控器切换频道，跳开那个播放每天都有第三世界儿童饿死的消息的频道，因为这类新闻日复一日地播放，人们感觉已经很平常了。但是每个逝去的生命都有自己的尊严，都需要受到哀悼。并不存在一等受害者和二等受害者。因此，需要有绝对的价值观——对生命、对每个人、对全人类都如此。第一世界接受了其他地方人民的死亡，因为在这些地方死亡是一件很容易的事，却不是设法去消除造成死亡的原因。无论如何，我们可以从"9·11"灾难中吸取教训。在四架飞机中有三架飞机上的乘客惊恐不已，似乎将自己交给了命运之手。但在美国联合航空公司 93 号航班上的乘客却起来反抗劫机者（"我们上吧！"）。这些受害者进

第五部分 语言与生态帝国主义

行了自我保护,他们允许自己进行战斗,因此恐怖分子在华盛顿的第四个目标没有被击中。也许,要反抗文化和生态帝国主义的影响导致的全世界范围内悲剧性的毁灭性力量,同样也需要这样勇敢的反抗。

结论:对新自由主义作用的思考

本章记录的生态问题已经不是新鲜事。尽管这些信息可以轻易获得,这些几十年来早已为人所知的信息对决策者却几乎没有产生影响。回顾20世纪90年代一系列的国际会议、它们的宣言以及各国首脑签署的行动计划,我们看到的更多是煽情的话语和庄严宣告的意图,但几乎没有实际行动。原因分析极为缺乏。原因分析将揭露出一种经济体系是如何为了少数人的利益,将自然资源和人类仅仅视作为了促进全球竞争而将利润最大化和需要最小化的成本,从而对多数人造成致命性损害的。自20世纪90年代初以来,新自由主义者就开始猖狂起来。它们似乎受到诱导,陷入了一种历史失忆症,试图抹去自己的一些认识:人类必须依赖自身的生物性生命的支撑体系才能得以存在;全球生态体系的互相依赖;平等、基本人权、社会与生态公正以及法制。他们企图以庸俗的社会达尔文主义这贴致命的药剂来取代这一切。他们支持用"市场"来调控所有的社会领域。他们掩盖了以下事实:这个市场的运作就像狐狸进入鸡舍,而且政府在这项大型事业中是同谋(可以说是谋杀性的)。从20世纪30年代的经济大萧条中可以吸取简单的教训,为了整个社会的利益,经济需要在规则下运行,而民主是就这些规则达成共识、使这些规则获得合法性的方式,然而这一切正在被抛弃。原始的短视的自私自利甚至被民众中的大部分所赞同。在争夺发行率的激烈

第十六章　生态帝国主义作为文化帝国主义的一个层面

战斗中，媒体已经成为这场致命游戏的一部分。意识产业正在为投机商服务。新自由主义背叛了人类文明的主要成果。抵抗极为需要。抵抗将来自草根阶层，自下而上，通过同情、团结、知识和体贴进行。但是时间正在流逝。

参考文献

Albrecht, H. 2000. "Gen – Jäger in Afrika: Erbgutanalysen treiben auch die Agrarforschung der *Entwicklungsländer* voran." *DIE ZEIT* 19: 41.

Barandat, J. 1997a. "Wasser: Konfrontation oder Kooperation: *Ökologische* Aspekte von Sicherheit am Beispiel eines weit begehrten Rohs-toffs." In *Wasser – Konfrontation oder Kooperation*, ed. J. Barandat. Baden – Baden: Nomos. 158—181.

Barandat, J. 1997b. "Der Wassermonopolist Turkei: Kooperation oder Konflikt mit seinen Nachbarn." *Rissener Rundbrief Hamburg* 12/97—01/98: 107—120.

Beckmann, G. 1990. "Aquatische *Ökologie*: Funktion und sensible Bereiche." In *Klimawirkungsforschung: Auswirkungen von Klimaverande-rungen*, ed. W. Fischer and G. Stein. Bonn: Forschungszentrum Julich. 77—87.

BICC (Bonn International Center for Conversion). 2000. *Conversion Survey* 1999. Baden – Baden: Nomos.

Brzezinski, Z. 1997. *The Grand Chessboard. American Primary and Its Geostrategic Imperatives*. New York: Basic Books

CBD (Convention on Biological Diversity). 2000. Cartagena Protocol on

第五部分 语言与生态帝国主义

Biosafety to the Convention on Biological Diversity. Available at: http://www.biodiv.org/biosafety/background.asp, 29 January.

Chossudovsky, M. 2001. *The Globalization of Poverty*. Penang: Third World Network. Dargie, N. 2000. "Nuclear Techniques and Food Security: Fields of Progress." *IAEA Bulletin* 1: 25.

Ecosec. 2000. Papers presented in the German Armed Forces Command and Staff College, Northern Institute of Technology and Technical University, Hamburg – Harburg. 17 February. Hamburg: Conference Proceedings.

Edinger, W. 1997. "Wasser als naturlicher Rohstoff." In *Wasser: Konfrontation oder Kooperation*, ed. J. Barandat. Baden – Baden: Nomos. 27—52.

FAZ – Feuilleton. 2002. "Ungluck, so fern." *Frankfurter Allgemeine Zeitung* 9 Novermber: 35.

FORBES Magazine. 2000. *Billionaires: The World's Richest People*. Available at: <http://www.forbes.com>, 17 June.

Galbraith, J. K. 1958. *The Affluent Society*. New York: Mariner Books.

George, S. 1997. "How to Win the War of Ideas: Lessons from the Gramscian Right." *Dissent* 44: 47—53.

Grassl, H. 1996. "Das Ende der Verschnaufpause." *Frankfurter Allgemeine Zeitung – Supplement* 28 March: 3.

Hamm, B. (Ed.). 2005. *Devastating Society: The Neo – conservative Assault on Democracy and Justice*. London: Pluto.

IPCC (Intergovernmental Panel for Climate Change). 2001. *Working Group (WG) I: Climate Change 2001: The Scientific Basis*; *Climate*

第十六章 生态帝国主义作为文化帝国主义的一个层面

Change 2001: *Impacts, Adaptation and Vulnerability*; *WG III*: *Climate Change* 2001: *Mitigation*; *Climate Change* 2001: *Synthesis Report*; *the task Force on National Greenhouse Gas Inventories*. Current state available at: http://www.ipcc.ch/about/ >.

Klotzli, St. 1997. "Das,'Aral – See – Syndrom' in Zentralasien: Hindernis oder Chance regionaler Kooperation?" In *Wasser*: *Konfrontation oder Kooperation*, ed. J. Barandat. 1997. Baden – Baden: Nomos. 209—233.

Kutter, S. 2002. " Noch Vollig hilflos: ein todlicher Grippevirus schlummert in Hongkong und sudchina, jederzeit bereit zum Ausbruch. Erst ab 2004 gibt es geeignete Impfstoffe." *Wirtschaftswoche* 4 July: 86.

Mandel, R. 1992. "Sources of International River Basin Disputes." *Conflict Quarterly* 4: 25—56.

Marley, R. C. (US – DOE). 2000. "The technology Implications of Meeting Long – Term Climate Stabilization." Paper presented in *Experts Group on R & D Priority Setting and Evaluation Committee on Energy Research and Technology* (CERT). Paris: International Energy Agency.

Meadows, D., E. Zahn, and P. Milling. 1972. *The Limits to Growth*. New York: Universe.

Mosdorf, S. 2001. "Die Globalisierung bietet Entwicklungslandern enorme Chancen." *Frankfurter Rundschau – Dokumentation* 18 October: 7.

Munich Re Group. 1999. *Topics* 2000: *Supplement Millennium*. Munich.

New Scientist. 2002. "Rethink: Part 4." *New Scientist* 12 May: 31—47.

Pearce, F. 1999. "Flooded Out." *New Scientist* 5 June: 18.

Postman, N. 1985. *Amusing Ourselves to Death*. New York: Viking – Penguin.

Reller, A., and J. Gerstenberg. 1997. "Weisses Gold wohin? Stand der Aussichten der Baumwollnutzung." *GAiA* 6: 35.

Rosegrant, M. W., et al. 1995. *Global Food Projections to 2020: Implications for Investment, Food, Agriculture and the Environment: Discussion Paper No. 5.* October. Washington, DC: International Food Policy Research Institute.

Sauer, G. W. 2001. *Die okologische Herausforderung: Umweltzersorung als sicherheitspolitiche Determinante.* Wiesbaden: Deutscher Universitatsverlag (DUV).

Schaper, M. 1994. "Die Qual der fruhen Jahre: Kinderarbeit." *GEO* 3: 106.

Schedrowa, I. 2000. "Der Norden taut auf." *Der Spiegel* 18: 230.

Seifritz, W. 1989. *Wachstum, Ruckkopplung und Chaos: Eine Einfuhrung in die Nichtlinearitat und des Chaos.* Munchen/Wien: Hanser.

SILIC (Severely Indebted Low Income Countries). 2000. Available at: < http://www.welthaus.de/verschul.html >.

Stiglitz, J. 2002. *Globalization and its Discontents.* New York: P Norton.

Topfer, K. 2002. "Interview: Wohin geht die Reise, Herr Topfer." *Lufthansa - Magazin* 7: 33.

UNAIDS (joint UN Program on HIV/AIDS). 2001. *Status December* 2001. Available at: < http://www.unaids.org/update2001 >.

UNFPA (UN Population Fund). 1999. *Six Billion: The State of the World Population* 1999. Available at: < http://www.unfpa.org/swp/1999 >.

UNHCR (UN High Commissioner for Refugees). 2002. *Status* 2002—09—20. Available at: < http://www.unhcr.ch/statistics >.

第十六章 生态帝国主义作为文化帝国主义的一个层面

UNICEF (UN Children's Fund). 2002. *Optional protocols to the Conversion on the Rights of the Child.* Available at: < http://www. unesco. org/crc/oppro. htm >.

URBAN—21. 2000. *Global Conference on the Urban Future: Conference - reader* 2000—07—04. Berlin: Bundesministerium fur Verkehr; Bauund Wohnungswesen.

Vieser, H. 1997. "Doswidanja Aralskoje More." *Bild der wissenschaft* 6: 14.

von Braun, J. 1996a. "Food Security and Nutrition." Background Documents 1—5. FAO - World *Food Summit Technical.* Rome: UN - Food and Agriculture Organization (FAO).

von Braun, J. 1996b. "Hunger und Armut in den Entwicklungslandern." *Politik und Zeitgeschichte* B 24—25: 27.

WEEd (Wirtschaft Okologie und Entwicklung). 2000. *Regulierung der internationalen Finanzmarkte fur eine sozial gerechte und okologische tragfahige Entwicklung* (2000—01—22). Available at: < http://www. weedbonn. org/finanzmarkte/diskussionspapier. htm >.

World Nourishing Day. 1998. "Frauen ernahren die Welt." Proceedings. 16 October. Bonn: Arbeitsgemeinschaft fur tropische und subtropische Agrarforschung und Bundesministerium fur Ernahrung, Landwirtschaft und Forsten.

World Bank. 1999. *World Development Report: Knowledge for Development.* Oxford: Oxford University Press.

第六部分
后殖民主义与文化帝国主义

引 言

第六部分的各章节讨论的是后殖民主义与文化帝国主义之间的联系,同时印证文化帝国主义研究更为明确的后殖民研究方法(post-colonial-informed study)的价值。这些章节将更为明确地探讨殖民主义价值观以哪种具体方式渗入到普遍的本土或者"土著(Indigenous)"文化之中,并探讨殖民地人民如何回应、接纳以及/或者抵制文化帝国主义的特定代理人。

拉塞尔·斯曼戴奇是一位加拿大历史社会科学家和刑事学家。他从事将法律作为文化帝国主义的一种原动力的研究,发展了法律研究的理论框架,从中梳理了后殖民理论的价值。他的研究显示,尽管法律可以说是文化帝国主义的一个至关重要的因素,但是几乎没有充分理论化的当代或者历史研究表明法律如何被强权者用以殖民弱势的人民;同理,也没有研究充分显示当地或者土著人民如何应对外部强加的法律。作为发展更为充分的启发式理论框架的出发点,斯曼戴奇提出了在法律和殖民政府管理研究中对最新的后殖民研究与福柯的理论洞见进行融合。通过提取正在进行的英国殖民刑事法律与加拿大、澳大利亚以及新西兰土著人民历史对比研究的数据，可以简要地证明这种指导文化帝国主义法律研究的理论方法的价值。

阿巴斯·曼努彻里（Abbas Manoochehri）是伊朗知名的政治学与西方政治思想教授，他研究了受到弗兰茨·法农早期著作（1963年）启发的两位后殖民主义思想家——恩里克·杜塞尔（Enrique Dussel）和阿里·沙里亚蒂的著作中对文化帝国主义的理论洞察。曼努彻里注意到，法农分析了欧洲殖民者在被殖民的土著民身上施加的最深伤害，并且法农的理论类型被后殖民话语延伸为对殖民话语的书面回应。因此，追随法农的观点，我们可以在比较后殖民话语和殖民话语的时候，提及差异性话语（discrepant discourse）。殖民话语是一种否定性的话语，而后殖民话语是一种具有挑战性的、对抗的话语。恩里克·杜塞尔（1934— ），当代墨西哥解放神学哲学家，以及阿里·沙里亚蒂（1933—1977），伊朗当代学者与改革者，被曼努彻里认定为后殖民主义思想家。他们的著作包含一个信息，可以理解为"外化了的意图"（exteriorized intention）。因此，他们的作品是"反对文化帝国主义的对抗性的言语表现行为"，表达了"土著人民的亲身体验"的批判，或者说"人种自我书写（autoethnographies）"。根据曼努彻里的观点，可以认为杜塞尔和沙里亚蒂的观点发自"对双重魅惑的着迷"（pathos of double enchantment）。更为具体地说，杜塞尔对现代欧洲自我的概念及其"统治的地缘政治学"，以及沙里亚蒂关于"机器主义"（Machinism）和第三世界现代化的概念表达了这样一种困境，对此，沙里亚蒂的回应是提出了"回归自我"的概念，而杜塞尔则是提出了"回归被征服的他者"的概念。曼努彻里的结论是，杜塞尔和沙里亚蒂的著作是代表了"反殖民主义文化统治的对抗"的"被殖民者的文本话语"。

比亚特·K. 特里巴蒂（Biyot K. Tripathy）是一位来自印度的英语教授，著名学者和小说家，他描述了自己开展的关于收集和整理奥利萨邦部落人民的民间传说的文献研究。在此过程中，他致力于将文化交往的动力与受到权力和统治驱使的政治关系区分开来。特里巴蒂批判性地引用了最近的后殖民主义文学，认为殖民化并不代表殖民主义者强加给弱势的被殖民者的一种组织管理严密的、单向的、强权的文化形成机制，"甚至在一个民族对另一个民族殖民的时候，被殖民者也可以将殖民者的文化产品加以丰富，或使它们丧失使用价值，或创造出自己的新的文化产品"。尽管特里巴蒂的观点与本书前面几章作者的观点，尤其是龚那提拉克、南迪以及曼努彻里的观点（见第三章、第四章和第十八章）有许多共同之处，但是很明显他在挑战常规的文化帝国主义观点方面走得最远。这些文化帝国主义观点认为，殖民地人民主要是外部强加的主导型文化价值和文化生成体制的单向传输的被动接受者和受害者。

第十七章
法律的文化帝国主义

拉塞尔·斯曼戴奇

文化帝国主义，与席勒（Schiller，1976年）的定义一致，可以看作包括了占据统治地位的帝国权力或者国家对那些弱势的殖民地人民施加的文化生成的社会机制。同理，文化统治可以通过殖民主义者带到殖民地的多样性社会机制来完成。在本章中，笔者研究了文化帝国主义的一个因素——"法律"——所扮演的角色，试图进而发展一种更为全面的视角，以理解法律的帝国主义化效果。笔者勾勒出的视角既是理论性的也是标准化的，既关注更好地理解作为文化帝国主义的一种原动力的法律如何运作，也要提供一种远景，使关注这一话题的公民和公共知识分子知道应该如何应对关于法律的角色及其帝国主义化效果。这一学术研究首先包括简略梳理法律人类学家和比较法律学家的著作，他们在研究殖民法律体系及其对本土法律习俗或者法律惯例的叠加的时候，运用了"法律多元主义"这个概念（参照 Merry，1988年，2003a；Moore，2001年；Rouland，1994年）。这一工作还包括梳理更为近期的批判与比较研究，它已经开始深入研究主要来自欧洲帝国主义国家的正规法律体系如何叠加在非欧洲殖民地人口和土著人民的传统法律机构和实践之上（Benton，2002年；Fitzpatrick 2001a，2002b；Karsten，2002年；Kirby and Coleborne，2001年；Merry，2000年；Purdy，1997年）。这些近期更具批判性的、更为明显的比较法律历史研究有一个引人

第十七章 法律的文化帝国主义

注意的共同特点，即它们都在某种程度上宣称研究来自"后殖民理论"或者后殖民研究运动（Kumar，2003年）；研究来自受福柯影响的政府管理研究领域的问题。指引社会法学学者往这一理论方向上发展的最具影响力的作家是彼得·费茨帕特里克（Peter Fitzpatrick）。他（2001a：146）奠定了理论基础，指出"西方法律本身"是而且一直是"帝国主义性质的，而不仅仅体现在'别处'的殖民地的某些遥远或者短暂的运用之中"。除了指认西方法律与帝国主义之间的密切联系之外，费茨帕特里克（2001a：178—179）还指出，法律是帝国统治的一个关键机制，从历史上看来，"帝国主义的暴行使法律的实施合法化"。费茨帕特里克与其他受福柯影响的法律历史研究者似乎还注意到，法律和政府治理（或者管理）通常通过合作带来帝国主义化的效果，包括文化统治和文化抵制的双重效果。

法律多元主义

直至20世纪90年代，法律和殖民主义研究还与法律多元主义的历史和人类学文献紧密相连。在1988年发表的一篇文章中，萨莉·梅里（Sally Merry）论述了她提出的"经典法律多元主义"和当时最新的批评性著作所反映的"新法律多元主义"之间的差别。如梅里所述，"经典法律多元主义"题目之下的研究典型性地关系到描述和解释殖民者带来的新的（通常是欧洲的）法律体系，以及法律如何叠加在本土惯例法律和先前的争端解决和社会控制的方式之上。按照梅里的观点（1998：873），在诸如斯图尔特·亨利（Stuart Henry）（1983年）、伯纳文图拉·德·苏萨·桑托斯（Bonaventura De Sousa Santos）（1987年），以及彼得·费茨帕特里克（1983年）的著作中所例证的"新法律多元主义"非常重要，因为它"不再纠结关于法律对社会产生的效果甚至社会对法律产生的效果的问题，而是致力于将官方和非官方的命令形式之间更为复杂而互动的关系加以概念化"。

新法律多元主义文献作家们发明的关键概念包括"法律间性"（interlegality）、"多元法令"（plural legal orders）以及"个体正义"（private justice）的概念。新法律多元主义的支持者用这些概念来研究国家和非国家的法律命令与社会控制形式相互作用而产生社会秩序的不同方式。根据桑托斯（1987：297—99）的观点，法律多元主义的概念是"后现代法律观点的一个核心概念"，因为它要求研究者将注意力从"只关注现存国家的合法性"转向也试图"揭示（更加）潜在或者被抑制的合法性形式，更为阴险、更为有害的社会和个人压迫频繁地以这种形式出现"。桑托斯等作家在20世纪80年代所倡导的法律多元主义的说法对20世纪90年代法律历史和殖民主义的著作产生了直接的影响（比较Knafla and Binnie，1995年），而法律历史学者以及其他法律和社会学家今天仍然在使用法律多元主义这个概念，作为研究法律变化的一个概念工具（比较Benton，2002年）。然而，法律多元主义的概念同时也被诸如布莱恩·塔曼纳哈（Brian Tamanaha）（1993年，2000年）等批评家进行了详细考证，认为这个概念存在大量分析性和工具性的问题，与其固有的模糊性有关。塔曼纳哈（2000：321）特别说明了"（流行的）法律多元主义的说法建立在法律的本质主义概念之上……导致不可救药的混乱和复杂，模糊了不同的标准化政体之间的重要区别，从而夷平了各种现象之间的不同"。

关于法律和社会中法律多元主义概念的应用，更加具体的讨论不在本章范围之内。但是在尝试发展关于法律的文化帝国主义更为

第十七章 法律的文化帝国主义

充分的理论和标准视角的语境下，当务之急就是要考量在经典法律多元主义研究的框架内所展开的研究。经典法律多元主义研究了20世纪90年代以前的著作中作为殖民主义工具的法律的作用。该研究的焦点之一就是在帝国主义统治中对法律的作用所给予的关注（Merry，1991年；Greenberg，1980年；Snyder and Hay，1987年）。法律与殖民主义的早期研究试图显示"重塑社会秩序的国家权力，暗示这种形式的法律对其他规范化命令的统治"（Merry 1991：879）。除了显示外部施加的国家法律通常如何成为控制殖民地人口的一种有效而强大的工具之外（Kennedy，1989年），有些研究者还试图证明欧洲殖民者如何寻找途径，通过选举当地精英并且着手将先前的解决争端和控制社会的常规方法加以正规化，以实施对当地人口的控制（Gordon，1989年；Snyder，1981年）。几位研究者研究了不同的殖民地场景，指出"惯例法的创建……"不是事先就独立存在的，而是"一个正在进行的合作进程，其中权力明显不平等，但是从属群体很少是被动或者毫无权力的"（Merry 1991：880；Merry 2003a）。因此在20世纪80年代，关注点从研究欧洲欺骗性和强制性的法律的实施，转向研究本土人民以何种方式努力抵制以及/或者适应和容纳这些法律（Kidder，1989年；Snyder and Hay，1987年）。

20世纪80年代开始占据显著位置的另一个重要研究主题，是性别以及性别关系在调和殖民主义的影响中的作用问题。例如在澳大利亚，安·麦格拉恩（Ann McGrath）的作品（1987年）显示，性别在欧洲人与澳大利亚土著人之间发展的早期关系的性质和结构方面产生了根本影响。同样，在加拿大，卡罗尔·德文思（Carol Devens）（1992年）在她关于殖民化的研究著作《美洲土著女性与五大湖使命：1630—1900》（*Countermg Colonization*：*Native American*

第六部分 后殖民主义与文化帝国主义

Women and the Great Lakes Missions,1630—1900)中,将"性别"与"对抗"的主题合并起来。现在关于殖民地社会的性别与性别关系的文献浩如烟海(对照 Perry,2001 年)。然而即使今天,除了新近的知名学者萨莉·梅里之外,几乎没有其他研究者将法律、殖民主义、性别与对抗的主题明显地结合起来。同样重要的是,在她的《殖民夏威夷:法律的文化权力》一书(*Colonizing Hawai'i: The Caltural Power of Law*)以及其他最新研究中,梅里(1999a,1999b,2000,2001,2002,2003b)皆引用了后殖民主义理论以及受福柯启发的统治性理论的元素来发展她的主导理论框架。在本章接下来的部分,我们将回头梳理在萨莉·梅里和其他作者的著作中反映出来的最近的学术趋势——这种趋势的发展方向是后殖民主义和统治性理论及其暗指的关于法律的文化帝国主义的知识和政治行为。

后殖民理论与法律

当今英美社会法律研究中最重要的一个潮流,是近年对在法律研究中整合后殖民理论的关注。为了更好地理解这种方法的潜在价值,有必要描述一下后殖民主义作家作品中贯穿的主要概念和观点,尤其是帝国主义、殖民主义以及后殖民主义。琳达·图希瓦伊·史密斯(Linda Tuhiwai Smith)(1999:21—23)尝试区分前两个概念,她认为帝国主义与殖民主义概念有内在联系,通常认为"殖民主义不过是帝国主义的一种表现形式"。史密斯自称为毛利人作家和研究者,按照她的观点,在描述被历史学家认为始于 15 世纪的欧洲帝国主义形式的时候,帝国主义的概念至少已经通过四种不同的方式被加以运用:"(1)作为经济扩张的帝国主义;(2)作为征服'他者'的帝国主义;(3)作为具有多种实现方式的一种观点或者精神的帝国主义;以及(4)作为一种知识的话语领域的帝国主义。"史密斯认为,这四种用法非但没有自相矛盾,而且与"着重帝国主义的不同层面"的各种分析联系在一起。另外她还认为,前面三种帝国主义的分析意在反映"一种来自欧洲帝国主义中心的观点",而第四种用法则是由那些后殖民主义作家提出,他们"对帝国主义和殖民主义的理解,或者建立在他们自己在殖民地社会的成员身份与经验之上,或者建立在他们对在当地语境中了解帝国主义的兴趣之上"。尽管可以在具体的著述中看出这些分析有两种或者更多类型的互相重合,但是史密斯指出,在后殖民主义文学中——作者宣称自己关注"后殖民话语"、"帝国的书面回应",以及/或者"从边缘写作"——,作家们展示了他们"具有更伟大且更直接的需要去了解将人民带入帝国主义体系的复杂方式,因为尽管现在表面上看来原殖民领土已经获得了独立,但是帝国主义的影响力仍然能够随时感受得到"。她阐述道:"殖民主义变成了帝国主义的前哨、堡垒以及帝国主义的外港。"具体而言,帝国主义概念突出了与欧洲帝国主义中心之外的土地和资源的"'发现'、征服和剥削"有关的事件,而殖民主义指的是与殖民主义者在从被殖民者那里获得的土地上进行殖民相关的复杂过程。

罗伯特·扬(Robert Young)(2001:16—17)对帝国主义和殖民主义做出了类似的区别,指出"殖民化是注重实效的,19世纪以前通常都是以偶然的方式在当地发展(例如,对西印度群岛的占领),而帝国主义典型地受到大城市中心的意识形态的驱使,关注的是国家权力的声明和扩张"(例如,法国入侵阿尔及利亚)。他还提出了一个具体的批判性讨论,关于后殖民主义以及相关术语概念,包括"后殖民文化批评"以及"后殖民理论"。按照杨的观点,后

第六部分　后殖民主义与文化帝国主义

殖民文化批评包括对殖民主义历史的重新思考,"尤其是从那些受到危害的人的观点出发,也考虑到如何定义殖民主义对当今社会和文化的影响"。他强调,"这就是为什么后殖民理论总是将过去和现在混合在一起,为什么要重视来自过去的束缚中现在的积极转变……后殖民(或者后殖民批评、后殖民批评家)没有重点关注殖民主义者。它对殖民历史的关注只限于认为历史决定了今天的轮廓和权力的结构……"(Young 2001:4)。尽管扬特别提到了"后殖民理论",但是他和其他后殖民研究运动的研究者一样(对照 Eriksen and Nielson,2001 年;Kumar,2003 年),认识到这些后殖民作家著述中的不同理论视角皆具有折中主义的本质。然而,扬(2001:5—6)同时认为,后殖民批评与众不同的原因"是它对殖民和被殖民社会的殖民主义持续的文化和政治衍生物所做研究的综合性"。扬认为这种研究的重要性在于,它"显示了殖民主义的价值观比我们曾经预想的更广泛地渗入到了包括学术文化在内的普遍文化之中",而且依此类推,这种"考古性的修补和重估对于后殖民领域中的许多活动而言都至关重要"。

伊芙·达利安—史密斯(Eve Darian-Smith)和彼得·费茨帕特里克在其 1996 年编辑的《社会与法律研究》以及 1999 年编辑的《后殖民主义法律》中所选入的文章发生了重合,这些重合的文章明显地反映了后殖民理论对英美社会法律研究的影响。这种影响也表现为重要的相关文献合集的不断增多,这些文献合集将后殖民理论用于法律和种族差异的研究之中(通过与种族理论批评相结合),用于人权以及全球化和国际法问题的研究之中(对照 Anghie,2000 年;Baxi,2000 年;Fitzpatrick,2001a;Gathii,2000a,2000b;Hasian,2002 年;Mahmud,1999 年;Mamdani,2001 年;Richardson,

第十七章 法律的文化帝国主义

2000年；Thomas，1999年，2000年），也用于网络期刊《法律、社会正义与全球发展》(Law, Social Justice and Global Development) 的最近一期（2003年）特刊以及该期刊最近的文章中（Kumar，2003年）。

达利安—史密斯在《社会与法律研究》特刊的引言关于"法律与后殖民主义"中（1996：294），突出了法律研究中后殖民理论的重要性，认为将这些特刊中的论文统一起来的主题之一，是它们推动巴巴（Bhabha，1990年，1994年）对分析"西方与非西方"之间的"过渡空间"予以关注的方式，"通过这种分析，文化和政治权力的意义可以被协调"或者培育文化"融合"的进程可以被协调。她（1996：295）随后强调了这种具体的后殖民主义法律研究的观点的重要性，指出："（后殖民法律研究）认识到国内的少数派如何批判性地定义国家身份，同时也承认在'我们'与'他们'之间正在瓦解并混合的空间距离。"

迄今为止，受后殖民理论影响的社会法律学者主要聚焦于围绕当代语境中的种族、人权以及国际法问题的研究，而较少关注对作为文化帝国主义的一种原动力的西方世界的"西方"法律作用的历史研究。然而，一小部分重要作家已经在将后殖民理论运用于指引法律与殖民主义的历史研究方面做出了重要尝试。道格拉斯·哈里斯（Douglas Harris）在他的专著《鱼、法律与殖民主义——英属哥伦比亚鲑鱼的合法捕捞》(Fish, Law and Colonialism: The Legal Capture of Salmon in British Columbia)（2001年）之中，指示性地探讨了北美洲历史语境中的法律与殖民主义研究中后殖民理论的相关性，指出北美洲法律历史学家除了萨莉·梅里（2000年）是一个典型的例外，其他人在很大程度上都忽略了后殖民研究的文献。哈里斯进

第六部分　后殖民主义与文化帝国主义

而引用了与后殖民主义有关的关键概念，试图证明国家法律在历史上对殖民统治一直都是至关重要的。譬如他（2001：186—96）援引了弗兰茨·法农（1963年）与爱德华·萨义德（1978年）的经典的后殖民主义著作，还引用了那些通过挑战印度历史传记的精英主义而确立重要榜样的后殖民"底层研究"学者的著作（尤其是Guha，1997年）来支持自己的观点，认为在殖民者与被殖民者之间发展的关系中，国家法律扮演了一个关键的斡旋角色。他特别论述道，"殖民国家"的法律不仅仅"以自身精英的形象或者殖民者的形象复制了一个本土社会"，而且"无意中还创造了对抗的空间、强制的妥协，并且至少对本土社会中某些成员来说是一个权力来源"。虽然哈里斯的著作中闪现着源于后殖民理论的真知灼见，但是他也注意到，"北美法律与殖民主义的历史研究几乎没有关注非洲与作为后殖民研究主要场所的亚洲的法律及其殖民进程的大量作品"（哈里斯，2001：198）。他注意到唯一的例外是萨莉·梅里（2000）的《殖民夏威夷——法律的文化权力》。

因此，研究梅里对后殖民理论的运用方式尤为重要。对于梅里而言（2000：6），"殖民主义由两者构成：具体的个人以及经济、政治和文化的广泛力量的偶然结合。"她还注意到："夏威夷的殖民转变是帝国主义、资本主义扩张以及现代化转折过程的全球化的一个碎片，同时也是那些当时偶然抵达夏威夷的具体个人的行为结果：这些个体被抛在遥远的海岸上，肩负文明化使命。"梅里认为，法律在夏威夷的殖民过程中起到了关键作用。她还提供了支撑这一观点的大量历史文件。除此之外，她与哈里斯（2000年）一样，超越自己研究的具体发现，评论了法律在殖民主义者和殖民地人民之间的关系方面所进行的多种不同的复杂的干预方式。

第十七章 法律的文化帝国主义

梅里的著述反映了她对于后殖民理论及其与法律、殖民主义和帝国主义关系的深入了解。此外，她精辟地论证道，非洲与亚洲的殖民主义和后殖民主义研究的发现能够提供卓识洞见，有助于指引其他历史场景中的法律与殖民主义研究。在对夏威夷法律和殖民转变的研究分析中，梅里（2000：15）特别提及了诸如："后殖民主义中聚焦于性别和性的最富创造性的作品中的一些；殖民化过程中带来管理身体、呈现和展示身体以及规范性的新方法的方式"。梅里认为"后殖民研究"不仅有助于她将性的法律规范的作用，以及"创造殖民主义边界和疆域的性别中心"的作用加以理论化，而且也有助于集中关注对"殖民体验所产生的"不同"文化意义"的分析。梅里认为，后殖民研究是通过两种方式或者两种途径进行的：首先，通过"揭露西方理解世界其他地区的话语"，其次，通过研究"正在扩张的欧洲资本主义体系对世界其他地区产生的影响"。

尽管梅里的近期作品（1999a，1999b，2000，2001，2002，2003b）承认了后殖民研究对她的帮助，但也反映了她受到福柯（1991）及其追随者的某些观点的影响，他们认为社会中发生的许多监督和控制也发生在国家以及正式的国家法律应用之外。例如梅里（2000：16—17）注意到，虽然法律"既是意图的载体，也是国家政治权力支持的体制结构……但是绝大多数守法行为的发生都无需批准，是对一种法律政体及其体制意义普遍接受的产物"。梅里进一步指出："与此同时，国家致力于监督、审判和惩罚的持续进程以产生对其法律法规的服从"，而"监督与纠错的主体则学会了服从法律，或者将自己的行为隐藏于法律之外"。尽管如此，但在我们转而讨论对梅里的最新研究著作也产生过影响的有关福柯的文献以及"统治性"研究之前，重要的是讨论另外两位作者简宁·普尔迪（Jeannine

第六部分　后殖民主义与文化帝国主义

Purdy）与维迪亚·库马尔（Vidya Kumar）的研究视角。他们明确了与将后殖民理论运用于法律和社会研究相关的具体问题，或者换句话说，与任何试图创建新的"后殖民法律研究（PLT）"的专业领域相关的具体问题。

简宁·普尔迪在20世纪90年代中期以来的一系列文章和一部专著（1996年，1997年，1999年）中，质疑了其他作者不加批判地转而接受后殖民主义作为他们偏好的理论视角的做法。有趣的是，她被引用最频繁的一篇批判性文章（对照Finnanne和McGuire，2001年；Harris，2000年，2001年；Hogg，2001年）最初发表在《社会与法律研究》（*Social and Legal Studies*）1996年特刊上，题为"后殖民主义——皇帝的新装？"（*Postcolonialism：The Emperor's New Clothes？*）并在达利安—史密斯与费茨帕特里克撰写的《后殖民法律》（*Laws of the Postcolonial*）（1999年）中得以重印。在这篇文章中，普尔迪（1999：204）评论道："虽然'后殖民'研究毫无疑问远非一个统一的领域，但我坚持认为对殖民话语的分析、心理分析、解构、女性主义以及'马克思主义其他形式'的解析构成了后殖民批判现状，初衷本来不过是想努力认识殖民主义变化中的情况……但现在也许已经比预期的要'危险'得多了。"道格拉斯·哈里斯（2000年）在对《后殖民法律》的评论中，探讨了普尔迪的文章，她捕捉到了普迪尔的对后殖民主义更为深入的批判本质，强调她"努力解决在殖民者尚未离开、未曾有过'独立日'，以及殖民者在人口、经济和社会层面占据主导地位的国家中后殖民主义的复杂难题。她认为，按照弗兰茨·法农的观点，法律的暴力取决于'个人对待殖民分歧的立场'，并且更重要的是现在的立场。她写的那种名义上的后殖民主义关系实际上并不是如此之后，至少在西澳大利亚和特立尼达岛国的土著人民的真实生活体验中不是如此之后"。

因此，根据普尔迪的观点，尽管后殖民修辞对许多学者来说深具说服力，然而（在种族、民族以及经济方面）最被边缘化的人对此未必持赞成态度。例如澳大利亚的土著民依然感觉到自欧洲人于1788年抵达之后的两个世纪以来殖民主义的影响，但是他们也许看不出什么"后"殖民的东西。在她关于特立尼达和多巴哥的比较著作中，普尔迪（1999：205）提出了类似的观点，指出"20世纪后期殖民主义的反弹"表现为，在国际货币基金组织（IMF）干预下制造出来的可怕的经济状况背景下，国家的强制手段迫使穷人遭受持续的边缘化和压迫。她认为，在许多后殖民著作中，即使阶级和暴力问题得到承认，也只是匆忙地一笔带过，而这成功地掩饰了法律内在的暴力以及它作为殖民主义的一种强制工具所起的作用。她的观点的关键之处在于将殖民主义视为过去存在的事物会导致我们对现在问题的忽略——例如"军事化、第三世界的去发展（de-development of the Third World）、企业资本主义（corporate capitalism）的蔓延、对土著人民土地的持续占领，以及精神层面和文化的搅局"。这些问题一直在土著居民身上产生难以言喻的伤害（Purdy，1999：206）。然而值得注意的是，普尔迪的批评线路也直指那些研究者，他们沿着福柯开辟的理论道路，认为法律"（越来越）成为一种管理以及/或者话语过程"，更加关注个人与群体的自我管理而不是国家的强制性惩罚（Purdy，1999：217）。要理解普尔迪所表达的这种具体关注的基础，重要的是要更为仔细地研究正开始进入法律与殖民主义研究领域的福柯及其追随者的关键理念。然而，首先必须提到维迪·库马尔（Vidya Kumar）提出的作为社会法律研究专业领域的后殖民研究（PLT）最新发展的基础问题。

第六部分　后殖民主义与文化帝国主义

2003年网络可查的期刊《法律、社会正义与全球发展》（*Law, Solial Justice and Global Development*）有一集特刊，主题是正在崛起的后殖民法律研究批评领域中目前最重要的几位作者的作品（Aginam，2003年；Duncanson，2003年；Findlay，2003年；Hanafin，2003年；Harris，2003年；Mawani，2003年；Paliwala，2003年；Pue，2003年；van der Walt，2003年；Woo，2003年）。韦斯利·皮尤（Wesley Pue）的编者导言说明了这些特刊作者们的文章兼收并蓄且"冗赘"（eclectic and "diffuse"）的基本特征，认为"法律与殖民主义之间的智性研究在精神上必须是跨学科的，在视角上必须是多元且不受任何限制的。这一领域的学术研究不——不应该——符合太过严谨的学科分类或者与视角有关的分类"，而且"投入到后殖民法律研究的个体拥有各自不同的动机和各种兴趣"。与此同时，皮尤认为有些个人"主要寻求理论理解，另一些人将后殖民主义当作不变的历史研究的一部分，还有一些人则依然怀着紧迫感来发展'当场'面对殖民主义遗产的实际战略"，同时许多人则是"追求各种复杂的研究方法并且出于各种动机"。

在他的后续文章里，维迪亚·库马尔（2003年）对本期特刊文章做了部分回应，认为社会法律研究者不加批判地采用"后殖民主义理论"产生了严重的问题。他将其中两个最重要的问题称作"术语问题"（nomenclature question）和"共谋问题"（complicity question）。在有关术语问题上，库马尔与普尔迪（1999年）看法一致，认为围绕后殖民研究的一个最具争议的论题是关于"后殖民"术语本身的意义和用法。库马尔认为，本质上来说"术语论证可以被简化为关于接受与否定的争论"：那些接受并且使用"后"殖民术语的人会被指责为持否定态度；也就是，"在某种程度上或者以某种重要的方式"——否认"殖民主义一直持续着"。另一方面，如果用诸如"新"殖民主义或者仅仅是"殖民主义"来描述当前群体或者国家之间的社会关系，就是含蓄地表明接受一种观点，认为殖民主义是一种持续的"不间断的、暂时完整的插曲或者事件"。库马尔提醒道，以这种方式不加评判、不加反思地采用这个术语，后殖民研究运动的新信徒们也许只会让后殖民研究在更为广泛的领域的亟需解决的概念难题永远成为难题。

库马尔关于"共谋问题"的观点更为直接，直指后殖民参照下（postcolonical-informed）法律研究的目的与可行性的核心问题。按照库马尔的观点，在后殖民研究的普遍领域里屡次提及的共谋问题，涉及"后殖民理论家和后殖民理论与'统治关系'的再生产之间在多大程度上产生共谋的问题"。库马尔重新研究了批评家们具体的论点，他们宣称"后殖民理论家（还有整体意义上的后殖民理论）对西方和非西方之间的文化和物质的不公进行了再生产"。在这个过程中，库马尔还揭示了后殖民理论再生产这些不公正的三种本质的方式。首先包括优先将"国家"作为主要的分析单位，忽略并且边缘化了"分析社会关系的其他显著的单位，尤其是阶级和性别"，从而引起了困惑。其次，批评家们认为"后殖民理论家"自身"从'国家'拜物教中获取好处"，因为"国家身份认同在逻辑上被认为是主要的意义场域……这对越来越多以大都市的大学为基地的'第三世界知识分子'来说特别具有吸引力"（Kumar, 2003年；援引 Ahmad, 1993: 93—94）。第三，与此相关的是已经提出的对后殖民理论家的作用的批评，认为他们是"社会变化的潜在代理人"。库马尔认为，在"统治关系"的再生产中，指责"后殖民知识分子不仅模糊了他们的共谋，也模糊了他们的利害关系"，已经导致批评家们提

第六部分　后殖民主义与文化帝国主义

出关于"后殖民理论的政治价值"的问题,"究竟是因为他们的观点倾向于保守或者反动,还是因为他们经常不站在团结社会活动家或社会运动的立场上说话"。因此,库马尔进一步提醒道,如果不承认也不提及共谋问题,后殖民研究运动的新信徒们可能会同样被指责导致了这种衰败。尽管库马尔没有表示要为后殖民研究的学者们提供可以用以免受批评的配方,但是他的确提出了他认为必须要提出的几个关键问题,包括"后殖民法律理论家在他们发展的后殖民研究的概念化过程中有个人利害关系吗,或者有没有调查他们有利害关系的责任?",以及"后殖民研究是否与当代反殖民斗争脱节(它们之间是否必然有联系)？后殖民研究是否提供了或者愿不愿意提供对这种斗争的任何支持(譬如政治团结的誓言、颠覆性的(再)解读工具或者法律路线图,来进一步发展去殖民化或者反殖民化的计划,等等)?"本章的结尾部分,笔者将尝试对此予以回应,展开标准的讨论以论证旨在为文化帝国主义法律研究而发展的理论框架的价值,这种理论框架形成于当今后殖民的和福柯统治性的视角的批评观点的一种合成。

统治性理论和法律

过去二十多年以来,部分是因为福柯提出需要将国家从社会分析中去中心化,来自无数学科的研究者已经将关注的中心转移到了研究非政府或者政府外治理的不同形式的发展上。福柯(1991年)关于"统治性"的文章尤其催生了大量横跨社会科学和人文科学的广泛学科范围的理论和经验研究(对比 Barry, Osborneand Rose, 1996年; Davidson, 1997年; Dean, 1999年; O'Farrell, 1997年; Perry and Maurer, 2003年; Wickham and Pavlich, 2001年)。其中亨特（Hunt）和维克汉姆（Wickham）（1994：52）指出，福柯"以一种与通常意义上的国家行政和立法机构非常不同的方式运用'政府'这个术语"，并且这种方式"与他降低国家重要性（的做法）相一致"。在本质上，福柯（1991：95）认为政府不是"在人身上强加法律，而是处理问题。亦即应用策略而非法律，并且在需要时将法律本身当作策略使用"。福柯随之发展了"'统治性'这个新名词，描述西方社会自18世纪以来发展的政府技术的巨大变化"（Hunt and Wickham 1994：75）。根据福柯的理论（1991：95，101），这些变化包括为了管理国家之外的人口的"一系列多种形式的策略"的发展，以及"国家的统治性化（the governmentalisation of the state）"本身的发展。

近年来福柯关于统治性的观点已经具体应用于欧洲殖民主义历史研究之中，其中几位作者将福柯的卓识延伸到"殖民统治性"的研究之中（对照 Hogeveen，1999年；Kalpagam，2000a，2000b，2002年；Neu，1999年，2000a，2000b；Peikoff，2000年；Pels，1997年；Scott，1995年，1999年；Thomas，1994年）。布莱恩·霍格维恩（Bryan Hogeveen）（1999年）关于1870—1890年加拿大西部平原土著居民治理的历史分析就是其中一个很好的例证。霍格维恩主要研究的问题是"可治理人口"如何被创造，以及如何"远离"国家权力中心加以控制。他从经验主义研究的角度，关注19世纪末加拿大联邦印第安事务部和西北山区警署的重合的职责，是如何创造一种侵入的和博学的并试图塑造当地人民的生活的政府体系的。这种国家控制得到了19世纪流行的自由理性主义模式的支持，通过使用一系列新发明的统治技术和实践来实现控制——包括记录和数据的收集、通关和分配体系以及刑事法的策略性使用。从理论

第六部分　后殖民主义与文化帝国主义

上,霍格维恩应用了福柯的观点,认为自由主义的治理理性主义假设了"自由意志"和"选择"的存在。负责"远程治理"的印第安代理人和警方在文档中留存的话语显示,土著居民经常被提供"选择",以决定是想要继续传统生活模式,还是渥太华政府预先规定的以保留地为基础的生活更为固定的生活方式。虽然19世纪自由主义话语强调自由和不干预私人生活,但是霍格维恩指出,就是这种理性提供了侵入土著居民生活的方式,将他们重新塑造成在空间上被隔离的"可治理人口"。雷妮萨·马万妮（Renisa Mawani）（2001年）更为晚近的一份类似分析,提供了欧洲—加拿大殖民者在19世纪和20世纪初期用以隔离加拿大土著居民的空间战略。霍格维恩和其他最近研究"殖民统治性"的学者的理论暗示,与普尔迪提出的观点（1999年）相左,前者认为统治被殖民地人民的许多工作得以完成并没有诉诸于强制性的国家法律。

另一位采用了类似的明显福柯式的方法研究殖民主义的作者是U. 卡尔帕加木（U. Kalpagam）,她的研究涉及印度的会计历史（Kalpagam, 2000a）以及殖民国家和数据知识（Kalpagam, 2000b）。她对殖民主义在印度控制的方式有犀利的洞察,但是几乎没有直接提及殖民法律的作用。她采用福柯的统治性理论的概念,认为印度殖民统治导致了资源、人口以及管理之间的新型关系。卡尔帕加木（2000a）特别阐释了殖民统治的话语实践,尤其是度量、账目清算以及分类的形式,使"经济"的建立成为可能。与此相反,她接着论述道,通过将统计数据作为殖民统治的一部分而构建的"经济"话语导致了殖民权力在印度大规模剥削的可能性。她关于印度殖民账目学发展所做的研究反映了福柯的理论影响,也反映了福柯统治性理论对殖民主义和文化帝国主义研究的更为广泛的理论含义。卡尔帕加木（2000a：419—420）明确地提出了一种视角，认为殖民统治性"不仅仅是远程的统治，而且在根本上是一种现代国家的治理，通过政府的自主理性试图取代以前的前现代统治形式……殖民地统治性的唯一目标在于增强国家的经济力量，在个人和大众群体之上不是通过直接的武力，而是通过规范纪律的现代形式实施其提取和规范的功能"。因此，"通过规训权力以及基于风险或者保险统计基础上的权力的双重技术而对被殖民地的地形'标准化'"，并且这种"衡量单位的标准化是标准化过程的一个重要部分"。

卡尔帕加木与普尔迪的观点（1999年）又有所不同，他认为治理被殖民地化民族的多数工作的完成没有诉诸于强制性的国家法律。在一个更宽泛的语境中，这种关于殖民统治性的启迪思想的福柯式研究至少一部分与费茨帕特里克（2001b）、亨特（1997年）以及罗斯与瓦尔维尔德（Rose and Valverde）（1998年）的质询和论争联系在一起。这些当代社会法律理论家进行的更具普遍性的研究对法律作为自由主义政府的一种技术手段的重要性提出了质疑。在这一辩论中，学者们提出的根本性问题包括："现代社会权力编码中的法律是怎样的一个角色？"，以及"法律治理的是什么？"（Rose and Valverde，1998：543，545）；"法律在现代统治理性中的作用是什么？"（Hunt，1997：111）；以及"统治性与法律存在于一种兼容性的关系中吗……（或者）是公认的自相矛盾？"（Fitzpatrick，2001b：4）。

限于本章篇幅，不可能具体地叙述这一辩论。然而，由于笔者主要关注的是法律与统治性的联系，以及二者作为文化帝国主义的原动力具有角色合并的潜在性，因此有必要简述彼得·费茨帕特里克关于这一辩论的观点。他的观点主要体现在质疑将统治性与法律视为对立是否有用。费茨帕特里克（2001b：4）认为，"法律与统治

第六部分 后殖民主义与文化帝国主义

性的区分本身,以及将二者构建为独立而又互为分隔的实体,都被用以将法律和统治性的运作形式与某些要求责任感的伦理观念隔绝开来。"他重新解读福柯,抽取了其中相反的观点(2001b;引用自福柯),"因为统治性……主权问题变得'更加尖锐',而主权与'政府'一直并生"。费茨帕特里克延伸了福柯的这个观点,强调"现代时期使管理(或者取代了法律的发展)具有典型特征的行为准则'导致了一种法律的悬置,这种法律从来都不是全部的',虽然它也'从未被废除';即使在解释管理对法律的穿透的时候,福柯也'不是想说法律将隐退到背景之后或者正义机制趋于消失'。"他还指出,"对福柯而言,行为准则式的管理以及现代法律饶有兴致地同时并存,即使今天'现代社会的权力依旧是通过、基于并且依靠主权的公共权力和多形态的行为准则机制之间的这一异质性得以实施'。因此,似乎将要在此形成的不是对法律的全面服从,而是一种'科学法律联合体'。"结果我们看到,对费茨帕特里克来说,法律和管理——或者说统治性——同时存在并且互相强化。

大体而言,费茨帕特里克和其他参与法律和统治性之间联系的讨论的学者们的观点的重要性在于这样的警示,即有必要对认为正式的国家法律的实施是推动文化帝国主义最重要的方式的观点持批判意见。具体而言,受福柯影响的法律理论家们的观点以及当今"殖民统治性"著名研究者们的著作都显示,正式的国家法律仅仅是用于欧洲帝国主义和殖民主义计划的接收方的人民身上的众多技术之一,甚至也许其本身仅为比较次要的一种手段。笔者将在本章接下来的部分,说明采用批判性的后殖民的和福柯式的统治性影响的视角,对于指导针对作为文化帝国主义原动力的法律研究的有用性。为此,笔者将部分地简单引用自己目前正在

第十七章　法律的文化帝国主义

进行的关于殖民刑事法与加拿大、澳大利亚以及新西兰土著民族的比较历史研究。

文化帝国主义与法律

凯瑟琳·霍尔（Catherine Hall）在她编辑的《帝国文化：19世纪和20世纪在英国和英帝国的殖民者》（*Culture of Empire: Colonizers in Britain and the Empire in the Nineteenth and Twentieth Centuries*）（2000：2—3）一书中，强调后殖民研究在将研究注意力重新转向与"种族、国家以及帝国"相关的研究中所起的作用。按照霍尔的观点，尽管"后殖民"这个术语本身具有争议性，但是它依然是一个有用的术语，"提醒人们注意殖民主义体系以及殖民者与被殖民者之间的关系，此种体系和关系运行"于现代主义早期和现代主义世界中。与此同时，正如我们在福柯（1991年）及其追随者那里已经得知的那样，在任何比较历史著作中，我们都需要对认为正式的国家法律的实施是推动文化帝国主义最重要方法的观点持批判的态度。笔者正在进行的有关19世纪和20世纪初期加拿大、澳大利亚、新西兰的殖民刑事法和土著民族的研究，建立在对这些理论和经验卓识的批判性整合之上（主要参见Smandych and Lee，1995年；Smandych and Linden，1995年；Smandych and Sacca，1996年；Smandych，2005a，2005b，2005c）。大体而言，这一进行中的研究试图理解在19世纪和20世纪初期，在殖民主义体系以及这三个相似的殖民边境中，殖民刑事法在英国殖民者与土著民族之间的关系方面所扮演的角色。

19世纪英国"殖民者社会"或者殖民化的疆域为进行研究提供了一个理想的历史语境，此研究有助于增加我们对作为文化帝国主

第六部分　后殖民主义与文化帝国主义

义的一个机制的法律的作用的理解。在戴安娜·柯比（Diane Kirby）和凯瑟琳·科尔伯恩（Catharine Coleborne）（2001：2）编辑的《法律、历史、殖民主义；帝国的范围所及》（*Law, HIsitory, Colonialism: The Reach of Empire*）一书中，她们强调，截至1820年"大英帝国已经吸纳了世界四分之一的人口"。柯比和科尔伯恩与其他受后殖民主义理论影响的当今法律历史学家一起，进一步认为"法律在帝国主义中从来都不是被边缘化的角色"，并且"在一些具体事例中，正是法律符号创造了疆域，促成了区别的强化"。她们认为，"法律统治"过去"位于英国殖民事业的中心"，而支持这一观点的论据则可见于包括澳大利亚、新西兰、南非、加拿大、美洲东海岸、印度以及太平洋部分地区在内的英国殖民疆域所实施的殖民普通法法律体系的实践中。

劳伦·本顿（Lauren Benton）在其重要的比较历史研究专著《法律与殖民文化：1400—1900年间世界历史中的法律政体》（*Law and Colonial Cultures: Legal Regimes in World History, 1400—1900*）（2002：3）中以相关的方式强调，纵观欧洲历史，"法律不仅用以将帝国相异的各部分绑在一起，而且为在政治和文化上分离的帝国或者殖民权力之间的各种交换奠定了基础"。本顿认为，有必要在世界历史整体研究的语境中研究法律史，而她正在进行一项相关的大范围研究，比较分析自1400年至1900年间在不同地点并存的几个不同的法律政体的成长及其相互联系。虽然她的研究覆盖了从早期天主教和伊斯兰帝国到欧洲殖民者在孟加拉、西非、开普殖民地*、新南威尔士以及乌拉圭建立的帝国的法律政体，她仍然设法做了几

---

* Cape Colony，今属南非。——译者注

第十七章　法律的文化帝国主义

个有趣的概述，其中最重要的是她的一个根本观点，认为世界历史见证了从"现代帝国早期的多中心法律到高度殖民主义的国家中心法律"的转变（Benton，2002 年：前言）。此外，本顿还认为，在现代世界早期，"文化和宗教少数派的特殊法律地位在帝国各处保障了机制的连续性"，19 世纪殖民和后殖民国家的发展，至少"部分地作为对本土臣民与文化他者之间法律身份冲突的一种回应"。

从本质上讲，本顿认为对于 19 世纪一种更为国家中心主义的法律观点的表达和接受（至少是在欧洲的管理者之间的），是欧洲殖民主义"成功"的一个内在而且不可分割的部分——并且确实也是欧洲民族国家自身建设的一部分。这一观点与彼得·费茨帕特里克的观点不无类似之处（2001a：146），他认为"西方法律"是并且一直都是"帝国主义'本身'，不仅体现在一些偏远的殖民地的法律适用上或者在这些地方通过对法律的适用上，而且还体现在'殖民地以外的地方'。"两位作者也许无意之中提出的观点，也是笔者在自己的研究中试图用实例进一步证实的观点，就是通过分析法律的文化帝国主义过去如何运行从而可以获知许多有关它今天如何运行的方式。此外，本顿和费茨帕特里克最近的研究表明，今天广为流传的当代西方法律的文化优越感，更重要地显现于 19 世纪关于土著民族的法律身份以及他们被置于正式的国家颁布的殖民法律掌控下的方式的讨论中。

后殖民理论的一个价值所在是促使我们想象如何既从帝国中心——大都市——也从它的边缘或者当地的语境中来体验和感知帝国主义和殖民主义（史密斯，1999 年）。笔者目前所做研究的一部分包括分析 19 世纪 20 年代至 40 年代间，在加拿大、澳大利亚、新西兰以及其他英国殖民社会中进行的各种平行的且又紧密联系的

第六部分　后殖民主义与文化帝国主义

关于土著民族法律身份的辩论实例（Smandych，2005a，2005b）。这一研究也通过分析土著民族如何看待和理解英国本土的殖民法律制定者、改革者，以及出于这种或那种原因对他们的处境表示关切的人文主义者，试图更好地了解影响土著民族的法律的发展。这要求从第一手和第二手的来源中收集有关各种不同因素的信息，这些广泛的因素可能有助于塑造殖民管理者和改革者对英国法律和土著民族的共同的感情。这还要求试图记录英国殖民办公室官员和英国国内的人道主义改革家所写的，关于殖民刑事法是否或者在何种情况下，应该适用于不同的英属殖民地的土著民族的详情。在这一研究过程中，笔者发现与发生在加拿大和澳大利亚的发展相关的最重要的联系之一，是对阐明土著民族在刑事审判中作为证人和被指控者身份的必要性予以关注的时间上的巧合（Smandych，2005a，2005b）。笔者已经深度调查过的另一个重要事实是，截至1833年，年大英帝国各地的废奴运动与后来殖民办公室官员在大英帝国各地对土著民族的"保护"之间存在着紧密的联系，这种保护通过对英国法学和刑法的根本原则更为统一但有时候必须作适当调整的适用得以实现（Smandych，2005c）。

一位用"公平比赛"做笔名的作者在1891年3月的《加拿大的印第安人》（*Canadian Indian*）上发表的文章中，评论了欧洲人轻视印第安人的传统法律和法律习俗的方式：

> 还有，用我们现在的方法来对待印第安人公平吗？剥夺他们的民族性，嘲笑他们古老的法律、习俗和传统，在他们身上强加我们自己的法律和习俗，好像我们的法律和习俗在任何方面都毫无疑义地具有优越性，因此它们当然必须对印第安人来

说，就像对于我们自己一样，就是合理且适用的，这种做法真的公平吗？难道这个古老民族过去的历史中没有什么——没有任何东西——是我们可以尊敬，可以称颂的吗？难道他们过去的法律全都不过是幼稚的儿戏吗？

这种对土著习惯法的贬低在19世纪整个英国的殖民者社会司空见惯。尽管这种过程的方式不同，但是最重要的一种方法是由殖民地法官自己做出决定，或者从英国殖民办公室接受法律建议。19世纪整个英国殖民者社会的殖民法官表达了各种形式的法律推理，并创造了各种法律神话，最终导致土著民族逐渐被视为英国王权合法的"法律臣民"。不幸的是，如同19世纪以来许多英国殖民和后殖民社会的历史已经显示的，这几乎没有使得土著民族和其他殖民地的"他者"被授予和殖民者一样的法律权利和保护。

结 论

本章论述了对作为文化帝国主义的一种原动力的法律作用进行研究的必要性。作为此项研究的一部分，我们也试图提出一种启发式的理论框架和具体的历史研究线路的建议，这种理论框架和研究路线可以用于开始从事该领域研究的工作之中。具体而言，通过对相关文献的批判性回顾，笔者明确提出这一研究最富成果的理论出发点基于新近后殖民主义和福柯式的统治性视角的一种批判性的合成。此外，笔者试图表明进行比较法律历史研究的价值，这一研究是对与作为文化帝国主义的一种原动力的法律的作用相关的研究领域中关于欧洲法律对土著民族的适用问题的研究。

理所当然，有人也许会问，这一研究能够告诉我们关于今天的

第六部分 后殖民主义与文化帝国主义

有关文化帝国主义的哪些方面？并且如何规范性地指导我们选择成为反对目前西方文化帝国主义势力，尤其是源自美国的势力的政治斗争的一部分？首先，如同笔者在本章所示，也如同本书的其他作者试图证明的那样，关键是要进一步意识到法律如何被历史地用作文化帝国主义的一种原动力，以及它如何像今天一样继续被当作一种原动力（尤其参见由杰曼、谢勒以及帕塔萨拉蒂撰写的本书的第七章、第十一章和第十二章）。其次，如同笔者关注福柯及其追随者关于法律和统治性的洞见那样，同样至关重要的是，认识到正式的国家法律仅仅是适用于欧洲帝国主义和殖民主义计划接受方的众多统治技术之一，或许其本身只是相对次要的一种技术。对由后殖民与统治性理论的合成所表达的法律文化帝国主义所进行的比较历史研究，能够有助于我们更好地理解正式国家法律如何一直并且继续被强加于被殖民地民族，同时有助于我们看出那些被殖民的民族是如何继续抵抗的。这种研究得出的知识可以战略性地用于现代殖民和后殖民社会中围绕法律和本土民族的争论与权力斗争中，作为对抗欧洲文化帝国主义长期的破坏性影响的一种方式。

参考文献

Aginam, Obijiofor. 2003. "The Nineteenth Century Colonial Fingerprints on Public Health Diplomacy: A Postcolonial View." *Law, Social Justice and Global Development* 1. Available at: <http://elj.warwick.ac.uk/global/issue/2003-1/aginam.htm>.

Amhad, Aijaz. 1993. *In Theory: Classes, Nations, Literature.* New York: Verso.

第十七章 法律的文化帝国主义

Anghie, Antony. 2000. "Civilization and Commerce: The Concept of Governance in Historical Perspective." *Villanova Law Review* 45: 887—911.

Barry, Andrew, Thomas Osborne, and Nikolas Rose (Eds.). 1996. *Foucault and Political Reason: Liberalism, Neo – Liberalism and Rationalities of government.* Chicago: University of Chicago Press.

Baxi, Upendra. 2000. "Postcolonial Legality." In *A companion to Postcolonial Studies*, ed. H. Schwarz and S. Ray. Malden, MA: Blackwell. 540—555.

Benton, Lauren. 2002. *Law and colonial Cultures: Legal Regimes in World History.* 1400—1900. New York: Cambridge University Press.

Bhabha, Homi K. (Ed.). 1990. *National and Narration.* London: Routledge.

Bhabha, Homi K. 1994. *The Location of Culture.* London: Routledge.

Darian – Smith, Eve. 1996. "Postcolonialism: A Brief Introduction." *Social and Legal Studies* 5: 291—299.

Darian – Smith, Eve, and Peter Fitzpatrick. 1996. "Special Issue on Law and Postcolonialism." *Social and Legal Studies* 5: 291—445.

Darian – Smith, Eve, and Peter Fitzpatrick. 1999. *Laws of the Postcolonial.* Ann Arbor, MI: University of Michigan Press.

Davidson, Arnold (Ed.). 1997. *Foucault and his Interlocutors.* Chicago: University of Chicago Press.

Dean, Mitchell. 1999. *Governmentality: Power and Rule in Modern Society.* Thousand Oaks, CA: Sage.

Devens, Carol. 1992. *Countering Colonization: Native American*

Women and Great Lakes Missions, 1630—1900. Berkeley, CA: University of California Press.

Duncanson, Ian. 2003. "Writing in the Postcolonial: Postcolonial Legal Scholarship." *Law, Social Justice and Global Development*. Available at: < http://elj. warwick. ac. uk/global/issue/2003 - 1/duncanson. htm >.

Eriksen, Thomas Hylland, and Finn Sivert Nielsen. 2001. *A History of Anthropology*. London: Pluto Press.

Fanon, Frantz. 1963. *The Wretched of the Earth*. New York: Grove Press.

Findlay, Isobel. 2003. "Working for Postcolonial Legal Studies: Working with Indigenous Humanities." *Law, Social Justice and Global Development* 1. Available at: < http://elj. warwick. ac. uk/global/issue/2003 - 1/findlay. htm >.

Finnane, Mark, and John McGuire. 2001. "The Uses of Punishment and Exile: Aborigines in Colonial Australia." *Punishment and Society* 3: 279—298.

Fitzpatrick, Peter. 1983. "Law and Societies." *Osgoode Hall Law Journal* 22: 115—138.

Fitzpatrick, Peter. 2001a. *Modernism and the Grounds of Law*. Cambridge: Cambridge University Press.

Fitzpatrick, Peter. 2001b. "Governmentality and the Force of the Law." In *European Yearbook in the Sociology of Law*, ed. D. NelkenA. Febbrajo, and V. Olgiati. Milan: Guiffre. 3—24.

Fitzpatrick, Peter, and Eve Darian - Smith. 1999. "Laws of the Postcolonial: An Insistent Introduction." In *Laws of the Postcolonial*, e-

d. E. Darian – Smith and P., Fitzpatrick. Ann Arbor, MI: University of Michigan Press. 1—15.

Foucault, Michel. 1991. "Governmentality." In *The Foucault Effect: Studies in Governmentality*, ed. G. Burchell, C. Gordon, and P. Miller. Chica-go: University of Chicago Press. 87—104.

Gathii, James Thuo. 2000a. "Alternative and Critical: The Contribution of Research and Scholarship on Developing Countries to International Legal Theory." *Harvard International Law Journal* 41: 263—275

Gathii, James Thuo. 2000b. "Retelling Good Governance Narratives on Africa's Economic and Political Predicaments: Continuities and Discontinuities in Legal Outcomes Between Markets and States." *Villanova Law Review* 45: 971—1035.

Gordon, Robert. 1989. "The While Man's Burden: Ersatz Customary Law and Internal Pacification in South Africa." *Journal of Historical Sociology* 2: 41—65.

Greenberg, David. 1980. "Law and Development in Light of Dependency Theory." *Research in Law and sociology* 3: 129—159.

Guha, Ranajit. 1997. "Chandra's Death." In *A Subaltern Studies Reader*, 1986—1995, ed. R. Guha. Minneapolis, MN: University of Minnesota Press. 34—62.

Hall, Catherine (Ed.). 2000. *Cultures of Empire: Colonizers in Britain and the Empire in the Nineteenth and Twentieth Centuries*. Manchester: Manchester University Press.

Hanafin, Patrick, 2003. "Valorizing the Virtual Citizen: The Sacrificial Grounds of Postcolonial Citizenship in Ireland." *Law, Social Justice and Global Development* 1. Available at: < http://elj. warwick. ac. uk/ global/issue/2003 - 1/hanafin. htm >.

Harris, Douglas C. 2000. "Review of *Laws of the Postcolonial*, compiled by Eve Darian - Smith and Peter Fitzpatrick. " *Law, Social Justice and Global Development* 1. Available at: < http://elj. warwick. ac. uk/ global/issue/20000 - 1/harris. html >.

Harris, Douglas C. 2001. *Fish, Law and Colonialism: The legal Capture of Salmon in British Columbia.* Toronto: University of Tornonto Press.

Harris, Mark. 2003. "Mythologizing 'Recollections of Squatting in Victoria': Law's Intersection with Colonial Memory. " *Law, Social Justice and Global Development* Available at: < http://elj. warwick. ac. uk/global/2003 - 1/harris. htm >.

Hasian, Marouf A. 2002. *Colonial Legacies in Postcolonial Contexts: A Critical Rhetorical Examination of Lega Histories.* New York: Peter Lang.

Henry, Stuart. 1983. *Private Justice: Towards Integrated Theorizing in the Sociology of Law.* London: Routledge and Kegan Paul.

Hogeveen, Bryan. 1999. "An Intrusive and Corrective Government: Political Rationalities and the Governance of Plains Aboriginals 1870—90. " In *Governable Places: Readings on Governmentality and Crime control*, ed. R. Smandych. Aldershot: Dartmouth Publishing. 287—312.

Hogg, Russell. 2001. "Penality and Modes of Regulating Indigenous Peoples in Australia. " *Punishment and Society* 3: 355 - 79.

Hunt, Alan. 1997. "Law, Politics and the Social Sciences. " In *Sociology after Postmodernism*, ed. David Owen. London: Sage. 103—123.

Hunt, Alan, and Gary Wickman. 1994. *Foucault and Law: Towards a Sociology of Law and Governance*. London: Pluto Press.

Kalpagam, U. 2000a. "Colonial Governmentality and the "Economy." *Economy and Society* 29: 418—438.

Kalpagam, U. 2000b. "The Colonial State and Statistical Knowledge." *History of the Human Sciences* 13: 37—55.

Kalpagam, U. 2002. "Colonial Governmentality and the Public Sphere in India." *Journal of Historical Sociology* 15: 35—49.

Karsten, Peter. 2002. *Between Law and Custom: "High" and "Low" Legal Cultures in the Lands of the British Diaspora: The United States, Canada, Australia and New Zealand*, 1600—1990. New York: Cambridge University Press.

Kennedy, Mark. 1989. "Law and Capitalist Development: The Colonization of SubSaharan Africa." In *Law and Society: A Critical Perspective*, ed. M. Kennedy, T. Caputo, C. Reasons, and A. Brannigan. Toronto: Harcourt Brace Jovanovich. 30—53.

Kidder, Robert. 1979. "Toward an Integrated Theory of Imposed Law." In *The Imposition of Law*, ed. S. Burman and B. Harrell‐Bond. New York: Academic Press. 289—306.

Kirkby, Diane, and Catherine Coleborne (Eds.). 2001. *Law, History, Colonialism: The Reaches of Empire*. Manchester: Manchester University Press.

Knafla, L., and S. Binnie (Eds.). 1995. *Law, Society, and the State: Essays in Modern Legal History*. Toronto: University of Toronto Press.

Kumar, Vidya. 2003. "A Proleptic Approach to Postcolonial Legal

Studies? A Brief Look at the Relationship Between Legal Theory and Intellectual History." *Law, Social Justice and Global Development* 2. Available at: < http://elj. warwick. ac. uk/global/issue/2003 - 2/kumar. htm >.

Mahmud, Tayyab. 1999. "Colonialism and Modern Constructions of Race: A Preliminary Inquiry." *University of Miami Law Review* 53: 1219—46.

Mamdani, M. 2001. "Beyond Settler and Native as Political Identities: Overcoming the Political Legacy of Colonialism." *Comparative Studies in Society and History* 43: 651—664.

Mawani, Renisa. 2001. "The 'Savage Indian' and the 'Foreign Plague': Mapping Racial Categories and Legal Geographies of Race in British Columbia, 1871—1925." Unpublished dissertation, Centre of Criminology, University of Toronto.

Mawani, Renisa. 2003. "The Island of the Unclean: Race, Colonialism and 'Chinese Leprosy' in British Columbia, 1891—1924." *Law, Social Justice and Global Development* Available at: < http://elj. warwick. ac. uk/global/issue/2003 - 1/mawani. htm >.

McGrath, Ann. 1987. "*Born in the Cattle*": *Aborigines in Cattle Country*. Sydney: Allen and Unwin.

Merry, Sally Engle. 1988. "Legal Pluralism." *Law and Society Review* 22: 869—96.

Merry, Sally Engle. 1991. "Law and Colonialism." *Law and Society Review* 25: 889—922.

Merry, Sally Engle. 1999a. "Criminalization and Gender: The Changing Governance of Sexuality and Gender Violence in Hawai'i." In *Governable Places: Readings on Governmentality and Crime Control*, ed. R. Smandych.

Aldershot: Dartmouth. 75—101.

Merry, Sally Engle. 1999b. "Spatial Governmentality on the Fringes of the Empire; II controllo dello spazio ai confine dell'impero. " *Sociologia del Diritto* 26: 159—187.

Merry, Sally Engle. 2000. *Colonizing Hawai'i: The Cultural Power of Law*. Princeton, NJ: Princeton University Press.

Merry, Sally Engle. 2001. "Spatial Governmentality and the New Urban Social Order: Controlling Gender Violence Through Law. " *American Anthropologist* 103: 16—30.

Merry, Sally Engle. 2002. "Governmentality and Gender Violence in Hawai'i in Historical Perspective. " *Social and Legal Studies* 11: 81—111.

Merry, Sally Engle. 2003a. "From Law and Colonialism to Law and Globalization. " *Law and Social Inquiry* 28: 569—590

Merry, Sally Engle. 2003b. "Christian Conversion and 'Racial' Labor Capacities: Constructing Racialized Identities in Hawai' i. In *Globalization under Construction: Governmentality, Law, and Identity*, ed. R. Perry and B. Maurer. Minneapolis, MN: University of Minnesota Press. 203—238

Moore, S. 2001. "Certainties Undone: Fifty Turbulent Years of Legal Anthropology, 1949—1999. " *Journal of the Royal Anthropological Institute* 7: 95—116.

Neu, Dean. 1999. " 'Discovering' Indigenous Peoples: Accounting and the Machinery of Empire. " *Accounting Historians Journal* 26: 53—61.

Neu, Dean. 2000a. "Accounting and Accountability Relations: Colonization. Genocide and Canada's First Nations." *Accounting, Auditing and Accountability Journal* 13: 268—288.

Neu, Dean. 2000b. "'Presents' for the 'Indians': Land, Colonialism and Accounting in Canada." *Accounting, Organizations and Society* 25: 163—184.

O'Farrell, Clare (Ed.). 1997. *Foucault: The Legacy*. Brisbane: Queensland University of Technology.

Paliwala, Abdul. 2003. "Irresolutions of Modernity, Law, Nation and Empire: A Reading of Fitzpatrick's *Modernism and the Grounds of Law* in Conjunction with Hardt and Negri's *Empire*." *Law, Social Justice and Global Development* 1. Available at: < http://elj.warwick.ac.uk/global/issue/2003 - 1/paliwala.htm >.

Peikoff, Tannis. 2000. "Anglican Missionaries and Governing the Self: An Encounter with Aboriginal Peoples in Western Canada, 1820—1865." Unpublished dissertation, University of Manitoba.

Pels, Peter. 1997. "The Anthropology of Colonialism: Culture, History, and the Emergence of Western Governmentality." *Annual Review of Anthropology* 26: 163—183.

Perry, Adele. 2001. *On the Edge of Empire: Gender, Race, and the Making of British Columbia*, 1849—1871. Toronto: University of Toronto Press.

Perry, R. W., and B. Maurer (Eds.). 2003. *Globalization under Construction: Governmentality, Law and Identity*. Minneapolis, MN: University of Minnesota Press

第十七章 法律的文化帝国主义

Pue, Wesley. 2003. "Editorial." *Law, Social Justice and Global Development* 1. Available at: < http://elj. warwick. ac. uk/global/issue/2003 – 1/editorial. htm >.

Purdy, Jeannine. 1996. "Racism and the Law in Australia and Trinidad." *Caribbean Quarterly* 42: 144—157.

Purdy, Jeannine. 1997. *Common Law and Colonised People: Studies in Trinidad and Western Australia.* Aldershot: Dartmouth.

Purdy, Jeannine. 1999. "Postcolonialism: The Emperor's New Clothes?" In *Laws of the Postcolonial*, ed. E. Darian – Smith and P. FitzPatrick. Ann arbour, MI: University of Michigan Press. 203—229.

Richardson, Henry J. III. 2000. "Excluding Race Strategies from International Legal History: The Self – Executing Treaty Doctrine and the southern Africa Tripartite Agreement." *Villanova Law Review* 45: 1091—1134.

Rose, Nikolas, and Mariana Valverde. 1998. "Governed by Law?" *Social and Legal Studies* 7: 541—551.

Rouland, No. 1994. *Legal Anthropology.* Stanford, CA: Stanford University Press.

Said, Edward. 1978. *Orientalism.* London: Routledge and Kegan Paul.

Said, Edward. 1993. *Culture and Imperialism.* New York: Vintage Books.

Santos, Bonaventura De Sousa. 1987. "Law: A Map of Misreading. Toward a Postmodern Conception of Law." *Journal of Law and Society* 14: 279—302.

Schiller, Herbert. 1976. *Communication and Cultural Domination.* New York: M. E. Sharpe.

Scott, David. 1995. "Colonial Governmentality." *Social Text* 43: 191—220.

Scott, David. 1999. *Refashioning Futures: Criticism after Postcoloniality*. Princeton, NJ: Princeton University Press.

Smandych, Russell C. 2005a. "The Exclusionary Effect of Colonial Law: Indigenous Peoples and English Law in The Canadian West to 1860." In *The Middle Kingdom: Studies in the Legan History of the Northwest Territories and Prairie Provinces*, 1670—1940, ed. L. Knafla and J. Swainger. Vancouver, BC: University of British Columbia Press.

Smandych, Russell C. 2005b. "Contemplating the Testimony of "Others": James Stephen, the Colonial Office, and the Fate of Australian Aboriginal Evidence Acts, Circa 1839—1849." *Australian Journal of Legal History*, forthcoming.

Smandych, Russell C. 2005c. "To Soften the Extreme Rigor of Their Bondage: James Stephen's Attempt to Reform the criminal Slave Laws of the West Indies, 1813 – 1833." *Law and History Review*, forthcoming.

Smandych, Russell C., and Gloria Lee. 1995. "Women, Colonization, and Resistance: Elements of an Amerindian Autohistorical Approach to the Study of Law and Colonialism." *Native Studies Review* 10: 21—49.

Smandych, Russell C., and Rick Linden. 1995. "Co – existing Forms of Native and Private Justice: An Historical Study of the Canadian West." In *Legal Pluralism and the Colonial Legacy: Indigenous Experience of justice in Canada, Australia, and New Zealand*, ed. Kayleen M. Hazlehurst. Aldershot: Avebury Press. 1—38.

Smandych, Russell C., and Karina Sacca. 1996. "The Development of Criminal Law Courts in Pre – 1870 Manitoba." *Manitoba Law Journal* 24: 201—257.

Smith, Linda Tuhiwai. 1999. *Decolonizing Methodologies: Research and Indigenous Peoples*. London: Zed Books.

Snyder, Francis G. 1981. "Colonialism and Legal For: The Greation of "Customary Law' in Senegal." *Journal of Legal Pluralism* 1: 49—92.

Snyder, Francis g., and Douglas Hay. 1987. "Comparisons in the Social History of Law: Labour and Crime." In *Labour, Law and Crime*, ed. E Snyder and D. Hay – London: Tavistock. 1—41.

Tamanaha, Brian. 1993. "The Folly of the 'Social Scientific' Concept of Legal Pluralism." *Journal of Law and Society* 20: 192—215.

Tamanaha, Brian. 2000. "A Non – Essentialist Version of Legal Pluralism." *Journal of Law and Society* 27: 296—321.

Thomas, Chantal. 1999. "Causes of Inequality in the International Economic Order: Critical Race Theory and Postcolonial Development." *Transnational Law and Contemporary Problems* 9: 1—15.

Thomas, Chantal. 2000. "Critical Race Theory and Postcolonial Development Theory: Observations on Methodology." *Villanova Law Review* 45: 1195—1220.

Thomas, Nicholas. 1994. *Colonialism's Culture: Anthropology, Travel and Government*. Princeton, NJ: Princeton University Press.

Van der Walt, Johan. 2003. "Blixen's Difference: "Horizontal Application of Fundamental Rights and the Resistance to Neocolonialism." *Law, Social Justice and global Development* 1. Available at: < http//

elj. warwick. ac. uk/global/issue/2003 – 1/ vanderwalt. htm >.

Wickham, Gary, and George Pavlich (Eds.). 2001. *Rethinking Law, Society and Governance*: *Foucault's Bequest*. Portland, OR: Hart Publishing.

Woo, Grace Li Xiu. 2003. "Canada's Forgotten Founders: The Modern Significance of the Haudenosaunee (Iroquois) Application for Membership in the League of Nations." *Law, Social Justice and Global Development* 1. Available at: < http://elj. warwick. ac. uk/global/issue/2003 – 1/woo. htm >.

Young, Robert. 2001. *Postcolonialism*: *An Historical Introduction*. Oxford: Blackwell.

第十八章
恩里克·杜塞尔与阿里·沙里亚提论文化帝国主义

阿巴斯·曼努彻里

爱德华·萨义德在《文化帝国主义》一书中用到了"差异性经验"这个概念，并且比较了一位殖民的法国作家与一位被殖民的埃及作家的著作（萨义德，1993；2001：30-40）。在拿破仑征服的时代，这两位作家对于他们各自体验到的"情况"有非常不同的观点和理解。这些"经验"通过两种不同的文本类型得以形成和表述，一种例证了"殖民话语"，另一种则例证了被殖民者的话语。根据萨义德的观点（1978年），在殖民话语中，非欧洲人被描述为欧洲文明的"他者"。正因为如此，这种话语一直是欧洲"权力意志"的产品，将被殖民者变为自身的"他者"。另一方面，弗兰茨·法农（1963年）分析了欧洲殖民者在被殖民的土著民族身上施加的最深的伤害。法农的理论类型后来被后殖民话语延伸应用，成为一种对殖民话语的书面回复（Castle 2001：3）。因此，通过比较后殖民话语和殖民话语，可以谈论差异性话语。殖民话语是一种否定性的话语，而后殖民话语是一种具有挑战性和对抗性的话语。

关于殖民主义话语

但是这种差异性、挑战性以及对抗性可以如何解读？爱德华·萨义德运用了福柯的系谱学来发现殖民话语中内在的"权力意志"（Said，1978：3，14，22）。然而，被殖民者的话语却可以从阐释学

第六部分　后殖民主义与文化帝国主义

的角度加以理解。根据利科（Ricoeur）（1988年）*的观点，书面文本在与口头话语比较之时既有普通的特征，也有特殊的特征。利科（1988：79）明确指出："作为一种讲话行为—事件，话语行为由三个层面的次级行为构成：（1）非语内表现行为或者发话行为（locutionary or propostional act），即说的行为；（2）施事行为（或力量）[illocutionary act (or force)]，即我们的"说"是什么行为；（3）取效行为（perlocutionary act），即我们说话这个事实表明我们做了什么。"

然而，利科（1988：146）将文本当作"意向的外化（intentional exteriorization）"之"所在"，认为应该区分讲话中"说出来的（spoken）"是什么与文本中"说过的（said）"是什么。相应地，写作实际上记下来的"不是讲话这一事件，而是讲话中'说过'的。'说过'使我们了解构成话语目的的意向的外化，归因于述说（sa-gen）想要变成陈述（Aus-Sage），阐明，被阐明的。简而言之，我们所写的，我们所记下的，是讲话的意识活动（noema），它是讲话事件的意义，而不是作为事件的事件。"

这一"外化"也"开启了一个世界"，这个世界不再是话语中的一个参考情境（reference situation），而是一个文本世界，这个世界不受限于讲话话语发生的情境参考点（Ricoeur, 1988：109, 149）。

将这种方法应用于后殖民主义的书面话语中，就可以说它开启了一个双重祛魅（double disenchantment）的世界。后殖民主义话语是一种表现和外化双重祛魅的感染力（pathos of double disenchant-

---

* Paul Ricoeur, 1913—2005，法国哲学家，阐释学大师。——译者注

第十八章 恩里克·杜塞尔与阿里·沙里亚提论文化帝国主义

ment）的话语。（"pathos"一词此处用来表示使人全神贯注之事物，与希腊人最初使用时的原意是一样的。）这是一种由于殖民经验导致的感染力，这种经验起初类似于马克斯·韦伯所提及的祛魅，但是比它还要更进一步。韦伯（1979年）提到现代时期的一种祛魅（*Entzauberung*），是与构成并且充斥于前现代时期的生活和思考方式的东西分离开来的智力和文化的感觉。韦伯认为，这种智力上和文化上的重新定位与"精明的理性主义"（Zweekrationalitat）产生了本质上的联系，借助这种联系现代欧洲人对世界的概念发生了改变。经济、政治以及文化通过生活和生活世界的理性化得以重新创造。资本主义经济、官僚体系以及世俗文化是新的"祛魅世界"的三个根本维度（韦伯，1979：105，221）。

然而，韦伯没有提及任何有关祛魅的地缘文化的延伸，但是祛魅的体验在一个独一无二的历史结合点被强加于非西方世界。欧洲"精明的理性主义"取代了祛魅所割裂的一切，而文化适应与自我剥夺的现象却导致了一种双重的祛魅。这种体验是被祛魅，同时也是成为祛魅后存在的体验。被祛魅意味着切断自己与属于自己信仰的东西、生活方式等之间的联系。另一方面，成为被祛魅的存在，是自己自我的丧失，从自我中退出，变成一种缺席（absence），一种缺失（lack），一种空白（void）。这发生于当个体被否定、被剥夺所有原来的身份认同之时。

双重祛魅的经验看似殖民地世界的一个困境，也是后殖民思想最根本的关注之一。后殖民理论类型很大程度上受到弗兰茨·法农（1963年）《大地的不幸者》（*The Wretched of the Earth*）一书的影响。受到法农思想启迪的后殖民主义思想家，包括恩里克·杜塞尔和阿里·沙里亚提两人。他们的著作都提到了一种"信息"，要解读

第六部分　后殖民主义与文化帝国主义

为外化的意图的信息。因此，他们的作品成为抵制文化帝国主义的言语示意行为。用霍米·巴巴的话来说，他们的作品表达的是"当地人感受的体验"，或者如同玛丽·路易丝·普拉特（Mary Louise Pratt）所说，它们是"人种自我书写（autoethnographies）"（Castle，2001：xii – xiii）。它们也可以被确定为源于双重祛魅的感染力的表现。杜塞尔对于现代欧洲自我概念及其"统治的地缘政治学"的批判、沙里亚提的机器主义以及第三世界现代化的概念都表明了这种困境，对此沙里亚提的回应是提出"回归自我"的概念，而杜塞尔提出的则是"回归被征服的他者"。

杜塞尔论文化和殖民主义

杜塞尔曾经分析过真实时刻和象征时刻的统治。"统治的地缘政治学"、"现实的诠释学"以及"回归被征服的他者"是杜塞尔挑战文化殖民主义的三个基本概念。

殖民主义与统治的地缘政治学

与牛顿的"物理空间"和现象学"存在空间"的概念不同，杜塞尔提及的是"地缘政治空间"。在这个"空间"的中心和边缘之间有一种纤细的关系：中心是权力的核心，而边缘是这种权力运用的空间。按照杜塞尔的观点，过去500年间在拉丁美洲发生的事件，正是统治的地缘政治学的历史表现（杜塞尔 1985：8）。

杜塞尔认为，开始于笛卡尔的我思（*cogito*）的现代哲学是权力中心的思想，而现代的我思变成了欧洲"我"的支配性自我。现代的我思实际上已经变为征服者自我（ego conquistadore）的历史结果：这个自我征服了阿兹特克人和印加人，奴役了非洲人，战胜了中国

第十八章 恩里克·杜塞尔与阿里·沙里亚提论文化帝国主义

人。因此:"从运用于阿兹特克和印加世界以及整个美洲的'自我征服',从运用于被出售的非洲人用以换取美洲印第安人在地球深处用生命换来的金银的'我奴役',从运用于印度和中国战争中的'我战胜'直到无耻的'鸦片战争'——从这个'我'中出现了笛卡尔哲学的我思故我在"(杜塞尔,1985:4,6)。

这个"我"一直表现为一种存在,这种存在是为了让"他者"成为"非存在"。本体论因此已经具有了一种地缘政治学的特征,统治在其中得以体验。

杜塞尔(1985:17)认为,统治是强迫他人参与到让他们被异化的体系之中的行为。这就是现代欧洲人如何对待非欧洲人的方式。中心的我思在殖民主义创造的地缘政治空间对边缘的他者施加权力。通过项目(*proyecto*)、"努力进取"得以实现的现代欧洲的自我创造了"大地的不幸者"(杜塞尔,1985:10,24,43—44)。然而,这一历史事实并没有受到现代思想的关注。因此,现代哲学关于"存在的意义"、"真理"、"正确的方法"、"伦理"、"现代性"、"正义"以及"自由"等概念的反思是自欺欺人的。因此,哲学讨论中"真理"这一概念只在统治和被统治两极的地缘政治二元性中具有意义,可以通过对真实的解释学加以理解。

真实的解释学

杜塞尔认为,解释学不仅表示对观察到的事物的意义的发现,实际上还是"对隐藏的真实的发现"。当提及隐藏的维度的时候,就意味着可能有什么支持着一种真实,这种真实与被殖民大众通过统治而已经被驱赶到边缘的现实截然相反。在杜塞尔看来,真实不仅仅是在主流观念框架内得以证实和解释的世界的一部分的政治和经济领域的发展。通过解释学对现实的发现，变得比其他一切都更加易于理解的是"大地的不幸者"的生活。对发生在占据主导地位的视野之外的真实的如此发现，实际上审视了什么统治着我们的思想，也就是审视了符号（symbols）。这意味着真理存在于对世界的一部分统治另一部分这一真实的理解之上。"帝国主义文化"或者"中心文化"是"现存秩序的支配性文化"；是欧洲和北美洲精英的雅致文化，是其他所有文化的衡量标准（杜塞尔，1985：74—105）。

因此，通过符号我们可以对文化以及其中生活的意义得到更好的理解。现代世界占据统治地位的符号一直都是弄巧成拙，因为它们忽视了在欧洲和非欧洲世界之间已经发生的事。因此，我们不应该将对于符号的理解仅仅局限于某种特定的文化，而忽视过去五个世纪在不同文化与文明之间所发生的事（杜塞尔，1985：4—10）。任何符号的诠释都需要超越对"一种文化"的解释学，而必须考虑到"几种文化之间不对称的对抗（一种是处于控制地位的，其他的是处于被控制地位的）"（杜塞尔，1985：3）。

殖民主义与同化 （Assimilation）

根据杜塞尔的观点，殖民文化也通过另一种方式发生作用，也就是通过"同化"的过程。被殖民群体的某个部分努力要变成"像欧洲人一样"，从而形成了一种文化，既不是原来的本土文化也不是欧洲殖民者的文化，而是当地精英按照帝国主义文化的形象制造的一种虚构文化。这个过程"尤其折射在处于边缘位置的附属国家内部的统治团体的寡头文化之中。他们受到中心的艺术、科学以及技术项目的吸引，欣赏和模仿的正是这种文化……在这些本土精英的面具之上复制的是中心的面孔。他们忽略了自己的民族文化，看不

第十八章 恩里克·杜塞尔与阿里·沙里亚提论文化帝国主义

起自己的肤色,假装自己是白人……而且好像生活在中心。他们是历史的弃儿"(杜塞尔,1996:79)。

然而,这种文化异化并不限于精英们。在延伸到被殖民大众的时候,文化异化在帝国主义经济中扮演了一个工具性的角色。因此,"被压迫者作为受到压抑的人而不是作为一个民族,他们的文化是大众的文化。这是寡头文化折射出来的帝国主义文化的复制(reproduction and Nausom)和媚俗庸俗化,是为了消费而传播的。正是通过大众文化意识形态宣传了帝国主义企业,从而为其产品制造出一个市场"(杜塞尔,1985:91)。

回归被征服的他者

杜塞尔援引了列维纳斯(Levinas)关于"他者"的优越性的讨论,呼吁一种跨文化的他者性。他认为,虽然列维纳斯猛烈批判了现代主观主义,但是在他对于"他者性的伦理"的关注中,还没有做到足够的高瞻远瞩。在列维纳斯的批判中,现代自我对于"他者"的统治可以追溯到将自我理解为"自治的本身"。然而,杜塞尔认为,列维纳斯是在一种具体文化的语境中提到这种关系的,还没有注意到现代"文化自我"对"文化他者"的统治。事实上,"他者是所有可能的体系的他异性(alterity),超越'同一',而整体却总是同一的。我们可以说,与巴门尼德(Parmenides)和经典本体论的观点相反,'存在是',或者可以是他者,而'非存在也是',或者也可以是他者"(杜塞尔,1985:43)。

作为对这一困境的回应,杜塞尔(1985:92)提出了"回归被征服的他者"的概念。他讨论了回归他者的必要性,认为他者处于殖民主义制造的政治地缘分隔的边缘位置。

第六部分　后殖民主义与文化帝国主义

沙里亚提与殖民体验：一种具有挑战性的话语

沙里亚提的著作包括三个互为联系的时刻（moments）：一种殖民话语的系谱学；一种同化话语的解释学；还有对前两者挑战的时刻。因此，沙里亚提的著作以其互为联系的整体性而倾向于成为一种造反类型的话语。

机器主义与现代问题

沙里亚提在对现代性的探讨中分析了帝国主义。在他看来，现代帝国主义中的文化和经济的维度不可分离，而其相互联系可以通过机器主义的概念得以呈现。在现代性的分析中，沙里亚提提出了关于现代问题的创世和历史发展的论点。在他看来，现代问题植根于私有制的出现。

按照沙里亚提的观点，人类历史包括两个阶段：公有制的阶段和私有制的阶段。第一阶段是社会平等与精神同一的时代，我们置身的第二阶段与其不同，是一个社会统治与剥削的阶段。私有制是历史的一个转折点，也是社会统治的起始点。然而，尽管私有制是这种新形式的构成因素，它在不同历史时刻却包括了奴隶制、农奴制、封建主义以及资本主义的不同形式。因此，沙里亚提赞同马克思主义关于社会形成的观点，认为："只有一种基础，而这种基础既不是资产阶级的，也不是封建主义、资本主义、共产主义、农奴制或者奴隶制的；而是私有（垄断）形式和社会（公共）形式的所有制"（沙里亚提，1980：37）。

与所有物质和精神原材料都属于所有人的社会所有制阶段不同，私有制的出现使人类群体产生了两极分化，制造了"新的病症：人

第十八章 恩里克·杜塞尔与阿里·沙里亚提论文化帝国主义

类的友爱和爱情变成了狡猾、欺骗、仇恨、剥削、殖民以及大屠杀"（沙里亚提，1980：37）。

这种两极分化在历史上呈现为不同的表现形式：从古代的奴隶制经济到现代的资本主义社会，一直到最新的机器主义阶段。按照沙里亚提的观点，现代时代机器的出现是人类状况中第二次最根本的改变，第一次是私有权的出现。沙里亚提将这两次改变称为"历史的两次曲线"，属于人类历史的第二阶段。"作为一种新的社会秩序，机器主义在19世纪开始出现。当时手工艺已被甩在身后，崛起的机器时代制造了新的焦虑和无数的新问题"（沙里亚提，1980：35）。

然而，机器并不是可以买卖的商品，事实上是现代机器主义社会组成的基础："机器主义是一种社会学现象，是一种特殊的社会秩序，而不是一种可以买卖的、可以消费的或者技术性的产品或商品"（沙里亚提，1980：35）。

机器主义逐渐统治了现代生活的所有领域。从一定意义上来说，它是私有制产生和制造出来的一种复杂的社会形式。正如私有制形成了关于世界的一种新视角一样，一种新的世界观也随着机器的发展而开始发展（沙里亚提，1980：39—45）。因此，机器主义的一个特征是对独创的否定，也就是为了人与文化的一致性而否定真实性，其结果是对机器主义施加的消费方案的普遍屈从。机器主义用"利润"取代"价值"，创造了一种空洞的生活，一种假冒的个人，让他陷于"为消费而存在、为存在而消费"的恶性循环。西方资产阶级关于荒诞（absurdité）的想象也反映了这种空洞，这种由机器文化统治而导致的消费/生存循环的失落感。这一切运转的基础原则之一是而且一直是"生产的需要以及需要的生产"（沙里亚提，1989：

339)：“从哲学观点来看，机器主义导致机器对人类生活的统治，用机器取代了具有创造性和决定力的人。因此人变得与自身离场。”机器的概念也用在罗伯特·扬（2001：80）殖民话语分析的一个修辞的意义之中：“的确，殖民主义者自身经常将殖民权力的运作视作一台机器。”爱德华·萨义德也提到了机器"敲打出了西方统治东方臣服种族的权力"，考尔莫勋爵（Lord Cormer）曾经用过这个手段，并说："从东方的各个机器分部输入到机器中的东西——人类原材料、物质财富、知识、所有一切——被机器加工，然后转化成更多的权力"（萨义德，1978：44；2001：30）。

沙里亚提认为，这些发展的后果是新的问题引入了人类群体之中。在工业世界，自动化、消费主义以及技术统治论已经引起了焦虑、异化和不幸。这些继而制造了一种使法西斯主义这样的毁灭性趋势已经生根并且迅速成长的氛围。沙里亚提进一步指出，这种新的社会秩序已经扩展到西方生活的不同领域，并且也跨越了其地缘边界。

文明与现代化相对抗

沙里亚提联系了现代技术发展和非西方世界的真实情况，区分了文明与现代化。按照他的观点，文明包括社区内部一个漫长的发展过程；然而，当代第三世界社会的现代化却一直是一种假冒的进步形式。事实上，这种现代化具有当今非西方世界根本上的毁灭性趋势的各种症状，非西方世界在过去两个世纪以来一直深受各种内外统治和剥削力量的迫害。一直被所谓的现代化的必要性证明为合理的帝国主义（Iste'mar）、暴政独裁（Istebdad）、经济剥削（Istesmar）以及文化殖民（Istehmar）已经共同导致了第三世界人民的深

第十八章　恩里克·杜塞尔与阿里·沙里亚提论文化帝国主义

深创伤。第三世界现代化仅仅是一种过程的历史延伸,该过程开始于私有制的出现并且由机器主义得以加强。欧洲早就通过殖民统治取得了对世界大部分地区的控制,现在更有理由持续对这些地区的经济进行掌控。

因此,随着机器的出现所带来的欧洲世界的发展,世界其他部分也已深受机器扩张的巨大影响。然而,如果没有它们文化最终的重新定位,机器对其他社会的穿透也不会成功。要喜欢西方商品,非西方人民不得不"现代化"。非西方人必须要"西化",也就是必须发展对西方产品的"现代品味"。因此对欧洲经济利益来说,作为帝国主义的一种基本构成物,非欧洲世界传统社会的文化适应就变得势在必行。为其工业产品的巨大剩余寻找市场使欧洲急需补充廉价原材料的供给,迫使工业世界进入非洲和亚洲的非欧洲世界。这种历史进入,最终形成了后殖民世界的社会政治真实,一直到今天的时代(卡斯尔,2001:45)。用沙里亚提的话来说,"问题就是让亚洲和非洲的人民变成欧洲产品的消费者。必须重新构建他们的社会以让他们购买欧洲产品。事实上,这意味着国家的改变……去接受新的服饰、新的消费模式还有新的装饰品。现在,必须先改变哪部分呢?显然是个人的精神和思想"(沙里亚提,1989:339)。

同　化

沙里亚提认为,现代性和第三世界现代化之间的理论和历史调和(mediation)包括了殖民化、同化以及买办资产阶级(comprador bourgeoisie)。殖民主义是市场需要的产物。相应地,要开辟新的市场就必须采取政治和军事上的行动。这又继而产生了它们的职员,所谓的买办资产阶级,他们从消费产品与第三世界国家的原材料之间的交换中谋取利益。然而，所有这一切都只有在文化领域提供了机会之后才能进行。这一切通过"同化"得以发生：非欧洲人变成，或者假装成像欧洲人那样。这"适用于那些有意无意地开始模仿他人举止的人。他们为了改变自己的身份，专心而且全盘地否定了自己。被同化者希望能够达到目标，获取他在他人身上看到的伟大之处，努力消除自身感知的与自己原来社会文化相关的可耻联系"（沙里亚提，1979a：12，2）。

实际上同化是文化同一化（monocultralization）过程的一个历史产物。这是现代欧洲殖民权力实施的那种文化帝国主义的必经之路。"单一文化是一种殖民的现象概念……伴随着文明的同一化进程。所有的文明地都应该与它们几世纪以来各种各样的审美和历史经验一起，被殖民的联合收割机收获一空，只剩下一片荒土，需要乞怜殖民者的施舍……"（沙里亚提 1979b：6—15）。然而，重要的是"被同化者假装比他们模仿的欧洲人还要时髦。欧洲人知道自己的历史和历史遗产，而被同化者与自己的过去分离，毁灭自己的过去，从中逃离"（沙里亚提，1978a：257）。

这可以称作身份祛魅（*identity disenchantment*），不是对个人一直共生的东西的祛魅，而是本体论意义上对个人生存的祛魅。

在这个问题上，沙里亚提猛烈抨击了正在实行现代化的国家中那些将自己与西方文化相认同的知识分子。对他来说，这既是经济剥削的结果，也是殖民主义的后果。他批判了那些知识分子不能在自己社会的独特语境中理解这些发展。他相信这些人已经失去了抗议和创造力的感觉；相反，沙里亚提提出，必须在方法论上跃向更为具体的视角，必须有勇气寻找并且发现解决第三世界社会问题的新方法和新的可能性。他提出了"回归自我"概念的可能性。

第十八章 恩里克·杜塞尔与阿里·沙里亚提论文化帝国主义

回归自我

沙里亚提指出,如果有人说我们从来没有过任何文明,我们会说明自己拥有的文明来证伪这种言论。但是,当我们过去的文明遭到变形,呈现为错误的面貌的时候,我们能做什么,应该做什么呢?当殖民者不一定否定东方文化及其历史(这一点更多的证据参见本书第三章),而是试图说服被殖民者认为他们是"消极的","属于第二本体",而且"不会思考"的时候,我们能做什么?沙里亚提就这样问道,我们该做的是什么?难道我们应该让自己消解在"国际主义"这样的概念中,也就是变成资本主义的二等本体合作伙伴吗?假如我们缺少文化,那么我们在这种合作关系中的位置在哪里?这不会就是文化灭绝吧?只要还有土著民和人类这种二分法,我们又怎么能与殖民者处于一种合作关系中呢?回应这些问题,沙里亚提提到了在两极之间做出"一个伟大选择的困难时刻":"一极是我们从过去继承而来,另一极是我们从西方模仿而来……第一个是独一无二的世界观(*Weltanschuauung*)、生活的哲学……和一套具体的社会关系。第二极是一个新的世界观,一种新的学说,新的生活哲学,新的存在方式和前进方式,尽管存在于不同的甚至是互相矛盾的学说之中"(沙里亚提,1978a:306)。

这两极的追随者的相同之处是他们都在模仿。沙里亚提认为,这两种追随者的任务很简单,因为传统主义者没有选择的困难和焦虑——因为已经为他做出了选择,而他只需要服从而已。而第二极的追随者也"没有选择的责任和当务之急。因为,随着西方的技术和消费商品的包装被打开然后被消费,不同的学派也纷至沓来,早就整装待发,标准也为众所周知"(沙里亚提,1979a:2—15)。

沙里亚提的出发点首先是重新定义"知识分子"的概念。他认为知识分子是意识到自己作为人的处境的任何个人，而这种意识给予他一种责任感。这样一个人了解自己的社会，知晓其中的痛苦、精神以及历史传承；他能够有意识地进行负责任的选择。他应该在自己的社会中寻找知识领袖。因此，一个知识分子不一定要受过多高的教育。事实上，沙里亚提相信，一个工人可能比一个知名的学者更具备知识分子的资格（沙里亚提，1979b：21）。

沙里亚提通过"回归自我"的概念引入了"知识分子"定义的另外两个维度，即历史性的自我发现和文化的自立。他说这个概念不是对忘却的过去加以怀旧式的浪漫化；相反，这是将文化自我受压抑的历史溯源进行创造性的吸收（incorporation），寻求的目的不是本身，而是异化和幻灭的一代人发出挑战性自我声明的一个开始。这能继而强化一种自我认识，从而能够面对统治和压迫力量的历史。

"回归自我"意味着历史文化传承与认同都遭到了否定或者歪曲的人们"恢复自身的历史"。这个概念是对抗殖民话语的一种具有挑战性话语的一部分。与否定、歪曲以及最后同化的殖民话语场域不同，文本对抗的言语示意行为以文化考古、文化话语精炼以及最终的自我历史恢复这三个时刻推翻了这一过程（沙里亚提，1978b：27）。

因此，"回归自我"意味着重获个体本身的人类身份和文化历史真实性；意味着自我意识，从文化异化和精神殖民化的疾病中得以解放（沙里亚提，1989：305）。

结 论

"殖民话语"和"后殖民话语"这两种具体的文本类型，表达

第十八章 恩里克·杜塞尔与阿里·沙里亚提论文化帝国主义

了欧洲殖民主义和被殖民化的世界之间的遭遇。这两种类型通过它们表达的两种体验的差异而易于区分。然而,这两种写作适合同一体验的两个方面,一方面是殖民体验,另一方面是被殖民者的体验。被殖民者的文本话语显示了反殖民主义的文化统治的言语示意行为。

恩里克·杜塞尔和阿里·沙里亚提的著述在后殖民话语作品中令人瞩目。他们都表达了对双重祛魅的毁灭性经验的长期过程的关注,分析并挑战了殖民征服以及文化否定的行为。他们的文本著作被定位在一种使殖民地人民获得解放的自我苏醒和自我再主张。因此,他们发现了文化殖民主义对创造被征服的"他者"的影响,同时发现了被否定和被灭绝的自我重新崛起的过程。然而,后殖民话语中从被征服的他者性到一种肯定性的自我的"回归",恰恰发生在欧洲的自我意识正在被幻灭的一代人否定的"后现代主义转折"中的历史结合点。换句话说,当被殖民者开始表达其被否定的自我之时,欧洲殖民主义开始否定"自我"本身(*per se*)。然而,这不一定会阻止后现代话语发展一种新的自我的历史任务。这是杜塞尔和沙里亚提笔下的后殖民话语的本质。

参考文献

Castle, Gregory (Ed.). 2001. *Postcolonial Discourses: An Anthology*. Oxford: Blackwell.

Dussel, Enrique. 1985. *The Philosophy of Liberation*. New York: Orbis.

Dussel, Enrique. 1996. *The Underside of Modernity*. Atlantic Highlands, NJ: Humanities Press.

Fanon, Franz. 1963. *The Wretched of the Earth*. New York: Grove

Weidenfeld.

Ricouer, Paul. 1988. *From Text to Action*. Princeton, NJ: Princeton University Press.

Said, Edward. 1978. *Orientalism*. New York: Vintage Books.

Said, Edward. 1993. *Culture and Imperialism*. New York: Vintage Books.

Said Edward. 2001. "Discrepant Experiences." In *Postcolonial Discourses: An Anthology*, ed. G. Castle. Oxford: Blackwell. 26—38.

Shari'ati, Ali. 1978a. *Collected Works*. Vol. 14: History of Religion (1). Tehran: Ershad.

Shari'ati, Ali. 1978b. *Collected Works*. Vol. 12: The History of Civilization (2). Tehran: Ershad.

Shari'ati, Ali. 1979a. *Civilization and Modernization*. Houston. TX: Free Press.

Shari'ati, Ali. 1979b. *Collected Works*. Vol. 4: Return to Self. Tehran: Ershad.

Shari'ati, Ali. 1980. *Machine in the Captivity of Machinism*. Houston, TX: Free Press.

Shari'ati, Ali. 1989. *Collected Works*. Vol. 31: Peculiarities of Modern Times. Tehran: Chapakhsh.

Weber, Max. 1979. *The Protestant Ethic and Spirit of Capitalism*. Atlantic Highlands, NJ: Humanities Press.

Young, Robert. 2001. "Colonialism and the Desiring Machine." In *Postcolonial Discourses: An Anthology*, ed. G. Castle. Oxford: Blackwell. 73—99.

第十九章
重新定义文化帝国主义与文化交往的动力

比亚特·K. 特里巴蒂

狂欢化、文本性以及帝国主义的印度学者

本章尝试将受权力和统治驱使的政治关系交往与文化交往的动力区分开来。很不幸的是,文化帝国主义理论建立在政治帝国主义理论的基础之上,认为世界是断裂的,而战斗性是保护那些被认为受到不公平待遇或者"被殖民的"人的方法。这是一种需要颠覆的彻底错误的认识。要纠正这种不断累积的历史性不公平,必须通过保护性而不是破坏性的手段,通过包容而不是排斥,通过推动多样性,而不是僵化闭锁。在此过程中少数派的权力与多数派群体的权力一样重要。

我们总是将进取型的国家、群体、组织或者个人看作帝国主义者或者殖民者,而置他们得以发展的历史过程和人类进步观念于不顾。我们需要决定哪些应该是我们的目标:进取、发展、扩张,还是停滞、闭锁、隔离。虽然国际主义被看成帝国主义,但我们必须决定是否想要地方主义,或者允许国家、公司以及个人可以公开接触到这个世界。如果选择后一条道路,那么必须制定出保护弱小者的形式。如今的一个主要问题是闭锁的原教旨主义国家与自由的多文化社会并存,前者不断地用帝国主义的阴魂为幌子反对多元文化国家,而同时又自由进入并且支配后者。强国从自身而言,经常为

第六部分　后殖民主义与文化帝国主义

自己的利益考虑发展一种支配他者的倾向。这就是贯穿政治帝国主义和反帝国主义的几个基本因素。不幸的是，这些感知已经侵入了所有社会和文化领域以及相关的学术学科之中。这种错误必须得以纠正，因为文化有其不同的运作模式，不能被政治的束缚所扼杀。

文化不受辖于权力关系；其动力学完全不同于政治帝国主义。甚至当一个国家在殖民另一个国家的时候，被殖民的国家也可以将殖民者的文化产品加以狂欢化，使之失效，或者创造自己的新产品。文化是属于社会性的。它们不会从一而终，而是本性混杂。文化通过吸收、混杂、创造以及狂欢化的方法才得以发展。一个害怕被麦当劳店标记打败的文化，实际上回应的是对政治和经济统治的恐惧。必须接受文化增长和变化的动力学。必须鼓励文化不自我闭锁，不内部繁衍，否则就会导致停滞。权力和财富也许会试图影响文化，但是决定不了文化交往的动力学。这就是本章通过观察在印度—雅利安人政治统治的历史语境中奥利萨邦的部落民族的状况所想要建立的论点。

在奥里萨邦有62个部落（Tribes 1990），属于四个种族群体,[1] 说分属三个语系的62种语言或者方言。[2] 他们的文化与来自今天的少数裔文化[3]不同，可以从美、智慧（Arnold，1882/1993）以及有

---

[1]　这四个种族群体属于南亚细亚、蒙古利亚、德拉维以及印度—雅利安群体。与其他人类一样，他们之间也有大量的混杂。在印度，蒙古利亚人居住在东北部，被认为是那个地区的原生居民，但是有证据显示他们和奥里萨邦部落存在紧张的关系。

[2]　这三个语系是芒达利语（南亚西亚语）、德拉维语、以及印度—雅利安语。说这些语言的部落没有受到地区的限制，而是多元化地分布在各处，显示了部落的运动或者迁徙在不同压力和热望之下具有不同的类型。

[3]　最近的少数裔文化产生的原因是（1）主要出于经济原因迁入的人口，迁入地有不同的而且丰富的主要文化——例如，亚洲人和墨西哥人移入美国；（2）出于经济原因被强制带去一个不同领土内的人口——例如，非洲人被带到美国做奴隶；（3）大规模外籍人口迁入土著人口的土地，而土著人口被缩减为少数族裔，如欧洲人移入南北美洲，把原住美洲人驱逐出去；（4）一种主导殖民文化的殖民者在后殖民时代变成了少数派，例如津巴布韦的英国白人，阿尔及利亚的法国白人，还有印度的盎格鲁——印度人和葡萄牙人。

第十九章 重新定义文化帝国主义与文化交往的动力

益性（Anderson 1991）方面加以概念化。当我在部落民族中做大量实地调查的时候，我不仅有幸记录了他们的神话、传奇、故事以及传说，而且还观察到了他们充满自豪和尊严在与世隔绝的情况下发展的丰富而独特的生活方式。他们散布各处，怀着复兴的热情，想在这个越来越多的文化融合的时代努力保留这些生活方式。

部落民族是那些远离主导文化、生活在丛林和山中的人群，他们对主导文化没有任何依赖。他们自己的文化在外来者（Deko）到来之前，一直是主导性的文化或者说是独立的文化。自那以后他们就退隐到林中山上。他们一直自给自足，住在丛林、山谷与河流旁，却不是造成任何损害，因此他们和身边的环境都保持着质朴原始的状态。现在外来者的脚步越来越近，他们破坏了他们的森林，挖掘了他们的山谷，甚至质疑他们对土地的所有权。部落民族就这样被包围了。现在外来者不仅仅是与他们直接发生碰撞的奥里萨邦文化圈，还包括中间一层的印度文化以及最外围的西方文化。部落人群不得不采纳他人的方式。他们要是条件允许的话，必须从事农业，或者让自己背井离乡，走出去做工，或者每天无事可做。外来教育将他们和自己的语言根基分隔开来，外来音乐瓦解了他们古老的音乐节奏，外来神话统领了他们自己的神话。他们遭受了经济上的损失和文化上的入侵。

要求他们保持独立的状态，就是同意对他们实行强制性集中居住。要停止媒体入侵（电视、收音机等等）就是确立他们的隔绝状态。他们倾听周围环境中的鸟鸣、动物吼叫、风声和溪流的声音而发展出自己的旋律和节奏。现在难道要禁止他们倾听新环境的声音

第六部分　后殖民主义与文化帝国主义

吗？我们必须为他们设计少数族裔审美，然后把他们禁锢在其中吗？或者，外来者应该积极地接受部落音乐和文化吗？如果这样，能将部落民族从边缘带到中心，抑或将摧毁并且灭绝他们的文化？文化帝国主义和殖民主义的印度学者们的看法正确吗？他们坐在书房里的书桌前设计出来的答案正确吗？

语言与殖民阴魂

让我们来看看部落民族有何种选择，想要朝哪个方向走，而不是用我们的理论"设计"来打量他们。为此我们应该关注一些文化产品问题。首先，不妨看看语言，因为语言是一个人、一个群体、一个国家文本性的关键。文本性主要通过语言塑造个性化，并且标示出明确的文化身份。对语言的攻击就是对文化根基的攻击。坎大哈（Kandha）部落（在讲北印度语的各个邦被称作 Kondh）是一个主要部落，居住在普尔巴尼（Phulbani）和其他几个南方地区，人口超过 120 万。他们的语言被称作库伊语（Kui），不同的地区有几种不同的方言。大约 20 年前在他们中掀起了一场保护语言的运动。为此他们发明了一种库伊字母，开始出版一些文学、文化和历史材料。然而，该运动并没有兴盛起来，主要原因在于学校里使用的教育媒介语言是奥里亚语（Oriya）或者英语，所使用的字母系统也是奥里亚字母和罗马字母。但真正的原因是他们不得不在讲奥里亚语的人之间愈来愈多地展开活动。他们在大多数交易中必须与讲奥里亚语的人交往，而且必须用奥里亚语或者英语来开展公务。在这种情况下，大家自学库伊字母的愿望就减弱了。山塔尔（Santal）也是一个主要部落，居住在三个邦（在奥里萨邦的人口就超过了 70 万，总人

第十九章 重新定义文化帝国主义与文化交往的动力

口超过 200 万),他们最近发出要求,希望将山塔尔语也包括在印度宪法列出的"主要"印度语言的语言列表中。[1] 此举一旦成功,会激发一种民族自豪感。无须赘言,其他部落不论大小都会效仿这一举动。国家将这些语言逐一列出来不会有任何损失,因为这会让部落民族产生一种认同感和平等感。语言是一个民族身份的关键,是他们文化话语的监护者。现在让我们看看当前情况下部落语言的遭遇。

直接围堵并且与部落语言发生碰撞的是奥里亚语,这是奥里萨邦的语言。奥里亚语被北印度语包围着,后者被我们的宪法制定者认定为国家语言。而北印度语又被英语包围着,英语是一种并列的国家语言或者官方交易用语。英语也被视为通往世界的语言。所有这些语言使部落语言陷入国家政治结构的困境中。

现在让我们看看这些语言已经在多大程度上渗透到部落语言之中,看看受害语言对这一过程有什么自然反应。在此,必须注意到部落民族或者群体的居所非常重要。在路途遥远、很难进入的村落,北印度语和英语的渗透程度是最小的。坐落在路边,有公交车穿梭来往的村落,以及由于通电而可以使用电视和广播的村落,都显示出相当的语言渗透。基督教盛行的村落因为传教学校的存在,看上去和非基督教村落略有不同。在那些离开村子在城镇工作的人,还有那些完成了中学教育的人之中,可以看出更多的语言渗透。将此做一个平均的话,我们可以对语言渗透做如下描述。

首先不妨看一下构成外层包围圈的英语。奥里亚语从英语中获得的几个单词和词组现在也与奥里亚语一起进入了部落语言。它们

---

[1] 就在我撰写本文的时候,山塔尔语已经被印度宪法的语言列表采纳了(2004 年 1 月)。

的出现频率与说话者掌握的奥里亚语的程度成正比。接下来是形成中间包围圈的北印度语。奥里亚语从北印度语中获得的几个单词和词组也随着奥里亚语进入了部落语言,这些是从有时候去镇上看的北印度语电影中直接传入的。最后是构成内部包围圈的奥里亚语。部落语言获取并且混杂了相当一部分的奥里亚语,形成了一种叫做德西亚(Deshia)的混合语(在不同的临界地区因为邻邦语言的输入而略有不同),部落民族用这种语言与外来者交流,而他们自己人之间还是使用自己的语言。德西亚语因此成为部落民族对他们环境的一种自然回应。然而,这就是语言传播的微妙之处或者说是传播的机制,德西亚语影响并且很大程度上修正了殖民者的语言,当地人民甚至已经开始从中衍生出一种独特的身份。

当前的情况就是如此。现在让我们了解一下这种外来语言的获得或者渗入的力度。术语的采用(获得或者渗入)取决于我们从哪一端看待这个事件,以及我们在认识过程中采用了哪种意识形态。不论采用哪个术语,必须将这一活动看成渗透的一个过程。但是这种渗透有着复杂的输入过程。要获得某种让人从根本上想要抵制的,或者受到身份认同趋势想要抵制的,但同时又出于欲望或者冲动想要得到的外来物必然有一个复杂的过程。驱动这一过程通过(1)(由需求告知的)倾向或者欲望;(2)机遇;以及(3)抑制因素在吸收或者获得他者文化的过程中的缺席或者在场,这从政治层面上可以描述为殖民主义或帝国主义的压制或者渗透。

在此笔者认为,政治和文化过程是完全不同的,需要以极端不同的感知力去揭露真实情况。首先,政治阅读是对设定的具有动态、形态和目标体系的应用,建立在马克思主义或者其他原教旨主义的感知角度之上,将社会看做碎片,将恢复模式看成军事行动。而文

第十九章　重新定义文化帝国主义与文化交往的动力

化过程是开放的正在进行的交换，其中的每一个结合点都是一个可能的结点，没有确定的方向。笔者认为文化是一个正在书写的文本。将它的文本性视为一个神话或者认为是无关紧要的，这是错误的。要将一种文化缩减为一种物质主义的实体，然后将它置于其他的这种实体和动态的语境中，就是将文化截头去尾，随之生吞活剥，正如雷蒙德·威廉姆斯（Raymond Williams）和英国文化物质主义者所做的那样（威廉姆斯，1980年）。克利福德·格尔茨（Clifford Geertz）（1973：4—5）从社会考古学方面的输入给福柯的新历史主义注入了活力，但是仅以这种新历史主义方式从影响力和话语游戏的层面来认识文化，或者将它放在其他类似的文化或者同时代的文本的语境中，以美国新历史主义或者多元文化主义的方式来认识文化，就是使用少数族裔美学和其他隔离主义或者保护主义的手段来隔绝少数族裔的文化及其文学。这是新帝国主义最阴险的一种形式，否定了少数族裔在主流中的权利。

回到语言上来，我们看到部落民族习得奥里亚语的倾向是建立在文化和经济需求的基础之上的。随着部落环境日益被破坏，如果不与外界交往，部落人民就没有生存的可能。统治群体将部落人民置于其经济和政治影响力之中，用"我们"和"他们"这样的一种感觉而将这些部落民族明显地分离开来。这产生了受身份和荣誉感驱使的抑制因素。尽管如此，部落人民还是受到了他们身边外来文化的一些方面的吸引，例如电影和音乐的吸引，甚至对同一个崇拜对象和同一部票房大片怀有热情，使用同样的对话片段，唱同一首歌曲。这与经济和政治的扩张，或者物质性无关，也没有将部落隔离开来。另一方面，部落被整合到了主流之中。这样，部落此时对外来语言的获取是文化整合过程中一种理想的行为。一种分裂的观

第六部分　后殖民主义与文化帝国主义

点可能认为资产阶级的流行艺术进入了受害文化，忘记了作为一个独立阶级的理所当然的物质目标，从而忘记了战斗性道路。这是不正确的。对政治—经济目标的追逐是分开的，不会因为"资产阶级"或者"资本主义"的流行艺术就被舍弃。做出这种假设，就是认为一些人特别愚蠢和幼稚。而假设物质性是生活中的唯一追求将是对人类的侮辱。笔者想断言的是，我们的部落民族发展出的不同的生活方式是一种有影响力的不同于我们物质主义生活方式的选择。将意识形态强加于他们头上将是最糟糕的新殖民主义形式。

文化基因库

此处可能有必要区分文化的运作模式与政治经济进程的模式。以部落人民创造德西亚语回应占据主导地位群体的奥里亚语为例。多年以来，德西亚语已经在不同地区使奥里亚语的形式发生了很大的改变，甚至奥里萨邦的南部、北部和西部的主导群体都已经开始说三种不同的语言，而这三种语言都绝对不能称为奥里亚语的方言。换句话说，就是部落语言已经接收了外来语言，对它加以修正，并且赋予地区文化一种独立的身份。这种现象也涌入奥里萨邦的政治生活，西奥里萨人民（Sambalpur）不仅希望自己的语言西奥里萨语（Sambalpuri）被认定为独立语言，而且开始提及建立一个独立邦的可能性。他们在这件事情上的躁动的戛然而止，仅仅因为意识到了这种状况的讽刺性，那样的话，独立邦将会有一个多数派部落，他们自己的霸权也将会失去。而他们认识自己独立身份的基础——他们的语言——是部落民族的天分。因此，政治的和文化的进程之间的不同之处清晰可见。

在此，让笔者举一个更为激进的例子来证明，一种被殖民的文

第十九章 重新定义文化帝国主义与文化交往的动力

化如何使占据主导地位群体的语言在其对被殖民文化进行殖民的时刻狂欢化并失效。狂欢化这个词,我的意思是指文化材料被混合为一种创新的鸡尾酒的过程,这种鸡尾酒对于当地部落民族而言是能够作为他们文化的自然发展而接受的。我们将列举古代印欧语系的一种主要语言——梵语——为例,5,000 年前印度—雅利安人带着这种语言进入印度,并且利用这种强大的语言及其产品开始入侵本土文化。随着梵语开始在多样化的人群中传播,每一种文化都俘获它、修改它并且创造出他们自己的新语言(奥里亚语、阿萨姆语、孟加拉语、北印度语等),殖民者被迫在当地使用这种新语言。很快梵语不再是殖民者的交流语言,因为不论它去往何处,都有另外的语言在使用。因此,梵语降至一种经典语言的地位,这种地位通过宫廷语言、学术语言以及宗教仪式的语言的途径得以实现。当拉丁语在整个欧洲传播的时候所遭遇的情况与此别无二致。

可以用诸如"帝国回信"这样的高调词汇[1]来描述这个过程,但这将会过于政治化并且过于不恰当,而不能正确描述一种可以称为反馈(feedback)的自然的文化过程。将扩音器转向麦克风,里面的轰鸣声将会淹没输入的声源。这就是反馈。换句话说,当源语言(*source language*)开始对自己说话而不是面对听众的时候,反馈将会切断它与交流过程的联系。听众也将会开始互相交谈,发出自己的声音来。在目前的情形下,被殖民的人民狂欢化并且反馈殖民语言从而减弱了统治群体的声音。换言之,即使在印度—雅利安人开始建立政治霸权的时候,殖民地人民也在调和并且使它的语言变得

---

[1] 笔者参考了 Ashcroft、Griffiths 和 Tiffin 编辑的书(1989 年)。虽然书很优秀,但它以一种陈旧的方式写作,因而过于政治化,并因此而过时,同时还有马克思、福柯、葛兰西等人作为书中的范例。另外这本书几乎没有理解文化过程。

狂热。笔者没有选择使用"杂糅"（hybridity）这个词，因为巴巴用它描述的是一种状况而非一个过程（Bhabha，1985，1994a，1994b）。在社会学术语中它表征一种"黑皮肤/白面具"的情境。贝内特（Bennett）和克利兹（Collits）（1995年）对巴巴的访谈加强了这个概念。其他像阿尼亚·龙巴（Ania Loomba）（1998：176—178）等作者也是这样用的。这与笔者所说的狂欢化完全不同。另外，巴巴提出，传播中产生的扭曲独属于殖民状况中的杂交。例如，他说过《圣经》在印度殖民地的传播过程中被混杂了（Bhabha，1985年）。他好像忘记了任何交流都包括个体的扭曲。这与殖民话语没有关系。一个人说了什么与另一个人怎么理解是有区别的，因为由说者的思想内容所转换成的语言的不充分，以及在接受者思想中的呈现的不充分的差别。如果这是混杂的话，那么这是普遍性的而不是殖民状况下特有的。

此外，将这些情况整体地概念化为"印度的"、"中国的"或者"土著的"是一种不合逻辑的做法。《圣经》中有许多美国人和英国人的混杂，就像存在基督教的混杂一样。这些阅读差异产生了许多不同的实践和信仰，如加尔文主义、清教主义、新教主义、天主教等。这些与殖民主义毫无关系。不仅如此，将它们累加变成国家或者种族的量值是政治和种族的行为，最终来源于分化的马克思社会哲学或者其他类似的原教旨主义认识。这种行为建立在个体无效性或者他的文本的无效性之上。在这方面，爱德华·萨义德用混杂来表示在一个"种族混杂的社会"中种族和文化的混合，在这个社会中"他们是杂种，他们是不纯的"（Rajnath，2000：84）。请允许我对他使用"他们"一词不做评论。它的意义是不言而喻的。斯皮瓦克的用词不当（Spivak，1987年；Bal1，1996年）也不足以解释这个过程。由文化交往引发的过程具有其自身特有的一种动力程序，

第十九章 重新定义文化帝国主义与文化交往的动力

由独立于政治和经济过程的情况决定,而使物质目标不相关联。文化交往不是霸权主义导向的,而是建立在开放的互动之上的,取决于像数字(接受者—给予者比例)、传播地区、在传播地区语言呈现的多样性,以及可见的未来的便利性、接受文化的活跃性、殖民者的宽容度等因素,文化交往导致新的形式。战争政治在此没有作用。殖民认识可以被颠覆。

即使在一种语言内部也会发生变化,使它变得不可辨识。公元600年的古英语在500年内变成了中古英语,在16世纪变成了现代英语。而在20世纪的今天,世界各地开始说"各种英语"。不仅在语言上如此,文化的其他方面也是如此。印度—雅利安人来到印度的时候,印度当时有一座小型的吠陀万神殿,因陀罗* 和阿格尼** 是其主要的神祇。殖民地人民增加了好几十种新的神祇,因陀罗沦为一个无足轻重的神话人物,而阿格尼甚至不再是神,宗教则包含了从万物有灵论到多神教到一神教再到无神论。所有这些现在同时出现在印度文化和印度思想中。而所有这些都来自于作为印度—雅利安文化入侵的逆流的被殖民文化。

跨文化的交往违抗了霸权、殖民主义、帝国主义、权力和物质主义的范式。跨文化交往发生在所谓的文化基因库之中。就像一个具有几百万年编码的基因被置入生物基因库中,与另一种复杂度相似的基因相互作用,从而于其众多可能性中创造出新的形式,一种文化基因也是如此。一旦被投射在一个互动的领域,文化基因就努力与另一种文化的创造性因素结合,而生发出新的形式和范式。此处没有任何政治,没有权力游戏,也没有预设的物质目标。文化可以因此与政治玩一场基因游戏。

---

* Indra,印度神话中的主神,司雷雨及战争。——译者注
** Agni,印度神话中的火神。——译者注

第六部分 后殖民主义与文化帝国主义

神话与反殖民主义

现在不妨看看文化在神话领域的入侵。这些部落的起源传说显示为一种与犹太—基督教或者北印度模式不同且独特的"作品"或者任务。按照列维纳斯的观点:"列维纳斯讲述的不是荷马的奥德赛,从伊萨卡岛出发,最后回到伊萨卡;而是亚伯拉罕的故事,他永远地离开自己的故土而前往一片未知的土地旅行。从自我到他者的移动是列维纳斯所说的'作品'——任务"(Valevicius,1988:41)。同样,亚当的后裔被逐出伊甸园,必须永远流浪下去才能重返乐园。罗摩*被贬出自己的王国,最终必须回来。**正是附加其上的幽闭恐惧症的作品或任务定义了这些神话。但是奥里萨部落(尤其是山塔尔部落)的想象是不一样的。他们的传说描述自己的部落永远地移入未知的领土,寻找新的风景,迫于自然的强制或者欲望的压力,经历了原初时代的洪水和大火,以及中古时代的"外来者"[1]对他们的穷追不舍,直到今天的时代他们已经无处可去。仍然有些像马哈拉(Malhara)这样的小部落,他们为了实现自己的任务,拒绝建造家园,继续在林中和山间漫游,寻找自然正在消失的馈赠。他们的创世神话(尤其是山塔尔部落)有一种古老语义上的犹太—基督教或者北印度神话都没有的完美,而笔者怀疑后者是后来形成并借鉴了前者的。或者,也许他们拥有共同的古代文化或者信息

---

* Rama,印度教神名,最高神毗湿奴。——译者注

** Ramayana,罗摩衍那,印度古代梵语两大史诗之一。——译者注

[1] 山塔尔人用外来者(Deko)来描述非本部落的群体。外来者在他们后来向东的迁徙之中追赶他们,占据了他们的新住地,或者至少在他们眼皮底下呼吸,这打破了他们珍惜的隔离状态,因此迫使他们向其他陌生的丛林和山脉移动,来重建他们自己的新世界。最初情况是和平的:"他们住在平原上,我们住在丛林中,住在山上。但是后来我们和外来者多次交战,如今双方友好关系荡然无存。不论在任何国家,只要我们清出林中空地,外来者就跟来,从我们手中抢走一切"(Bodding 1925—29:53)。

第十九章 重新定义文化帝国主义与文化交往的动力

来源。甚至关于性道德的问题，最初的一对夫妇与他们的孩子们乱伦的问题，在山塔尔的部落神话中处理得更为轻松、得体并更具幽默感，没有希腊人的暴力或者圣经故事的耻文化粉饰。桑泰人（Saunty）是可昂哈尔（Keonjhar）当地的居民，他们讲述的创世故事新颖独创，与山塔尔部落的故事不同，同样轻松地处理了相同的问题，但却采用了与圣经截然不同的方式来利用蛇。南部奥里萨的萨拉斯人（Saoras）用一种革新的方式讲述了经历洪水而得以生存的故事，比诺亚方舟要更为理性和淳朴。所有这些部落都描述了一个开放式的旅程，其中我们将以山塔尔部落的故事作为主要模式，因为在部落仪式中这个神话传说的表演是丰富的而且保存完好。他们的故事将部落漫长艰难的旅程描述为对他们开放式命运的追求。

神话传达了意识的根基：它们阐明了情结的结构（Freud），它们构成了种族无意识（Jung），它们是经验的基本结构（Campbell），也是认识的本初结点（Frye）。对神话的入侵或者渗透是对一种文化或者意识根基的攻击。为了说明问题我们将以山塔尔创世神话为例，将它与印度和基督教创世神话做面对面的研究，看看双重的殖民渗透是否对它们产生过影响。故事如下。[1]

最初地球被水覆盖。看不见任何陆地。神（Thakur Jiu）感觉孤独，想要创造一些生物。因此他创造了鱼、乌龟和其他水生物。然后他试着创造人，但是没有成功。因为昼马（太阳）踩踏了人。所以他创造了汉

---

[1] 我从斯科莱拉德（Skrefsrud）（1887）和鲍丁（Bodding）（1925—1929）的描写中，还有我在斯科莱拉德研究120年之后做的几个录音中得出这个故事。鲍丁收集的故事来自比哈尔邦（Bihar）南部蓝栖（Ranchi）地区，采用了一个主要讲述者和一个次要讲述者。我从奥里萨北部地区——马于尔汗（Mayurbhanj）和可昂哈尔（Keonjhar）——收集来的故事由萨满僧人和村子里的讲述者提供。我还从可昂哈尔收集到了一部孟加拉字母的手稿，用山塔尔语描述了以仪式的形式表现出来的整个叙事过程。这种仪式叙事或者诵经被山塔尔人称作"宾题（binti）"，在诸如婚礼等重要的仪式上被背诵出来。

第六部分　后殖民主义与文化帝国主义

萨和汗苏丽（Hansa and Hansuli）（一对天鹅）。但是天鹅夫妇抱怨说它们没有地方可以驻足或者筑巢。神觉得这个抱怨有道理，想要创造陆地，从大洋底部把土地带上来。因此，他召唤来水生物并且逐个问它们（鱼、乌龟、龙虾等）能否从大洋底部把土带上来。每个人都说："要是您吩咐，我当然要试试。"它们都潜到洋底，用嘴衔土或者用背背土，但是等它们到了水面，土就已经被冲走了。最后，它们认为蚯蚓（jhilmoli）应该能办到。神问了蚯蚓，蚯蚓说它可以吸土上来倒在表面，但是首先必须有一个坚实的表面来倒土。如果乌龟可以被按在水面不动，它可以把土倒在乌龟背上。就这样，很快乌龟背上开始堆积土，形成了坚实的陆地。上帝随后种了一些树，天鹅开始在草丛中筑巢，很快生了两个蛋。蛋孵化后，看啊，看啊，出来了一个男人和一个女人。这就是最初的两个人，皮尔丘·布迪（Pilchu Budhi）和皮尔丘·布妲（Pilchu Budha）。

　　这时神说，必须将这两个人带到一个更合适的地方而不是在这片沼泽地。天鹅夫妇在西西哩·匹匹哩（Hihiri Pipiri）找到了这样一个地方，将两个孩子带了过去。皮尔丘·布迪和皮尔丘·布妲在那里天真无邪地成长着。神认为已经到了访问他的人民并看看一切进展如何了的时候。他教他们耕作和辨识某些野生作物。然后他给他们具体的指示，如何准备制作葡萄酒，并和他们待在一起直到葡萄酒酿好。神品尝之后很满意，他在晚上离开了。皮尔丘·布迪和皮尔丘·布妲那天晚上喝醉了，就在帐篷里睡在了一起。第二天早晨当神来看他们的时候，他们看起来很不好意思，将身体的一部分遮盖了起来。神对他们好言安慰，高兴地离开了。皮尔丘·布迪和皮尔丘·布妲生了7个女儿和7个儿子。为了避免孩子们重蹈他们犯过的错误，他们将男孩和女孩分开了。男孩子出外和父亲一起打猎，而女孩子和母亲一起收割庄稼。这样过了很久。然而有一天，父母让孩子们自己出门。这14个孩子分成两组，朝不同方向出门

第十九章　重新定义文化帝国主义与文化交往的动力

了,但是晚上回家的路上他们在一个小树林相遇了,并且停下来嬉戏一会儿。很快他们就成对而去发生了性关系。皮尔丘·布迪和皮尔丘·布姐原谅了他们,但是现在让他们住在给他们盖的7个独立的房间里。他们为将来立下了异族结婚的条例,这样一个家族内部就不会出现婚姻了。就这样产生了山塔尔的7个氏族或者7个部落。

笔者将另一个版本的叙事做了录音,但是鲍丁(Bodding)的版本对此没有记录。这个版本对乱伦问题的处理稍有不同。故事是这样的。皮尔丘·布迪和皮尔丘·布姐小心翼翼地将儿子和女儿分隔开来。但是等他们长大以后,发现持续的监督已经不可能了,父母说:"你们现在都长大了,该出去探索这个世界,给自己谋一种生活了。但是因为你们是兄弟姐妹,你们得往不同的方向走。"第二天早晨孩子们分两组离开了,前行方向不同。很多年过去了,而有一天他们又见面了。但是那时他们都长大了,变了模样。他们认不出对方是谁,但是很高兴这么多年以后找到了人类同伴。现在没有什么阻挡他们实现自己的愿望。他们先是建成了7个家庭,后来变成了7个氏族或者部落。从两个故事的这个时间点开始,神话开始让位给了部落传说——向东的游荡,一场火灾对他们的毁灭,12个部落的复兴,穿越多山国家向东行走。后来他们越过一片高山山脉,进入印度的山谷和丛林。此时传说越来越接近历史,直至将他们带到他们现在的居住地,受到外来者、穆斯林和欧洲移民的迫害。这是笔者目前找到的通过口头传统保存到今天最完整的神话传说历史。残缺不全的《旧约》和《新约》,或者异想天开的印度史诗,*相形之下可以看作劣质的次等品。这一神话传说的保存成为可能,是因为

---

* Purana,印度有关于创世、神、万物进化等18篇史诗。——译者注

第六部分 后殖民主义与文化帝国主义

山塔尔人将这一叙事发展成一种准戏剧的形式,在诸如婚礼和其他最重要的典礼场合等部落的主要仪式上作为经文加以背诵。熟练的巫师进行背诵,由一个小型的副歌歌手组成的合唱团进行伴唱。

笔者概述这一叙事神话片段的目的是为了展示两件事。首先,我们看到虽然山塔尔人作为一个"被殖民"的社会群体,与印度—雅利安人一起生活了2,000多年,但是他们的思想并没有被印度—雅利安的创世神话所殖民。这有几个原因,但似乎主要是审美、叙事或者文化方面的原因。强大或者优秀的叙事不会被平庸的叙事扭曲,无论后者的造物主或者鼓吹者的政治权力如何。印度神话中没有好的、前后一致的或者有趣的创世叙事。在《奥义书》*、《摩诃婆罗多》**、《摩奴法论》***和《数论颂》****中都有一些哲学科学的故事,但由于不是叙事,不能在故事大战中胜出。叙述性故事都是支离破碎的,后来才开始出现在印度史诗中。其中最强大的一个是十化身(Dasa Avatara),[1] 将关于地球的十个史诗故事,或者说神十次化身解救人类的故事串在了一起。在这个故事中,神第一次化身为鱼,来找寻被一个魔鬼扔到大洋底部的《吠陀经》——人类知识的神圣文本。第二次是化身为乌龟,托起被两个魔鬼偷走扔到大洋里面的大地。如我们所知,鱼和乌龟在山塔尔创世神话中出现过,是最初想要创造陆地的两种主要生物,而乌龟确实托起了大地。这

---

* Upanishads,印度教古代吠陀教义的思辨作品,为印度后世各派哲学起源。——译者注

** Mahabharata,印度古代梵文叙事诗。——译者注

*** Samkhya Karika,印度古代哲学典籍。——译者注

**** (Manu Sanghita,古印度法典。——译者注)

1 十化身,Dasa avatara(神为拯救人类或者印度—雅利安社会的十次道成肉身)最好的一个版本是中世纪诗人胜天(Jayadeva)在其梵语写作的克利须那神(Krishna,又译作黑天。——译者注)的爱情传奇——《牧神赞歌》(Gita Govinda)中的展现。与十化身有关的十首诗歌部分已经令人铭记,因为这是每一个奥里萨舞者保留剧目的一部分。

第十九章　重新定义文化帝国主义与文化交往的动力

个故事具有原始思想的粗糙的自然逻辑。殖民者的神话没有能够扭曲山塔尔神话的自然逻辑。无论是偷大地的魔鬼，还是将大地扔进大洋的两个魔鬼，在《吠陀经》中都难觅踪影。另一方面，因为十化身在中世纪才出现，那时候都知道故事已经穿越了地区和文化边界，因此更大的可能是山塔尔神话片段迁移到主导文化的神话之中。而且，因为希腊罗马式和印度—雅利安式的神话中魔鬼、众神还有各种其他生物的出现，包括了涉及各种情况的人类在内，因此故事变得更加复杂。但是故事的叙事线索非常单薄，而且甚至今天受过教育的印度人也不能讲出其中的任何细节。换句话说，山塔尔神话的自然叙事逻辑比印度—雅利安神话要强得多。这就是为什么它没有被外来神话渗透。

同样，尽管这一地区在过去 200 年中传教工作一直在紧锣密鼓地进行着，还有相当一部分部落人口皈依了基督教，但是圣经创世神话没有一点能够穿透到山塔尔部落的故事内部。神没有在六天之内创造世界。整个叙事的脉络不同。水世界的概念在一些北非神话中也能找到，在埃及的神话中非常突出，阿图姆（Atum）从水中升起，成为第一片大陆；而印度—雅利安神话中描述地球的最初状态是 "pralaya prayodhi jala"。[1] 很可能这些文化和山塔尔部落共有一个起源。在圣经神话中洪水发生在诺亚时代，来得要晚很多，也许是找到起源的时候插入其中的故事，当时社会已经将一种罪与罚的宇宙道德秩序概念化了。然而，山塔尔神话中提到了人口的繁衍扩散，社会变得败坏，这变成了某种结果的范式。在印度—雅利安神话中变成了神化身来拯救世界的那一刻，与《新约》中"上帝之子"诞

---

[1] 意思是："'世界末日'后的原初的水"。古代印度思想认为创造和毁灭互为循环。每个循环之后，宇宙或者地球沦落为一片潮湿的等离子时期，从中再次开始创世。

第六部分　后殖民主义与文化帝国主义

生的概念相似。然而，从《旧约》的层面上，这变成了上帝用水或火毁灭世界或世界的一部分。但是此处与索多玛和蛾摩拉城不同，原初的一对人在哈拉塔（Harata）山上［可能是今天阿富汗西部的哈拉特山（Herat）］的一个山洞里获救（就像是诺亚一家）。很明显，虽然共有某些起源，但是在山塔尔神话中没有代之以圣经神话制造的任何故事。就连罪的概念也只是在边角处略微提及。重要的是，政治性的殖民者不能够进行文化殖民。文化互动的模式与政治互动的模式和方向或者权力和物质主义的路径完全不同。而尤其当一种神话被包上仪式的外衣的时候，将像此处的神话一样，它会变得特别不容易受到武断的修改。

诺亚、诺亚，诺亚在哪里？

允许我提供来自住在噶加帕提（Gajapati）[1] 南部地区萨奥拉（Saora）部落的另外一个创世故事。我们将要看到的一个片段在故事的开始部分。萨奥拉人也提到了一个最初的水世界，但是这更像是《圣经》中的洪水，因为有人类幸存者的存在。人类应该早就被创造出来了。神（Isar）在这个世界，他有一只鸟（一个说法是一只乌鸦，另一种说法是一只鹰）。神在寻找幸存者或者可见的陆地，因此他每天都将鸟放出去（像是诺亚在方舟中一样）来调查水势如何。这只鸟每晚回来汇报说什么都没有看到。终于有一天晚上，鸟汇报说：“我什么都没看见。没有陆地，没有人。但是我看见漂着一只兽皮袋子。猜猜看，里面发出了一些声音。”神很激动，让鸟第二

---

[1] 来自笔者自己收集的资料。由笔者、笔者的助手、贝汉布尔（Berhampur）大学英语教授 E. 拉加·拉奥（E. Raja Rao），以及笔者的团队中的其他成员在实地录音；这些收藏品包括了录音带和1.7万页录音笔记，收藏在笔者自己手中，以及美国印第安纳州布卢明顿的印第安纳大学传统音乐档案案卷中。

第十九章 重新定义文化帝国主义与文化交往的动力

天一早就去找。就这样,袋子被拖到神面前。神打开袋子,出来了一个男孩和一个女孩,是兄妹俩。显而易见,当地球洪水泛滥之时,他们两个决定最好是把自己装进一个不透水的皮袋子里,这个袋子有点像美洲土著包着兽皮的独木舟。这对最初的人变成了人类的祖先。显而易见,萨奥拉部落在自己的那种方舟里逃过了洪水,对正在驶向它的巨型诺亚方舟上发来的邀请不管不顾。神话和民间故事的一个规则是用从别处借来的材料添枝加叶,但是从来不会倒过来从复杂结构简化为简单结构。复杂的圣经故事不可能被剥离原文,用于流传在萨奥拉人之间的故事形式中,而一定是另辟蹊径。正如前文所指出的,文化中没有帝国主义或者殖民主义,也没有霸权。帝国主义是一种政治状况,用军事和其他权力将外国领土和人口置于其控制之中,目的是为了获取某种军事或者经济优势,或者享有扩张或统治世界的满足感。殖民主义与帝国主义略有不同,体现在殖民主义将物质或者经济的获取看作其主要目的,并且动用军事、政治或者其他霸权手段来维护自己的优势。霸权被认为应该是统治群体用一种手段说服被统治群体相信其所说的对他们有好处的东西真的对他们有好处。爱德华·萨义德(1983:12)援引了葛兰西的观点,提出霸权"是经由被统治者同意,通过合并和改变他们的意识形态而实施的权力"。假如这就是霸权,那么所有的文化交流都是霸权主义的——事实上,所有的学习都是霸权。

在自然的文化发展中没有权力和政治形态,而且它们的进入应该受到抵制。但是让我们也着重记住文化是可以交换产品的;它们同化概念和生活方式,并在这个过程中发展。在玛康基里(Malkangiri)地区邦达(Bonda)山脚下,每周有一次被称作"集市(hata)"的物品贸易市场,邦达人从山中带来他们收获的块茎、莓

第六部分　后殖民主义与文化帝国主义

类果实、山区蔬菜还有草药来换取大米。集市贸易是我们文化产品古老的交换体系，而集市是给我们多种文化曝光的市场，让我们对价值、接受和交换有了认识。14英寸的邦达裙子现在摇曳在世界各个大都市的街头，而纱丽也开始出现在邦达村子里。[1] 理应如此。在这里没有帝国主义，也没有霸权。我们早就看到语言如何像这样接受材料而获得发展，而这种接受不听从于命令或者影响力实施的方向。语言学习不是"殖民主义的"、"帝国主义的"或者"霸权主义的"，也不是"模仿"。[2]

结　论

笔者想说的是已经到了我们切断与物质主义、意识形态和理论之间的奴役关系的时候，到了我们脚踏实地的时候。文化具有内设的机制和力量来保护自己的本质，如果它们选择这样做的话。选择必须是它们做出的。是它们必须决定自己的发展道路。我们能够为那些被认为边缘化了的人做的，就是促使他们为自己做出决定并采取行动。除非这些少数群体在尊严和差异方面得到世界群体的信任，否则会发生越来越多的社会巨变，非但不能产生不同文化间的创造性互动（Fukuyama，1999年），而且只会发生文明的冲突（Huntington，1998年）。政治以分裂和破坏性的哲学严重破坏了这个问题。受到政治的援助以及意识形态和原教旨主义的煽动，恐怖主义群体开始出现在部落人民之中，迫使他们接受对他们来说完全属于异域的行为模式。这是最糟糕的新殖民主义形式，不仅会破坏和摧毁文化，而且如果不加阻止的话，肯定会毁灭文化并使其变得面目全非。

1　邦达妇女直到今天还穿着她们民族的裙子，上身只戴珠子，她们端庄而美丽。
2　我把这些词用引号引起来，为了暗示它们在意识形态和理论中所经历的扭曲。

第十九章 重新定义文化帝国主义与文化交往的动力

显而易见，部落人民必须根据他们的智慧并在他们身份认同的条件下，而被赋予权力来处理这种状况。因此，他们的赋权必须包括他们身份的恢复，或者如笔者前面所谓的文本性的恢复。这种文本的恢复必须包括尽他们所能来唤起神话、故事、传说以及民间故事的记忆，开辟具有竞争性的空间。这将会有助于恢复他们从几千年经历中获取的知识和智慧。这还需要他们愿意在目前处境中毫不羞涩、不卑不亢地复兴他们的仪式、习俗、庆典、节日、歌曲以及舞蹈。外来人可以通过提供空间和参与而不是将那个空间划出来以提供帮助。

与文本恢复同样重要的是在当前环境中对文本的重构。换句话说，部落必须以重获的身份和自豪感重新进入世界文化的基因库，而且必须与世界的生活方式、习俗、行为、习惯以及语言融合，就像他们会选择个体一样。这个基因库曾经被阻隔并被切断了与世界的联系，现在必须与世界重新连接，从而文化选择可以恢复它们的活力、新颖以及在世界领域的活动。这些决定将会另辟蹊径，或者改变方向。可以借用语言从口语向书面语转变的问题作为实例。部落语言受到奥里亚语、北印度语和英语的重重包围，而英语是这个国家进取者的语言，印度人使用英语驰骋在世界。现在部落人民可以不去邦府设立的奥里亚语学校，那里几乎没有英语教育，部落人民可以选择进英语媒介学校学习，这样可以直接进入赋权群体。这些不是不可能实现的梦想，可以借助慈善群体和政府的帮助而由本土人自己作出决定。十年之内部落青少年就可以步入世界，领先于他们地区的外来者。这不会是殖民征服、霸权或者某些类似的华丽名词。这将是授权。但是选择必须是由部落人民或者个人做出的。

显然，部落人民应该被允许以他们自己的方式，在他们自己选择的环境中（也许是他们自己的自然环境）得到发展，并且培养自己的文化身份。他们富于简练、慎重和自然的特性的文明理应发展自己的规范和价值，从而以其差异而为全球文明的丰富性做出贡献。

也许我们应该倾听他们的心声，走过去和他们跳一曲吉格舞，让他们随心所欲地发展，用生命书写他们开放性的作品。也许到那时，他们能够领导我们走出我们困顿其中的消费主义和物质主义、分裂政治和暴力的幽闭恐惧症。

参考文献

Anderson, Benedict. 1991. *Imagined Communities: Theory and Practice in Postcolonial Literatures*. London: Verso.

Arnold, Matthew. 1882; 1993. *Culture and Anarchy and Other Writings*. Cambridge: Cambridge University Press.

Ashcroft, Bill, Gareth Griffiths, and Helen Tiffin. 1989. *The Empire Writes Back: Theory and Practice in Postcolonial Literatures*. London: Routledge.

Bal, Mieke. 1996. "Semiotic Elements in Academic Practices." *Critical Inquiry* 22, 3 (Spring): 583—584.

Bennett, David, and Terry Collits. 1995. "Postcolonial Critic: Homi K. Bhabha interviewed by David Bennett and terry Collits." In *Literary India: Comparative Studies in Aesthetics, Colonialism and Culture*, ed. Patrick Colm Hogan and Lalita Pandit. Albany, NY: Sate University of New York Press. 237—253.

Bhabha, Homi K. 1985. "Signs Taken for Wonders: Question of Ambivalence and Authority Under a Tree outside Delhi, May 1817." *Critical*

Inquiry 12: 144—165.

Bhabha, Homi K. 1994a. *The Location of Culture*. New York: Routledge.

Bhabha, Homi K. 1994b. "Remembering Fanon; Self, Psyche and the Colonial Condition." In *Colonial Discourse and Postcolonial Theory*, ed. P. Williams and L. Chrisman. New York: Columbia University Press. 112—123.

"Binti: Santal Story of Creation and Legend of their History." Manuscript acquired by author from Keonjhar in Orissa, 1999.

Bodding, Paul Olaf. 1925—29. *Santal Folktales*. Osla: Instituttet for Sammenlignende for SKring.

Fukuyama, Francis. 1999. *The Great Disruption: Human Nature and the Reconstitution of Social Order*. New York: Free Press.

Geetz, Clifford. 1973. *Interpretation of Cultures*. New York: Basic Books.

Huntington, Samuel P. 1998. *Clash of Civilizations and the remaking of World Order*. New York: Simon and Schuster.

Loomba, Ania. 1998. *Colonialism/Postcolonialism*. London: Routledge.

Rajnath. 2000. "Edward Said and Postcolonial Theory." *Journal of Literary Criticism* 9: 73—87.

Said, Edward. 1978. *Orientalism*. London: Routledge and Kegan Paul.

Said, Edward. 1983. *The World, the Test and the Critic*. Cambroidge: Cambridge University Press.

SKrefsrud (Rev.). 1887. "Hor Koren Mare Hapram Ko Reak Katha" (Tales of Ancestors). Oslo: Oslo University Ethnogra; phic Museum.

Spivak, Gayatri C. 1987. "Sex and History in The Prelude (1805)

Books IX to XIII." In *Post-Structuralist Readings of English Poetry*, ed. Richard Machin and Christopher Norris. Cambridge: Cambridge University Press. 193—226.

The Tribes of Orissa. 1990. Bhubaneswar, Harijan and Tribal Welfare Department, Government of Orissa.

Valevicius, Andreus. 1988. From the Other to the Totally Other: *The Religious Philosophy of Emmanuel Levinas*. New York: Peter Lang.

Williams, Raymond. 1980. *Problems of Materialism and Culture: Selected Essays*. London: Verso.